# 中央编译局文库编辑委员会

主　　任：贾高建
副 主 任：魏海生　柴方国　季正聚　崔友平
委　　员（按姓氏笔画排序）：
　　　　　冯　雷　牟建君　杨雪冬　沈红文　张凤宝
　　　　　陈家刚　胡长栓　郗卫东　葛海彦

马克思主义经典著作研究读本

主　编　杨金海　李惠斌

# 马克思《历史学笔记》研究读本

李百玲

## 《马克思主义经典著作研究读本》顾问委员会

贾高建　俞可平　柴方国　庄福龄　陈先达　赵家祥　詹汝琮
李洙泗　张钟朴　冯文光　安启念　韩庆祥　李小兵　张曙光

## 《马克思主义经典著作研究读本》编委会

**主　编**　杨金海　李惠斌
**副主编**　薛晓源　林进平
**编　委**（按姓氏拼音排序）
　　　　　曹典顺　冯　章　韩立新　江　洋　姜海波
　　　　　李百玲　吕梁山　苗永姝　聂锦芳　闫月梅
　　　　　杨学功　姚　颖　张　盾　张云飞　郑　锦

# 总　序

呈献给读者的这套"马克思主义经典著作研究读本"丛书，旨在立足于 21 世纪中国和世界发展的现实，对马克思、恩格斯、列宁重要著作以及有关专题思想重新进行较为深入的研究和解读，供广大读者特别是致力于深入研究马克思主义经典作家原著的读者阅读使用。计划出版 40 种，三年内陆续完成编写和出版工作。

马克思主义经典著作是学习和研究马克思主义理论的基础文本，历来为人们所重视。在我国学术史上，曾编写和出版过不少关于经典著作的读本，包括各种注释性读本和导读性读本，对学习和研究马克思主义理论发挥过重要作用。然而，随着时代的发展，这些读本也越来越显出历史局限性。比如，以往对经典著作的解读视角较旧，对马克思主义理解不够全面；解读的经典著作范围较小，视野有限；解读所依据的文献不足，深度不够等。进入新世纪以来，特别是自 2004 年中央实施马克思主义理论研究和建设工程以来，马克思主义经典著作的教学、研究以及普及工作不断加强，这就迫切要求对经典著作重新进行解读。

同时，这些年我国学界有关经典著作的翻译和研究成果不断推出，为更好地解读经典著作提供了可能。改革开放以来，特别是进入新世纪以来，随着我国社会主义现代化建设以及人类文明的深入推进，我们对马克思主义的理解以及对经典著作的研究不断深化，解读视角发生重大转变，对马克思主义的理解更加全面。例如，以往由于受革命实践的影响，我们较多地从社会主义"革命"视角去解读，而较少从社会主义"建设"视角去解读，因此，较多地注重研究其中的阶级斗争、无产阶级革命和无产阶级专政等理论，而较少研究社会和谐发展、人的全面发展等思想。革命胜利后，仍然沿袭了这种解读模式。这就造成了对马克思主义理解的片面性。实际上，马克思主义经典著作中有丰富的新社会建设思想，恰恰是这些长期被忽视的思想对我们今天的社会主义建设实践来说更有意义。近些年来，我国学者自觉地从"建设"视角研究经典著作基本观点，取得了一系列可喜成就。又如，过去对经典著作的解读主要限于对若干重要经典著作的解读，如对《共产党宣言》等五六部名著有较为详细的解读，对其他著作的解读不多。即使有收文较多的导读性读本，但常常由于篇幅所限，也只能对这些著作进行简要介绍，不可能对每一部著作展开研究。近些年来，这种情况在逐步发生变化。研究经典著作的专题成果越来越多。再如，近年来新的经典著作编译成果和相关研究成果不断推出，大大拓宽了人们对经典著作基本观点的理解。加之这些年我国学界一大批优秀的中青年学者成长起来，他们的外语水平较高，知识储备较多，研究方法较新等，对经典著作的研究和理解也更有新意。这些都为更好地解读经典著作提供了新的时代条件。

为了继承前人研究的成果，弥补以往研究的不足，总结这些年我国学界编译、研究经典著作的成果和经验，比较全面系统地解读和阐释经典著作的基本观点，中央编译局专门成立了"马克思主义经典著作及其重大理论问题研究"课题组，并对该项研究提供了基金资助。课题组不仅在局内组织力量进行研究，而且向社会公开招标，争取到社会力量的支持，一批有造诣的中青年专家参与到课题研究中来。经过课题组同仁两年多努力，已经形成一批研究成果，并将继续补充、完善并陆续推出。这套"马克思主义经典著作研究读本"丛书就是这些成果的集中体现。

本丛书力求体现如下特点，这也是丛书编著工作所力求遵循的原则：第一，体现全面性和系统性。本丛书不仅对经典作家的名著进行解读，也对其他重要著作进行解读，还要对经典作家的一些重要思想，如马克思的人类学思想、列宁的新经济政策理论等，进行专题梳理和解读。不仅从"革命"视角，而且从"建设"视角，全面、系统地梳理经典作家的思想观点。力求使这套丛书成为收文最全面、解读最系统、最能够反映经典作家著作全貌的学术成果。第二，突出文献性和考证性。每一研究读本的写作，力求充分反映国内外有关研究成果，特别是要充分反映我国新时期在经典著作翻译和研究方面所发现的新文献、取得的新成果。在此基础上，要对经典著作形成的历史背景、国内外传播、原著重要思想观点及其流变，以及后人对这些观点的理解等，进行考证研究。如果说过去的解读主要是"注"的话，那么，这套读本则要进一步体现"疏"的特点。通过这种"注疏"性考据研究，不仅使读者知其然，也知其所以然。这样，也能够为学界进一步研究提供尽可能丰富的文献资料。第三，力求权威性和准确性。一方面，研究读本所依据的经典著作文本力求具有权威性和准确性。主要依据中央编译局所编译的最新译本，如《马克思恩格斯全集》第二版、《马克思恩格斯文集》、《列宁全集》第二版、《列宁专题文集》等。对还没有新译文的文本，可以采用旧译文。同时，适当参照外文版本，进行比较研究。另一方面，所依据的其他文献资料，也力求具有权威性和准确性。要选择国内外在该研究领域最具权威性的专家学者的最具代表性的观点和最有影响力的文章。

基于上述考虑，本丛书采取大致统一的研究和写作框架。除导论外，各个读本均有五个部分组成。一是历史考证部分，其中包括写作背景、国内外主要版本和传播考证等；二是研究状况部分，包括对国内外已有的研究情况进行梳理；三是当代解读部分，包括对经典著作的内容简介，对已有研究观点的疏正，对重要理论观点及其当代意义的阐述；四是原著选编部分，根据经典著作的不同情况，或采取全选的形式，或采取节选的形式，均采用中央编译局的最新译本，个别读本同时选编原著的旧文本，以方便比较研读；五是附录部分，包括3到5篇关于本著作的国内外有一定权威性的研究文章，以及进一步研究需要参考和阅读的文献资料。

需要说明的是，对于经典著作的研究，往往会有仁者见仁、智者见智的情况。所以，尽管我们在组织编写工作中努力体现上述原则，但这些读本的观点不一定都具有代表性，更不可能与每一位读者的观点完全一致。加之作者研究角度不同，水平各异，每一读本的结构、篇章、内容、观点都不尽相同，其权威性程度也不尽一致。其中很可能有疏漏和错误之处，谨请读者批评指正。

　　该丛书在编写和出版过程中，得到了各个方面的大力支持。中央编译局对此项工作高度重视，始终给予鼎力支持。国家出版基金将该丛书列入 2012 年资助项目。中央编译出版社为该丛书申报国家出版基金项目并最终立项，以及为丛书出版做了大量工作。本丛书中收入的译著和文章的译者、作者和出版者同意我们使用相关的著作版权。该项目顾问委员会的专家对丛书的编写工作给予热情指导，编委会成员和课题组同仁为丛书的编写付出了辛勤劳动。在此一并致以衷心的谢意！

《马克思主义经典著作研究读本》

编辑委员会

2013 年 6 月 16 日

# 目　录

导　论 ………………………………………………………………… 1

## 第一部分　历史考证 ………………………………………………… 5

### 第一章　《历史学笔记》的写作背景 ……………………………… 7
一　马克思与历史研究 ……………………………………………… 7
二　马克思晚年的研究特点：笔记式研究 ………………………… 17
三　《历史学笔记》的写作及其理论地位 ………………………… 24

### 第二章　《历史学笔记》在国际上的出版与传播 ………………… 28

### 第三章　《历史学笔记》在国内的出版与传播 …………………… 32

## 第二部分　研究状况 ………………………………………………… 37

### 第四章　国外研究状况 ……………………………………………… 39
一　西方的研究 ……………………………………………………… 39
二　苏联的研究 ……………………………………………………… 45

### 第五章　国内研究状况 ……………………………………………… 49
一　《历史学笔记》的写作时间 …………………………………… 49
二　《历史学笔记》的写作意旨 …………………………………… 51
三　《历史学笔记》的研究方法 …………………………………… 55
四　《历史学笔记》的理论内容 …………………………………… 59
五　《历史学笔记》与《人类学笔记》的关系 …………………… 61
六　《历史学笔记》与《资本论》的关系 ………………………… 63

## 第三部分　当代解读 ·············································· 69

### 第六章　《历史学笔记》内容简介 ································ 71
一　全书概要 ···················································· 71
二　第一册笔记的主要内容 ········································ 74
三　第二册笔记的主要内容 ········································ 78
四　第三册笔记的主要内容 ········································ 79
五　第四册笔记的主要内容 ········································ 81

### 第七章　《历史学笔记》的重要理论观点 ·························· 84
一　西欧封建制度产生至衰落过程的全景展现 ······················ 84
二　资本主义兴起的前提与背景的历史阐释 ························ 91
三　西欧主要民族国家形成和发展的路径呈现 ······················ 94
四　历史向世界历史发展进程的总体描绘 ·························· 96
五　交往在社会发展中重大作用的多重体现 ······················· 100
六　社会进步的人道主义关怀 ··································· 108
七　《历史学笔记》的现实意义 ·································· 110

## 第四部分　经典著作选编 ········································ 113
卡尔·马克思　历史学笔记（第一册）（节选） ··················· 115
卡尔·马克思　历史学笔记（第二册）（节选） ··················· 162
卡尔·马克思　历史学笔记（第三册）（节选） ··················· 210
卡尔·马克思　历史学笔记（第四册）（节选） ··················· 263

## 第五部分　附　录 ············································· 305
附录Ⅰ　研究文献精选 ··········································· 307
一　〔俄〕彼·费多谢耶夫等：《卡尔·马克思》（节选） ······ 307
二　〔德〕汉斯-彼得·哈斯蒂克：《作为历史学家的卡尔·马克思》 ··············································· 316
三　胡永钦：《马克思一部鲜为人知的手稿》 ················· 333
附录Ⅱ　延伸阅读书目 ··········································· 337

# 导　论

随着1972年劳伦斯·克拉德编辑的《卡尔·马克思的民族学笔记》由荷兰阿森市范·戈库姆出版公司出版，遂在西方世界掀起了研究晚年马克思的热潮，人们似乎才发现原来在马克思的世界里还有这样一座金矿等待采掘。马克思晚年在世人眼里重新复兴，世人追寻马克思在贫病交加的晚年"何乐何事"？才发现原来晚年的马克思已经重新站在了起跑线上再一次出发，重要的佐证之一便是这部《历史学笔记》。

马克思在最后的岁月花大力气写下的这部世人眼里某种程度上不可理喻、不被理解的"*Chronologiche Auszüge*"（《历史学笔记》），甚至连题目都是他的战友恩格斯运用白描手法加上的。然而，当你一旦仔细深入文本，细细阅读品味，便会得出不一样的结论。对世界历史1700余年，140多万字的笔记摘录，一如既往的批判笔触，对残暴统治者的尖苛犀利批判，对蒙受苦难人民的深切同情，皆付诸于笔下活灵活现的史实描绘。马克思对世界历史发展走向的精准把握，对历史史料的去粗取精、去伪存真的功力已经炉火纯青。他关心的是历史上各种社会形态的更迭是如何具体地实现的，从一段段具体而微、充满细节的史实描绘中，马克思以极强的时代感和画面感呈现了新兴社会制度如何冲破旧的生产关系和旧的社会制度的束缚而成为当时时代的潮头，他因此关心各种力量之间的较量与斗争——封建制度与奴隶制度的斗争，资本主义与封建制度的斗争，国家与国家之间的战争，各统治者之间的倾轧与斗争，人民群众反抗统治者的斗争，甚至是统治者内部争权夺利的斗争，都被他记录在案。他运用近三册的篇幅重点考察了作为当时最先进社会制度的资本主义社会如何从萌芽开始，经历一次次失败，最终实现资产阶级社会革命，成为世界历史上大多数国家的制度基础，从而在17世纪最终得以确立的历史进程。

在对待历史研究的问题上，恩格斯于1890年，也就是马克思逝世七年之后有过一段著名的表述："必须重新研究全部历史，必须详细研究各种社会形态的存在条件，然后设法从这些条件中找出相应的政治、私法、美学、哲学、宗教等等的观点。在这方面，到现在为止只做了很少的一点工作，因为只有很少的人认真地这样做过。在这方面，我们需要人们出大力，这个领域无限广阔，谁肯认真地工作，谁就能做出许多成绩，就能超群出众。"[①] 恩格斯在马克思逝世后，整理了《历史学笔记》这份手稿，可见，恩格斯曾详细阅读了这一笔记，并对其中的理论主旨有了深刻地把握。恩格斯看到了马克思晚年进行的对"全部历史"的"认真"研究，看到了马克思作出的巨大贡献和他的"超群出众"，同时也进一步彰显了历史研究在马克思整体思想中的重要意义。

在对待历史的态度上，马克思恩格斯曾反复申明，"历史是不能靠公式来创造的"，"我们的理论是发展着的理论，而不是必须背得烂熟并机械地加以重复的教条"，"如果不把唯物主义方法当做研究历史的指南，而把它当做现成的公式，按照它来剪裁各种历史事实，那它就会转变为自己的对立物"[②]。如果说马克思早期著作主要是唯物史观的创立，那么晚年在《历史学笔记》中，马克思则以实证研究和具体史料为基础，通过翔实的历史研究，对唯物史观的基本原理进行了进一步阐释、验证与发展。马克思通过实证研究的形式深化了唯物史观关于社会形态理论的研究，对奴隶制、封建制和资本主义制度的更迭，进行了具体历史、详细深入地研究。马克思在《历史学笔记》中所体现的对历史发展具体进程的研究，对经济基础与上层建筑之间辩证作用的研究，使唯物史观坚实地建立在具体历史的基础之上。马克思在对历史事件的实证研究中，不断印证了"极为相似的事变发生在不同的历史环境中就

---

[①] 《马克思恩格斯文集》第10卷，北京：人民出版社2009年版，第587页。
[②] 同上书，第583页。

引起了完全不同的结果"①这一观点。他在《〈政治经济学批判〉序言》中曾提出,"大体说来,亚细亚的、古希腊罗马的、封建的和现代资产阶级的生产方式可以看做是经济的社会形态演进的几个时代。"②这时,他认为人类社会的发展规律在世界各地"大体说来"都是一样的,资本主义的发展以欧洲为样板,英国是典型。而在《历史学笔记》中,他在研究了欧洲各主要国家,以及亚洲、美洲等部分国家和地区的历史和现状之后,意识到西欧各国封建制度形成、资本主义起源各有其特殊性,对西欧以外其他国家和地区不一定完全适用。这种基于对具体历史的考察和分析而得出的科学结论,彰显了《历史学笔记》的重要意义之所在,它为后人完整科学准确地理解马克思的唯物史观提供了重要的文本基础。

　　本书以文献和文本研究为基础,综合运用历史考察与逻辑分析相结合的方法,面向文本本身,突出问题意识,注意理论创新。本书从结构上分为五部分,第一部分为历史考证,第一章对马克思写作《历史学笔记》的文本背景、思想背景与研究背景进行了立体考察与分析;第二、三章对《历史学笔记》以及相关晚年文本在西方、苏联,以及国内的翻译、出版与传播情况进行了阐释。第二部分为研究状况,第四、五章系统梳理了《历史学笔记》的国内外研究情况,供读者了解国际国内对这一文本进行的相关研究所达到的广度和深度。第三部分为当代解读,第六章对《历史学笔记》各册所记载的主要内容进行了贯通式的要点介绍;第七章通过对七个具体命题的提炼和阐释供读者了解《历史学笔记》中所涉及的重要理论问题。第四部分为经典著作选编,从《历史学笔记》中精选了部分文本供读者在阅读时参考。第五部分为附录,选取了与《历史学笔记》相关的三篇国内外研究解读文章,以及延伸阅读书目供读者扩展阅读范围。

　　从目前已有的研究进展来看,《历史学笔记》这一文本的研究现状

---

① 《马克思恩格斯文集》第3卷,北京:人民出版社2009年版,第466页。
② 《马克思恩格斯文集》第2卷,北京:人民出版社2009年版,第592页。

与文本本身的重要性还远未匹配，对《历史学笔记》的研究还留有相当多的空白之处，本书愿抛砖引玉，期待引起学界更多、更进一步的专门研究。

最后，感谢国家出版基金和中央编译出版社对本书出版的大力支持。本书也属于国家社会科学基金项目"马克思晚年社会发展思想研究"（11CKS002）的阶段性成果。感谢中央编译局杨金海教授、李惠斌教授、薛晓源教授、中国人民大学张云飞教授对本书写作的重要指导，感谢中央编译局胡永钦老师、王宏道老师、张海滨老师、陈聪老师、李楠老师在本书形成过程中给予的热情帮助和文献、图片资料支持。感谢本书责编薛迎春女士为本书出版付出的辛勤劳动。感谢红旗出版社和中国人民大学出版社的文献资源支持。本书所用部分图片来源于《马克思画传》（重庆出版社、中央编译出版社 2012 年版），在此一并致谢。

# 第一部分　历史考证

# 第一章 《历史学笔记》的写作背景

马克思晚年最后一幅巨制手稿《历史学笔记》的写作是一个颇具深意的事件。这部煌煌140余万字的著作横亘1700余年历史时空,其记录的重大历史事件所达至的历史纵深感以及触及欧亚非大陆地理空间的跨越感,无疑令马克思身上的史学家和哲学家气质更为浓郁,其晚年留下的未完成的庞大作品以及其中千头万绪的思想线索也使得他的晚年哲思成为留待后人探究的历史谜思。

## 一 马克思与历史研究

19世纪,以兰克学派为代表的史学研究传承了西方史学"求真、人文、垂训"的研究传统并发扬光大,强调历史研究需要确实可信的史料为基础和依据,使历史研究空前发展和繁荣,专业性和科学性进一步彰显,最终成为一门独立的学科,获得了合法地位。"历史这门学科,当时在诸如史料考证和客观性这些主要概念中,以德国的历史主义为标志正准备在19世纪的科学界占据主导地位。像列奥波德·冯·兰克(1795—1886)、奥古斯特·贝克(1785—1867)、雅科布·格林(1785—1861)、卡尔·弗里德里希·艾希霍恩(1781—1854)、弗里德里希·卡尔·冯·萨维尼(1779—1861)和泰奥多尔·蒙森(1817—1903)这些十分重要的历史学家、语言学家和法学家,继承了巴托尔德·格奥尔格·尼布尔(1776—1831),代表着传统的'ars historica'(历史艺术)的进一步繁荣和方法论上充分发展为历史科学。"① 人们将19世纪称之为"历史学的世纪"②，马克思作为上述思想家的同时代人，自然受到了这一潮流的洗礼，佐证之一就是马克思一生从思想和行动上始终如一地重视史学研究。对于这种重要性，马克思自己曾有过几次明确的说明。19世纪40年代，马克思恩格斯在《德意志意识形态》中写道："我们仅仅知道一门唯一的科学，即历史科学。"③ 19世纪50年代，马克思在《〈政治经济学批判〉序言》中重申："我学的专业本来是法律，但我只是把它排在哲学和历史之次当做辅助学科来研究。"④

历史研究在马克思的研究生涯中占据了重要位置。马克思毕生阅读了许多史学书籍，作了大量的摘录和笔记，写作了很多关于历史研究方面的著作。马克思早在青少年时代就对历史学怀有浓厚的兴趣，15岁时便写下了名为《查理大帝》的诗篇，歌颂神圣罗马帝国的奠基人查理大帝复兴文化、治理国家的功绩。在大学时代，马克思阅读了大量关于历史方面的书籍，也"养成了对我读过的一切书作摘录的习惯，例如，摘录莱辛的《拉奥孔》、佐尔格的《埃尔温》、温克尔曼的《艺术史》、卢登的《德国史》，并顺便写下自己的感想。同时我翻译了塔西佗的《日耳曼尼亚志》和奥维狄乌斯的《哀歌》"⑤。马克思博览群书，在他早期的著作、书信中涉及的史学家有：古希腊的荷马、第欧根尼、拉尔修；古罗马的凯撒、塔西陀；德国历史学家利奥、罗泰克、蓝克、普菲斯特尔、施勒格尔、哥列斯、阿伦特、亚历山大·荣克、蒙特、普芬多夫、克利斯提安森、马尔海奈凯、施维格勒；法国历史学家托克威尔、毕舍、卢·拉维涅、蓝盖、努加雷、勒瓦瑟尔、伏尔泰、拉马丁等；英国历史学家卡莱尔、弗安、培根等；意大利历史学家马基雅弗利和弗吉里奥；瑞士

---

① 中央编译局：《马克思恩格斯研究》，1994年第17辑，第171—172页。
② 〔意〕卡洛·安东尼：《历史主义》，黄艳红译，上海：格致出版社2010年版，第90页。
③ 《马克思恩格斯文集》第1卷，北京：人民出版社2009年版，第516页。
④ 《马克思恩格斯文集》第2卷，北京：人民出版社2009年版，第588页。
⑤ 《马克思恩格斯全集》第47卷，北京：人民出版社2004年版，第11—12页。

历史学家哈勒等。①

　　回溯马克思历史研究的历程，大致有如下几个阶段：第一阶段侧重于哲学史、宗教史、文化艺术史的研究。19 世纪 30 年代后期，马克思主要研究古希腊哲学史和近代哲学。40 年代初期，他将研究扩展至宗教史、艺术史、文化史，阅读并摘录了克·梅涅尔斯的《宗教批判通史》、巴尔贝拉克的《教父道德史概论》、伯提格尔的《论艺术中的神话》、鲁莫尔的《意大利研究》等，写下了以宗教史、艺术史为主题的"波恩笔记"。

　　第二阶段历史研究的重点转向国家史、政治社会史。1843 年 6—10 月，马克思在克罗茨纳赫期间阅读摘录了大量国家史著作，如路德维希的《近五十年史》、瓦克斯穆特的《革命时代的法国史》、兰克的《德国史》、路易·勃朗的《十年历史》、汉密尔顿的《论北美》等。他写作了包括《历史—政治笔记》、《法兰西历史笔记》、《英国历史笔记》、《法兰西、德意志、英国、瑞典历史笔记》、《德意志和美国历史笔记和国家、宪法著作摘要》等在内的"克罗茨纳赫笔记"，内容涵括 2000 多年欧洲历史。1844 年，马克思在巴黎期间还专门研究了法国大革命的历史，阅读了路韦的《回忆录》、蒙格亚尔的《法国史》，德穆兰的《论法国和布拉邦的革命》等。

　　第三阶段马克思开始致力于政治经济学研究，对政治经济学说史、经济史、政治经济原理等进行了长达数十年的持续研究。马克思在巴黎时期对萨伊、斯密、李嘉图、西斯蒙弟、罗德戴尔、李斯特、斯卡尔培克、毕莱、佩克尔、勒瓦瑟尔、穆勒等人的政治经济学著作进行了阅读摘录和评述，撰写了九本"巴黎笔记"，其中部分资料为马克思写作《神圣家族》奠定了基础。1845 年到达布鲁塞尔之后，马克思继续投入政治经济学研究之中，研读了大量经济学著作，写作了"布鲁塞尔笔记"。他对德·尚博朗的《论贫困，古代与今天的状况》、约·佩基奥

---

① 参见《马克思主义来源研究论丛》第 5 辑，北京：商务印书馆 1984 年版，第 278—279 页。

《意大利政治经济学史》、布朗基的《欧洲政治经济学从古代到今天的历史》等政治经济学史方面的著作进行了摘录，同时也摘录了毕莱、麦克库洛赫、西斯蒙第、加尼耳等人关于政治经济学原理等方面的著作。1845年七八月间，马克思在英国曼彻斯特图书馆做了九本"曼彻斯特笔记"，研究和摘录了英国经济学家配第、安德森、布朗宁、米塞尔登、萨德勒、图克等人的大量著作，对价格和流通史、贸易史、工人阶级历史，以及政治经济学原理与现状、人口与农业等问题进行了专门研究。19世纪50年代初期，马克思在伦敦期间继续钻研政治经济学，作了二十四本"伦敦笔记"。1850年，为撰写《政治经济学批判》，马克思阅读摘录了《价格史》、《货币史》、《英国银行史》、《美国银行历史》、《爱尔兰银行历史》、《劳动人口过去和现在的历史》等有关经济史、价格史、货币史、银行史、政治经济学原理等方面的著作。1851年，他就货币流通史、土地所有制史、银行制度史、工艺技术史、殖民地等方面的内容进行了深入研究。

  1848年欧洲革命失败后，马克思"为了完成自己的主要科学著作而热情地重新投入研究工作，他的研究范围这时已显著地扩大了"。①19世纪50年代，马克思的研究范围"显著地扩大了"的表现之一是，这一时期马克思阅读了一些关于国家史、外交史和战争史等方面的著作并作了笔记；另一表现是受19世纪50年代爆发于东方的几次大规模人民革命运动的影响，马克思加强了对东方国家的研究，在《纽约每日论坛报》上刊载了一系列有关中国和印度问题的专论，如《中国革命和欧洲革命》、《俄国的对华贸易》、《鸦片贸易史》、《新的对华战争》、《不列颠在印度的统治》、《不列颠在印度统治的未来结果》等。

  经过数年对历史的潜心研究，马克思于19世纪50年代撰写的著作《1848年至1850年的法兰西阶级斗争》、《路易·波拿巴的雾月十八日》被誉为"既有创造性又透彻地描述了社会历史的过程"的典范。迪特

---

  ① 〔德〕弗·梅林：《马克思传》，樊集译，北京：生活·读书·新知三联书店1965年版，第620页。

里希·戈罗对马克思的这两部作品予以极高评价,认为它们"对经济发展、社会分化和政治传统与制度延续等具体历史过程'在分析之清晰、阐述之准确、运用自己的范畴之自如,均堪称19世纪德国历史学的巅峰之作'"。① 这是马克思长期致力于历史问题研究的缩影,彰显了马克思史学研究的功力和成就。

19世纪60年代,《资本论》第一卷出版之后,马克思在继续进行政治经济学研究的同时,也关注相关学科的最新进展和各国的社会发展。"马克思在继续撰写未完成部分的过程中,尽力研究资本主义各国新的经济现象和政治现象,注意社会科学和自然科学有关领域的最新成就。蓬勃发展的工人运动也促使他熟悉政治和思想方面所发生的事件。"② 他研究政治经济学,研究现实社会的经济运行和政治发展,从纷繁复杂的现象中探寻社会发展的历史规律,这与他进行历史研究是分不开的,也是他研究经济史、国家史的目的之一。

第四阶段,19世纪70年代以后,马克思的研究视野再次扩展,开始在世界历史范围内收集整理文献资料,针对社会科学最新成果进行深入研究,这成为他晚年研究的一大特色。他加强了对各国历史和现状的研究,尤其是对俄国、美国给予了重点关注。"在研究《资本论》第一卷的问题时,他注意的是英国这个工业资本主义的典型国家,而现在,当他为准备第二卷和第三卷进行新的研究时,就越来越注意俄国和美国的经济发展了。"③ 马克思注意研究俄国当时的土地关系、土地所有制状况和农村公社结构,他"阅读俄国历史学家的著作,以及俄国学者关于通史、政治经济学和社会学方面的著作。"④ 后来,恩格斯在《资本论》第三卷序言中说:"由于俄国的土地所有制和对农业生产者的剥削具有多种多样的形式,因此在地租这一篇中,俄国应该起在第一册研究

---

① 中央编译局:《马克思恩格斯研究》,1994年第17辑,第177页。
② 〔俄〕彼·费多谢耶夫等:《卡尔·马克思》,北京:生活·读书·新知三联书店1980年版,第698—699页。
③ 同上书,第699页。
④ 同上。

工业雇佣劳动时英国所起的那种作用。遗憾的是,马克思没有能够实现这个计划。"① 这也解释了马克思为何会在晚年对俄国给予相当程度的关注。当然,马克思的研究计划不止于此,在关注古老俄国的同时,马克思也研读了大量有关美国经济和社会发展方面的最新资料,关注了这一新兴资本主义国家的经济社会发展轨迹。"左尔格、哈尼和美国的其他朋友寄给他的各联邦机关和州的机关所发表的统计汇编和文件汇编、美国和英国定期刊物上的一些文章,都是他的研究对象。因此他才能在有关工业的迅速发展、西部的垦殖、农场的状况、劳动条件、工人的移入等等方面获得重要的资料。"② 1878 年,马克思专门对《泰晤士报》上关于美国的商业状况、钢铁贸易、费城铁路公司等文章作了摘录,大量最新资料使马克思对美国社会经济发展的新进展有了更为深入地了解。

第五阶段,特别值得注意的是,马克思晚年将历史研究扩展至世界通史,侧重于人类整体历史演进的研究。19 世纪下半叶,文化人类学日益兴起并取得突破性进展,马克思阅读了这方面出版的最新著作,吸收了文化人类学进化论派的新成果,借鉴人类学研究方法,从实证角度研究人类社会发展的历史进程。19 世纪 70 年代末,马克思加重了对前资本主义的研究力度。1879—1881 年,他作了《马·柯瓦列夫斯基〈公社土地占有制,其解体的原因、进程和结果〉一书摘要》、《路·亨·摩尔根〈古代社会〉一书摘要》、《亨·萨·梅恩〈古代法制史讲演录〉一书摘要》、《约·拉伯克〈文明的起源和人的原始状态〉一书摘要》、《约·菲尔〈印度和锡兰的雅利安人村社〉一书摘要》等。马克思摘录这些著作,研究了原始社会氏族组织、亲属关系和婚姻家庭形态的变迁,探讨了私有制、古代法律制度、政治组织和国家的产生与发展,分析了东方国家的土地所有制、村社结构,为阐明人类从原始社会向文明社会发展的历史进程及其规律提供了翔实的材料。

---

① 《马克思恩格斯文集》第 7 卷,北京:人民出版社 2009 年版,第 11 页。
② 〔俄〕彼·费多谢耶夫等:《卡尔·马克思》,北京:生活·读书·新知三联书店 1980 年版,第 700 页。

马克思在摘录柯瓦列夫著作期间,还对印度史进行了专门研究。1879年10月,马克思根据罗·修厄尔的《印度分析史》和蒙·埃尔芬斯顿的《印度史》等著作,编写了《印度史编年稿》,对公元664—1858年的印度历史以编年大事记的形式进行了整理。从印度遭受阿拉伯入侵开始,大莫卧儿王朝从建立至覆灭的历史都在其研究范围之内。

从上述回顾可见,马克思一生对原始社会史、古代史、近代史等历史时期,以及政治史、经济史、社会史、哲学史、文化史、宗教史、艺术史、科技史等诸多领域,都进行过专门研究。社会形态发展史、主要民族国家社会历史也是马克思研究的重要关注点。

马克思之所以如此看重历史研究,重视对史学著作的阅读和深入思考,一方面是因为他看到了史学著作对于还原社会历史发展的实际进程和剖析发展背后深层原因方面的重要作用。马克思曾说过,"现代历史著述方面的一切真正进步,都是当历史学家从政治形式的外表深入到社会生活的深处时才取得的。杜罗·德·拉·马尔以探究古罗马土地所有制的各个不同发展阶段,为了解这个曾经征服过世界的城市的命运提供了一把钥匙,——与此相较,孟德斯鸠关于罗马盛衰的论述差不多就像是小学生的作业。年高德劭的列列韦尔由于细心研究了使波兰农民从自由民变为农奴的经济条件,在阐明他的祖国被奴役的原因方面比一大群全部货色仅仅是诅咒俄国的著作家做出了远为更大的贡献。"[①] 另一方面,对历史的深入研究和独特剖析使得马克思形成了自己独特的历史观,从而走向了当时主流历史学的对立面。19世纪中晚期欧洲史学的全部精力几乎都放在"文明史"或"文化史"上,追求某种本质论或进步论。对于历史学追求的这种"超历史性",马克思持深刻的怀疑和批判态度,他既反对当时历史学中追求一般发展道路的本质论或进步论,同时也反对以任何思辨的历史哲学理论作为历史研究的前提,即反对历史学中的先验论。他明确表达了与以往历史观的根本区别,"迄今为止的一切历史观不是完全忽视了历史的这一现实基础,就是把它仅仅

---

① 《马克思恩格斯全集》第12卷,北京:人民出版社1962年版,第450—451页。

看成与历史进程没有任何联系的附带因素。因此，历史总是遵照在它之外的某种尺度来编写的；现实的生活生产被看成是某种非历史的东西，而历史的东西则被看成是某种脱离日常生活的东西，某种处于世界之外和超乎世界之上的东西。这样，就把人对自然界的关系从历史中排除出去了，因而造成了自然界和历史之间的对立。因此，这种历史观只能在历史上看到重大政治历史事件，看到宗教的和一般理论的斗争，而且在每次描述某一历史时代的时候，它都不得不赞同这一时代的幻想。"①

马克思摒弃了当时主流历史学家寻求历史发展"永恒公式"的趋向，运用唯物史观具体地分析和研究不同历史条件、不同经济基础和不同社会结构的各个社会形态的发展演变的具体进程。例如，马克思在分析古罗马平民的发展命运时指出，"这些人本来都是自己耕种自己小块土地的独立经营的自由农民。在罗马历史发展的过程中，他们被剥夺了。使他们同他们的生产资料和生存资料分离的运动，不仅蕴涵着大地产的形成，而且还蕴涵着大货币资本的形成。于是，有那么一天就一方面出现了除自己的劳动力外一切都被剥夺的自由人，另一方面出现了占有已创造出来的全部财富的人，他们剥削他人劳动。结果怎样呢？罗马的无产者并没有变成雇佣工人，却成为无所事事的游民，他们比过去美国南部各州的'白种贫民'更卑贱，和他们同时发展起来的生产方式不是资本主义的，而是奴隶制的。"② 又如，马克思在《给〈祖国纪事〉杂志编辑部的信》、《给维·伊·查苏利奇的复信》及其草稿等文本中，结合对俄国社会历史发展进程的具体分析，驳斥了"单线论"，认为资本主义历史必然性要"明确地限制在西欧各国"。看来，在历史研究中，只有本着实事求是的科学态度，对史实进行比较研究，才能得出正确的结论。因此，马克思深刻地指出，"极为相似的事变发生在不同的历史环境中就引起了完全不同的结果。如果把这些演变中的每一个都分别加以研究，然后再把它们加以比较，我们就会很容易地找到理解这种

---

① 《马克思恩格斯文集》第1卷，北京：人民出版社2009年版，第545页。
② 《马克思恩格斯文集》第3卷，北京：人民出版社2009年版，第466页。

现象的钥匙；但是，使用一般历史哲学理论这一把万能钥匙，那是永远达不到这种目的的，这种历史哲学理论的最大长处就在于它是超历史的。"①

马克思对自己的这一观点毫不掩饰，并在他的著述中反复强调。在《神圣家族》中，马克思作了如下表述："历史什么事情也没有做，它'不拥有任何惊人的丰富性'，它'没有进行任何战斗'！其实，正是人，现实的、活生生的人在创造这一切，拥有这一切并且进行战斗。并不是'历史'把人当做手段来达到自己——仿佛历史是一个独具魅力的人——的目的。历史不过是追求着自己目的的人的活动而已。"② 在《德意志意识形态》中，马克思作了最为翔实地阐述："在思辨终止的地方，在现实生活面前，正是描述人们实践活动和实际发展过程的真正的实证科学开始的地方。关于意识的空话将终止，它们一定会被真正的知识所代替。对现实的描述会使独立的哲学失去生存环境，能够取而代之的充其量不过是从对人类历史发展的考察中抽象出来的最一般的结果的概括。这些抽象本身离开了现实的历史就没有任何价值。它们只能对整理历史资料提供某些方便，指出历史资料的各个层次的顺序。但是这些抽象与哲学不同，它们绝不提供可以适用于各个历史时代的药方或公式。相反，只是在人们着手考察和整理资料——不管是有关过去时代的还是有关当代的资料——的时候，在实际阐述资料的时候，困难才开始出现。这些困难的排除受到种种前提的制约，这些前提在这里是根本不可能提供出来的，而只能从对每个时代的个人的现实生活过程和活动的研究中产生。"③ 马克思在此明确地表达了他的唯物史观立场和观点。

同样的，对唯物史观的运用原则也如是，"如果不把唯物主义方法当做研究历史的指南，而把它当做现成的公式，按照它来剪裁各种历史事实，那它就会转变为自己的对立物。"④ 马克思坚持从具体历史发展

---

① 《马克思恩格斯文集》第 3 卷，北京：人民出版社 2009 年版，第 466—467 页。
② 《马克思恩格斯文集》第 1 卷，北京：人民出版社 2009 年版，第 295 页。
③ 同上书，第 526 页。
④ 《马克思恩格斯文集》第 10 卷，北京：人民出版社 2009 年版，第 583 页。

中探寻历史规律，反对把唯物史观理解为指导历史研究的"一般发展道路的历史哲学理论"。马克思认为，只有运用唯物史观，全面考察世界历史发展，具体研究各个民族国家的发展道路，才能进一步完善唯物史观所揭示的历史发展规律。

马克思的唯物主义历史观内在蕴含的与以往历史观的本质区别，无异于振聋发聩地与以往历史观划清了界限。对于此种决绝，路易·阿尔都塞给予了这样的评价："我们注意到出现了一个具有理论意义的事件，即是在历来被意识形态观点所占领的一个领域里，出现了一种科学的历史理论。……由此我们得出的结论是：马克思的理论同以往的观点有着根本的差别，我们把这种差别叫做'认识论断裂'和'决裂'"，"马克思的科学发现是一种'断裂'，是同以往意识形态历史观的一次'决裂'。"①

综观马克思在历史学领域的巨大成就以及所带来的重大改变，就如恩格斯在《卡尔·马克思》一文中所总结的那样，"在马克思使自己的名字永垂科学史册的许多重要发现中，这里我们只能谈两点。第一点就是他在整个世界史观上实现了变革。"②"历史破天荒第一次被置于它的真正基础上；一个很明显的而以前完全被人忽略的事实，即人们首先必须吃、喝、住、穿，就是说首先必须劳动，然后才能争取统治，从事政治、宗教和哲学等等，——这一很明显的事实在历史上的应有之义此时终于获得了承认。"③"正像达尔文发现有机界的发展规律一样，马克思发现了人类历史的发展规律。"④ 通过追溯马克思历史研究的轨迹，可以看到，马克思对人类社会历史的发展，上至上古史（以《人类学笔记》为代表），下至资本主义社会现实运行（以《资本论》为代表）都进行了深入研究，然而这种研究还缺少至关重要的一环，就是人类从原

---

① 〔法〕路易·阿尔都塞：《保卫马克思》，顾良译，北京：商务印书馆1984年版，第260—261页。
② 《马克思恩格斯文集》第3卷，北京：人民出版社2009年版，第457页。
③ 同上书，第459页。
④ 同上书，第601页。

始社会进入文明社会之后，到资本主义产生之前的这段历史，即我们常说的"前资本主义史"，这一部分在马克思的历史研究中着墨不多。资本主义从何产生，因何产生的问题成为马克思继续写作《资本论》绕不开的一个理论前提，这使晚年马克思感到有必要从整体历史的角度重点关注前资本主义的发展进程。马克思还是选择从阅读史学书籍并作摘录作起，积累研究资料，从而为更为深入地分析和写作准备材料，因为他看到，只有进行整体社会历史研究，才有可能完整地揭示人类社会发展历史规律的普遍性与特殊性。

## 二　马克思晚年的研究特点：笔记式研究

马克思一生写作时间跨度长达50年，著述更是浩如烟海，从类型上看不仅包括文章、著作、文学习作、书信，还包括各种摘要、笔记、评注等手稿，后者在马克思的全部文献中占有很大的比例。随着MEGA2第四部分的陆续编译出版以及研究资料的不断丰富，我们可以越来越清晰地看到，马克思为继续深入研究某一问题，或为准备某部著作而写作的各种笔记、摘要、评注中往往蕴

马克思1875年于伦敦

含新的研究生长点和理论创新萌芽。恩格斯对此曾有过说明："即使只是在一个单独的历史事例上发展唯物主义的观点，也是一项要求多年冷静钻研的科学工作，因为很明显，在这里只说空话是无济于事的，只有靠大量的、批判地审查过的、充分地掌握了的历史资料，才能解决这样的任务。"①

在马克思一生中，阅读并做笔记已经成为了一种习惯。在他留下的大量手稿中包含着各种类型的读书笔记、札记、摘录和评注等。"马克

---

① 《马克思恩格斯文集》第2卷，北京：人民出版社2009年版，第598页。

思有摘录他阅读过的一切书籍的习惯（有时加上自己的评论），这种习惯保持终生；那些保存下来的笔记本有益地推动了他思想的发展。"①在马克思看来，占有大量资料是做研究工作的基础和首要条件，正如他自己所说："研究必须充分地占有材料，分析它的各种发展形式，探寻这些形式的内在联系。只有这项工作完成以后，现实的运动才能适当地叙述出来。"② 一般说来，读书笔记有两种类型，一类是摘录式笔记，一类是评注式笔记，这两种方式马克思通常交替或同时使用。马克思"时常在自己的抄本里，记下他想丰富自己的记忆力的各种实际资料"，"和历史学作家通常的做法相反"，马克思在写作的时候，不"先写通论，而先写事实"，他要"提供新的材料，以便对历史作出新的说明"。马克思在写作《资本论》的过程中，阅读过和做过笔记、摘录的书目多达1500多种，写作的笔记本（包括手稿、摘录、提纲、札记等）有100多本。"他曾阅读使用了大约14册历史资料集和单本文献（其中一小部分系马克思的私人藏书），另外还有整整30种论述18世纪欧洲史的著作。"③ 可见马克思治学之严谨、细致和广博。

马克思在英国博物馆查阅资料　素描

尽管马克思晚年面临着生活条件艰辛、健康状况持续恶化的困境，却依然保持着理论研究的浓厚兴趣，他博览群书，做了大量的读书笔记和摘录评注。这些笔记既是马克思为进一步深入研究积累的资料，也凝结着马克思的理论思考与思想创新。他"还保持着青年时代对科学的热爱，如饥似渴地阅读新书，在书上画上了许多横线，做了不少记号，按照他

---

① 〔英〕戴维·麦克莱伦：《马克思传》，王珍译，北京：中国人民大学出版社2008年版，第18页。
② 《马克思恩格斯文集》第5卷，北京：人民出版社2009年版，第21—22页。
③ 中央编译局：《马克思恩格斯研究》，1994年第17辑，第182页。

的说法，要把这些书本变为他的'奴隶'。"① 只要回顾一下 19 世纪 70—80 年代，马克思主要阅读并作摘要、札记的书籍②，就可以从中看到马克思晚年的大致研究路向。

1. 1871 年 6—7 月，马克思继续研究巴黎公社的经验，搜集有关资料，补作了报刊摘录。

2. 1872 年 8—12 月，马克思阅读车尔尼雪夫斯基的《没有收信人的信》；他把第一封信全部译成德文，其余的信仔细地做了摘要，抄录了许多原文；准备出版手稿。③

3. 1873 年 12 月初，马克思阅读比利时社会主义者塞·德·巴普的著作《关于十九世纪社会问题的探讨和研究》，并写信给恩格斯对这一著作提出批评意见。

4. 1874—1875 年初，马克思阅读了巴枯宁 1873 年出版的《国家制度和无政府状态》一书，做了摘要。这部摘要包括在马克思的一个很厚的笔记本内，名为"Russica Ⅱ，1875"｛俄国，第二册，1875｝，其中有许多俄国作者著作的摘要。

5. 1875 年，马克思写作了为《资本论》第 3 卷准备材料的《伦敦笔记》，共 7 册，主题是俄国农业问题、地租的不同形式与历史发展、农业的化学基础等问题。9 月 20 日以后到 10 月，马克思集中研究政治经济学，特别是研究俄国的土地关系，阅读了俄国自由主义反对派的代表人物萨马林、柯舍列夫、卡维林的书籍，并做了详细的札记。11—12 月研究了农业化学、物理学、政治经济学（特别是土地问题）方面的专著，对恩格尔加尔特的《农业的化学基础》一书做了详细的摘要；阅读了帕特拉夫斯基的《1700—1762 年俄国金融市场》一书和恩格尔加尔特的《俄国农业问题》一文，还研究了俄国总参谋部于 1871 年出

---

① 苏共中央马克思列宁主义研究院编：《回忆马克思恩格斯》，胡尧之等译，北京：人民出版社 1957 年版，第 70 页。

② 参见王东：《马克思学新奠基》，北京：北京大学出版社 2006 年版；王晓红：《马克思笔记写作过程新探》，载《东岳论丛》2009 年第 2 期；《马克思恩格斯全集》第 18 卷，北京：人民出版社 1964 年版。

③ 《马克思恩格斯全集》第 18 卷，北京：人民出版社 1964 年版，第 846 页。

版的《军事统计汇编》第四编,并做了详细的札记。

6. 1876 年,马克思形成了研究人与动植物生理学的《伦敦笔记》3册,对施莱登《动植物生理学》、约·兰克《人的生理学》、《生理学》等著作做了近 200 页的摘录。

7. 1876—1877 年,马克思摘录了毛勒的《德国的马尔克制度、农户制度、乡村制度和城市制度的历史概论》等论述欧洲古代发展道路的9 册笔记,还摘录了格·汉森的《特里尔专区的农户公社》、奥·乌提舍诺维奇《南部斯拉夫人的家族公社》、哈克斯特豪森《俄国的土地制度》、车尔尼雪夫斯基《没有收信人的信》等著作。

8. 1877 年,马克思形成了关于魁奈、亚当·斯密等人经济学著作的 2 册《伦敦笔记》。在其中的一册笔记中有 30 多页关于欧文社会思想的笔记,包括欧文的《新社会观》、《向新拉纳克居民的致辞》、《……关于安排贫苦劳动阶级的建议》、《关于婚姻的讲演》、《关于新社会全部状况的讲演集》等著作的摘记。

9. 1878 年,马克思形成了关于银行金融业的 8 册《伦敦笔记》,对考夫曼的《银行业的理论与实践》、阿·瓦格纳的《政治经济学》、丹尼尔逊的《俄国农业》、彼得罗·罗塔的《银行史》等著作进行了摘录,同时写下了自己的大量意见。5 月 21 日—5 月底,马克思摘录了从美国收到的《劳动统计局第一年度报告》。5 月底—6 月,马克思加紧对农业化学和地质学的研究,阅读了朱克斯、约翰斯顿、科佩等人的著作,并做了摘录。10 月—1879 年 1 月,马克思继续仔细研究金融和银行业,阅读了罗特、奇孔奈、休里曼、吉斯特 – 达贝尔、莱伊、崩讷、加西奥等人关于银行和货币流通史的著作,做了大量摘录和笔记,并写了评注。

《伦敦笔记》第 III 笔记本中关于货币问题的摘录

同年,马克思还摘录了有关美国经济发展现状的笔记,对《泰晤士报》上关于国内商业、钢铁贸易等进行摘录。作了有关罗马历史的著作和书目摘要。

10. 1878年底—1881年，作了关于地质学、农业与农民的9册《伦敦笔记》。

11. 1878—1882年，马克思研究了代数学，摘录了拉克鲁瓦、麦克劳林、欧勒、波茨等人的论文，并撰写了大量笔记手稿。摘录了索里、布沙尔拉、欣德、霍尔、赫明等人的著作，写了微分学简史。

12. 1879年6月中—8月初，马克思阅读了迈耶尔的《德国政界的滥设企业者和营私舞弊》一书，并做了摘录和札记。

13. 1879年10月—1880年10月，他详细阅读了柯瓦列夫斯基的《公社土地占有制，其解体的原因、进程和结果》，并做了书籍摘要。编写了《印度史编年稿》（664—1858年）。1879年底—1880年初，阅读了柯斯托马罗夫的《历史专题论文和研究》，做了有关斯切潘·拉辛起义的摘录，并加以评注。

14. 1880年1—12月，阅读了关于土地所有制、地租、农业和财政问题的政治经济学著作，并做了摘录。

15. 1881年1—6月，马克思研究有关俄国改革后社会经济发展的资料汇编、专题论文和研究著作。阅读了斯克列比茨基、戈洛瓦乔夫、斯卡尔金、扬松、丹尼尔逊的著作和其他书刊，并做了笔记。在重新研究车尔尼雪夫斯基的《没有收信人的信》的基础上，马克思写了《关于俄国废除农奴制问题》。1881年5月—1882年2月中，马克思作了摩尔根《古代社会》一书摘要。阅读了其他有关原始文化史的著述，包括梅恩的《古代法制史讲演录》、佐姆的《法兰克人法和罗马法》、道金斯的《不列颠的原始人》等著作，并做了摘录和评注。1881年7月底—8月上半月，马克思写作了关于土地私有制、手工业、行会、财政和法国农民在1789—1794年革命前夜状况的笔记，作了爱·弗略里的《1789年三级会议的选举》一书的摘录。约8—9月，马克思对殖民地人民的发展史和处境感到很大兴趣，从马尼的《爪哇》、菲尔的《印度和锡兰的雅利安人村社》两部著作做了许多摘记，并加了评注。约8月底—9月,阅读并摘录了于克的《中华帝国》一书。1881年,形成了有关法国土地所有制及手工业等1册笔记。1881年底—1882年,马克思写作了《关于俄国一八六一年改革和改革后的发展的札记》。

16. 1882年9—10月,阅读了亚·尼·恩格尔加尔特的《1872—1882年十一封农村来信》一书,并在页边作了批语。10—11月,马克思研究原始文化史,阅读并摘录了拉伯克的《文明的起源和人的原始状态》一书。阅读了迈·乔·马尔霍尔的《埃及的财政》和艾莫斯的《对埃及人的掠夺》等著作,并写了提要。

从上述马克思所阅读、作摘录的书目可以清晰地反映出,在19世纪70年代以后,马克思的研究范围显著扩展,政治经济学,尤其是西欧经济危机、农业危机等;各国社会历史发展和经济状况,尤其是俄国、美国都在他的研究视野之内。为了深入钻研地租和土地所有制问题,他还研究了农艺学、化学、农业化学、生物学、地质学等有关的科学,马克思对科学技术的飞速发展对于促进生产、改善生活所起的重大作用非常重视。正如恩格斯所说:"在马克思看来,科学是一种在历史上起推动作用的、革命的力量。任何一门理论科学中的每一个新发现——它的实际应用也许还根本无法预见——都使马克思感到衷心喜悦,而当他看到那种对工业、对一般历史发展立即产生革命性影响的发现的时候,他的喜悦就非同寻常了。"① 马克思"尽力研究资本主义各国新的经济现象和政治现象,注意社会科学和自然科学有关领域的最新成就。蓬勃发展的工人运动也促使他熟悉政治和思想方面所发生的事件。马克思已经大体上阐明了《资本论》第二卷和第三卷的大部分理论内容,但是他仍采取十分严谨的科学态度。恩格斯写道,只要列举马克思留下来的手稿,就可以证明,'马克思在公布他的经济学方面的伟大发现以前,是以多么无比认真的态度,以多么严格的自我批评精神,力求使这些伟大发现达到最完善的程度'。这几年马克思又重新研究了社会资本的再生产和流通。他仔细地研究了有关商业、金融、银行业、

---

① 《马克思恩格斯文集》第3卷,北京:人民出版社2009年版,第602页。

土地关系等方面的新文献"①。

马克思晚年敏锐地觉察到了在资本主义生产方式形成的同时,历史日益发展为世界历史的大趋势,因此,他认为研究唯物史观作用的规律不能局限于西欧各国,也不能局限于资本主义社会形态,而是要从整体的世界历史上来加以研究。19 世纪 70 年代末,马克思加强了对前资本主义社会的研究力度,注意研究不同社会形态的土地所有制关系和农村公社状况。1879 年—1881 年,马克思作了现在一般被统称为《人类学笔记》的五部笔记摘要,分别为:1879—1880 年间写作的《马·柯瓦列夫斯基〈公社土地占有制,其解体的原因、进程和结果〉一书摘要》、1880 年底—1881 年 3 月写作的《路易斯·亨·摩尔根〈古代社会〉一书摘要》、1881 年 3—6 月写作的《约·拉伯克〈文明的起源和人的原始状态〉一书摘要》、1881 年 4 月写作的《亨利·萨姆纳·梅恩〈古代法制史讲演录〉一书摘要》、1881 年 8—9 月写作的《约翰·菲尔爵士〈印度和锡兰的雅利安人村社〉一书摘要》,这五部笔记着重研究了前资本主义的发展,如原始社会的社会结构、古代法制史、土地所有制、血缘亲属关系到家庭的产生、私有制的产生、文明起源与国家起源等等问题。

在对上述开展的专题、专门的笔记式资料积累和分析研究过程中,马克思越来越感到从整体上贯通性地研究世界历史的必要性和可行性。《资本论》专注于研究资本主义现实社会的经济运行现象,探究背后作用的规律,为未来可能的发展提供合规律性与合目的性的理性论证。晚年的《人类学笔记》研究人类上古以来至文明社会起源的古代社会发展规律,以及文明、国家、私有制产生的规律,而这两者之间的时空空档应由另一部著作来填补。因此,马克思在晚年作一部庞大的关于前资本主义历史发展的《历史学笔记》也就不足为奇了。《历史学笔记》就在于通过对人类历史上三种主要社会形态的全面贯通式研究,探寻人类

---

① 〔俄〕彼·费多谢耶夫等:《卡尔·马克思》,北京:生活·读书·新知三联书店 1980 年版,第 699 页。

社会形态更替的经济基础和社会条件，探讨人类社会各种形态的发展演进的规律。《历史学笔记》也为我们更好地理解唯物史观提供了重要的文本材料。

## 三　《历史学笔记》的写作及其理论地位

马克思晚年根据社会发展的现实深刻地认识到，探寻社会发展规律不能局限于西欧各国，也不能局限于资本主义社会形态，而是既要对各民族国家进行专门研究和具体分析，也要从世界历史的整体性上加以研究考察。正是基于这种认识，马克思在19世纪70年代末80年代初①大量阅读世界史，尤其是欧洲史著作，进行深入研究，并形成了篇幅浩大的《历史学笔记》。

《历史学笔记》是马克思晚年最后一部史学手稿，也是马克思一生中所作的分量最重的史学笔记之一，用了四大本笔记本摘录，约140多万字，马克思作摘录时参考了大量资料，主要有：施洛塞尔的《世界通史》、博塔的《意大利人民史》、科贝特的《英国和爱尔兰的新教改革史》、休谟的《英国史》、马基雅维利的《佛罗伦萨史》、卡拉姆津的《俄罗斯国家史》、塞居尔的《俄国和彼得大帝史》、格林的《英国人民史》等。1882年，马克思在文特诺尔海滨疗养期间曾给自己的小女儿爱琳娜写信："把弗里曼那本不大好的书（《欧洲史》）也带给我，因为它可以供我作年表用；它放在我的卧室里，在放报纸和其他东西的书架上。"② 可见马克思在作摘录时还参考了其他的史学著作。

从手稿中可以看到，马克思对摘录书籍的研读相当认真细致。他按照自己研究的逻辑脉络重新编排和摘录相关著作，并在所摘录的文字中作标记，写评注，或者直接补充或纠正原书的内容。马克思在生命的最后几年作的这部《历史学笔记》，是对人类社会自奴隶制度衰落至资本

---

① 关于《历史学笔记》笔记的具体写作时间至今仍有争议，相关情况见第五章。
② 《马克思恩格斯全集》第35卷，北京：人民出版社1971年版，第418页。

主义制度萌芽近两千年的社会政治历史史料进行的摘记和评述，现在看来，在当时的史学著作中可谓独树一帜。"这不仅仅是因为这部作品所采用的编年体例在这一时期的欧洲史学传统中堪称绝无仅有，而且也因为这部作品本身的散文式的叙事风格，不带偏见，没有超历史的诉求，在此，我们必须考虑到，19 世纪中晚期欧洲史学传统的几乎全部精力都锚定在某种'文明史'或者'文化史'之上，其基本意识无不透露出某种本质论的或者进步论的诉求，而《历史学笔记》则全然避免了这一切。"①《历史学笔记》运用摘录的方式，对世界历史上发生的重大事件进行考察，研究了奴隶制、封建制和资本主义制度三种主要社会形态的更替过程而避免了本质论和先验论的探寻。

在这部笔记中，马克思从一个侧面有力地证明了马克思的学说并不是僵化的教条，从研究方法到研究内容都兼具开放性与发展性，彰显了逻辑与实证研究相结合的研究特色。在《历史学笔记》中，马克思以生动的史实和翔实的实证研究进一步印证了"唯物史观是以一定历史时期的物质经济生活条件来说明一切历史事件和观念，一切政治、哲学和宗教的"。②

唯物史观的形成宣告了马克思与以往历史观的分野，正如列宁所概括的那样，"发现唯物主义历史观，或者更确切地说，把唯物主义贯彻和推广运用于社会现象领域，消除了以往的历史理论的两个主要缺点。第一，以往的历史理论至多只是考察了人们历史活动的思想动机，而没有研究产生这些动机的原因，没有探索社会关系体系发展的客观规律性，没有把物质生产的发展程度看做这种关系的根源；第二，过去的理论从来忽视居民群众的活动，只有历史唯物主义才第一次使我们能以自然科学的精确性去研究群众生活的社会条件以及这些条件的变更。"③《历史学笔记》的全部内容正是唯物史观这一内涵的

---

① 林国荣：《马克思〈历史学笔记〉与 19 世纪》，上海：上海人民出版社 2013 年版，第 10 页。
② 《马克思恩格斯文集》第 3 卷，北京：人民出版社 2009 年版，第 320 页。
③ 《列宁专题文集（论辩证唯物主义和历史唯物主义）》，北京：人民出版社 2009 年版，第 336 页。

具体彰显。

《历史学笔记》用独特的叙事方法和实证性的历史材料向人们呈现了唯物史观的要义,"人们自己创造自己的历史,但是他们并不是随心所欲地创造,并不是在他们自己选定的条件下创造,而是在直接碰到的、既定的、从过去承继下来的条件下创造。"① 如果说马克思在早期的《德意志意识形态》《共产党宣言》等著作中对社会形态发展演进的研究,主要是从哲学角度进行唯物史观的建构;《资本论》是中年马克思通过对资本主义社会的现实解剖研究资本主义产生、发展及其未来走向的规律;那么,《历史学笔记》则以翔实而生动的史料展现了人类社会(主要是欧洲社会)从奴隶制向封建制的过渡,以及封建社会向资本主义社会发展的漫长过程,并将《资本论》与《人类学笔记》研究内容之间的时空断层弥合起来,从而使马克思的社会发展理论成为了一个有机整体,使唯物史观对社会发展规律的揭示真正达到了完整全面。正是在宏大的世界史观的时空维度和背景中形成的这部作品,也为后人更为完整科学地理解马克思的研究方法和致思脉络提供了重要的文本基础。

从《历史学笔记》中我们可以更为清晰地看到,只有运用唯物史观研究世界历史发展的整体进程,并从各民族国家历史发展进行具体研究,才能进一步完善唯物史观所揭示的历史发展规律。维柯作为"历史哲学"的开创者,提出了"人类历史是人类自己创造的"这一全新命题,突破了自古希腊以降的历史观。马克思在"历史何以生成"的问题上进一步推进了答案。以《历史学笔记》为代表的晚年笔记,反映了马克思晚年历史研究的多样性、连贯性和全面性。通过《历史学笔记》,马克思对人类社会已知的四种形态的研究获得了真正意义上的完整性。《历史学笔记》既是马克思史学研究的深化,在一定意义上也意味着唯物史观研究人类历史发展在时空维度上的全面涵括。

从现有的《历史学笔记》呈现出来的文本情况来看,马克思这部

---

① 《马克思恩格斯文集》第 2 卷,北京:人民出版社 2009 年版,第 470 页。

《历史学笔记》不是为了出版,而是为了自己使用而收集的资料。因为按照保尔·拉法格的说法,"马克思对待著作的责任心,并不下于他对待科学那样严格,他不仅从不引证一件他还未十分确信的事实,而且在他尚未彻底研究好一个问题时他决不谈论这个问题。他决不出版一本没有经过他仔细加工和认真琢磨过的作品。他不能忍受把未完成的东西公之大众的这种思想。要把他没有作最后校正的手稿拿给别人看,对他是最痛苦的事情。"① 遗憾的是,马克思没有来得及充分运用这些笔记资料,写出一部真正的史学巨著来,就被病魔夺去了生命。

恩格斯《在马克思墓前的讲话》中沉痛地说道:"这个人的逝世,对于欧美战斗的无产阶级,对于历史科学,都是不可估量的损失。这位巨人逝世以后所形成的空白,不久就会使人感觉到。"② 梅林在《马克思传》中写道:"马克思自己的主要著作反映着整个的时代。"③ 梁赞诺夫则认为,"社会学和历史学的任何领域都受到这两位伟大思想家的强大影响,他们的理论在他们去世后虽然多次被'消灭',然而总是获得新的生命。"④

**马克思逝世 油画**

---

① 《回忆马克思恩格斯》,胡尧之等译,北京:人民出版社1957年版,第77—78页。
② 《马克思恩格斯文集》第3卷,北京:人民出版社2009年版,第601页。
③ 〔德〕弗·梅林:《马克思传》,樊集译,北京:生活·读书·新知三联书店1965年版,第622页。
④ 中央编译局:《马克思恩格斯研究》,1995年第21辑,第50页。

# 第二章 《历史学笔记》在国际上的出版与传播

1883年马克思逝世之后,恩格斯立即放下了自己的工作,花费了大量时间与精力,着手整理亡友遗留下来的各种文献。"卡尔·马克思是百年少有的杰出人物之一。……所以令我们更加痛心的是:我们在他全力工作着的时候失去了他,虽然他已做了那么多的工作,可是他还有更多的工作没有完成。"① 恩格斯经过详细加工整理,使《资本论》第二、三卷得以问世。在整理马克思留下的浩繁的手稿笔记等资料时,恩格斯发现其中有四大本读书笔记是马克思按编年顺序摘录的世界历史资料,恩格斯将其整理出来,冠之以"Chronologiche Auszüge"(《编年摘录》)的标题,并为每册注上了编号和起止时间。

我们现在读到的这部《历史学笔记》就是"Chronologiche Auszüge"(《编年摘录》)的中文译本。为什么一部笔记会有不同的名称呢?《历史学笔记》的翻译和传播又经历了哪些历程呢?这些都要从苏联对马克思著作的收集整理说起。

列宁领导的十月革命的伟大胜利宣告了社会主义在一国的首先胜利。社会主义国家苏联十分重视对马克思遗著的收集、整理、编译和出版工作。列宁指出,为了真正科学地出版马克思和恩格斯的著作,首先应该收集他们现存著作的手稿,这个任务应该有专门的机构来负责。1920年12月8日,俄共(布)中央全会作出决定,建立世界上第一所马克思主义博物馆。1921年1月11日,俄共(布)组织局决定将马克

---

① 《马克思恩格斯全集》第25卷,北京:人民出版社2001年版,第591页。

思主义博物馆改组为马克思恩格斯研究院,院长由达维德·梁赞诺夫担任。根据苏共中央执行委员会1924年7月11日的决议,马克思恩格斯研究院是"苏联境内唯一一家负责保存与马克思恩格斯的活动以及出版其作品有直接关系的所有原始文件的国立机构"①。研究院的计划是将马克思恩格斯的全部文献遗产都汇集于此,并在此基础上编译出版马克思恩格斯著作全集。

列宁对马克思恩格斯研究院的创立起了决定性作用,他发起了购置马克思和恩格斯著作的工作。按照列宁的指示,研究院花费重金在全世界寻找、购买和复制马克思恩格斯的手稿、著作、笔记、书信、藏书和其他相关文献。梁赞诺夫、阿多拉茨基、贝斯特梁斯基、罗特什泰因、斯克沃尔佐夫-斯切潘诺夫等人对这一工作作出了贡献。正如梁赞诺夫所说:"为了能够准确地追寻由马克思和恩格斯灌输到历史过程而又成为历史过程本身的强大思想动力的那些思想的形成和发展过程,并且对这两位研究者和斗士从事的活动获得一个全貌,我们必须掌握有关他们的理论创作以及他们的实践和组织活动的全部见证。"②

从1923年起,马克思恩格斯研究院组织开展了马克思恩格斯著作的出版工作。1923—1931年间,研究院出版了近50种马克思恩格斯著作,总印数达到了110万册。马克思恩格斯研究院最重要的工作是出版《马克思恩格斯全集》。《马克思恩格斯全集》俄文第一版于1928—1946年间出版,共28卷(33册),收录1200多篇著作和3200多封信件。《马克思恩格斯全集》俄文第二版于1954年开始出版,到1966年出了39卷(42册),后又增加了11卷补卷。俄文第二版《马克思恩格斯全集》共有50卷(54册),收载著作2000余篇,书信4000余封。③

在出版《马克思恩格斯全集》的同时,马克思恩格斯研究院于

---

① 〔俄〕瓦·福米乔夫:《俄罗斯国家社会政治史档案馆的马克思恩格斯文献典藏》,李铁军译,载《马克思主义与现实》2012年第1期。
② 中央编译局:《马克思恩格斯研究》,1995年第21辑,第50页。
③ 参见《马克思恩格斯著作的发表和出版》,北京:人民出版社1976年版,第172—175页。

1924年开始出版《马克思恩格斯文库》（Архив К. Маркса и Ф. Энгелса），到1930年共出版了5卷，由梁赞诺夫主编。按照《马克思恩格斯文库》前言的说法，其内容包括四个部分：1. 有关马克思恩格斯研究过的历史问题的文章；2. 马克思恩格斯的文献；3. 有关马克思恩格斯的传记材料和书信；4. 有关马克思主义的著作书评。

为了与后来出版的《马克思恩格斯文库》加以区别，人们一般把这5卷称为旧版《马克思恩格斯文库》。这部《文库》不同于《马克思恩格斯全集》的一个特点、也是使其具有特殊重要性的原因在于，在这个版本中刊载了许多马克思恩格斯生前没有发表过的文献和新发现的原稿文献。如在1925年，首次发表了恩格斯《自然辩证法》的手稿。1926年，首次用原文发表了《费尔巴哈》章，发表时的标题为《马克思和恩格斯论费尔巴哈（〈德意志意识形态〉第一卷）》。1930年，首次根据原始手稿发表了恩格斯为马克思的《1848年至1850年的法兰西阶级斗争》所写的导言，这些首次发表的文献均在当时引起了很大的轰动。

为了把出版马克思、恩格斯和列宁著作的工作结合起来，1931年，马克思恩格斯研究院与列宁研究院合并，成立了联共（布）中央所属的马克思恩格斯列宁学院。《马克思恩格斯文库》主编改由阿多拉茨基担任，《马克思恩格斯文库》以新的形式出版，编辑方针也有所改变。新版《马克思恩格斯文库》第1卷于1932年出版，漫长的出版工作先后经历了60年，一直延续至1982年，共出版了16卷。为使读者了解新旧版之间的关联，第1—3卷标有双卷次，即Ⅰ（Ⅵ）、Ⅱ（Ⅶ）、Ⅲ（Ⅷ），括号中的罗马数字标示了旧版《文库》的卷次编号，如Ⅰ（Ⅵ）卷，表示该卷为新版的第1卷、旧版的第6卷，以此类推。从新版第4卷开始不再标注双卷次。

我们所知的《历史学笔记》经过苏联翻译者的编译整理，就发表在新版《马克思恩格斯文库》中。《历史学笔记》由于篇幅浩大，原来的四个笔记本分别发表在《马克思恩格斯文库》新版第5卷（1938年）、第6卷（1939年）、第7卷（1940年）、第8卷（1946年）中，俄文版按照德文原意译为《编年摘录》（也称《编年大事记》）。按照编者的说法，"《马克思恩格斯文库》是为深入研究马克思主义奠基人的遗著及其进行研究工作的方法的有较高修养的读者出版的"①。

总的来说，在苏联《马克思恩格斯文库》中发表的《编年摘录》是马克思晚年这部巨幅史学手稿的首次面世，也是唯一一个外文版本。当这部笔记原原本本地呈现于世时，引起了苏联学术界对于晚年马克思和马克思主义历史学的浓厚研究兴趣，特别是在《马克思恩格斯文库》第8卷中刊印的《历史学笔记》第4册中，包含着大量有关俄国历史的资料，这对于研究俄国史，尤其是13—16世纪的俄国史具有重要的价值。

由于种种原因，迄今为止，这部笔记未能收入任何已出版的《马克思恩格斯全集》之中。据悉，目前国际上正在编辑的《马克思恩格斯全集》历史考证版（MEGA²）经过进一步研究整理，将在第四部分（摘录、笔记、批注）中第29卷（1881年底—1882年底）（Karl Marx: Exzerpte und Notizen, Ende 1881 bis Ende 1882 Thematische Schwerpunkte）分两册出版马克思这部"Chronologiche Auszüge"。这与MEGA²的出版原则是一致的，在MEGA²中，编委们考虑到马克思恩格斯的摘录、笔记、批注的独特意义和丰富性，将这一部分单独列出，"MEGA的第IV部分首次出版所有流传下来的马克思恩格斯所作的摘录、摘要、笔记本和批注。"②看来，随着这一编辑计划的实施，马克思这部浩大的笔记将真正成为其著作全集的重要组成部分。

---

① 《马克思恩格斯著作的发表与出版》，北京：人民出版社1976年版，第191页。
② "Vorwort zur Gesamtausgabe", MEGA2, Band I/1, S. 44 *.

# 第三章 《历史学笔记》在国内的出版与传播

《历史学笔记》不仅在马克思的思想发展历程中，而且在马克思主义发展史上都具有重要的地位。《历史学笔记》为后人全面准确地理解马克思的唯物史观和历史研究方法留下了重要的文本依据和丰富的研究材料。马克思在这部笔记中，按照自己的研究逻辑摘录评述了公元前1世纪初到17世纪中叶世界各国，特别是欧洲各国1700多年的沧桑巨变，阐发了隐藏在纷繁复杂的历史事件背后的历史发展规律及历史发展线索，展现了一幅描绘人类社会发展历程的宏伟画卷。《历史学笔记》是马克思为全人类留下的一份极其珍贵的文献遗产。马克思在笔记中摘录了当时一些优秀历史学家的著作，其中许多珍贵的史料在我国的史书中是找不到的。许多学者都知道马克思写过这部重要的笔记，深知它的重要性与意义，因此，《历史学笔记》中译本的出版问世便是一件顺理成章、众望所归的事情。

在俄文版《马克思恩格斯全集》和其他有关资料中，曾把这部手稿按照德文译为《编年摘录》或《世界史编年摘录》、《编年大事记》等。从1989年开始，中央编译局胡永钦、孙家衡、耿睿勤、陈家英、袁延恒等同志根据苏联1938、1939、1940和1946年出版的《马克思恩格斯文库》第5—8卷的全部内容进行翻译。在将这部巨著全部译成中文的过程中，翻译者克服了重重困难。据胡永钦同志回忆，由于马克思摘录的许多文献，如格林的《英国人民史》等，在当时是没有现成中文资料可供参考的，里面存在着大量的人名、地名、历史事件等，翻译难度很大，往往需要花一两天时间才能准确地翻译出来一个名称。但译者认为，正是因为这样充满细节的史实描绘，才使这部笔记对历史事件的表述更加鲜活、更加生动，使人如临其境，这也是其历史价值与意义之所在。

1992年9月，红旗出版社以《历史学笔记》为名出版了这部笔记，这是马克思这部手稿的第一个中文译本，填补了我国马克思主义著作出版领域的一项空白，为我国哲学、史学研究工作者提供了一部非常有价值的经典文献。

关于《历史学笔记》中文第一版的翻译出版，还有一段鲜为人知的故事。

我国著名理论家、法学家张友渔同志，曾领导中国历史唯物主义学会国情调查工作委员会（简称"国调会"）支持和帮助了《历史学笔记》的翻译和出版工作。1990年，张友渔亲自提议和创建了"国情调研委员会"，并担任名誉主任。当他带领"国调会"同志进行调研时，了解到马克思《历史学笔记》的中译本翻译出版遇到困难因而搁浅，他立即建议"国调会"全体同志，从人力、物力、财力上全面资助该书的翻译、编辑、出版工作。张友渔认为，这部笔记是在马克思逝世前一年完成的，是马克思最后一本读书笔记，因此它凝聚了马克思的历史观和史学方法，中国的马克思主义者应深入研究马克思的这一著作，从而使其更好地指导中国的改革开放。① 为此，"国调会"还聘请《历史学笔记》的主要译者为"国调会"的特约研究员，支持他们把这本书全部翻译出来。这项工作也获得了社会各界的积极支持。红旗出版社承担了《历史学笔记》的出版任务，新华书店发行所专门向各地新华书店发出紧急通知，要求尽快全力做好这本书的发行工作。张友渔同志还就此书的出版发行情况起草了给中央领导同志的汇报信，动员全社会的力量来关心此书的出版发行，"支持和帮助这本书编译出版可能是我为党的最后一点贡献了"②。

就这样，1992年9月，由中央编译局翻译、红旗出版社出版的

---

① 陈丕显：《马克思〈历史学笔记〉中译本翻译出版的前前后后——记念张友渔同志》，载《中国翻译》1993年第3期。

② 同上。

《历史学笔记》中文版终于面世，16 开本，1800 千字。该书采用深蓝色硬质封皮，封面印有立体马克思像。在这部书的前言中，译者对它的主要内容和重要性作了如下说明："马克思的这部史学手稿虽然是摘录，但是内容极为丰富、具体，读起来并不感到枯燥，因为它的内容都是历史上存在过的事实，其中许多事实在我国现有的史书中也是难以找到的。马克思在作摘录时并不是简单地复述他所研读的著作文句。他是一面摘录，一面表达了他对各种历史现象的认识、理解和评述。这部手稿反映了马克思对世界史问题的大量研究工作，对于了解马克思的历史观点、他研究历史的具体进程以及研究方法，提供了大量的材料。马克思《历史学笔记》的出版，将有助于我国史学工作者深入了解马克思的科学工作方法和他的史学理论。"①

1992 年版《历史学笔记》封面　　2005 年版《历史学笔记》封面

但是，红旗出版社出版的《历史学笔记》由于后期出版比较匆忙，客观上存在着排版印刷的质量问题，有缺页、漏页之处，并且由于首次使用电脑排版，错字、漏字也不少。鉴于这部著作的重要性与红旗版印刷上的不完善之处，2004 年春，中国人民大学出版社与中央编译局商

---

① 马克思：《历史学笔记》，中央编译局译，红旗出版社1992年版，第Ⅰ页。

议，并与红旗出版社达成协议，由中国人民大学出版社重新出版此书，译校者对照上一版对译文作了重新修订和统校。2005年11月，中国人民大学出版社出版了新版《历史学笔记》。该版为大16开本，四册合一，共1650千字。采用白色硬质封皮，封面印有黑白马克思像。

在2005年版的译者前言中，简短地介绍了两版的情况。"1992年9月，本书曾由红旗出版社出版。2004年春，中国人民大学出版社建议重印此书，译校者借此机会对译文作了修订。"① 与上一版相比，人大版在装帧上更为精美，印刷质量很高，在马克思手稿部分运用了彩页。

中文两个版本的《历史学笔记》都遵循马克思作摘录时的写作原貌，在笔记本的每页左边专门留有一行标记着年代日期，并把每页亲自编上页码，保留了马克思手稿上的四角括号和圆括号，在马克思打着重号的地方用黑体字排印。在《历史学笔记》第一册和第四册结尾处附录部分，附有马克思所摘录的原著摘编，以方便读者查阅相关史实。第一册附录是摘自卡尔洛·博塔《意大利人民史》1825年巴黎版和摘自施洛塞尔的《世界史》。第四册最后部分是马克思阅读约·格林的《英国人民史》（第1卷和第2卷）一书所作的摘要，从写作时间和内容来看，这篇札记是对《历史学笔记》的补充。第四册附录部分摘录了《英国人民史》第1卷和第2卷中的重要章节，可供读者在阅读时参照比较。

另据了解，我国的《马克思恩格斯全集》中文第二版将会根据《马克思恩格斯全集》历史考证版第四部分第29卷的内容收录编译《历史学笔记》。

马克思《历史学笔记》中文版的出版，是马克思恩格斯著作在中国百年传播史中的重要事件，标志着中国不仅重视经典作家成型著作、已发表作品的翻译出版，也注重挖掘经典著家的手稿、笔记、摘录、札记等未发表作品的编译工作。这部笔记的出版，丰富了我国马克思主义经典著作的文献体例和种类，为中文马克思主义经典著作宝

---

① 马克思：《历史学笔记》，中央编译局译，中国人民大学出版社2005年版，第Ⅱ页。

库增添了新的内容，也为我国哲学社会科学工作者研究历史唯物主义理论、研究历史、研究作为历史学家的马克思起到了重要作用。尤其在全面推进中国特色社会主义事业的今天，《历史学笔记》为我们深入研究历史发展规律，开创中国特色社会主义道路，将产生重要而深远的影响。

# 第二部分　研究状况

# 第四章 国外研究状况

由于《历史学笔记》这部著作本身的笔记体性质，以及其出版时间、地点和版本所限，西方学者对这一文本的研究成果极其有限，其意义被大大低估。我们这里从晚年马克思的大视野出发，将国外关于晚年马克思的相关研究成果呈现于读者面前，有助于我们从整体的思想背景、理论维度理解晚年马克思的致思与研究路向。与这一文本在西方的冷遇形成对比的是，这一文本在苏联发表后，历史学家、哲学家展开了相关的研究，取得了一定的成果，形成了对《历史学笔记》研究的基础性研究成果，为我们在此基础上进一步展开相关的研究积累了一定的理论资源。

## 一 西方的研究

按照以往的传统观点，马克思晚年由于社会活动减少，公开发表的著作不多，因此晚年马克思在马克思主义思想史上的理论地位是不高的。最具代表性的是马克思传记著作家梅林的说法："1873 年秋天他害了很厉害的头痛病，很有中风的危险。这种慢性的大脑受压抑的状况使他不能工作，失去了写作的欲望。"① "从 1878 年起，他就没有为完成他的主要著作而工作。差不多在同一个时候，或者稍晚一些，他又开始为他妻子的健康担忧了。"② "马克思比他的妻子只多活了十五个月。但

---

① 〔德〕弗·梅林：《马克思传》，樊集译，北京：生活·读书·新知三联书店 1965 年版，第 619 页。
② 同上书，第 650 页。

是在这整个期间,他的生活只不过是一种'慢性死亡'。恩格斯在马克思夫人逝世的那天说过:'摩尔也死了',这话是说得不错的。"① 苏联马克思恩格斯研究院首任院长梁赞诺夫进一步推进了这一观点,他在收集马克思遗著时发现了大量马克思晚年笔记,他认为这表明马克思"直到生命的终结都保持了扎扎实实、有条不紊的工作作风"。同时他对马克思在 63 岁高龄还花那么多时间来这样系统地、详细地作摘记感到不可理解,认为这是一种"不可饶恕的学究气"②。

这种看法在很长的历史时期内影响了后人对马克思晚年的研究工作及晚年所做系列笔记的态度和理论定位,学者们往往把晚年笔记排除在马克思的理论创新过程之外。直到 1972 年由荷兰阿森市范·戈库姆出版公司出版了劳伦斯·克拉德编辑的《卡尔·马克思的民族学笔记》,才在西方世界掀起了晚年马克思的研究热潮,人们发现除了青年马克思和成熟马克思之外,还存在着一个晚年马克思,并在之后的研究中产生了几种代表性观点。这其中要说明的是,学者们对晚年马克思的理论定位和态度往往是与他的《人类学笔记》有更切近的联系,而作为晚年更大篇幅、更晚近的《历史学笔记》一直以来鲜有人关注。这主要是受到《历史学笔记》出版的版本限制。我们知道,《历史学笔记》在马克思生前未能出版面世,恩格斯在马克思逝世后才整理出来笔记手稿,它的首次出版是 20 世纪 30 年代的俄文版,这也是目前国际上为数不多的版本之一,这直接影响了西方学者未能将《历史学笔记》纳入其研究视野。但我们可以从西方学者对晚年马克思以及马克思历史理论的研究和阐释中大致勾勒出其对晚年马克思的理论定位。

一是复归论。即认为晚年马克思是向早年马克思的复归。这种观点以劳伦斯·克拉德(Lawrence Krader)及其弟子西里尔·勒维特(Cyril

---

① 〔德〕弗·梅林:《马克思传》,樊集译,北京:生活·读书·新知三联书店 1965 年版,第 653 页。
② 〔苏〕梁赞诺夫:《马克思主义史概论》,1928 年莫斯科增订第 2 版第 2 卷第 206 页。转引自杜章智:《国外对马克思晚年人类学笔记的研究》,载《马列主义研究资料》第 1 辑,北京:人民出版社 1987 年版。

Levitt）为代表。在《作为民族学家的卡尔·马克思》、《马克思和恩格斯的民族学著作的比较研究》、《马克思著作中的民族学和人类学》、《马克思主义人类学的原则和矛盾——关于人的科学的新观点》、《〈卡尔·马克思的民族学笔记〉评介》等著作中将马克思看成是民族学家，将马克思的晚年笔记称为"民族学笔记"，认为《民族学笔记》与《1844年经济学哲学手稿》之间存在着内在联系与对应关系，马克思晚年是在更高的基础上向早年人类（本）学的复归，马克思一生的理论探索就是从早期的哲学人类（本）学到晚期的经验人类学的过程。

二是马恩对立论。这种观点以诺曼·莱文（Norman Levine）为代表。他利用马克思晚年思想来制造马克思与恩格斯的对立。他在《马克思和恩格斯思想中的人类学》、《马克思反对恩格斯》等书中将两人的思想分别称做马克思主义和恩格斯主义，把恩格斯说成是"庸俗的马克思主义创始人"，是经济决定论者。莱文把马克思和恩格斯关于摩尔根、拉伯克和毛勒的人类学著作进行了比较研究，得出了两人人类学方面的观点不一致甚至对立的结论："马克思反对恩格斯。"他认为恩格斯在人类学研究中背叛了马克思，将马克思的社会理论变成了"僵死的社会决定论体系"，而马克思是辩证唯物主义者，从来没有提出固定的社会发展模式。此外，诺曼·莱文还提出了多线论。他把马克思的思想发展以1853年为界分为经济学和人类学两个时期，在经济学时期马克思是社会发展的单线论者，后期根据马克思的《人类学笔记》和给查苏利奇的复信草稿等文本证明了马克思的社会发展观不是单线的，而是多线的。

三是超越论。以唐纳德·凯利（Donald R. Kelley）为代表。他在《人类学：论垂暮之年的马克思》中认为，马克思一生与人类学关系密切，从学生时代起就一直以不同方式保持着对人类学的兴趣。在马克思晚年，这种兴趣尤其突出，他晚年研究发展了早期的人类学观点，超越了局限于经济学分析的历史唯物主义思想。马克思的思想发展从哲学上的"唯心主义"走向实证的和"科学的"看法。凯利认为，人类学表现了马克思个人辩证发展的最后阶段的情况，并使他超出了他的大多数追随者所理解的马克思主义。①

　　四是多元决定论。以法国结构主义者毛里斯·戈德里埃（Maurice Godelier）等人为代表，认为马克思在运用唯物史观基本原理研究人类学和古代历史时，着重强调了亲属关系在史前社会的重要地位，显示了"多元决定论"的历史方法，是对以往"经济决定论"的否定。②

　　五是还原说。莫里斯·布洛赫（Maurice Bloch）在《马克思主义和人类学关系史》等著作中表示，马克思之所以对人类学感兴趣，是与对资本主义的现实研究密切相关的。"无论马克思还是恩格斯都不认为自己是历史学家或人类学家……他们转向人类学和历史，与其说是要关心资本主义以前的社会本身，不如说是要对资本主义进行分析。他们在自己的全部著作中都在设法证明资本主义大厦所赖以建立起来的那些概念——国家、所有制、男人和女人的本性、婚姻、家庭、劳动、贸易、乃至资本本身——并不是基于人性、逻辑或上帝这类非历史现象的不可动摇的东西……他们往人类学那里绕一下弯，就是为了要证明这些概念的任意性、暂时性和相对性。只有在这些概念及其虚假的永恒性被戳穿之后，才有可能作出令人满意的政治分析。"③

　　六是思想变化说。特奥多尔·汕宁（Teodor Shanin）在《晚期马克思与俄国的"资本主义边缘"》等文中认为马克思的最后十年是他思想发展中一个很重要的时期。马克思在这个时期虽然未发表什么有分量的文章，却在书信和笔记中留下了许多有关他思想变化的证据。汕宁把马克思的思想发展分为三个主要阶段：40年代的早期马克思、五六十年代的中期马克思、七八十年代的晚期马克思。虽然这个晚期阶段由于马克思在1883年逝世而没有完成，但它的内容却极为丰富，为对全球资本主义、不那么资本主义的地区以及社会主义的前景采取新的态度奠定

---

①〔美〕唐·凯利：《人类学：论垂暮之年的马克思》，载美国《思想史杂志》1984年4—6月号。参见杜章智：《国外对马克思晚年人类学笔记的研究》，载《马列主义研究资料》第1辑，北京：人民出版社1987年版。

②冯景源：《人类境遇与历史时空——马克思〈人类学笔记〉、〈历史学笔记〉研究》，北京：中国人民大学出版社2004年版，第5—6页。

③同上书，第94页。

了基础。①

七是多线论。海德·布朗（Heather A. Brown）在《多线论、偶然性与坚持：重估马克思关于前资本主义社会的历史发展》中认为，由于马克思坚定地认为历史进步的本质是从社会、经济与技术发展进步角度来考察的，因而可以说他是一个典型的现代主义者。因此，赛义德会发现马克思在进步的西方与停滞的无历史的"东方"之间进行了严格的区分，这一点毫不令人惊讶。马克思当然有许多对非欧洲社会的批评，然而从马克思关于非西方社会的研究来看，并不如赛义德所说的是一贯的东方主义者。相反，马克思的著作阐述了对非欧洲社会的进一步理解以及他们与殖民权力的关系。在晚期的著作中，马克思改变了他的历史发展单线论观点，提出社会革命可以从欠发达社会开始。这些作品展示了马克思没有将社会和技术发达的西方与停滞无历史的"东方"之间作出明确的区分，而是认为这两者能够在某一时刻被视为辩证关联的整体。②

八是革命说。拉雅·杜纳耶夫斯卡娅（Raya Dunayevskaya）在《马克思的"新人道主义"、〈人类学笔记〉和妇女解放》、《马克思主义与自由》中认为，马克思在最后十年里，"经历了一次认识上的冲击"，"看到了一些新的革命和思想的力量"。她认为，"从马克思作的摘要和评注中，以及从他在这个时期的通信中，可以清楚地看到，马克思不是在设计新的革命道路，不是像近来的一些社会学论文希望我们相信的那样，放弃他毕生对资本主义在西欧的发展所作的分析，更不是取消他所发现并称之为'新人道主义'的思想和革命的新天地。相反，马克思是在深入考虑他在40年来所考虑的人类的发展及其为争取自由而进行

---

① 〔英〕T. 汕宁：《晚期马克思和俄国之路》1983年伦敦版第23—30页。参见杜章智：《国外对马克思晚年人类学笔记的研究》，载《马列主义研究资料》第1辑，北京：人民出版社1987年版。

② Heather A. Brown, "Multilinearism, Contingency, and Resistance: Reevaluating Marx on Historical Development in Precapitalist Societies", *New Political Science*, Vol. 32, No. 3, September 2010.

的斗争——他称之为'历史及其进程'和'不间断的革命'。"①

九是倒退说。科林伍德（Robin George Collingwood）在其所著的《历史的观念》中认为，马克思的历史学研究是向18世纪流行的历史自然主义的"倒退"。"马克思所做的，是要重申18世纪历史自然主义的基本原则，即历史事件都有自然原因。毫无疑问，他是以不同的姿态重申了这一原则。马克思思想谱系中具有的黑格尔的一面使得他有权去拥有'辩证'这一术语。他强烈坚持的唯物主义并不是普通的18世纪的唯物主义，那是'辩证唯物主义'。这区别并不是不重要；但也不能被夸大。辩证唯物主义仍然是唯物主义。而马克思就是在变黑格尔的辩证法的魔术，其全部的要点就是：黑格尔已经宣布和18世纪的历史自然主义决裂了，而且除了以一种部分的方式外，确实不曾成就过，但无论如何却要求有过一部自律的历史（这是因为一部除了逻辑必然性之外不承认有任何权威的历史，便可要求自律这一称号）。马克思回到了这种要求上来，把黑格尔已经宣布从自然科学的管辖下解放出来了的历史，又一次隶属于自然科学的管辖之下。"②

从上述西方学者对马克思晚年思想的研究可以看出，他们更加注重对晚年《人类学笔记》的研究，并从人类文化学家的意义上来探讨马克思晚年所做的工作；另一方面，也从对比的角度分析马克思本人思想的发展史，或是探讨东方社会发展道路等现实问题，而对马克思晚年历史学研究关注较少。

而从马克思一生的长时间段来看，唯物史观从创立到发展是贯穿其一生的理论线索。西方学者多是从唯物史观的角度对马克思的历史学和历史理论进行分析，在这方面发表了大量研究成果，如 S. H. 里格比的《马克思主义与历史学》、P. B. 布莱克利奇的《对马克思主义历史理论

---

① 〔美〕R. 杜纳耶夫斯卡娅：《马克思的"新人道主义"、〈人类学笔记〉和妇女解放》，载《实践》杂志国际版 1984 年 1 月号。参见杜旨智：《国外对马克思晚年人类学笔记的研究》，载《马列主义研究资料》第 1 辑，北京：人民出版社 1987 年版。

② 〔英〕R. 科林伍德：《历史的观念》，尹锐、方红、任晓晋译，北京：光明日报出版社 2007 年版，第 97—98 页。

的思考》、霍布斯鲍姆的《马克思和历史学》、G. A. 科恩的《卡尔·马克思的历史理论：一个辩护》、M. 雷德的《马克思对历史的解释》等。他们往往从历史学家和哲学家的双重意义上来理解马克思，分析马克思的唯物史观，以及他对近代历史学所作出的贡献。然而正如里格比所概括的那样，"尽管绝大多数最能引发人们兴趣的马克思主义历史研究都是关注前工业社会的，但恰恰是在历史编撰的这个领域，强调社会对政治和意识形态制约性的马克思主义却并未产生什么影响。对马克思多样的，甚至矛盾的论断进行辨析，会使历史学家提出的问题、概念和对解释形式的认识更为深刻，这将体现在他们的历史著作中。站在马克思的肩膀上，我们也许能够脱颖而出。马克思的深刻洞察力使我们能够看得更清和更远，但正是这种对马克思的辨析却是许多历史学家迄今尚未去做的。"① 当代西方的历史学家和哲学家们，无论是从辩护的角度还是从批判的角度，对马克思的历史理论、文本和观点的理解和研究都尚未到位，对马克思深刻思想的洞察还未触及其本人的高度。

## 二　苏联的研究

与西方世界兴起晚年马克思的研究热潮是基于马克思晚年文本的新发现类似，《历史学笔记》20 世纪 30 年代率先在苏联编译出版后，引起了苏联学者的极大研究兴趣，在一定程度上形成了对于晚年马克思以及马克思历史学的研究热潮。②

与苏联 1938 年起在《马克思恩格斯文库》上连续发表马克思的《编年大事记》（《历史学笔记》）、《摩尔根〈古代社会〉一书摘要》等文本背景有关，苏联学者加强了对马克思恩格斯历史研究方法与历史研究的相关研究工作，这对于促进苏联历史科学的发展起到了重要作用。苏联学者们认识到，"科学共产主义奠基人的手稿，尤其是马克思的

---

①〔英〕S. H. 里格比：《马克思主义与历史学——一种批判性的研究》，吴英译，南京：译林出版社 2012 年版，第 357 页。

② 俄文译为《编年摘录》或《编年大事记》。

《编年大事记》的发表,在战后最初几年的历史文献中具有重大的意义。一些文章和评论都曾尝试过分析《编年大事记》的内容,揭示伟大思想家的内在创作活动及其科学研究方法。苏联历史学家指出了马克思多么重视研究历史事实——概括和阐明历史过程规律的基础。"① 这种认识对于当时的苏联来说是极其重要的,因为当时苏联学界还未彻底走出庸俗社会学理论,在某种程度上对具体历史研究的意义尚认识不够。

在苏联历史学家看来,马克思的《编年大事记》(《历史学笔记》)中包含有亚洲、非洲、美洲许多民族的珍贵史料,这引起了他们的极大研究兴趣。他们开展了对经典作家社会历史发展观点的研究,包括马克思恩格斯的社会经济结构理论、对某些国家发展的看法,以及对一些具体历史问题的研究等;还包括马克思关于欧洲专制制度的起源、封建君主政体在法国、英国和西班牙的特殊作用以及关于英国宗教改革运动特点的研究等。他们认为,《编年大事记》证明马克思不仅对中世纪的政治史,而且对重大事件的发生发展过程都非常注意研究。特别是人民革命和起义的消息,这些都深深地吸引着马克思的注意。

苏联彼时涌现的一些综合性著作也从一个侧面证明了苏联学者在研究马克思《历史学笔记》和历史学时所取得的成就。扎斯坚克尔在《唯物史观——历史科学中的伟大革命性变革》、《马克思和恩格斯的历史观》、《马克思恩格斯著作中的历史科学问题》等著作中详尽分析了马克思和恩格斯对近代历史编纂学的贡献。他认为,马克思和恩格斯打破了传统的史料来源的狭隘性,即主要限于官方文献和回忆录等,而将社会经济史料运用到学术工作中。戈利曼的《马克思》则系统梳理了马克思对历史科学作出的巨大贡献。② 罗京斯基的《在马克思的〈编年大事记〉中对历史人物的评述》中阐述了马克思评价历史人物的基本立场。

---

① 人民出版社资料组:《马克思主义史的研究》,北京:人民出版社1978年版,第247页。

② 同上书,第251页。

有学者专门对马克思恩格斯关于社会形态发展的观点进行了深入研究。如波尔什涅夫的《封建主义和人民群众》、古特诺娃的《马克思和恩格斯著作中关于中世纪史的一些基本问题的论述》中对研究封建制度的形成和发展及其衰落过程作了详细的研究。① 尤基季斯在《马克思、恩格斯论古代罗马史的若干问题》中综合了马克思和恩格斯著作及通信中对罗马历史发展特点的观点后指出，经典作家揭示了那些证明奴隶占有制社会的危机和造成罗马国家灭亡的原因的深刻过程。

针对《历史学笔记》中有关俄国情况的专门摘录，苏联历史学家指出，马克思把他对远古以来俄国史的简要概述列入自己的通史提纲这一情况在方法论上具有重要意义。尽管马克思所运用的史料是陈旧的，但他把俄国历史作为世界历史不可分割的一部分而加以考察，这一方法论原则非常重要。马克思关于莫斯科公国的历史以及俄国人民反对蒙古统治，关于伊万四世的对外政策及17世纪俄国社会斗争的思想，具有重大的意义。加马尤诺夫写的关于马克思在研究马·柯瓦列夫斯基的《公社土地占有制，其解体的原因、进程和结果》一书时所作的札记、阿列克赛耶娃《马克思关于印度历史的札记》等一些著作专门阐述了马克思对东方各国历史的研究情况，是对《历史学笔记》相关研究的有益补充。

费多谢耶夫对马克思晚年花大力气作《编年摘录》的相关情况和过程进行了专门研究，认为马克思在晚年打算总结一下自己的历史知识，编制同一时期各国历史发展的大事年表，但这个计划只实现了一部分，他主要是整理了欧洲历史的材料以及亚洲和非洲一些民族（阿拉伯人、蒙古人、土耳其人、花剌子模人）的历史材料。在《编年摘录》里马克思注意的主要是政治事件，但是也常常研究政治生活的各种现象的社会根源和阶级根源。他的论述表明，历史不是偶然的千变万化的事实，而是既反映历史过程的总趋势，也反映各个国家历史过程的特殊性

---

① 人民出版社资料组：《马克思主义史的研究》，北京：人民出版社1978年版，第247页。

的一系列有规律的事件，是一幅描绘封建社会从封建关系产生到封建制度解体、专制君主制和早期资产阶级革命时代的历史画卷。《编年摘录》表明，马克思认识到了历史是富于戏剧情节的生动过程，在这个过程中，普遍规律绝不是作为某种命定的使诸现象划一的力量起作用。普遍规律是通过千百次偶然事件和偏离常规的现象为自己开辟道路，在不同的条件下有不同的表现。《编年摘录》总的说来反映了马克思对世界史问题的大量的研究工作。[1]

从历史学的角度，将唯物史观的社会形态发展观点与《历史学笔记》结合起来研究，是苏联学界研究《历史学笔记》的重要特点，此外，将马克思历史研究的相关著作进行综合研究，也使苏联对《历史学笔记》的研究成果进一步深化。但总的来看，国际上关于《历史学笔记》的研究仍然是基础性的和潜在性的，这在一定程度上构成了国内研究《历史学笔记》的资源与背景，也意味着我们要进一步对其进行深入研究。

---

[1] 参见〔俄〕彼·费多谢耶夫等：《卡尔·马克思》，北京：生活·读书·新知三联书店1980年版，第712—714页。

# 第五章 国内研究状况

受《历史学笔记》中译本出版时间所限，国内理论界对于《历史学笔记》的研究开展较晚。大体来说，20世纪80年代末、90年代初，国内学界关于《历史学笔记》的相关研究才开始出现，史学研究者尤其对这部著作给予了积极关注，哲学研究者在后来的研究中跟进，并逐渐形成了共识，这部马克思大部头的笔记体著作在马克思主义思想史上具有重要而独特的地位，蕴含着马克思哲学、史学研究的方法和原则。总的来看，到目前为止，国内关于《历史学笔记》的专门研究还远未达到具体、深入、全面，对它的理论研究还存在着大量的空白之处。从数量上看，出版的专门研究性专著很少，研究性的文章也远远未能与对马克思其他经典文献的研究相媲美。进入21世纪后，对于《历史学笔记》的相关研究呈现出良性增长的态势，国内学者主要在以下几个方面开展了对《历史学笔记》的研究。

## 一 《历史学笔记》的写作时间

众所周知，《历史学笔记》是马克思在晚年所作的一部笔记摘录，由于这部笔记是恩格斯后来整理出来的，在马克思生前没有发表，因此关于马克思写作的具体时间也没有形成完全一致的看法。主要有这样四种观点：在《历史学笔记》中译本的前言中，认为马克思这部笔记大概写于19世纪70年代末和80年代初。"《历史学笔记》是马克思晚年所写的一部史学手稿，大概写于七十年代末和八十年代初，共有四本笔记本。"① 也有学者认为这一笔记大约写于 19 世纪 80 年代初。还有观点认为，这一手稿大约写于 1881—1882 年初，即在马克思逝世前一年写成。

苏联学者费多谢耶夫等认为，这一手稿写于 1881 年底—1882 年底。② 国内有学者认为这一时间的确认基于以下几个信息：一是 1882 年 12 月 14 日马克思给女儿劳拉的信。信中对无政府主义"夸夸其谈"的革命词句进行了严厉的批判，说他们是"现存秩序的支柱"、"最客观的'法院侦查员'"，他们的这种做法"绝对'没有危险'！"然后，马克思用了英国"蔷薇战争"中的一个典故"无辜"来讽刺这些人："假如这些无政府主义者不是这样极其'无辜'，人们可以宽恕他们的一切！"对于这个"无辜"，马克思特意写下了"蔷薇战争"中如下的典故："亨利七世（他战胜了理查德三世）请求一个教皇把亨利六世列为圣徒，这个教皇说了句很恰当的俏皮话，他回答说：'无辜'（即'白痴'）还不足以尊为'圣徒'。"③ 马克思给劳拉的信的时间正是他结束了人类学笔记最后两篇（《古代法制史讲演录》和《文明的起源和人类的原始状态》）写作任务之后，即 1881 年 6 月以后所进行的《历史学笔记》写作的时间。二是 1882 年 11 月 10 日马克思给女儿爱琳娜的信中说道："我现在还没有开始真正工作，而是在做各种准备。"④ 1882 年 12 月 23 日马克思给自己的小女儿爱琳娜的信中要他的女儿为他做一件事情："把弗里曼那本不大好的书（《欧洲史》）也带给我，因为它可以供我作年表用；它放在我的卧室里，在放报纸和其他东西的书架上。"⑤ 这封信是马克思因病离开伦敦在文特诺尔海滨疗养期间写给女儿的，说

---

① 马克思：《历史学笔记》，中央编译局译，北京：红旗出版社 1992 年版，前言第 1 页。
② 参见胡永钦：《马克思一部鲜为人知的手稿》，载《中国出版年鉴》1993 年版；耿睿勤：《马克思〈历史学笔记〉第一个中文译本即将问世》，载《马克思恩格斯研究》，1992 年第 8 辑；冯景源：《马克思〈历史学笔记〉研究的意义——打开"马克思晚年困惑"的钥匙》，载《人文杂志》1995 年第 1 期；李凤丹：《马克思〈历史学笔记〉研究综述》，载《华北电力大学学报》2008 年第 2 期。
③ 《马克思恩格斯全集》第 35 卷，北京：人民出版社 1971 年版，第 406 页。
④ 同上书，第 396 页。
⑤ 同上书，第 418 页。

明在此期间马克思在写作《历史学笔记》。三是从逻辑上对马克思的实证史学研究进行分期,第一个时期是与《资本论》写作有关的,马克思对现代西方历史,特别是英国历史的研究;第二个时期是以《民族学笔记》为特征的对"古代社会"的研究;第三个时期是以《历史学笔记》为标志的对奴隶社会、封建社会以及资本主义前期发展史的研究。因此,可以推定《历史学笔记》的写作是在《民族学笔记》之后。《民族学笔记》的最后一篇是对英国古史学家约·拉伯克《文明的起源和人的原始状态》一书所作的摘要。该摘要写于1881年3—6月。依据这样的分析,马克思的《历史学笔记》应是在1881年6月以后开始的。《历史学笔记》是继《民族学笔记》之后对奴隶社会到封建社会,资本主义社会的萌芽、产生的历史而进行的研究。因此,《历史学笔记》所表示的,是在《人类学笔记》之后对资本主义史前史的全面的实证研究。①

## 二 《历史学笔记》的写作意旨

马克思晚年在精力有限且有许多重要工作未完成的情况下,为什么要花很多时间和精力写作这样一部笔记?目前国内学术界有几种看法:

### (一) 完善唯物史观

大多数学者认同,唯物史观是马克思一生的最重大理论创新,无论是其早年、中年还是晚年所作的研究,都是不断深化与完善唯物史观的过程,晚年的这部《历史学笔记》也概莫能外。而在何种意义上深化与完善唯物史观,学者们则有不同的观点。

一是探索唯物史观"艺术整体"。有学者认为,唯物史观在马克思的理论中是一个"艺术整体"。马克思晚年探索人类历史目的就在于要

---

① 冯景源:《马克思〈历史学笔记〉研究的意义——打开"马克思晚年困惑"的钥匙》,载《人文杂志》1995年第1期。

寻找一个理解人类历史发展的"真正历史的钥匙",即唯物史观。从研究脉络来看,《历史学笔记》研究的起点是"人类学"研究的终点;《历史学笔记》的研究终点是《资本论》写作的起点。这种相续构成了马克思的唯物史观理论研究的"艺术整体"。① 此外,这种观点认为要把马克思的《人类学笔记》、晚年围绕俄国问题所写的文献、《历史学笔记》、《资本论》等著作联系起来研究,它们都是为了完善和发展唯物史观,从而形成唯物史观的"艺术整体"。②

二是验证唯物史观。有学者认为,把《历史学笔记》和《人类学笔记》的内容联系起来可以看到,马克思要从世界通史的广阔视野上,对人类社会历史发展普遍规律的统一性与不同时代、不同国家的具体发展道路多样性的关系,进行了一次总体性的再探索。③ 这样做的目的是为了进一步检验和阐发唯物史观揭示的历史发展规律,为改变世界和全人类的解放事业服务。这种观点认为,只有从世界历史的全方位角度,从各个民族和国家的具体历史进程的多样性研究中,才能使唯物史观揭示的历史规律得到进一步的验证和完善,才能更加富有说服力。

也有学者认为,马克思晚年的学术活动就是要把中年时期所作的对资本主义的分析得出的社会发展规律放到全部社会历史领域中,去检验其普遍适应性。④ 在对世界史各种问题的研究中,马克思把历史过程作为人类创造的历史实际进程来看待,认为只有仔细研究具体历史史实才

---

① 冯景源:《马克思〈历史学笔记〉研究的意义——打开"马克思晚年困惑"的钥匙》,载《人文杂志》1995年第1期。
② 冯景源:《人类境遇与历史时空》,北京:中国人民大学出版社2004年版;冯景源:《"国家与文明起源笔记",还是"人类学笔记"学术争鸣的重要意义》,载《东南学术》2006年第6期;冯景源:《唯物史观理论基础再研究》,载《新视野》2002年第6期;冯景源:《关于马克思〈历史学笔记〉研究的几个问题》,载《求索》1994年第6期;王越:《马克思晚年思想研究回眸》,载《理论月刊》2008年第4期。
③ 庞卓恒:《从多样性探寻规律——马克思〈历史学笔记〉的启示》,载《历史研究》1994年第2期。
④ 聂锦芳:《〈历史学笔记〉:一部未引起足够重视的马克思晚年的重要著述》,载《哲学动态》1995年第6期。

能了解真正的历史。

三是推进唯物史观。有学者认为,《历史学笔记》把马克思新唯物主义理论推进到了"历史具体"的层次。① 马克思有关奴隶社会、封建社会发展进程的研究是在《历史学笔记》中实现的。他通过对大量"历史具体"作深入的研究,通过比较找到理解某一社会形态如奴隶社会或封建社会形态的"钥匙",这就是马克思作《历史学笔记》的原因。《历史学笔记》是为了完成对社会形态史的整体研究,但这种研究是建立在对唯物史观的新理解基础上的,即当唯物史观面对前资本主义社会形态时,不能简单地套用研究资本主义形态时所采用的典型样态的分析方法,而必须把研究的重点放在对"历史具体"的研究上面。马克思的历史唯物主义应当既包括作为一般历史规律、科学本质论而存在的唯物史观基本理论,同时也包括作为"历史具体"研究之结果的有关社会形态史的具体结论。

四是阐释唯物史观。有学者认为,在《历史学笔记》中,马克思在理论与实践相结合的基础上,通过对历史进程的实证研究阐释了唯物史观的基本原理。② 马克思在《历史学笔记》中所体现出的对世界历史进程的研究和关注表明,唯物史观广泛汲取了人类文明的优秀成果,是时代的产物,同时也建基于对人类历史进程的真切了解的基础上。

五是深化唯物史观。有学者指出,晚年马克思在认真考察、全面系统研究世界发展的新形势的基础上,深化和拓展了唯物史观理论,将之上升到世界史观,实现了晚年笔记的重大哲学创新。③ 晚年马克思注意到了当时历史向世界历史进一步转变、世界整体性进一步加强的发展趋势,他系统研究了这方面的情况,做了大量笔记,这些笔记都是以唯物史观理论和方法为基础的,是对唯物史观的运用、深化和扩展。马克思

---

① 唐正东:《马克思的〈历史学笔记〉与历史唯物论的升华》,载《哲学研究》2006年第4期。

② 于沛:《关于历史学笔记的理论思考》,载《中国社会科学院院报》2006年5月30日。

③ 王东、贾向云:《马克思晚年哲学创新的思想升华——从唯物史观到世界史观》,载《教学与研究》2011年第3期。

从中年到晚年，思想发展的主导趋势和基本趋向，是从以实践观为核心的唯物史观，走向以世界市场为经济原点的世界史观、全球史观。唯物史观注重历史发展有机体中的物质生产层面，世界史观则注重总体性、系统性、有机性的思想。以世界市场为根基形成的世界历史思想，是晚年马克思在笔记中考察各种问题，尤其是重新考虑东西方社会主义道路的基本理论前提。

（二）研究东方社会发展道路理论

有学者认为，马克思对世界历史的再研究，同他对农村公社的再研究和东方社会发展道路的新探索关系密切。① 他既要从对农村公社的再研究中得出的思想视角重新审视世界历史包括西欧资本主义形成史，又要从对世界历史的再研究中深化了的理论高度重新审视东方社会发展的未来道路。

也有学者认为，马克思写作《历史学笔记》是为研究东方社会所作的准备材料。② 《历史学笔记》是马克思对世界通史的研究，第四册不是他这一研究计划中的最后一册。要澄清《历史学笔记》第四册关于俄国篇幅增加的意义，只有联系马克思晚年与这一研究有关的其他著作。在《历史学笔记》编至"从伊丽莎白逝世到查理一世被砍头的英国历史"之后，马克思又做了拉伯克笔记，这充分说明两部笔记要解决的课题是共同的，只是研究的领域不同罢了。《历史学笔记》与《人类学笔记》一样，也是对给查苏里奇的复信和信稿中提出的东西方双线发展理论的论证。不同的只是，前者是从原生社会的最后阶段同时又是向次生形态过渡的阶段的农村公社的两重性揭示了东西方双线发展之谜，而后者通过对世界通史的研究以编年史来描述和证实东西方双线发展的具体演进。如果马克思《历史学笔记》能够完成，那么，这部笔记的

---

① 张凌云：《也论马克思晚年的理论贡献——兼与冯景源先生商榷》，载《人文杂志》1996年第2期。
② 姚顺良：《马克思晚年东方社会发展道路新思想的实质——"人类学笔记"和〈历史学笔记〉再研究》，载《江海学刊》2012年第3期。

后面几册将必然以对俄国及其他东方各国的编年史的实证研究，对他在给查苏利奇复信的信稿中的结论作出历史的论证。

(三) 研究土地所有制问题

有学者指出，《历史学笔记》是马克思晚年所作的土地所有制研究的基础性工作。① 马克思晚年的土地所有制研究是他经济学写作计划的重要内容，在生前无法出版《资本论》第二、三卷的情况下，马克思系统研究了土地所有制问题。为了熟悉欧洲土地所有制发生、发展的历史背景而作的《历史学笔记》，只是马克思就特定问题进行科学研究所做的基础性工作，这比笼统地说马克思《历史学笔记》着重从不同的历史和国际条件的研究、探讨不同国家和民族社会发展的道路更符合马克思晚年研究的实际情况。

也有学者认为，马克思作《历史学笔记》与他晚年的土地所有制研究有直接关系。② 马克思晚年的土地所有制研究是他经济学写作计划的重要内容。马克思在决定以《资本论》为标题出版他的经济学著作之后，仍然表示要把"本来应该研究"的三个方面的内容放到"土地所有制"册中。马克思系统研究了土地所有制问题，在摘录柯瓦列夫斯基有关印度土地所有制的论述时，为了熟悉印度的相关历史背景而作了《印度史编年稿》。当马克思觉得自己积累的有关土地所有制问题的材料已经足够丰富，并考虑作进一步的加工和整理时，为了熟悉欧洲土地所有制发生、发展的历史背景而作《历史学笔记》，就不难理解了。

## 三 《历史学笔记》的研究方法

国内学者对马克思在《历史学笔记》中所运用的研究方法进行了

---

① 鲁克俭：《马克思晚年为什么要写作历史学笔记》，载《理论前沿》2006年第2期。
② 张凌云：《也论马克思晚年的理论贡献——兼与冯景源先生商榷》，载《人文杂志》1996年第2期。

研讨，普遍认为马克思在《历史学笔记》中彰显了独特的历史研究方法，这种独特性体现为史学研究方法上的创新，既区别于19世纪传统、主流的历史观和史学研究方法，也区别于他早期著作中的研究方法，体现为理论、实证与逻辑研究的同期性。

## （一）史学研究方法上的创新

有学者深入研究了马克思《历史学笔记》中的历史观与马克思的治史方法。① 认为马克思在搜集材料时注意条理性，在充分发挥编年体优势的同时，辅之以纪事本末体。马克思的《历史学笔记》涉及1800年左右的世界历史，查阅了至少8种历史著作，共留下140多万字，条理清楚，层次分明，一个重要原因就是因为他采用了编年体的手法。这部由4个笔记本所摘记的手稿组成的笔记，按照年代顺序排列。为了便于保存和查阅，马克思在这些笔记本的每页左边，专门留有一行，标记着年代日期，并把笔记本的每一页上都编上页码，细致严谨。而编年体并不是唯一的一种形式，为了记载某一历史事件或过程，并保证其相对完整性，马克思在以编年体为主的同时也运用了纪事本末体。如在《历史学笔记》第一册，他记载了"1155年铁木真或称成吉思汗出生"，接着下面就记上"死于1227年"。再如第三册"1572年以前的英国女王伊丽莎白"一节，其中1563年2月18日这一天，从波尔特罗杀死弗朗索瓦·吉斯开始，收入前后30年左右的有关人物和事件，而且所涉及的每件事都作了扼要记录，每个人的生卒年月包括其性格特征都作了集中记载，避免了日后查找的麻烦。马克思不仅注意了史论结合，而且还有一些独到之处。一是画龙点睛。在摘引史料过程中遇到的关键地方以最少的笔墨点出问题的要害；二是边摘边议。即在摘录的过程中，将其出处注明的同时把自己的思想引申出来，糅合进去，注意摘录史料中带有理论色彩或概括性的有价值的结论。有的还用方括号引起，作为自己

---

① 邵维正、靳希光：《从〈历史学笔记〉看马克思的历史观点和治史方法》，载《求是》1993年第11期。

考虑的重点。

（二）"从后思索"与实证研究结合

有学者指出，《历史学笔记》将"罗马帝国"作为研究起点，既透视着马克思的研究方法，也表明他研究历史的宗旨是通过典型形态探索社会发展的自然历史过程。① "从后思索"即从历史发展的典型形态探索事物的历史过程。这种方法主要是运用概念对事物自身主要因素进行比较分析，探索出事物自身的发展规律，预测它的未来。"从后思索"从历史渊源上来说，是在批判改造黑格尔观念辩证法的基础上形成的。实证研究方法在一定意义上又是汲取了摩尔根史学方法而形成的。这两种方法的互补构成了马克思史学研究方法的"艺术整体"。公元前91年是奴隶制罗马帝国从它的低级阶段向高级阶段发展的重要年代。马克思对这一年代特别重视，说明马克思在研究奴隶社会及其向封建社会过渡的内在规律时，在方法论上，如同写作《资本论》一样，要选择被研究社会的典型形态。《资本论》在研究资本主义这一生产方式时，典型形态是当时的英国。马克思研究奴隶社会的自然历史过程，他选择的这一社会的典型形态不是奴隶制的"罗马共和国"，而是奴隶制的"罗马帝国"，且又不是一般的罗马帝国，而是它的发展形态。这种方法用马克思自己的话来说，就是"从后思索"。

（三）客观性与革命性相统一

有学者认为，马克思晚年充分发挥并验证了唯物辩证法的客观性、批判性与革命性功能。② 在对世界史各种问题的研究中，马克思

---

① 冯景源：《马克思唯物史观"超越"理论的历史考察》，载《中共四川省委党校学报》1999年第4期；冯景源：《打开特色社会主义史学方法论的钥匙——马克思晚年史学方法论研究》，载《新视野》1998年第6期；李凤丹：《马克思〈历史学笔记〉研究综述》，载《华北电力大学学报》2008年第2期。

② 聂锦芳：《"历史学笔记"：一部未引起足够重视的马克思晚年的重要著述》，载《哲学动态》1995年第6期。

把历史过程作为人类所创造的历史实际进程来看待,主张只有仔细研究具体的史实才能了解真正的历史。他在摘录博塔和施洛塞尔著作时剔除了与其他著述明显矛盾之处和违背历史事实的部分,使他厘定的历史达到高度的真实性。在对十字军远征事件的梳理中,他提出十分尖刻的批评来表达他对某些历史人物的看法,用"臭名远扬"、"鼓吹杀戮"、"残暴野蛮"、"到处是一片恐怖"等这样一些感情色彩颇浓的语词,表明了他鲜明的捍卫真理的决绝态度与蔑视各种权势的战斗精神。在历史研究中马克思真正贯彻了客观性与革命性相统一的辩证法原则。

(四) 逻辑与历史实证研究的统一与互补

有学者认为,马克思晚年笔记所采用的历史研究方法,既不同于思辨历史哲学家逻辑地演绎历史的方法,也不同于实证历史学家经验地罗列历史资料的方法,而是逻辑的研究方法与历史实证的研究方法的统一与互补。① 所谓逻辑的研究方法,即把对前资本主义社会形态以及后资本主义社会形态的认识纳入到"资本批判"的视域中,以对资本主义社会的分析批判为"历史考察之点",通过逆向追溯认识前资本主义社会及其向资本主义社会演变的规律,通过分析资本主义社会的内在矛盾及其向未来社会过渡的"征兆",而预测后资本主义社会的研究方法,亦即"从后思索"方法与"征兆预测"方法的统一。所谓历史实证的研究方法,就是运用已得到证实的历史材料对所要考察的社会历史形态进行分析说明的方法。② 马克思吸收了摩尔根等人的历史研究方法——实证方法,和他曾经运用过而且有成效的方法——逻辑方法结合起来,使两种方法互补,可以很好地阐明历史发展的过程。

---

① 《马克思〈人类学笔记〉、〈历史学笔记〉研究》,载《马克思主义与现实》2003年第2期。

② 胡刘、祝丽萍:《马克思晚年笔记的理论旨趣与历史哲学意蕴》,载《哲学动态》2011年第4期。

## 四 《历史学笔记》的理论内容

在《历史学笔记》中，马克思以磅礴大气的历史视野，将人类社会1700余年的社会历史发展以脉络式、图景式的样貌展现于世人面前。国内学术界对《历史学笔记》中涉及的主要理论问题，如唯物史观、世界历史理论、政治体制、法律制度等问题进行了专题研究，但这种研究还不能概括《历史学笔记》的理论全貌，可以说只是对《历史学笔记》进行了部分研究，目前研究取得的成果如下。

### （一）世界历史理论的重大突破

有学者联系马克思晚年的《人类学笔记》、东方社会理论，对《历史学笔记》中涉及"世界历史"理论的重大突破进行了阐述。[①] 一是世界历史的形态发生了根本的变化。资本主义是世界历史的最初动力，但不再是世界历史的实现形式。二是东方社会在世界历史形成过程中的作用发生了根本的变化，不再是纯粹被动的，而是成为推动世界历史形成的主动力量。三是实现世界历史的阶级力量发生了根本的转变，不再是资产阶级，而是无产阶级和东方农民民族的联盟。

有学者认为，《历史学笔记》是马克思世界史观的历史溯源，也是马克思为进行更深入的研究所作的资料准备。[②] 从时间上说，《历史学笔记》所记载的时间是与《资本论》研究的时间相衔接的，它所摘录的世界历史内容与《资本论》的世界历史内容有着密切的关系，也弥补了马克思史学研究的理论缺环。从空间上说，《历史学笔记》以战争为典型形式，对世界历史形成的核心地带作出判断，认为世界历史是从地中海时代逐渐转移到大西洋时代。从内容上说，《历史学笔记》实际

---

[①] 姚顺良：《马克思晚年东方社会发展道路新思想的实质——"人类学笔记"和〈历史学笔记〉再研究》，载《江海学刊》2012年第3期。

[②] 黄皖毅：《马克思〈历史学笔记〉中的世界史观解读》，载《河北师范大学学报》2005年第5期。

上不是以经济为主线，而主要是以政治、国家、国际关系为主线，谈的是国家从古代到近代的过程、政治史、国际关系史，也有一些经济史、贸易史，是一部容量很大的资本主义前史资料。

还有学者研究了《历史学笔记》中促进世界历史生成的动力因素。[①] 认为战争作为一种特殊的交往形式在世界历史形成过程中发挥了至关重要的历史作用。资本是世界历史形成的直接动力，它开辟世界市场、开创世界历史的冲动源于其无限制攫取最大利润的本性。科学和教育的发展在世界历史形成过程中也起到了重要作用，科学的发展对于世界市场的开拓、国际贸易的发展产生了重要的影响；科学和教育的发展促进了各个民族和国家之间的交往，最终促进了世界历史的形成。

### （二）法制在社会形态发展中的作用

有学者考察了马克思在《历史学笔记》中对西罗马奴隶制帝国灭亡时，法纪废弛造成的后果进行的研究。[②] 认为马克思十分重视郎哥巴底人建立封建制度的历史功绩。马克思除了正文摘录郎哥巴底人制定和修订法律的年代外，还有三个专题对不同的历史学家的论述进行摘引。马克思重视郎哥巴底人的法制观念，认为这是他们的一个传统，并注重法律的实效，利用法律促进文明发展，促进各部族的融合。郎哥巴底人的法律，既取消了部落氏族之间的界限，也废除了奴隶与奴隶主的阶级关系，用法律的形式跨越了两个历史发展阶段，法典促进了郎哥巴底人封建关系的形成。

### （三）对英国议会制度的研究

有学者注意到，马克思在《历史学笔记》中研究了英国的议会制度，用实证的历史分析的方法对它进行剖析，用唯物史观观点对议会制度作

---

① 王晓红、杨巧蓉：《马克思〈历史学笔记〉的世界历史思想研究》，载《理论学刊》2011年第10期。

② 冯景源：《法制在社会发展中重要作用的再研究——马克思〈历史学笔记〉研究之十》，载《求索》2002年第1期。

出历史评价。① 认为，首先，议会对限制王权、恢复封建秩序起着主要的作用。其次，下层人民的利益，无论从政治形式上，还是在物质生活内容方面都得到一定的改善。另外，议会制度也表明，在长期的封建社会中也存在改革派和保守派的斗争，在这一推进社会进步的过程中，人民总是站在社会改革的方面。马克思关于英国议会制度的实证的历史分析的态度，给我们提供了一个辩证的历史的看待重大社会问题的典范。

## 五　《历史学笔记》与《人类学笔记》的关系

基于时间与内容上的连续性，《历史学笔记》与《人类学笔记》的关系是许多研究《历史学笔记》的学者所要厘清的重要理论前提，因此对两者之间关系的研究也有多种不同看法。总体上来看，可以概括为整体关系、并列关系、衔接关系和延续关系这样四种主要观点。

### （一）整体说

这种观点认为，《人类学笔记》、《历史学笔记》是马克思研究人类历史的不同阶段，从而使马克思的历史研究成为一个有机的整体。②《人类学笔记》着重研究了公社土地占有制到私有制发展的经济、文化、法制、家庭和国家产生的经济基础和上层建筑的发展及其关系。《历史学笔记》着重研究的是奴隶社会、封建社会，直到资本主义萌芽的历史发展。因此，《历史学笔记》所表示的，是在《人类学笔记》之后对资本主义史前史的全面的实证研究。

这种观点还认为，忽视《历史学笔记》的理论意义，孤立地研究《人类学笔记》，或是把《人类学笔记》与跨越"卡夫丁峡谷"理论结合起来进行，既不可能探索出唯物史观的"艺术整体"，也不可能为我

---

① 冯景源：《英国的议会制度及其研究的唯物史观意义——马克思〈历史学笔记〉研究之二》，载《南京社会科学》1994年第9期。
② 王志林、余冰：《浅论马克思的〈人类学笔记〉和〈历史学笔记〉》，载《理论月刊》2007年第3期。

国的特色社会主义提供科学理解的钥匙。① 只有把《人类学笔记》、《历史学笔记》、跨越"卡夫丁峡谷"理论以及早期的《德意志意识形态》和中期的《资本论》统一起来进行历史的研究，才能对唯物史观的社会形态理论、社会发展形式、生产力发展理论以及史学研究方法等进行内在统一的完整研究。

### （二）并列说

这种观点认为，马克思《历史学笔记》第一册包含有人类学的内容，因此应将《人类学笔记》和《历史学笔记》结合起来进行研究。② 1972年，马克思的《人类学笔记》由美国人类学家劳伦斯·克拉德整理出版为《卡尔·马克思的民族学笔记》。由于马克思在《人类学笔记》中，已就公元前1世纪以前欧洲历史的主要内容作了详细摘录，因而《历史学笔记》就从公元前1世纪开始，不再重复。也正因为如此，人们才常把《人类学笔记》和《历史学笔记》这两部研究历史的笔记，合称为马克思的"两部历史学笔记"。

### （三）衔接说

这种观点认为，初看起来，《人类学笔记》和《历史学笔记》的内容似乎互不相干，实际上却是互相衔接的姊妹篇。③ 前者着重于经济和社会制度史方面的内容，后者主要是政治和国家历史方面的内容。这两方面的内容对于整体性的历史研究是互补的，而且在两个笔记中也是常有交叉的。从涉及的空间范围来看，前者主要涉及非欧洲国家，后者则主要涉及欧洲国家。出现这一差别的原因主要是，在经济和社会制度史研究方面，马克思感到最欠缺的是非欧洲国家的有关材料，而当时又正好有

---

① 《马克思〈人类学笔记〉、〈历史学笔记〉研究》，载《马克思主义与现实》2003年第2期。

② 于沛：《关于历史学笔记的理论思考》，载《中国社会科学院院报》2006年5月30日。

③ 庞卓恒：《马克思社会形态理论的四次论说及历史哲学意义》，载《中国社会科学》2011年第1期。

这方面的大量著作问世,自然要着力探讨;在政治和国家历史研究方面,马克思也很需要非欧洲国家的有关资料,但他当时能够读到的史书中恰恰缺少这方面的材料,因而他便尽可能多地进行相关的资料收集与整理。

### (四) 延续说

这种观点认为,《人类学笔记》主要侧重于研究古代史,《历史学笔记》主要侧重于研究世界史,这表明马克思实证研究的扩大和深化。① 《历史学笔记》是继《人类学笔记》之后对奴隶社会到封建社会、资本主义社会产生的历史进行的研究。因此,《历史学笔记》所昭示的,是在《人类学笔记》之后对资本主义史前史的全面的实证研究。对于原始社会及其向奴隶制的发展,马克思在《人类学笔记》中已进行过研究,在《历史学笔记》的一开始,他所省略的罗马城665年的历史,正是罗马史上的"罗马共和国"的初期奴隶制时期。马克思的这一历史省略,进一步说明了《人类学笔记》与《历史学笔记》在研究上的先后关系。

## 六 《历史学笔记》与《资本论》的关系

探讨《历史学笔记》与《资本论》之间的内在关联,是一个由中年马克思和晚年马克思的关系所引出的理论问题。许多学者都注意到,《资本论》的研究起点与《历史学笔记》的研究终点在时间上与内容上有其延续性,因此,对这两部著作之间关系的探讨,主要有理论准备、深化、衔接、续篇等几种观点。

### (一) 准备说

有学者认为,从表面看,马克思晚年似乎放弃了《资本论》的创

---

① 冯景源:《人类境遇与历史时空》,北京:中国人民大学出版社2004年版,第136页;冯景源:《马克思〈历史学笔记〉研究的意义——打开"马克思晚年困惑"的钥匙》,载《人文杂志》1995年第1期。

作,但从他的著作是一个"艺术的整体"角度看,其晚年笔记与《资本论》的创作是相辅相成的关系。① 晚年笔记是继续深化《资本论》创作的准备资料。《历史学笔记》的理论主题是追溯资本主义的历史发生过程及其在不同国家和地区的具体表现,研究资本主义的发生史及其具体表现而准备的历史资料。这在第四册笔记中体现得尤其明显,其中对俄国史和英国史,特别是"英国原始积累"史料的摘录,有助于深化和丰富已出版的《资本论》第一卷中有关"原始积累"的内容。马克思晚年不仅没有放弃《资本论》的写作,而且希望尽快完成这一著作,特别是第二卷的写作。马克思交代过他未能最终实现这一计划的两个客观原因:一方面是在某些问题的阐述上还缺少一些必要的文献,另一方面受德国当时严格的出版制度所限。马克思只是因客观形势的发展、研究需要深入以及病魔缠身,才未能及时出版《资本论》第二卷。这就进一步表明了《历史学笔记》是马克思为深化《资本论》创作所作的准备资料。

还有学者指出,马克思在《〈政治经济学批判〉导言》和《〈政治经济学批判〉序言》中都曾阐明《资本论》创作体系构想的后半部分——"国家、国际贸易、世界市场"。②《历史学笔记》主要是以政治、国家、国际关系为主线,记载了国家史、政治史和国际关系。《历史学笔记》是晚年马克思写作《资本论》续篇,尤其是其中"国家篇"的一组准备材料。对于马克思这样一位有着明确研究目的的伟大思想家来说,这不会仅仅是一个巧合,晚年马克思通过《历史学笔记》向世人展示了前资本主义世界历史的面貌,丰富了世界史观理论体系。

(二) 中断与深化说

有观点认为,《历史学笔记》在一定意义上看是《资本论》写作的

---

① 胡刘、祝丽萍:《马克思晚年笔记的理论旨趣与历史哲学意蕴》,载《哲学动态》2011年第4期。
② 韩泽栋:《〈历史学笔记〉的时空维度》,载《新乡学院学报》2011年第6期。

中断，在另一种意义上看是《资本论》研究的继续和深化。① 这两重意义的关系，只能从马克思一生的理论研究，特别是从他的伟大发现——唯物史观的科学建构上才能理解。《资本论》写作的历史起点是资本原始积累。在《资本论》中侧重分析资本原始积累，而形成这种历史起点的"变革的序幕"，即对于15世纪最后30多年和16世纪最初几十年发生的"大规模的封建战争"却没有系统研究。其中最具代表性的是英国历史上有名的"蔷薇战争"，这是马克思在《历史学笔记》第四册中最后研究的一个历史史实。马克思以"社会革命"为标题来说明这场战争的性质，说明马克思并不是把"蔷薇战争"仅仅看成争夺王权的王室战争，而是视为促进社会经济发展、推动原始积累的完成、为资本主义生产方式的形成奠定基础的"社会革命"。这一史实也成为《历史学笔记》和《资本论》的衔接点。这场战争以封建战争开始，却以消灭了旧的封建贵族、产生新的封建贵族——自己时代的儿子而结束。新的封建贵族以"羊吃人"的特点开辟了新的生产方式——资本主义生产方式。马克思晚年中断《资本论》写作的原因主要是外在的。在马克思多次关于《资本论》的通信中，只是说不准备出版《资本论》第二卷，而没有任何意思表示出"最终地放弃"《资本论》的研究。

（三）衔接说

有学者认为，《资本论》的时间起点大概是公元1600年，《历史学笔记》的终点时间为公元1648年。②《历史学笔记》的时间终点与《资本论》的时间起点是相衔接的，所摘录的世界历史内容与《资本论》的世界历史内容有着密切的关系，弥补了马克思史学研究的理论欠缺。《资本论》研究的历史起点开始于英国资本主义原始积累，《历史学笔记》记载的历史结束于英国资本主义萌芽。可以明显看到，这二者在时间上是相互衔接的。《历史学笔记》主要研究的是近代资本主义出现以

---

① 冯景源：《马克思〈历史学笔记〉研究的意义——打开"马克思晚年困惑"的钥匙》，载《人文杂志》1995年第1期。
② 韩泽栋：《〈历史学笔记〉的时空维度》，载《新乡学院学报》2011年第3期。

前的历史，是《资本论》的逻辑扩展。按照马克思晚年提出的"五篇计划"和"六册计划"的方案，在马克思的《资本论》体系构想中，经由资本、地产、雇佣劳动、国家、国际贸易等环节达到以世界市场为基础的世界历史的展开。正是为了论证资本主义与世界市场的形成过程及其相互关系，马克思晚年才孜孜不倦地摘录了大量的历史著作，力图"建构一种空间上覆盖世界各国、时间上包括世界历史各个时代和各种形态的全球史观，完成马克思在《〈政治经济学批判〉导言》和《〈政治经济学批判〉序言》中一再阐明的《资本论》体系构想的后半部分——'国家—国际贸易—世界市场'。因此，马克思晚年笔记与《资本论》有其逻辑上的统一性，具体说来，《历史学笔记》梳理了世界各国从公元前1世纪至公元17世纪中叶的历史发展过程，着重摘录了西欧各国封建制度形成、衰亡到资本主义生产方式孕育、萌芽和产生的历史，在时间上恰好与《资本论》第一卷相互衔接，可以说是一部'前资本主义发展史'，是一部国内统一市场如何扩展成统一的世界市场的形成史笔记，是《资本论》的历史前提和理论前提"①。

(四) 续篇说

有学者提出，《历史学笔记》是追溯资本主义与世界市场起源的世界历史笔记，标志着《资本论》研究的深化扩展和直接继续。资本主义生产方式的历史前提是《资本论》与《历史学笔记》的衔接点。晚年马克思在考察社会主义道路问题时，与青年、中年时期相比，有一个更高的新的出发点和立足点，这就是《资本论》体系的落脚点——世界市场和世界历史。因而，晚年马克思在考察社会主义道路问题时，就有了一个超越以往的崭新高度，即从世界市场、世界历史的高度，来重新考察社会主义的历史起源、本质特征和发展道路。② 马克思在中年写

---

① 许春华、蒋树屏：《"人类学笔记"称谓质疑——兼论马克思晚年笔记的思想主旨和理论空间》，载《北方论丛》1998年第4期。

② 王东：《"晚年马克思"新解》，载《教学与研究》1996年第5期。

作《资本论》的基础上,晚年"曾明确提出要完成'《资本论》续篇',并先后提出了'五篇计划'和'六册计划'的方案。在马克思的《资本论》体系构想(资本—地产—雇佣劳动—国家—国际贸易—世界市场)中,'国家论'是过渡环节,经由'国际贸易'延展到以'世界市场'为基础的世界历史论"。因此,"马克思晚年的'国家和文明起源笔记'和《历史学笔记》,是他历史理论的深化和重要组成部分。'国家与文明起源笔记'是马克思历史理论的第一次深化,而《历史学笔记》则是继'国家与文明起源笔记'之后的第二次深化。最后,是完成《资本论》体系构想的后半部分——国家、国际贸易、世界市场——的内容、建立科学的世界历史理论的要求。"①

总的来看,国内学者对于马克思晚年这一最后的大部头《笔记》有着一定的研究热情,从思想史与发展史的角度充分注意到了它的重要性,围绕《历史学笔记》的写作背景、主旨、内容与思想史延伸等角度所开展的上述研究,总体来看,取得了很重要的研究成果,推进了研究的广度和深度。同时,目前既有的研究无论是从研究的内容,还是从研究的维度与研究的深度来看,都还有继续深入的可能。尤其是对于《历史学笔记》本身所呈现出来的理论的研究还非常有限,无论从马克思一生理论连续性的角度、世界史观与唯物史观的角度、近代国际关系体系的形成与发展的角度,还是涉及政治史、思想史、文化史、宗教史、哲学史等多学科多角度,以此作为基础的研究,都还处于非常自发的状态,未来还有广阔的研究空间有待进一步拓展。

---

① 王东、刘军:《"人类学笔记",还是"国家与文明起源笔记"——为马克思晚年笔记正名》,载《哲学研究》2004年第2期。

# 第三部分　当代解读

# 第六章 《历史学笔记》内容简介

## 一 全书概要

《历史学笔记》是马克思晚年所作的分量最重的一部笔记摘要。如书名所示,这部笔记是关于世界历史发展中重要事件的详细摘录。马克思按照自己的研究路径摘录编排了几部主要历史学家的著作,对从公元前91年至约公元1640年共1700余年的世界历史上(重点是欧洲历史)发生的重大历史事件,社会形态发展、演变的历史过程,以及民族国家发展过程中重要事件的发生发展过程史料的摘记。马克

马克思《历史学笔记》手稿第1页

思作了四大本笔记本摘录,共108个印张,约140多万字。马克思在笔记本的每页左边,专门留有一行,标记着年代日期,并把每页笔记都编上页码。恩格斯在马克思逝世后发现并整理了这部笔记,他给笔记加上了"*Chronologiche Auszüge*"(《编年摘录》)的标题,并给每个笔记本分别标上了罗马序号和起止时间。

马克思作《历史学笔记》时所使用的主要文献资料有:德国历史学家施洛塞尔的《世界史》(18卷)、博塔的《意大利人民史》、科贝特的《英国和爱尔兰的新教改革史》、休谟的《英国史》、马基雅维利的《佛罗伦萨史》、卡拉姆津的《俄罗斯国家史》、塞居尔的《俄国和彼得大帝史》、格林的《英国人民史》等,除此以外,马克思还参考了

大量的史学资料。马克思在摘录这些史学著作时，按照自己的逻辑和理论观点，打通了原有著作的体系和顺序，补充了一些重要史实，表达了他对原书中记载的各种历史事件的评价，并且修正了其中的谬误，主要按编年顺序写成。在中文版《历史学笔记》附录中还有摘自博塔的《意大利人民史》，摘自施洛塞尔的《世界史》，以及格林的《英国人民史》的相关章节，第四册还附有马克思研读《英国人民史》一书所作的摘要，这些都有助于读者了解《历史学笔记》中提及的相关史实。

《历史学笔记》是一部内容丰富、史料翔实的摘录体著作。"马克思在一般开本的笔记本上用小字密密麻麻地写了四大本。……他在笔记本每页的左边标有编年顺序的年代日期，并在手稿上亲自写上了页码。这些标明的年代日期只有在从一个国家转到另一个国家的历史时，编年顺序才中断，而且限定在一定的历史时期内，这样就可以相互对照，一目了然。"① 在具体写作某一册，或研究某一特定历史时期时，马克思选择一个历史学家的著作作为主要摘录蓝本，结合这一时期其他著作中的史实，按年代顺序和历史事件的发展进行摘录，并在有的史实上作出简短评述。对于所关心的事件和重要历史事件的发展过程，他往往会在笔记中作出标记。"这种注号有两种：一是与所关注的历史事件或历史过程有关的详细原文；二是注出要参阅的其他历史学家的文献，强化这段历史事实或过程的主要意义，或者是用其他人的文献来纠正正在研究的文献。"②

从分布来看，马克思的四册笔记重点十分突出，第一册笔记记录内容的时间跨度长达1500多年，他用后三册笔记约100多万字的篇幅摘记了从14世纪至17世纪中叶发生的重大历史事件，重点研究了封建主义如何衰落，资本主义如何从新兴力量和弱势地位逐渐成长起来并获得历史必然性的过程。马克思在《历史学笔记》中对资本主义产生前史进行研究，目的是要把对前资本主义历史的研究与对资本主义的现实研

---

① 胡永钦：《马克思一部鲜为人知的手稿》，载《世界史研究动态》1992年第4期。
② 冯景源：《关于马克思〈历史学笔记〉研究的几个问题》，载《求索》1994年第6期。

究相结合,从而达到对人类历史的整体研究。这里引用费多谢耶夫稍显平实的评价来说明马克思晚年从事的这一巨大工程的意义,"马克思在晚年打算总结一下自己的历史知识,编制同一时期各国历史发展的大事年表。这个计划只实现了一部分,他主要是整理了欧洲历史的材料以及亚洲和非洲一些民族(阿拉伯人、蒙古人、土耳其人、花刺子模人)的历史材料。但是,即使他能收集这样大量的史实,也是令人吃惊的。"①

《历史学笔记》摘录始于"罗马城建立后过了六百六十五年即公元前91年",即罗马帝国初期古罗马公民权的扩大、古罗马的兴盛,完成于1648年"三十年战争"结束、《威斯特伐里亚和约》(the Peace Treaty of Westphalia)的签订,以神圣罗马帝国彻底衰落为终点。这部笔记对公元前1世纪到公元17世纪中叶世界各国,尤其是欧洲的政治社会历史史料作了摘录、编排和评述。整部笔记以罗马帝国的兴衰为主线,记载了从奴隶制到封建制,再到资本主义兴起的社会形态的变迁过程,以及古代国际关系过渡到近代国际关系体系和世界历史的生成过程。在内容摘录上遵循了两大原则:第一,大体按照时间顺序,对有价值的历史资料进行摘录评述。在涉及某些具体事件和人物的连续性时,也会单独作为一个部分完整叙述。第二,按照社会形态发展规律,民族国家历史向世界历史转变的过程、古代到近代国际关系体系的形成过程进行编排。在这部笔记中,马克思几乎把1700余年世界历史上的重大事件,如王朝更迭、制度变迁、政治人物活动、国际贸易、战争与冲突、人民革命与起义、宗教改革运动与传播等都纳入了研究视阈,其主要关注点是封建制度的建立至瓦解、现代民族国家的起源、资产阶级为争取统治权所进行的斗争,以及与欧洲历史有关的一些亚洲、非洲、美洲国家的历史,同时也注意研究各历史时期社会政治、经济、文化、宗教、战争与冲突中各种复杂现象的社会根源和阶级根源。

---

① 〔俄〕彼·费多谢耶夫等:《卡尔·马克思》,北京:生活·读书·新知三联书店1980年版,第712页。

在《历史学笔记》中，马克思对社会形态更替的复杂过程的描述尤其具体生动。在第一册笔记中对罗马帝国初期的社会状况、政治状况和人民生活状况的摘录，让读者如身临其境；将西欧封建制如何从奴隶制中产生、交织、发展、确立乃至衰落的历史进程鲜活地展现出来。在《历史学笔记》第三册和第四册，马克思摘录了英国资本主义的萌芽过程，通过"蔷薇战争"、"圈地运动"等事件的具体进展，研究了资本主义因素如何在封建制度中孕育成长，并最终突破封建制度的阻碍得以确立的历史过程。资本主义萌芽至产生、发展的 200 多年间，也是世界历史形成的关键时期，世界历史的生成、格局和发展走向在《历史学笔记》中也获得了相当充分的展现。

因此，《历史学笔记》并不是通常所理解的对各种历史文献的简单摘录或复述，而是马克思多年历史研究厚积薄发的重要成果，集中体现了马克思的历史观点、历史理论和历史研究方法。"马克思在评价事件和人物时完全不受材料的影响。他的札记往往不是简单地重复他所研究的著作中的材料，而是表达了自己对各种历史现象的认识和理解。"① 在这部笔记中，马克思秉持一贯的唯物史观立场和历史研究方法，对世界历史的发展作了多层面长时段的跟踪式研究，以世界历史发展规律的探寻为主线，探讨了世界历史在经济层面和政治层面的生成，体现了马克思的创新性和唯物史观的连续性，并且从一个侧面有力地证明了马克思的学说不是僵化的教条。这部笔记从研究方法到研究内容兼具开放性与发展性，彰显了马克思逻辑与实证研究相结合的研究方法。

## 二 第一册笔记的主要内容

第一册笔记的时间范围从公元前 91 年到公元 1320 年，共有 141 页手稿，时间跨度最长，大约 15 个世纪，主要包括从罗马帝国初期

---

① 〔俄〕彼·费多谢耶夫等：《卡尔·马克思》，北京：生活·读书·新知三联书店 1980 年版，第 713 页。

奴隶制渐次衰落，到西欧封建制度的形成史、欧洲各主要民族国家的发展史。从国别上看，涉及西欧的意大利、英格兰、法兰西、德意志；北欧和东欧诸国，如挪威、丹麦、瑞典、匈牙利、瑞士、波兰、普鲁士、立陶宛等；以及土耳其、蒙古帝国等。从内容上看，包括罗马帝国建立初期的社会政治状况到西罗马帝国灭亡，西欧的封建制度形成、东罗马帝国的发展、王朝更迭、宗教斗争、罗马天主教会煽动的法国、德国、意大利和英国封建主的数次十字军远征及相应的世界政治版图等。这册笔记还包括13世纪末的意大利、德意志、英格兰和苏格兰、法兰西以及14世纪中叶以前的北欧和东欧诸国政治社会史。马克思在摘录欧洲各国的政治史时发现，由于战争、贸易等原因，欧洲国家同亚洲一些民族有过种种交往，因此他也研究了5—12世纪阿拉伯、奥斯曼—土耳其、蒙古帝国、花剌子模王国的历史。他摘录了诺曼人从8世纪末至1022年的历史、法兰西民族国家的形成史、米兰的宗教斗争、穆斯林社会、埃及法蒂玛王朝的短期历史、乌凯尔王朝、基拉卜王朝历史等。他还研究了拜占庭人、东哥特人的社会生活状况。

  第一册笔记还用了部分篇幅关注了贸易问题。如俄罗斯人签订了和约和贸易条约，把整个克里木让给拜占庭，准许传入基督教。萨克森奥托三世时，贸易特别是货币交易扩大，伦巴第人和犹太人遍布整个日耳曼，同意大利的接触促使人们重视贸易。值得注意的是，在11世纪初，城市由于商业的发展而扩大和繁荣。意大利的威尼斯、比萨等城市发展为重要且独立的城市，逐渐打碎了封建枷锁，成为共和国。这些小共和国拥有自治权和自由，对国内各城市亦颇有影响。

  这册笔记中占有相当大篇幅的是西欧封建主发动的九次十字军东征。这是从11—13世纪，在罗马天主教教皇的煽动下，西欧主要国家的统治者、贵族和骑士等对地中海东岸的国家发动的持续近200年的宗教性战争，参与人数共计达200多万人。11世纪，原属罗马天主教圣地的耶路撒冷落入伊斯兰教手中，罗马天主教为了收复失地，以此为名进行了多次东征。但其中有一些东征是针对基督教，如第四次十字军东征就是针对信奉东正教的拜占庭帝国,并攻占了君士坦丁堡。东征期间,参战者服装上饰以红十字,故称为"十字军"。十字军东征时的野蛮残暴行径令人发指,十字军在攻占君士坦丁堡时,对该城烧杀抢掠,血洗一空,使这座原本文明富庶的古城几乎一夕之间变成了一座废墟,"熊熊烈火在那里燃烧了好几天,(整片的)街区化为灰烬,战胜者甚至在夜里也烧杀抢劫"①。"十字军在耶路撒冷的暴行激起了东方一切信仰伊斯兰教居民的愤怒。"② 尽管如此,十字军东征客观上有一定的历史作用,它使当时的西欧文明与拜占庭文明和伊斯兰文明直接碰撞,使东西方文化交往增多,阿拉伯数字、代数、航海罗盘、火药和棉纸,都是在十字军东征时期内传到西欧的,这在一定程度上为西方的文艺复兴开辟了道路。东征更是直接促进了西欧商品经济的发展,它所开启的东方贸易的大门,直接促进了欧洲工商业的发展,使欧洲的银行业迅速发展,并促进了城市的发展繁荣,从而最终有利于资本主义萌芽。

十字军东征进入君士坦丁堡

---

① 马克思:《历史学笔记》第 1 册,中央编译局译,北京:中国人民大学出版社 2005 年版,第 135 页。

② 同上书,第 85 页。

## 历次十字军东征情况（见下表）：

| 次　数 | 起止时间 | 结　　果 |
|---|---|---|
| 第一次 | 1096—1099 年 | 唯一一次胜利的东征。十字军于 1097 年占领了塞尔柱突厥人都城尼凯亚等城。1099 年 7 月 15 日占领耶路撒冷，烧杀抢掠。在地中海沿岸所占地区建立一些封建国家，但政权不稳，人民起义不断。 |
| 第二次 | 1147—1149 年 | 德意志十字军在小亚细亚被土耳其人击溃。法国十字军未能攻占大马士革，没有达到预期目的。 |
| 第三次 | 1189—1192 年 | 法国人和英国人向巴勒斯坦进军的途中占领了西西里岛。德意志十字军伤亡惨重。腓力占领了阿克拉港。理查德攻占了塞浦路斯，建立了塞浦路斯王国。由于十字军内部矛盾，此次东征没有达到预期目的。 |
| 第四次 | 1202—1204 年 | 十字军主要由法国和意大利贵族组成，攻占君士坦丁堡，以君士坦丁堡为中心建立了拉丁帝国和两个附庸公国。 |
| 第五次 | 1217—1221 年 | 1219 年 11 月，十字军攻占达米埃塔。1221 年，十字军企图进攻开罗，穆斯林军队借尼罗河水截断十字军的路，并包围十字军。9 月，穆斯林收复达米埃塔。这次远征，十字军以失败告终。 |
| 第六次 | 1228—1229 年 | 由"神圣罗马帝国"皇帝腓特烈二世率领的远征使耶路撒冷在 1229 年暂回到基督教徒手中，1244 年又被穆斯林夺回。 |
| 第七次 | 1248—1254 年 | 十字军又攻占了达米埃塔，进攻开罗。十字军被拜巴尔率领的奴隶骑兵打败。路易九世的弟弟阿图瓦伯爵被杀，路易九世被俘。直到 1254 年，路易九世才被释放回国。 |
| 第八次 | 1270 年 | 由法国国王路易九世率领的十字军在突尼斯登陆不久，路易九世染病身亡。路易九世的儿子兼继承人腓力三世下令退兵。 |
| 第九次 | 1271—1272 年 | 由英格兰的爱德华王子领导，到北非救援路易九世，但未能成功。他在阿卡签订了停战协议，于 1272 年返回英格兰继承王位。 |

## 三　第二册笔记的主要内容

第二册笔记摘录的时间范围从 1300 年到 1470 年，共有 145 页手稿，主要记录在这 170 年间封建制度衰落阶段发生的历史事件。这一时期封建制度已见颓势，城市力量的增长与商品经济的发展开始动摇欧洲封建制度的基础。马克思对西欧主要民族国家的形成发展过程，国家之间爆发的战争、国内革命运动以及军事改革、宗教改革的内容也作了摘录。如 14 世纪的德意志、意大利、英格兰、法兰西、西班牙、葡萄牙的政治史，14 世纪末英国、法国、德国和佛兰德城市争取自由的民主浪潮，15 世纪初期的意大利和西班牙政治史、15 世纪上半叶开始的英法百年战争与英格兰内乱、15 世纪君士坦丁堡被占以前的土耳其和拜占庭史、蒙古史，15 世纪中叶以前的德意志宗教会议、教会改革，15 世纪下半叶的勃艮第公国、瑞士、德意志、法兰西的政治情况以及从 15 世纪中期到"蔷薇战争"结束的英格兰社会政治经济状况。德意志在这一时期内先后召开了比萨宗教会议、康斯坦茨宗教会议，以及前者解散后于 1423 年开始召开的 20 余次巴塞尔宗教会议，就教皇的选举、权力、存废等问题反复讨论，最终通过相关的宗教改革决定。

14—15 世纪由于欧洲商品货币经济的发展，使各地区之间的交往加强了，阶级斗争非常激烈，农民的处境日趋艰难，废除农奴制的呼声高涨，多地爆发了大规模的革命起义，既反抗世俗特权，也反抗宗教特权。马克思非常重视这些革命运动，他研究了意大利多里奇诺人民起义、法国扎克雷起义、英国的瓦特·泰勒起义、捷克的胡斯战争、佛兰德大锤党人起义等，评价了这些革命的历史意义，表达了对剥削压迫者的痛恨和对被统治者进行反抗的支持和同情，认为他们在一定程度上有力地打击了封建统治阶级。如 1358 年的扎克雷起义最初是在法兰西岛爆发的，这些"造反的农民"受到了联合骑士的镇压,起义只持续了六个星期,其结果是"通往巴黎的道路全被切断,贸易和各种手工业生产也停顿了"。1381 年爆发了英国瓦特·泰勒起义。泰勒是一个瓦匠,由于理查二世对人民的苛税,他的家人受到了当地税吏的迫害,于是他率领一批农民、手艺人和工人举行起义。这次起义席卷了英国大部分地区,参加者不仅有农民,还有城市平民和下级教士。起义军一度占领首都伦敦,迫使理查二世议和,最终答应废除人头税,在王国境内取消农奴法和徭役制。经过这次革命,英国境内的农奴制基本上被废除了。

这册笔记中摘记的英法百年战争是英国和法国以及后来加入的勃艮第,于 1337—1453 年间发生的战争,是世界上历时最长的战争,断断续续进行了长达 116 年。1337 年 11 月英王爱德华三世率军进攻法国,宣告百年战争开始。1435 年勃艮第公爵臣服于法王。1453 年 10 月,驻波尔多英军投降,除加来外,法国领土全部收复。百年战争以法国的胜利而结束,促进法国基本完成民族统一,并为法国在欧洲大陆政治扩张奠定基础。英格兰几乎失去所有法国领地,也促使英国民族主义崛起。

在这册笔记中,马克思还关注了东西方商品贸易的增长和城市的发展繁荣。在写到"从北安普敦会战(1460 年 7 月 19 日)到蔷薇战争结束的英格兰"一节时,这册笔记本就写满了,马克思将接下来的内容写入第三本笔记。

## 四 第三册笔记的主要内容

第三册笔记从 1470 年到 1580 年,共有 143 页手稿。主要研究西欧近百年的发展史以及在资本主义萌芽过程中的重大事件和矛盾冲突。这一时期在欧洲史和世界史中具有特别重要的意义。随着生产力的提高,商品经济迅速发展,手工业和商业贸易勃兴,货币成为主导的社会力量,欧洲出现了黄金热。随之而来的航海家开辟新航线、地理大发现等促使欧洲各国内部形成了资本主义发展的前提,王权与城市资产阶级联合起来,同封建主义进行着殊死斗争,最终导致封建制度开始衰落,一些像英国那样的大君主国形成,预告了资本主义时代。马克思在这部笔记里注意研究欧洲各民族国家的形成和发展过程,对英格兰、西班牙、意大利、法兰西、德意志不同阶段的发展状况进行了研究。

马克思在本册用了一多半篇幅摘录了宗教改革以及与此有关的各同盟国的多次战争,如法国几次宗教战争,德意志、意大利和法兰西的战争,法国和西班牙的战争,法国和尼德兰的几次内战等,尤其注意研究"为消除资本即资产阶级的灾难,为消除因来自封建国家而带有封建痕迹的君主制所进行的斗争"①。马克思认为"这场斗争的目的是为了制伏资本即资产阶级的祸患;制伏这个产生于封建国家、还带有封建痕迹的君主国。在**宗教上的反映就是教廷和宗教改革的斗争**"②。贯穿本册的宗教改革运动是16世纪欧洲新兴资产阶级以宗教改革为契机发动的一场反特权、反封建、反宗教压迫的社会政治运动。其主要目标是反对教会的极端统治、宗教教义的异化和教会组织对民众的压迫,反对教皇的世俗权力,以及教会内部存在的各种腐化现象。马克思详细研究了德国宗教改革运动的前因后果和法国的几次宗教改革战争,揭示了宗教改革的社会经济基础和政治基础。马克思摘录了16世纪宗教改革初期德国的政治情况和宗教改革情况,以及查理五世上台后的社会状况和宗教改革进展。德国宗教改革从开始到新教分裂为路德派和天主教派的过程,1555年奥格斯堡帝国议会及《奥格斯堡宗教和约》的签订,宗教改革运动的结果的全过程,都在这册笔记中得到详细展现。另外,土耳其、匈牙利、捷克的社会政治状况等也在这部笔记的研究范围之内。

16世纪西欧封建制度开始动摇,这一时期资本主义生产关系在封建社会母体中迅速成长,因此农民战争客观上就赋予了摧毁封建制度、

---

① 胡永钦:《马克思一部鲜为人知的手稿》,载《新华文摘》1992年第6期。
② 马克思:《历史学笔记》第3册,中央编译局译,北京:中国人民大学出版社2005年版,第55页。

为资本主义发展扫清障碍的任务。1524—1525年闵采尔领导的德国农民战争具有典型意义，被恩格斯誉为"资产阶级革命第一号"。关于这次战争的情况在这册笔记中有较为详细的摘录，虽然这次农民战争没有完成统一德国的任务，但它推动了德国社会的发展，具有重要的历史意义。

值得一提的是，在本册中，马克思关注了欧洲航海家的全球航行，以及哥伦布发现新大陆这一重要事件，从而将研究的视角拓展到了美洲大陆。马克思摘记了葡萄牙人环球航行的几次新发现，哥伦布的四次远航发现美洲的过程及其生平。然而，马克思同时揭露了这些航海家的真正目的，认为"**截船抢劫**是一些美洲的西班牙冒险家的唯一目的"，"哥伦布的报告把自己描绘成一个海盗"，"**贩奴**就是基本准则！"① 这从一个侧面彰显了马克思关于社会历史发展的唯物史观立场。

## 五 第四册笔记的主要内容

第四册笔记从约1580年到1648年，共有116页手稿。本册摘录重点是欧洲的"三十年战争"（1618—1648年），又称"宗教战争"。中世纪后期神圣罗马帝国日趋没落，内部诸侯国冲突不断，宗教改革运动之后天主教和新教尖锐对立，于是由神圣罗马帝国的内战演变成全欧洲参与的大规模国际战争。战争以波希米亚人民反抗奥地利帝国哈布斯堡王朝统治开始，以哈布斯堡王朝战败并签订《威斯特伐里亚和约》而告结束。战争基本上是以德意志新教诸侯和丹麦、瑞典、法国为一方，受到荷兰、英国、俄国的支持；神圣罗马帝国皇帝、德意志天主教诸侯和西班牙为另一方，受到教皇和波兰的支持。"三十年战争"推动了欧洲近代民族国家的形成，是欧洲近代史的开始。本册笔记记叙了"三十年战争"开始前的欧洲形势，对法国、尼德兰、德国的状况进行了研

---

① 马克思：《历史学笔记》第3册，中央编译局译，北京：中国人民大学出版社2005年版，第57页。

究，以及大战开始前发生的小规模战争和各种事件，参战国的历史与相互关系、各国的对外政策等内容，反映了当时欧洲民族国家的发展以及近代国际关系体系的形成过程。

马克思在本册笔记中分为四个时期摘录了862—1613年俄罗斯的历史，这对于人们研究俄国历史具有特别重要的意义。本册还摘录了16世纪末的神圣联盟和第七次、第八次宗教战争的历史，尼德兰社会政治状况，葡萄牙并入西班牙的历史，16世纪末以前的德国和英国政治史，16世纪斯堪的纳维亚历史，荷兰资产阶级革命时期、法国专制统治时期的社会政治经济史。马克思特别关注了英国资产阶级革命开始前夕的政治状况、社会条件和对外关系。本册的结尾摘记的是英国17世纪上半叶的历史，对詹姆斯一世、查理一世在位时的英国社会政治、国内经济和税收政策、国内外战争，议会的存废斗争等资本主义上升期的英国政治经济史、经济基础与上层建筑的发展变化进行了摘录。

本册笔记的最后部分附有马克思阅读约翰·理查德·格林的《英国人民史》（1877年伦敦版第1卷和第2卷）一书所作的摘要，摘记了自原书第1卷后半部分起的英国封建制度形成至资本主义萌芽的历史。该书简要回顾了英国历史上远古时期、奴隶制的情况以及封建主义的起源，记述了自449年盎格鲁人征服不列颠至威廉征服形成封建主义的历史过程，摘录了爱德华一世至三世、兰开斯特家族亨利四世至六世、约克家族爱德华四世和理查三世时期的社会政治、经济、阶级斗争等状况，以及贯穿英法百年的战争、英国资本主义兴起重要前提条件的圈地运动、社会革命、商品经济的繁荣、城市的发展、对选举权的限制等社会政治经济变迁的景象。

马克思的这四册《历史学笔记》包含着内容丰富、容量巨大的前资本主义社会发展史料。马克思对所阅读的史学著作中记载的大量历史资料进行加工与整理，并按照自己的逻辑思路重新综合编排而成的这部编年体历史巨著，研究了欧洲各国在奴隶制解体、封建制度形成至瓦解，以及资本主义产生时期的社会政治经济文化事件，现代民族国家和近代国际关系的形成和发展过程、世界历史的生成过程，他也注意研究社会有机体运行中各种现象背后的经济、社会与阶级根源。他在摘录中"加注原书的页码,标明与附录中的有关段落的对应关系;而那些对应段落的内容,大都是有关那些政治事件的社会经济背景和人们的实际生活过程方面的具体而生动的历史事实"①。总体来看,这四册《历史学笔记》从古罗马史开始,涉及古代史、中世纪史和近代史,生动地描绘和重点展现了欧洲从奴隶制衰落、封建主义产生到封建制度解体、资本主义萌芽和兴起的恢弘历史画卷,具有重要的理论意义和史料意义。

---

① 庞卓恒:《从多样性探寻规律——马克思〈历史学笔记〉的启示》,载《历史研究》1994年第2期。

# 第七章 《历史学笔记》的重要理论观点

《历史学笔记》作为马克思一生最后的作品代表,其庞大的作品体量、涵括的时空纵深令人惊叹不已,然而,超越这一切的还有更为内在的东西使人思之无穷,这就是这部笔记中所体现的理论创新。马克思在晚年所展现的新的历史时空观、新的世界史观,以及对唯物史观更为具体细致的阐发,从实证与逻辑角度的双重印证更是令人印象深刻,吸引着我们对其中所蕴含的理论与思想进行进一步研究与提炼。

## 一 西欧封建制度产生至衰落过程的全景展现

马克思在《历史学笔记》中摘录了欧洲各主要国家千余年的历史以及国际关系史,从古罗马奴隶制度的衰落到西欧封建制度的形成,从城市力量的增长、市民阶级(商人、手工业者、银行家)的发展壮大、商品经济的发展、人民革命起义的爆发对封建制度的动摇,到资本主义萌芽和兴起,展现了经济基础和上层建筑的辩证运动、社会形态依次更迭的历史进程及其内在规律。

马克思在《历史学笔记》中尤其重视对社会形态演进中具体历史过程的研究,如通过对罗马帝国初期社会状况和人民生活状况的摘录,把当时的历史情况鲜活地展现出来,使读者如身临其境。《历史学笔记》第一册中记载:"98—117 年**奈尔瓦·图拉真**;西班牙人;**登上罗马王座的第一个外国人**。他恢复了罗马宪法,让**民会**主持选举,让元老院有充分的言论自由，让那些**官员恢复昔日的威望**。"① 到了公元 361 年，"死于 117 年的**图拉真，是最后一位征服者；他把一个新的行省并入国内，征服了散居在特兰西瓦尼亚、摩尔达维亚、瓦拉几亚、塞尔维亚和班诺尼亚部分地区的达契亚人**。从此，仿佛是一种停滞状态、一种帝国与蛮族人的均衡状态便开始了。"② 而到了公元 389—395 年狄奥多西乌斯大帝时期，情况已经发展为："帝国**居民的减少**……从来没有像在他统治时期那样，不得不雇用那么多的蛮族人来罗马服役，‖于是**罗马帝国的武器和战术也有所变化了**。……蛮族人已经成了主人，虽然还听命于皇帝。……帝国已被瓜分，但还是统一的——在中世纪，这种观点一直流传了许久。"③ 我们可以从第一册所附的《意大利人民史》中，详细了解马克思摘录部分对应的原书记载的相关社会情况。该书从社会生活、道德风俗、生产状况、奴隶制度等方面描绘了当时意大利的真实社会状况，让人们生动地了解意大利奴隶制趋向衰亡的历史必然性。在《意大利人民史》第一卷"关于各行省的居民情况和耕种情况"中，博塔对当时罗马的腐朽社会生活方式和社会关系进行了描述：

> "独身的恶习最早起源于罗马的富商巨贾，后来不仅罗马，而且各行省的一般百姓也是这样。……在王室宫廷的所在地，总有许多壮观的节日庆宴和娱乐场所……皇帝，无论是昏君还是贤君，发给百姓的粮食，有时分文不收，有时只收几个钱，这就更助长了人们的游手好闲，骄奢淫逸，造成了导致亡国的政治灾难。……结果，各省人口流失，农田荒芜，很少有人愿意挑起家庭生活的重担。……在帝国军队里，意大利出生的人越来越少。其中很少几个人能够得到一块奖给老战士的土地。这些赏赐都成了军队中的蛮族人的财产。而这些来自异域他乡的人，对于在意大利占一块土地并

---

① 马克思：《历史学笔记》第 1 册，中央编译局译，北京：中国人民大学出版社 2005 年版，第 1 页。
② 同上书，第 6 页。
③ 同上书，第 7 页。

不感兴趣，农业劳动对他们并没有多大吸引力，而且他们也不会干农活。于是意大利的小土地占有者非常少，大部分土地没有耕种，其余的土地都是属于罗马豪绅，主要是属于元老们的大块地产，但是这些贵人都用奴隶来耕种，而奴隶根本不能增强国家的实力。再说，奴隶的来源已开始断绝，因为主要提供奴隶的东部各省和高卢已经习惯于自己选举皇帝或树立自己的君主。"①

这样的情况持续下去的结果，在"荒无人烟的意大利"一节中作者将之概括为：

"意大利居民的苦难已经达到了顶峰。蛮族人入侵后的大量移民是毫不奇怪的。社会各阶层的人背井离乡，贫穷使意大利逐渐衰败。"②

在意大利奴隶制度必然解体的过程清晰之后，在《历史学笔记》第一册中，马克思还用专门篇幅记叙了意大利封建制度的形成过程："郎哥巴底国王任命了一些公爵，从而造成了一批**封建制度的上层人物**。查理大帝**使封建制度往下扩展**。{为此}，他与郎哥巴底的显贵举行会议；把至今还驳杂不清的**领地**按自然疆界（山脉、河流、森林）加以划分，组成了相应数量的州。各个州内的**堡寨和城市的治理权**转交给有**伯爵**（comte）头衔或有**统帅**头衔的显贵人物；那些负责守卫边界的人得到了侯爵的头衔……凡是担任行政管理工作的**人都被称为封建主**，有些省则**永远**（？）由他们管理。一些侯爵、伯爵以及普通的封建主也都有权管理**城市、教会、寺院**。……最初这种**封建主的管理权**只涉及**军事行政方面**。民政机构还保留自己的独立性，国家官职和法律很少改变或毫无改变；后来由于意大利战事无休无止，**封建统治者抢去了民政权**（博塔，第293页）；逐渐攫取国君的统治权和臣民们的权利……**查理大**

---

① 马克思：《历史学笔记》第1册，中央编译局译，北京：中国人民大学出版社2005年版，第229—230页。

② 同上书，第234页。

**帝**由于压制**市政当局**，遭到**他的封建仆从的憎恨。奴隶制和农奴制交织在一起**。"① 在这种情况下，连续不断的战争，使意大利四分五裂，封建势力的崛起使封建主意识到自己的重要作用，加之君主大权旁落，大封建主开始夺取民政机构，"王权和藩臣的权力不断地被篡夺，这是地道的封建制度"②。

我们还可以参考第一册附录中，博塔关于奴隶制和农奴制并存的状况以及当时的社会关系作的更为全面的描述：

> "一些公爵、伯爵和侯爵仍然享有特权。人民的权利毫无保证。……看来，人和土地已难逃封建制度这个恶魔的宰割了，也许可以说，人只不过是代役租和徭役租的征收对象。奴隶制和农奴制交织在一起：前者还没有消失，后者又使那些根据罗马法获得自由的人举步维艰。在古罗马，有贵族、平民和奴隶；贵族享有特殊的特殊权利，但在其他方面还要像普通老百姓一样服从共同的法律；政治权利，民法既保护贵族的利益，同时也保护平民的利益。奴隶没有任何权利，没有政治权利也没有公民权利，他们完全受主人支配。在历代郎哥巴底王朝统治时期，尤其是在那些法兰克王的统治时期，贵族的政治权利完全是虚假骗人的。但是高官显贵的特权甚至使民法再也不能不偏不倚了。老百姓只有一部分人能受到民法的保护，奴隶完全隶属于个人，农奴依附于他们所耕种的土地。一切混乱不堪，不公正和压迫到处可见。……这位诞生在封建制度最兴旺时期，即财产和人均被奴化时期的查理大帝，不能消灭这种骇人听闻的不公正现象。……这就是查理大帝统治时期的意大利人民的状况，这就是为确立封建关系所采取的那些措施的后果。"③

当然，"查理大帝的帝国没有存在多久，在它内部就包含着延长灭

---

① 马克思：《历史学笔记》第1册，中央编译局译，北京：中国人民大学出版社2005年版，第21页。
② 同上书，第254页。
③ 同上书，第256页。

亡的某些萌芽。"① 西罗马帝国在被奥多亚克推翻前,本身内战不断,诸侯国争权夺利的战争此起彼伏,暴力行动层出不穷,社会习俗又极度败坏,道德堕落腐化现象严重,对最高权力没有限制。作为罗马共和国主要支柱的市政自由在西罗马衰落时还起着支撑作用,而到了郎哥巴底王朝统治时期就完全不是这样了。"这些外来的人成了意大利的主人,就建立一些公国,初步形成了封建制度。这些公国建立后,城市公社的自由就遭到了破坏。……市政自治制度完全瓦解了;一切都取决于国王的意志,取决于大封建主的奇念怪想。"可以说,"这个王朝在意大利已经成为令人憎恨的政权。事实确实如此。"②

关于西欧封建制的形成,通常观点是以蛮族入侵、西罗马帝国灭亡为标志,马克思恩格斯在《德意志意识形态》中曾对此作过深刻分析:"蛮人**占领了**罗马帝国,这种占领的事实通常被用来说明从古代世界向封建制度的过渡……封建制度决不是现成地从德国搬去的。它起源于征服者在进行征服时军队的战时组织,而且这种组织只是在征服之后,由于在被征服国家内遇到的生产力的影响才发展为真正的封建制度的。这种形式到底在多大程度上受生产力的制约,这从企图仿效古罗马来建立其他形式的失败尝试(查理大帝,等等)中已经得到证明。"③ 罗马帝国末年,被压迫阶级的反抗斗争本已使社会动荡不安,在罗马帝国社会各方面已陷入困境的时候,日耳曼人的入侵最终促成了西罗马帝国的灭亡,摧毁了奴隶制。封建制度通过征服的外力作用以及内部因素的持续作用最终形成了。

从马克思早期对封建制本质特征的分析可以看出,农奴制是封建制形成的重要条件,封建领主权、世袭制与土地私有制相统一,农奴与封建主具有人身依附关系且以领主的法律权利为保证。欧洲封建制度的发展则如马克思所说,"是在一个宽广得多的、由罗马的征服以及起初就

---

① 马克思:《历史学笔记》第1册,中央编译局译,北京:中国人民大学出版社2005年版,第256页。
② 同上书,第257页。
③ 《马克思恩格斯文集》第1卷,北京:人民出版社2009年版,第578页。

同征服联系在一起的农业的普及所准备好了的地域中开始的。趋于衰落的罗马帝国的最后几个世纪和蛮族对它的征服本身，使得生产力遭到了极大的破坏；农业衰落了，工业由于缺乏销路而一蹶不振，商业停滞或被迫中断，城乡居民减少了。这些情况以及受其制约的进行征服的组织方式，在日耳曼人的军事制度的影响下，发展了封建所有制。"①马克思对日耳曼征服后意大利的社会与政治、经济状况进行的重点摘录，可以更为具体地解释他在《德意志意识形态》等著作中所提出的"罗马—日耳曼"式封建制的形成过程，这一过程"给私有财产的积累、竞争和贫富分化留下了较大的空间，生产力在这个比较宽松空间里发展到一定程度，就形成了要求打破发展私有制和自由竞争的生产生活方式的障碍的阶级力量，而且它逐渐超过了试图阻挡它前进的其他阶级力量，从而就形成了产生和发展资本主义的必要而充分的条件"②。

英国也是通过征服的方式形成了封建制度。英国封建制度的形成与"威廉征服"有密切的关系。在《历史学笔记》第四册附录《英国人民史》一书摘要中专题记载了"威廉征服"的情况。10世纪，英国北部建立了诺曼底公国。爱德华即位后，任用诺曼底贵族担任朝臣和教士。威廉原为诺曼底公爵罗伯特之子，1052年，国王爱德华曾允诺以威廉为王位继承人。爱德华于1066年去世后，英国大贵族高德温长子哈罗德继承王位。诺曼底公爵威廉为争夺王位，于1066年9月20日率领诺曼底人进攻英国，10月14日进行会战后，哈罗德阵亡，威廉攻占伦敦后，12月自立为王，史称"威廉征服"。威廉征服英国后颁行了一系列新政，如没收了大批英国贵族的土地分封给征战有功的人员。"英国封建主义起源于那些曾亲自参加国王的征战因其**个人效劳而被奖以公有土地中的地产**的'军人'、'义勇兵团官兵'或者'大乡绅'（thegns）。后来**这种封建性分配地产的做法**大大地加强了，因为**大部分贵族**效法国王的榜样，也用这种分赐采邑的办法**把**

---

① 同上书，第522页。
② 庞卓恒：《马克思社会形态理论的四次论说及历史哲学意义》，载《中国社会科学》2011年第1期。

他们的佃农同自己联系在一起。……**封建主义**在英国取代昔日自由**的这种趋势**，因（威廉的）**征服**而得以加强和加速。"① 威廉执政后，推行了一系列新政："在土地分封方面，把征服英国时的军事组织，通过土地分封变成各级封建制度；各级封建主都有随时效忠国王的军事义务，因此，使封建制度与军事制度一体化。……在政治制度方面，威廉取消了原四大伯爵领地，改为郡制，郡成了最大的地方管理单位，并且，每个郡的郡长都由国王任命。在法制方面也进行了改革，威廉在原来国家立法系统上，保留了各级地方法院，却扩大王国法院的司法权。在税收方面，为了向大小封建领主征收赋税，威廉将自己的特派员派往全国各地，'这些人的报告均收入他那本土地调查清册'。为了收入，还特别对诺曼底来的商人实行特别移民法。"② 通过威廉的这一系列举措，英国"获得了最完善的封建组织形式"。

同样，欧洲也是在特定的社会历史条件下，产生了资产阶级，动摇了封建制度的基础。《历史学笔记》对欧洲封建社会向资本主义社会发展过程中经济基础与上层建筑的辩证发展过程进行了研究。西欧封建制度走向衰落的历史过程发生于神圣罗马帝国时期。1308 年 11 月，"**亨利希**……被选为**德意志皇帝**，称**亨利希七世**。"③ 亨利希七世之后，神圣罗马帝国由于内部政治矛盾重重，各诸侯国各自为政，并为扩大自己的势力，争夺王权进行长期混战，加重了人民的负担，使各地革命起义不断，从内部加速了神圣罗马帝国的解体，从外部动摇了封建制度的基础。同时，由于城市封建行会手工作坊蓬勃兴起，商品贸易日益繁荣，城市阶层力量增长，孕育了资本主义生产关系。起源于君主专制时代遍布各地的权力机关成为新兴资产阶级反对封建制度的重要武器，资本主义上层建筑在封建制度逐渐衰败时产生，同时又加速了封建制度的衰亡步伐。

---

① 马克思：《历史学笔记》第 4 册，中央编译局译，北京：中国人民大学出版社 2005 年版，第 187 页。
② 冯景源：《改革开放的唯物史观基础及其内在关系研究》，载《人文杂志》1996 年第 5 期。
③ 马克思：《历史学笔记》第 2 册，中央编译局译，北京：中国人民大学出版社 2005 年版，第 1 页。

## 二　资本主义兴起的前提与背景的历史阐释

15—16世纪，欧洲由于政权分裂、权力分散，商品生产在城市中迅速发展，手工业、贸易、制造业等的连锁发展，都需要能自由出卖劳动力的工人。"当欧洲脱离中世纪的时候，新兴的城市中等阶级是欧洲的革命因素。这个阶级在中世纪的封建体制内已经赢得公认的地位，但是这个地位对它的扩张能力来说，也已经变得太狭小了。中等阶级即**资产阶级**的发展，已经不能同封建制度并存，因此，封建制度必定要覆灭。"① 在《历史学笔记》第三册和第四册，马克思摘录了英国资本主义的萌芽过程，通过"蔷薇战争"、"圈地运动"等事件，研究了资本主义因素如何在封建制度中孕育成长的历史过程，从而最终突破封建制度的阻碍得以确立。

"蔷薇战争"是英国兰开斯特家族与约克家族为争夺王位而爆发的长期战争。由于兰开斯特家族以红蔷薇为族徽，约克家族以白蔷薇为族徽，因而它们之间爆发的战争史称为"蔷薇战争"。兰开斯特家族的主要支持者是经济落后地区的大贵族，约克家族的主要支持者是经济发达地区的封建主以及新贵族和市民。两个家族在1455—1485年长达30年的战争中，轮流登上王位。他们顺应时代发展的潮流，经营海上贸易，采取一系列措施刺激工商业和国际贸易的发展。约克家族爱德华四世获胜后，"蔷薇战争"结束，英国确立了君主专制制度。"**爱德华四世迅速地——以各种关税供国王终生享用**的方法——开辟了财源，这就使他几乎完全摆脱了议会。"② 英国专制制度的确立标志着封建制度的发展进入君主专制的新阶段。诚如马克思所说，"现代历史编纂学表明，**君主专制**发生在过渡时期，那时旧封建等级趋于衰亡，中世纪市民等级正在形成现代资产阶级，斗争的任何一方尚未压倒另一方。因此，构成君

---

① 《马克思恩格斯文集》第3卷，北京：人民出版社2009年版，第509页。
② 马克思：《历史学笔记》第4册，中央编译局译，北京：中国人民大学出版社2005年版，第227页。

主专制的因素决不能是它的产物；相反，这些因素却构成它的社会前提。"① 君主专制是处于上升期的资产阶级与封建势力进行较量的结果，是封建主义向资本主义的过渡阶段。

上层建筑形式的变化与经济基础的发展变化遥相呼应，在《历史学笔记》第四册关于"爱德华四世"的摘录中，马克思对英国资本主义经济如何萌芽以及作为其背景的"圈地运动"作了如下分析描述：

"这一时期，各地的财富和工业都有增长。**各郡小业主**的财富和人数越来越多，市民阶级随着贸易的发展也大发其财……**财富决定着贵族地位的高低**。……一些英国商船出现在波罗的海。**工场手工业的雏型**也反映在爱德华四世的立法机关所制定的许多保护性的法令中……羊毛价格的上涨又推动了农业的改颜换貌，这种变化在黑死病突然来临以后就开始了，不断地延续了近一个世纪。‖这种变化就是**小块耕地的合并，大规模养羊业的产生**。促使这种变化的是商人阶级的日益增长的财富。**许多商人把资金投入**土地，这些被拉蒂默骄傲地称做'**经营农场的绅士和威武的办事人员**'，不因循守旧，也不讲个人情面，可以放手地把一些小农场主逐出土地。……**幸亏地租水平不高，小自耕农阶级才能过活**。拉蒂默说：'家父是一个**自耕农**，没有自己的土地，他一年最多以三四个英镑租赁一个农场，这就足以使他能雇六个雇农来耕种。他有一个**牧场**，养了几百只羊，家母喂了30头母牛。他还能披甲骑马到国王指定的地方去领俸禄。……'**地租的提高迫使人们不再拥有土地。强迫迁移和追缉**（见托马斯·莫尔，1515年）{接踵而至}，为的是用欺骗手段或武力来摆脱农场主。……**圈地**（还有强迫迁移）一如既往没有停止，**居无定所的工人数目**越来越多，他们的不满情绪与时俱增。反对'圈地'的暴乱……不仅是指到处发生的地主与小农阶级的无休止的斗争，

---

① 《马克思恩格斯选集》第1卷，北京：人民出版社1972年版，第179页。

而且是指巨大的社会不满,总想以暴力和变革来寻求解决。"①

英国作为欧洲资本主义产生的典型,通过"蔷薇战争"和随后的社会经济变化,以及圈地运动等强烈冲击了封建生产方式,导致英国封建制度进一步衰落,有力地推动了资本主义因素的发展,使资本原始积累合法化,这就是英国资产阶级产生的历史背景。在第四册附录中格林的《英国人民史》一书中关于"托马斯·莫尔论强迫迁移及圈地运动"中,对这一状况的形成背景和原因作了详细分析:

"提高地租迫使小土地持有者放弃其土地,同时从土地上赶走农民成了新耕作制的必然结果,由此引起的愤怒更由于经常采用非法手段而日益强烈。如果莫尔的说法可信,则1515年时农场主'迫于欺骗、暴力或者受不了无休止的欺侮,只好舍弃自己的财产。''这样一来,这些不幸的人们:男人、妇女、孤儿、寡妇、老人和儿童——人口数目大大超过财产的那些家庭(耕作经济需要许多劳动力,而一两个放牧人就可以照料畜牧经济了)离开故土,甚至不知道要投奔何方。'他们菲薄的家当被卖掉了,结果是他们在其他地方无法栖身,到处流浪,被关进监狱,靠乞讨或行窃为生。……圈地和强迫迁移一如既往没有停止,不定居的工人数目越来越多,他们的不满情结与时俱增。……英国第一次出现了特殊的犯罪阶级——一群有组织的匪徒,这些人专门在通衢要道抢劫,随时准备在起义的旗帜之下闹事。动用绞刑架也无济于事了。莫尔痛心地说:'如果你们不能消灭产生盗贼的贫困,那么无论多么严酷的处罚也不能使盗贼绝迹。'不过,就连莫尔也只能提供这样一种药物,它虽然在日后被证明是有效的,但实现它却只能在一百年之后。'大力发展毛纺织工业,使许多因贫困而变成或者即将变成窃贼的人都能在这种工业里找到一份诚实的工作。'确实是这样,发

---

① 马克思:《历史学笔记》第4册,北京:中国人民大学出版社2005年版,第228—229页。

达的工业终于吞噬了这支剩余工人人口的大军,但这个过程只是到了伊丽莎白在位的最后时期才告结束,而在都铎王朝时期,工人阶级的这种不满情绪是所有富足阶级集结在王冠周围的原因。"①

圈地运动使大批农民失去了土地,成为出卖劳动力的雇佣劳动者,是英国农业资本主义发展的开端。查理一世在位时,英国政治矛盾、社会矛盾进一步激化,议会斗争也日趋激烈。1640年,苏格兰举行起义迫使查理一世召开议会,企图筹集经费以镇压起义,而议会借此机会提出限制王权的要求。这次议会成为英国反专制斗争的中心,英国人民最终推翻了查理一世的统治。1640年开始的英国资产阶级革命宣告力图推翻封建专制统治、建立资本主义制度的社会革命正式开始,《历史学笔记》也止笔于此。《笔记》中对英国资产阶级产生至上升期的描绘,使我们进一步清楚地看到了英国资本主义产生于这种特定的社会政治经济状况,是在商品经济发达、阶级矛盾激化等历史条件下发生的,有其一般性和必然性,同时也有"圈地运动"等特定条件的特殊性。《历史学笔记》所记载的这些内容,体现了马克思在世界历史的广阔时空范围内,具体分析不同国家资本主义起源的特定历史背景与条件,探寻其中的个性与共性,从而从纷繁复杂的现象中揭示出唯物史观关于社会发展的规律。

## 三 西欧主要民族国家形成和发展的路径呈现

在《历史学笔记》中,马克思用了很大篇幅记叙了很长的历史时期内,西欧近代主要民族国家形成及其社会政治制度变迁的历史过程。事实上,欧洲各民族国家形成和统一的过程各不相同。

直到16世纪,德国名义上虽称为"德意志帝国",但实际上从未真正统一过。1517年马丁·路德的宗教改革运动向神圣罗马帝国提出

---

① 马克思:《历史学笔记》第4册,北京:中国人民大学出版社2005年版,第242—243页。

挑战以后,德意志被分割成了许多小邦。1555 年签订的《奥格斯堡和约》,使德意志境内的宗教纷争暂告一段落,新教与天主教形成了势均力敌的局面。查理五世退位后,1576 年哈布斯堡王室的鲁道夫二世接任神圣罗马帝国皇帝,他仿效查理五世镇压德意志信奉新教的诸侯,这引起了新教诸侯的强烈反抗,到 17 世纪初新教诸侯结为同盟,要与神圣罗马帝国皇帝及哈布斯堡王室分庭抗礼。另一方面,周边各国也想利用欧洲腹地这种政治分散、内战不断的局面来打击神圣罗马帝国,扩大自身的力量。"在德意志中央帝国政权削弱的情况下,要想在德意志土地上建立新的市民秩序和消灭封建暴力统治,就要把德意志划分为若干区,还得派最有魄力的人去维持这些地区的秩序。正如马克思所指出的,'分散割据的德国诸侯集权制'这个'德意志畸形儿'就因此而产生了。"①

法兰西中央集权的形成过程比较复杂。在罗马帝国统治时期,法兰西民族便开始了罗马化过程。5 世纪,随着罗马帝国的衰落,大批日耳曼部落入侵,萨利安法兰克人部落在酋长克洛维率领下,联合其他部落于 486 年建立法兰克王国。843 年查理曼大帝国分裂,莱茵河以西的法语地区成为西法兰克王国,开始被称做法兰西。从 12 世纪开始,法国加强了王权,逐步消灭了封建割据。1337 年爆发的英法百年战争使法国民族统一的要求进一步加强。15 世纪末,法国在路易十一统治时期对内采取了强有力的措施,建立了中央集权的君主制,吞并了勃艮第公国、安茹公国、普罗旺斯伯国和曼恩伯国等,基本统一了法兰西全境,法国开始向君主专制过渡,从整体上说法国已基本完成政治统一。马克思在《历史学笔记》第二册中用 1/4 以上的篇幅记述了英法百年战争的历史和法兰西民族国家形成的前提条件。亨利四世登上王位以后,为解决国内矛盾,安抚胡格诺教徒,将打击哈布斯堡王室作为主要目标,在国际上积极争取自己的大国地位。1610 年亨利四世遇刺身亡后,控制法国政局的是红衣主教黎塞留,他致力于摧毁胡格诺教派的反对势

---

① 胡永钦:《马克思一部鲜为人知的手稿》,载《新华文摘》1992 年第 6 期。

力，增强王权，让法国王室威名远扬，并全力打击哈布斯堡王室。黎塞留的继承者马扎林延续了法国的既定政策，在"三十年战争"结束时巩固了法国的大国地位。

英国则是另一番情况。1603 年，英格兰与苏格兰正式联合，取得了政治上的进一步统一。由于国内爆发了资产阶级革命，英国在 17 世纪上半期无暇多顾欧洲大陆事务。然而英国国内宗教信仰上的认同以及政治上的统一，与欧洲大陆尤其是与哈布斯堡王室保持距离已经使英国以独立的姿态跻身于欧洲政治之中。

荷兰原属尼德兰，历史上一直受西班牙哈布斯堡王室的统治，到 16 世纪后期才摆脱了哈布斯堡王室成为独立的国家。尼德兰革命标志着资本主义商业战争的开始。尼德兰革命在欧洲创立了第一个商业资本主义国家——荷兰共和国，为资本主义的发展开辟了道路，并成为后来英、法等国资产阶级革命的先导。

## 四 历史向世界历史发展进程的总体描绘

马克思在《历史学笔记》中追溯了资本主义的历史起源，以及随着世界市场的形成和国际交往的推动，使地区历史转变为世界历史的过程。马克思专门收集整理了这方面的研究资料，做了大量笔记，进行了深入的思考，系统研究了世界历史生成的情况。"马克思从中年到晚年，从不惑之年的《资本论》创作到晚年四大笔记的探索，思想发展的主导趋势和基本趋向，是从以实践观为核心的唯物史观，走向以世界市场为经济原点的世界史观、全球史观。唯物史观注重历史发展有机体中物质生产层面，世界史观则注重总体性、系统性、有机性的思想。以世界市场为根基形成的世界历史思想，是晚年马克思在笔记中考察各种问题，尤其是重新考虑东西方社会发展道路的基本理论前提。"[①]

---

[①] 王东、贾向云：《马克思晚年哲学创新的思想升华——从唯物史观到世界史观》，载《教学与研究》2011 年第 3 期。

世界历史包含两个层面：一个是国家体系，一个是世界市场。世界市场在经济层面上的形成表现为全球统一市场的形成，进而发展为经济全球化。而现代国家体系的形成比较复杂，它的形成基础是资本主义社会制度。"'现代社会'就是存在于一切文明国度中的资本主义社会，它或多或少地摆脱了中世纪的杂质，或多或少地由于每个国度的特殊的历史发展而改变了形态，或多或少地有了发展。'现代国家'却随国境而异。它在普鲁士德意志同在瑞士不一样，在英国同在美国不一样。所以'现代国家'是一种虚构。但是，不同的文明国度中的不同的国家，不管它们的形式如何纷繁，却有一个共同点：它们都建立在现代资产阶级社会的基础上，只是这种社会的资本主义发展程度不同罢了。所以，它们具有某些根本的共同特征。"① 正因为马克思看到了各个现代国家虽然共同基于资本主义社会制度，但却具有各自不同的特点，所以马克思认为没有统一的"现代国家"，而对不同的国家而言，由于同处世界历史的时代条件，又决定了"'现代民族国家的范围'，例如德意志帝国，本身又在经济上'处在世界市场的范围内'，在政治上'处在国家体系的范围内'"② 。马克思又指出，"世界史不是过去一直存在的；作为世界史的历史是结果。"③ 人类社会从地区历史向世界历史转变，不但要以生产力、生产方式的高度发展作为前提，同时也是国际分工、世界市场和国际交往发展的必然产物，这一历史过程与资本主义生产方式的形成具有同期性。

从空间上看，《历史学笔记》涉及的空间范围主要从地中海拓展到大西洋，与世界历史的扩展趋势也是一致的。马克思在《历史学笔记》中对公元前1世纪到公元14世纪地中海时代的历史摘录非常丰富。在这段相当长的历史时期内，国际关系主要以战争和贸易这两种交往形式而承载，使地区历史范围逐渐扩展。从十字军远征开始，"**许多雕刻珍品从君士坦丁堡被运到西方，这样西方才知道东方有如此高超的技艺。**

---

① 《马克思恩格斯文集》第3卷，北京：人民出版社2009年版，第444页。
② 《马克思恩格斯文集》第3卷，北京：人民出版社2009年版，第438—439页。
③ 《马克思恩格斯文集》第8卷，北京：人民出版社2009年版，第34页。

后来拉丁人就用这些偷来的珍品装饰自己的住宅、宫殿和教堂。在这方面也很擅长的威尼斯人特别努力。他们用君士坦丁堡的豪华物品装饰自己的集市广场和市政厅。在威尼斯的圣马可广场、圣马可教堂门前的青铜饰金驷是古代的艺术珍品之一，也是当时从君士坦丁堡运到威尼斯的。"① 到14世纪初，国际贸易激增，"意大利人正垄断整个东方的银钱业务和商品贸易，南德意志的一些城市也在这两方面模仿他们，还学会了在米兰、威尼斯、热那亚和布雷西亚{十分流行的}呢绒贸易，玻璃、镜子和丝绸的生产，金银器皿的制作技术和染织生意。"② 通过十字军东征、蒙古西征等大规模的跨地区、跨大陆的战争，以及地理大发现、航海家在世界各地的活动以及随之扩展的海上贸易、国际贸易的增长，地中海地区历史与大西洋地区历史有了交叉和融合，东西方文明发生了更为频繁的碰撞。

16—17世纪，是地区历史上升为世界历史的重要时间节点，随着资本主义生产方式的形成，资本主义商品经济、世界分工、国际贸易的日趋发达，民族国家之间的联系日益复杂广泛，世界范围内的国际关系得以形成。《历史学笔记》第三、四册中记载的"三十年战争"是推动近代国际关系形成的重要事件。"三十年战争"又称为"宗教战争"，是欧洲新旧教之间的较量，也是新兴资产阶级与封建势力之间的一场决战。宗教改革派得到了欧洲富裕的工商业阶层人士和城市市民阶层的支持和拥护，宗教改革成为资产阶级与封建势力展开斗争的一个焦点。新兴资产阶级提出宗教信仰自由的口号，政治上要求民主，经济上要求自由贸易。"三十年战争"最初从法国德国国内的几次小规模的宗教战争开始，马克思摘录了"圣热尔门和约以前法国的几次宗教战争"、"查里九世去世前法国的几次宗教战争"、"亨利四世登基前法国和尼德兰的几次内战"，之后捷克、匈牙利、荷兰、丹麦、西班牙、英国等国先

---

① 马克思：《历史学笔记》第1册，中央编译局译，北京：中国人民大学出版社2005年版，第135页。

② 马克思：《历史学笔记》第2册，中央编译局译，北京：中国人民大学出版社2005年版，第8页。

后介入，逐渐形成了范围遍及全欧洲的国际战争。

"三十年战争"以 1648 年 10 月 24 日交战各国在明斯特签订《威斯特伐里亚和约》结束。《历史学笔记》详细地摘录了这一《和约》的内容。主要规定有：关于瑞典及其盟国方面，重新划分了瑞典、法国与德国的领土疆域与边界，从而正式形成了欧洲各国的近代政治格局；承认荷兰和瑞士联邦等新教国家独立；关于宗教方面，承认欧洲宗教权利平等，保证了宗教教派的利益；关于德意志帝国宪法方面，保障其有一定的权利和自由，允许结成联盟等。① 《威斯特伐里亚和约》尽管是以签订双方的妥协而告终，但实际上是新兴的资产阶级的权利和地位得到了确认和保护。其深远意义还在于该和约削弱了哈布斯堡王朝的统治，加深了德意志政治上的分裂，改变了欧洲政治力量对比。《和约》导致法国、荷兰和瑞典这三大欧洲新霸主的崛起。法国实力大增，为后来称霸欧洲打下基础；瑞典获得波罗的海和北海沿岸重要港口，成为北欧强国。《和约》"承认欧洲各国的宗教平等与信仰自由，划清了各国间的边界，正式形成了欧洲各国的近代政治版图。由于构成这一政治格局的国家大多在大西洋沿岸，表明世界历史开始进入大西洋时代"②。三十年欧洲战争，为资本主义生产方式在欧洲的确立和发展扫清了障碍，"战争推动了欧洲近代民族国家的发展，王权进一步代替了神权，最终在欧洲树立了主权国家体制，从而形成了近代欧洲国际关系的基本格局。"③

在《历史学笔记》中，马克思还注意到 15 世纪末、16 世纪初的地理大发现、海上贸易推动了商业革命和国际贸易的真正形成。马克思认为，世界市场是以地理大发现为契机、以生产力高度发展和资本的全球扩张为动力而逐渐形成的。世界市场的形成，促进了各国生产力的迅速发展和各民族国家之间的联系与交往，"在**世界市场**上，**单个人**与一切

---

① 马克思：《历史学笔记》第 4 册，中央编译局译，北京：中国人民大学出版社 2005 年版，第 175—176 页。
② 韩泽栋：《〈历史学笔记〉的时空维度》，载《新乡学院学报》2011 年第 3 期。
③ 闫瑜：《"三十年战争"和〈威斯特伐里亚和约〉》，载《德国研究》2003 年第 3 期。

人发生**联系**"①，进而推动了世界历史的形成。资本主义"首次开创了世界历史，因为它使每个文明国家以及这些国家中的每一个人的需要的满足都依赖于整个世界，因为它消灭了各国以往自然形成的闭关自守的状态"②。正是随着各民族国家跨地域交往程度的加深，世界范围的国际关系逐步形成，世界开始从分散走向统一，形成资本主义世界体系，世界历史也因此生成。

## 五 交往在社会发展中重大作用的多重体现

从《历史学笔记》的摘录内容我们可以看到，马克思不但对关乎历史发展关键走向的重大问题给予充分重视，而且对人类社会生活整个历史过程进行了长期关注，对社会形态、社会结构及其演化进行了持续研究。《历史学笔记》着眼于公元1—17世纪广阔的时空范围，详细说明了各种交往形式在封建社会的确立与衰败过程中所起的作用，以及对资本主义上升并代替封建制度所起到的推动作用；反映了大的政治组织乃至国家作为世界交往的主体而导致交往主体的复杂化与扩大化，并推动近代国际关系体系的形成过程。在《历史学笔记》中，马克思尤其关注了新出现的国际战争和国际贸易这两大新的交往形态对世界历史形成的主导作用，以及宗教等因素对文化交流与融合的重要意义。

历史的发展过程表现为贸易、战争、宗教、迁徙、文化的碰撞与交流等形式的交往发展史。因此，从这个意义上说，封建社会的兴衰与资本主义的形成和发展过程体现为交往所推动的社会矛盾不断形成、集中、爆发至解决以及新的矛盾生成的辩证发展过程。

马克思《摩尔根〈古代社会〉一书摘要》等笔记中所反映出的交往关系主要是人类社会早期氏族与氏族之间的集体交往，以及一个氏族内部成员间个人与个人的交往。交往主体相对简单，交往范围相应地狭

---

① 《马克思恩格斯文集》第8卷，北京：人民出版社2009年版，第55页。
② 《马克思恩格斯文集》第1卷，北京：人民出版社2009年版，第566页。

小。人类在进入农耕文明时代之后，随着生产力的发展以及私有财产的形成，一些地区先后进入阶级社会，开始出现较多的交往形式，包括和平的与暴力的交往。最先进入文明阶段的是那些处在先进农耕地带的地区，各国家、各民族、各地区之间的交往也首先从富庶的农耕地带开始逐步频繁起来。但是，总体来说，在整个古代社会，各大陆的相互影响仍处于萌芽阶段，东西方还不能建立直接正式的联系，当时各地区的发展是平行而独立的，交往也仅限于地区内部成员之间进行。

随着历史进程在时间与空间上的铺展，近代民族国家形成后，出现了一系列重大的历史事件，反映在《历史学笔记》中，更多地体现为阶级与阶级、民族与民族、国家与国家，甚至是文明圈与文明圈之间的交往。这样，随着交往主体的扩大化与复杂化，单个人的历史便走向了社会历史，单个民族国家的历史便走向了世界历史。

在《历史学笔记》第一册中，马克思摘录了卡尔洛·博塔的《意大利人民史》和施洛塞尔的《世界史》，关注了公元前1世纪到公元14世纪初，从罗马帝国建立至意大利封建制度形成的历史以及阿拉伯、土耳其、蒙古等国的历史，14世纪中叶以前的北欧和东欧诸国的历史。这些民族国家内部的政权更迭，通常是以阶级或大的利益集团为交往主体的。尤其11—13世纪，"是西方国家和东方国家历史中充满极重要事件的时代"，由罗马天主教会煽动的法、德、意、英的封建主参加的数次十字军远征，更是交往主体扩大化和复杂化的集中反映，也是交往跨越国界的相互浸透。

第二册笔记中，马克思详细摘录了14世纪的德意志、意大利、英格兰、法兰西、西班牙和葡萄牙的社会政治状况；15世纪蒙古、土耳其和拜占庭的历史发展以及15世纪下半叶的勃艮第、瑞士等民族国家内部的政治与社会经济状况。此时的交往关系调整的范围以及所涉及的主要矛盾还在国家之内，从大历史观念来看，交往主体主要为国家内部的各阶级及各利益集团。

第三册笔记摘录了欧洲近代国际关系史，关注了15世纪下半叶查理八世时期法军入侵前的意大利以及 15 世纪末的法国、西班牙、德意志、意大利等国家内部,各阶级为维护和争取自己权益而斗争的情况,比如"在符腾堡,就像在卡斯蒂利亚那样,推动**西班牙体制**｛建立｝的是**骑士、教士和市民为各自不同阶层利益的长年纷争**"①。德国明斯特主教管区"1524—1529 年  不同程度地平息了**设有主教**的德国各大城市经常发生的冲突［即**主教**和**各个城市的冲突**,**市政机关**和**市民**因参加市政管理而发生的冲突］"②,等等。欧洲社会的阶级关系出现了新变化,城市市民阶层数量上升,力量加强。西欧各国纷纷出现了要求增强王权的活动,到 15、16 世纪,英、法两国都形成了统一的民族国家。这时交往调整的社会关系逐渐涉及整个欧洲,交往主体也相应地扩展到了民族国家。

现代意义上的国家作为独立的交往主体确立于"三十年战争"及其后《威斯特伐里亚和约》的签订。《和约》承认各邦国拥有的内政外交权利,意味着它们已经获得了大部分"国家主权"。随着民族国家成为交往主体,交往活动也走向了真正民族国家间的世界历史时代。如罗伯特·吉尔平所说,从 16 世纪开始,"民族国家基本上取代了近代以前的政治组织形式,如部落、城邦和帝国。与此同时,市场成为组织经济关系的基本方式,取代了互惠、再分配与帝国政治经济等其他交换形式。两种对立的社会组织形式——国家与市场——交织在一起,贯穿着数百年的历史,它们的相互作用日益增强,逐渐成为决定现代世界国际关系性质与动力的关键因素。"③

## (一)战争

"战争"恐怕是《历史学笔记》中出现频率最高的词汇,也是马克

---

① 马克思:《历史学笔记》第 3 册,中央编译局译,北京:中国人民大学 2005 年版,第 132 页。
② 同上书,第 133 页。
③ 〔美〕罗伯特·吉尔平:《国际关系政治经济学》,杨宇光等译,北京:经济科学出版社 1989 年版,第 102 页。

思所摘录的近 18 个世纪国际关系的最大特点。比如《历史学笔记》第一册中详细记述的十字军远征；第二册中摘录的路德维希、查理四世进军罗马以及"蔷薇战争"；第三册记录的 16 世纪在德国、意大利和法兰西发生的内战以及法国人和西班牙人对那不勒斯的掠夺战争，16 世纪宗教改革初期的德国、西班牙、法国、英国和意大利国内的政治斗争和宗教战争，英法百年战争；人民革命运动、起义以及成为常态的反对者与执政者之间的战争；第四册提及的 16 世纪末的神圣联盟、宗教战争以及 17 世纪欧洲的"三十年战争"等。

世界上大大小小的战争不计其数，在表现形式和起因上有宗教战争、民族战争、侵略战争、阶级战争、农民战争等，其中几次比较大的战争几乎代表了当时社会历史的整个政治事件。比如十字军东征、蒙古西征和"三十年战争"等。战争是交往暴力化最典型的体现，也可以称做暴力交往，它是交往主体间矛盾不可调和后冲突的升级。战争的破坏性质和负面作用是显而易见的，与战争相伴随的往往是一代人甚至几代人的苦难和不幸。然而，对战争又要辩证看待，"战争也是一种经常的交往形式"，它在改变和破坏社会已有正常秩序和社会关系的前提下，往往起到了其他交往方式所起不到的对社会关系和社会秩序的重新调节和整合，而这种调整的最终结果置于社会历史发展中，又往往起到打破旧的生产关系和社会制度形态，建立新的社会关系、社会秩序，甚至是对新社会形态的客观上的推动和促进。现举《历史学笔记》中记录的几次战争为例说明。

**1. 十字军东征**

这是《历史学笔记》第一册中记录的最重大的政治事件。十字军东征是公元 11—13 世纪由罗马教皇、西欧封建主和城市富商对近东各国及拜占庭帝国发动的侵略战争，先后进行了九次远征，历时近两个世纪之久。这场战争对社会和人民生活起到了巨大的破坏作用，然而客观上却对西欧各国的历史发展产生了深远的影响。十字军东征"结果是贵族阶级的削弱，市民阶级和王权的加强，以及农奴解放的开始"。"在意大利诸城市共和国中得到迅速发展的贸易，也波及德国的沿海城市，货币流通以空前的高速度在发展；最后是社会借助于无数新思想和新事实在接受着深刻的变化。"① 十字军东征打破了基督教会一统天下的局面，促进了西欧的历史发展。而一些参加十字军东征的封建领主和骑士，在东征过程中受到商品经济的影响，很多人返回家国后弃农经商，促进了当地商品经济的发展，进而打破了地区的封闭性。

**2. 蒙古西征**

英国史学家韦尔斯曾断言："蒙古征服显然是人类全部历史中最引人注目的事件之一。西征在传播并扩大人们的思想，以及激发他们想象方面的作用是巨大的。"② 蒙古人以游牧文明特有的开放性和包容性，在西征的同时，把自己的世界观、价值观和行为准则渗透到被征服国家中，使不同民族国家的多元传统文化得以交融整合，从而对扩大东西方交往产生了深远的影响和促进作用。《历史学笔记》第二册记载了蒙古最初的征服结束之后，成吉思汗及其后代建立的世界重新建构了中亚与周围地区之间的联系，在商业贸易、交通、宗教文化等方面对世界历史进程产生了一定程度的影响。

**（二）贸 易**

《历史学笔记》第三册中关注了美洲的发现和世界性的航海事件。例如葡萄牙人乘船逐渐绕过非洲西海岸，发现了包括好望角在内一些群岛，以及 1497 年达·伽马到达印度和哥伦布的四次航海。这一时期是欧洲国家，主要是葡萄牙、西班牙等老牌资本主义国家通过航海家而开启的全球贸易与殖民扩张时期。对此，马克思一针见血地指出，"[**截船抢劫**是一些美洲的西班牙冒险家的唯一目的，在哥伦布写给西班牙宫廷的一些报告中也有所证明。]〔哥伦布的报告把自己描绘

---

① 朱寰：《世界上古中古史》（下册），北京：高等教育出版社 1997 年版，第 55 页。
② 〔英〕赫·乔·韦尔斯：《世界史纲》，吴文藻译，北京：人民出版社 1982 年版，第 153 页。

成一个海盗。有关的具体材料可以参看｛施洛塞尔｝第 191 页。]
[**贩奴**就是基本准则！]"① 但是客观上，哥伦布发现美洲、达伽马绕非洲航行、麦哲伦环绕世界一周，这一系列航海探险活动，打破了世界各地闭塞和隔绝的状态，使得欧洲、亚洲、非洲、美洲四大洲开始发生直接接触和交往，跨越洲界的贸易开始出现。

世界性的航海不仅客观上起到了促进贸易国际化的进程以及世界市场的开辟，甚至战争背后也有贸易驱动。有学者认为，蒙古民族拓土开疆的目的就是基于畜产品交换的需要和开拓贸易市场的驱动。比如一位蒙古学者这样评价道："蒙古人开放的商贸政策不仅不是闭关锁国，而且打的就是闭关锁国。给予经商的商队各种便利的条件和机会：从商队的安全和获利、交通运输、驿站供给制、产品的自由买卖程序和等价交换法则，从皇帝的诏令虎符牌的派放和放行、到宝钞的印刷等等各种措施。"② "成吉思汗尤为重视通讯联络和商业往来，鼓励各国进行商业活动。在历史上首次建起来的欧亚两大洲之间的、有护路的运输线和通讯联络线。"③

蒙古西征，客观上使中国和欧洲之间的商贸往来日益频繁，使洲际间的商业贸易得到了前所未有的发展。正如法国学者格鲁塞在《蒙古帝国史》中的评价，"蒙古人几乎将亚洲全部联合起来，开辟了洲际的通道，便利了中国和波斯的接触，以及基督教和远东的接触。"国际贸易的发展推动了资本主义商品经济的发展，后者又反过来促进国际贸易的进一步扩大。比如尼德兰革命后独立的资本主义共和国荷兰就呈现出空前的繁荣景象，它大力发展海外贸易，建造商船，组织特权贸易公司。到 17 世纪中叶，荷兰的造船业已居世界首位。波罗的海的全部贸易、对印度的贸易、对美洲的贸易都掌握在荷兰人手中，荷兰的商人几乎垄

---

① 马克思：《历史学笔记》第 3 册，中央编译局译，北京：中国人民大学出版社 2005 年版，第 57 页。
② 孛尔只斤·吉尔格勒：《游牧文明论》，呼和浩特：内蒙古人民出版社 2002 年版，第 101 页。
③ 欧军：《试论蒙古西征与东西文化交流中的几个问题》，载《黑龙江民族丛刊》2005 年第 5 期。

断了全世界的贸易。这样,世界市场就随着国际贸易的日益发展而日趋形成。

此外,《历史学笔记》对"蔷薇战争"的评述反映了资本主义经济交往的最初过程。我们知道,英国兰开斯特家族和约克家族为争夺王位的"蔷薇战争"从 1455 年到 1485 年持续了 30 年时间。这两大家族轮流执政时采取了一些措施促进了英国国内资本主义工商业的发展和国际贸易的发展,使英国各阶层人民的生活发生了很大变化。"**各郡小业主的财富和人数越来越多,市民阶级随着贸易的发展也大发其财……财富决定着贵族地位的高低。**……'收入丰盈的贵族最受尊敬,出自名门的人都在做生意,**出售自己的羊毛和牲畜**,并不认为从事农业是丢人的事'",而"遭到破产和覆灭的其实主要是一些贵胄显爵及其封建家臣"。① 虽然有人试图"复活垂死的封建制度",但"实业阶级和地主阶级基本上是袖手旁观的"。马克思选择用"社会革命"作为标题来概括这部分内容并不是偶然的,"蔷薇战争"以及圈地运动的确起到了历史上"革命"性的作用,奠定了英国资本主义制度的基础。

## (三) 宗教

在中世纪,宗教的传播远远超过了国界甚至洲界,成为堪与贸易和战争相比肩的重要交往形式。基督教的传播与被抑制成为中世纪国际交往的一种典型方式,不仅宗教成为国际关系的主要交往形式,由宗教信仰所形成的共同体也成为国际关系的新的交往主体。不断进行的宗教改革和宗教战争也不断调整着各教派和各阶级间的交往关系。人们将"三十年战争"称为"宗教战争",就可见宗教因素对这场战争的重要影响。《历史学笔记》第三册中提到欧洲大陆各个君主国对威尼斯这个"实行寡头政体的、善于做生意的共和国群起而攻之"。"**王权**反对威尼斯所代表的**资本实力的这场斗争**发生的时间,正赶上一些崭新的因素开

---

① 马克思:《历史学笔记》第 4 册,中央编译局译,北京:中国人民大学出版社 2005 年版,第 228 页。

始起作用（美洲……金矿和银矿的发现、殖民地等等，国内需要钱供养常备军等等）。这场斗争的目的是为了制伏资本即资产阶级的祸患；制伏这个产生于封建国家、还带有封建痕迹的君主国。在**宗教**上的反映就是教廷和宗教改革的斗争。"①

随着社会的发展，改革后的宗教对社会关系所起的作用也愈来愈显著。比如"1536**年初** 日内瓦人按照法国新教教会的教规，完全依照**茨温利的** {学说} 改革了祈祷仪式和各个学校，宣布主教没有**世俗权力**，宣布日内瓦为**独立的共和国**"。1541年以后，加尔文"成为日内瓦的主宰，创立了加尔文教和日内瓦共和国的资产阶级制度"。② 托马斯·闵采尔宗教改革的成功"建立了一个反对当局和现存制度的真正的同盟"。1555年签署的《奥格斯堡宗教和约》规定："帝国官员不得借奥格斯堡的宗教信仰或**一般的教义和宗教去**干涉别人；**不仅诸侯，而且帝国的男爵和骑士**、**自由的帝国城市**和**依附的**（mittelbaren）即隶属于天主教徒诸侯的**骑士**、**城市**、**公社**，在宗教方面都有权独立；如果某一个政府在本地**只容忍一种宗教**，那么它应该允许信仰**另一种**宗教的**信徒迁移出境**。"③ 随着对《奥格斯堡宗教和约》的认可以及加尔文教终被承认，基督教一分为三，天主教一统西欧的局面从此被打破了，具有排他性的宗教信仰逐渐具有了包容性，并促进了不同文化之间的交流。

《历史学笔记》把马克思对于人类社会历史进程的研究推向了深处。马克思站在世界历史的高度，对整个人类社会的历史进程进行剖析。梅林曾经说过，马克思恩格斯的"视线越是深入未来，未来在他们眼中就越显得逼近"。《历史学笔记》超出了《资本论》时期马克思恩格斯的历史视野，和晚年其他著作一道，关注了人类社会的长期历史进

---

① 马克思：《历史学笔记》第3册，中央编译局译，北京：中国人民大学出版社2005年版，第55页。

② 同上书，第140页。

③ 马克思：《历史学笔记》第3册，中央编译局译，北京：中国人民大学出版社2005年版，第159页。

程，完成了马克思对人类历史全面、完整的研究，是对人类社会交往关系的发展史以及国际关系、世界历史的萌芽、展开直至最终形成的一种全景式的概括和合乎理性的论证。

## 六 社会进步的人道主义关怀

马克思的唯物史观不但研究社会有机体的运行过程及其内在规律，而且关心人类为社会进步所付出的代价，人道主义便成为唯物史观的题中应有之义。历史唯物主义抛开了历史唯心主义的人道主义关于人的本质的抽象谈论，而把它放到一定的社会关系中去具体考察。例如，马克思在反思1848年革命时，高度评价了资本主义生产方式带来的巨大进步和革命作用，同时也严厉抨击了资本主义生产方式带来的消极后果。他说，19世纪"一方面产生了以往人类历史上任何一个时代都不能想象的工业和科学的力量；而另一方面却显露出衰颓的征兆，这种衰颓均无超过罗马帝国末期那一切载诸史册的可怕情景。在我们这个时代，每一种事物好像都包含有自己的反面。我们看到，机器具有减少人类劳动和使劳动更有成效的神奇力量，然而却引起了饥饿和过度的疲劳。财富的新源泉，由于某种奇怪的、不可思议的魔力而变成贫困的根源。技术的胜利，似乎是以道德的败坏为代价换来的。随着人类愈益控制自然，个人却似乎愈益成为别人的奴隶或自身的卑劣行为的奴隶。甚至科学的纯洁光辉仿佛也只能在愚昧无知的黑暗背景上闪耀。我们的一切发明和进步，似乎结果是使物质力量成为有智慧的生命，而人的生命则化为愚钝的物质力量"①。

在对历史发展中常常出现的殖民与暴力掠夺性质、意义的认识问题上，马克思具有两重看法。他一方面在前期的著作中承认这种殖民的历史进步作用，同时也抨击了它的残酷性，以及带给人民的苦难。在19世纪50年代撰写的《不列颠在印度的统治》、《不列颠在印度统治的未

---

① 《马克思恩格斯文集》第2卷，北京：人民出版社2009年版，第579—580页。

来结果》两篇文章中,马克思从英国对印度的殖民统治中看到了殖民恶行的暴力掠夺:"无数辛勤经营的宗法制的祥和无害的社会组织一个个土崩瓦解,被投入苦海,亲眼看到它们的每个成员既丧失自己的古老形式的文明又丧失祖传的谋生手段"。① 他认为,"不列颠人给印度斯坦带来的灾难,与印度斯坦过去所遭受的一切灾难比较起来,毫无疑问在本质上属于另一种,在程度上要深重得多"。②"印度人失掉了他们的旧世界而没有获得一个新世界,这就使他们现在所遭受的灾难具有一种特殊的悲剧色彩,使不列颠统治下的印度斯坦同它的一切古老传统,同它过去的全部历史断绝了联系。"③ 可见,马克思在笔触间也有对印度人民殖民遭遇的同情。

马克思晚年纠偏了早期的进步论观点,更多地关注到了普通民众在社会进步的客观进程中所遭受的苦难。在对各国历史事件的研究过程中,他强烈地表现出对统治阶级、殖民压迫掠夺的憎恨和对被统治阶级、被殖民苦难人民的深切同情。马克思在1881年2月19日致尼·弗·丹尼尔逊的信中,进一步对印度人民所受的殖民掠夺及其严重后果作了描述:"这是残酷的敲骨吸髓的过程!那里荒年一个接着一个,而饥荒的规模之大,是欧洲迄今为止所无法想象的。"④ 在1883年1月9日致女儿爱琳娜的信中,马克思更是直言不讳:"还有比征服埃及——在一片和平景象中征服——更无耻、更虚伪、更伪善的'征服'吗?"⑤

这一思想也贯穿在《历史学笔记》的写作之中。在长达1700多年的世界历史摘录中,马克思一方面研究历史发展的客观动因及其进程,一方面谴责其中的不公正与暴力现象。"他把掠夺东方国家的十字军骑士称为'十字军蠢货',把侵占斯拉夫人土地的策划者德意志公爵狮子亨利称为'奸诈阴险、掠夺成性、贪得无厌之徒',把残暴征服波罗的

---

① 《马克思恩格斯文集》第2卷,北京:人民出版社2009年版,第682页。
② 同上书,第678页。
③ 同上书,第679页。
④ 《马克思恩格斯全集》第35卷,北京:人民出版社1971年版,第151页。
⑤ 同上书,第421页。

海沿岸各民族和俄罗斯土地的利沃尼亚骑士团骑士称为'无赖'、'走狗骑士',把十五至十六世纪卖身投靠的雇佣兵称为'国际匪徒'。"①他用许多带有强烈感情色彩的词汇来形容那些想掌权的封建主、在位的暴君、贪婪的教皇主教等,称他们是"骗子手"、"傻瓜"、"蠢驴"、"畜生"、"无赖汉"、"贪得无厌之徒"、"走狗"、"猪猡"、"臭烘烘的"、"恶魔"等。与此同时,马克思对人民群众反抗压迫与剥削的革命和起义给予支持和同情。"在法国和英国……大封建主和骑士阶层之间内战不已,市民起义反对大封建主和骑士,遭受压迫的下层人民无比愤怒。"②他详细研究了法国的扎克雷起义、意大利农民起义、捷克的胡斯运动、英国的瓦特·泰勒和杰克·凯德起义等数次历史上进步的革命和运动,并对这些运动失败的原因进行了分析,他认为这些起义和革命运动虽然以失败告终,但是其过程仍然沉重地打击和动摇了统治阶级的根基。

## 七 《历史学笔记》的现实意义

马克思的晚年思想是马克思整体思想中不可分割的组成部分,具有特殊的地位和重要价值。这种理论价值的来源,一方面是由于长期以来,基于传统认识而形成的对于马克思晚年研究,在态度上不重视、在文本上成形著作的缺失所造成的研究空白等主客观原因造成的;另一方面则与此相对应,是基于晚年马克思笔记的重新发现而带来的对马克思晚年思想的重新研究。《历史学笔记》的首次发表是在20世纪30、40年代的苏联,《人类学笔记》的首次发表是在20世纪70年代的荷兰。正是由于马克思晚年少有成形著作面世,因此,蕴含在晚年手稿和笔记中的理论创新思想尤其需要我们更为深入地挖掘。

回顾以往的研究可以发现,尽管大部分学者摆脱了对马克思"英雄

---

① 〔俄〕彼·费多谢耶夫等:《卡尔·马克思》,北京:生活·读书·新知三联书店1980年版,第713页。

② 同上书,第64页。

迟暮"的悲怆情绪,但大多是从社会发展的单线与多线论、跨越资本主义"卡夫丁峡谷"、人类学、文化学等方面总结晚年马克思的思想,而对于马克思晚年思想的完整性、系统性并没有形成集中的认识,甚至对晚年马克思系列研究的出发点、目的、现实意义及思想的连续性等问题也存在着争议。实际上,马克思对社会历史的考察是多方面、多角度、多层次的。晚年马克思正是从理论和现实的实际需要出发,集中研究了人类历史发展问题,阐述了历史发展的动力、过程和机制,从而在具体历史的实际发展过程中探讨唯物史观作用的规律。这些思想在作为马克思一生最庞大也是最后一部摘录笔记的《历史学笔记》中,得到了更加全面的展现。马克思晚年的一系列历史研究笔记(《人类学笔记》与《历史学笔记》),探讨了人类历史上四种主要社会形态的发展。《历史学笔记》重点关注了奴隶社会、封建社会和资本主义社会三种社会形态的变迁过程,研究了人类历史上各个历史时期社会形态更替规律的普遍性与特殊性,新的生产力、生产关系,新的经济基础与上层建筑形成与发展的条件,探索不同国家社会发展的具体道路,尤其是落后国家如何实现社会革命和进步。

纵观马克思晚年的研究,与前期的理论研究侧重点发生了比较大的变化。在早期,他侧重于唯物史观的建立与发展,侧重于对资本主义制度的分析,从而透视未来社会的发展,为工人运动提供科学的理论指导。马克思在晚年,孜孜不倦地研究人类历史,要从历史研究中探讨新的生产力、新的生产关系、阶级关系、交往关系、政治制度、社会制度、社会形态等是如何具体形成和发展的,重在探讨它们在前资本主义社会中发生作用的条件和规律,以及各个民族国家具体的社会发展道路。

古人尝云:"以史为鉴,可以知兴替。"毛泽东指出:"今天的中国是历史的中国的一个发展;我们是马克思主义的历史主义者,我们不应当割断历史。"[①] 研究历史的着眼点还在于指导现实。1992年《历史学

---

① 《毛泽东选集》第2卷,北京:人民出版社1991年版,第534页。

笔记》在我国的出版，恰逢苏东剧变带来的巨大冲击，引发了国内理论界对于马克思思想的再研究，尤其是其关于社会发展形态的一般规律与特殊发展道路的关系问题，这个问题关乎人们对苏东解体原因和中国特色社会主义发展道路的理论认识。随着我国提出建设中国特色社会主义，人类社会发展进程中的一般性与特殊性问题便成为人们研究马克思晚年思想的焦点。《历史学笔记》的出版无疑是一个理论契机，它对于在更广阔的时空范围内，以更深广的视角去研究世界历史发展进程中的一般性与特殊性，具有重要的理论价值与现实意义。

《历史学笔记》文本中涉及的历史理论及其中蕴含的马克思的晚年理论思考，以及在思考过程中展示出来的方法论，无疑是一次思想解放，它有助于我们从马克思理论本身出发去理解、把握中国特色社会主义道路、制度和理论体系。通过《历史学笔记》中对具体史料的摘录，马克思再一次印证了，人类社会的发展符合唯物史观揭示的社会发展规律，而各个民族国家发展过程的具体形式，则并不一定相同，即使有相通、相似之处，也并不完全一样，即马克思反复强调的不能用现成的公式去裁剪历史。这一历史唯物主义观点为我们建设中国特色社会主义提供了重要的方法论指导。党的十八大提出，"我们一定要毫不动摇坚持、与时俱进发展中国特色社会主义，不断丰富中国特色社会主义的实践特色、理论特色、民族特色、时代特色"，这正是对马克思这一观点的坚持、继承和发展，是对马克思提出的不同国家的具体社会发展道路的创造性实践，是对马克思主义的当代发展，是中国化马克思主义的具体表述。

《历史学笔记》中所体现出的理论创新为我们全面、深入地理解马克思的理论提供了重要的文本依据和理论视角，为我们继承和创造性发展马克思的事业提供了新的理论空间。当前，呈现在我国社会科学工作者面前最重大的课题是如何把马克思主义基本原理应用于研究中国特色社会主义理论体系和中国特色社会主义道路，并力图作出科学的解答，从而对马克思主义进行创造性的发展，从这个意义上说，《历史学笔记》所给予、提供和呈现给我们的还远未停止。

# 第四部分　经典著作选编

卡尔·马克思

# 历史学笔记（第一册）（节选）

（约公元前91年—公元1320年）

{从罗马帝国初期到东哥特人占领意大利（公元前91年至公元493年）}

### 卡尔洛·博塔《意大利史》第一卷

1 ‖ **公元前91年**。罗马城建立后过了六百六十五年即公元前91年。［元老院违背玛利亚的旨意］，根据Lex Julia①，把公民权即罗马公民权［获得公民权的人组成八个特里布斯，他们在特里布斯民会中有很大影响］先授予仍然效忠于拉丁人、翁布里亚人的那些盟友；后来根据Lex Plautia②，逐渐授予其他人。

**公元前60年—前59年**　南阿尔卑斯高卢（由于儒·凯撒的侵扰）要求公民权；在三执政（**恺撒、庞培、克拉苏**）时期获得了公民权。

［公元前27年—前公元14年，奥古斯都；14—37年，提比利乌斯；37—41年，卡利古拉；41—54年，克劳狄乌斯；54—68年，尼禄。］

---

① 儒略法。——译者注
② 普劳提乌斯法。——译者注

公元前 30 年—公元 14 年　奥古斯都统治。在他掌权时，**整个意大利（包括南阿尔卑斯高卢）**已被罗马公民占领。在奥古斯都时期，颁布了一项法令：在规定召开民众大会之日，**意大利各城市的人民聚在一起**，每个人可以把自己的 suffragium｛选票｝交给十人长，他们负责把这些 suffragia① 转送**罗马**，计入罗马公民的选票中。［这项法令的目的在于防止意大利人涌进罗马。］［Provinciae principis 和 Provinciae senatus；前者指驻有**军团**的边远地区，军团的领导人都是握有**军权**和**民权**的**副帅**。后者由**没有军权**的总督统辖：例如高卢、西班牙、非洲。］

公元 14—37 年（3 月 16 日）　提比利乌斯（克劳狄乌斯·尼禄）。提比利乌斯废除人民会议，**把执政官的任命权转交给在民会以前产生的元老院**。但是，**市政法在各省仍然有效**。

［69 年奥托，维特利乌斯。69—79 年韦斯帕西安。79—81 年梯特。］

81—96 年　梯·弗拉维·多米齐安。抵御卡滕人的战争并不顺利（82 年），**抗击达契亚人和凯尔特人**的战争更无成效；他们由**迪塞巴卢斯王**率领，多次侵犯**罗马边境**，从而引起他们与邻近的**马科曼尼人、夸迪人、雅泽格人**的战争（86—90 年）。这场战争对罗马来说非常不利，多米齐安只好**每年向达契亚人纳贡才维持了和平**。这是野蛮人对帝国的第一次卓有成效的侵犯。

96—98 年　马·科克西亚斯·奈尔瓦；减轻赋税，**把土地分给贫民**。

98—117 年　奈尔瓦·图拉真；西班牙人；**登上罗马王座的第一个外国人**。他恢复了罗马宪法，让**民会**主持选举。让元老院有充分的**言论自由**，让那些**官员**恢复昔日的威望。101—103 年与达契亚人交战。迪塞巴卢斯又掀起了暴动（105 年）。在 106 年开始了一场新的战争：**达契亚变成罗马的一个行省，在那里设立了许多罗马移民区**。

---

① 选票。——译者注

117—138 年　阿德里安（普·埃利乌斯）。他即位后立刻**放弃不久前征服的亚细亚的一些行省（亚美尼亚、亚述、美索不达米亚），从而结束了安息战争。**[**犹太人在巴尔·科赫巴的率领下举行起义。122—139 年。**]

他在位时实行了 edicti perpetui①。

**阿德里安削减了一些市政的权力，任命了一批新的执政官：他任命（a）四名执政官，让他们掌管意大利的八个大区：威尼斯和伊斯特拉、艾米利亚、利古里亚、佛来米和皮岑、托斯卡纳和翁布里亚、皮岑郊区、坎帕尼亚、西西里；（b）两名民政官，负责阿普利亚和卡拉布里亚；（c）七名省长，负责科特阿尔卑斯山脉、前勒威亚、后勒威亚、萨莫奈、瓦勒里亚、撒丁、科西嘉。**

所有这些官员都有权管理市镇，对它们进行监督，有权更改不正确的决定，干涉市政当局的命令，审判和调解各城市之间以及同一城市中各派人物之间的争执。{阿德里安}**严重地破坏了市镇生活和公共自由。**

138—161 年　安敦尼·庇护。他在位时，**各省一片兴旺繁荣景象，他严格监督各省的地方长官。在不列颠和埃及发生的几次叛乱，日耳曼人、达契亚人、摩尔人和阿兰人发动的几次边界战争，**都是由他的那些总督平息的。

2 ‖ 161—180 年　**马克·奥略里·安敦尼**[与他共享皇位的鲁·维鲁斯，一生在外征战，死于 169 年]。

161—166 年：卡滕人侵入莱茵，安息人侵入亚细亚。167 年，在奥·安敦尼统治的末期，在多瑙河同马科曼尼人及其在班诺尼亚的盟友和一些北方民族发生**战争，他们当时猛攻达契亚。**维鲁斯顺利地结束了同安息人的战争。

马科曼尼人在**夸迪人、雅泽格人、汪达尔人**的支持下，深入到

---

① 终身官职法令。——译者注

|  |  |
|---|---|
|  | 阿奎莱亚，同马尔科曼尼人的第一次战争于 174 年以光荣的和约而结束。 |
| 178 年 | 同马科曼尼人的第二次战争；**安敦尼**战争结束前死于**锡尔米亚**。 |
|  | **其他民族同时侵犯达契亚；巴斯塔奈人、阿兰人来自北方**，这也许是因为**哥特人向南方推进。这是从这时开始的民族大迁徙的最早的迹象**。安敦尼守住了帝国边界。但是他首先让一些野蛮人定居帝国境内，还让他们在罗马服役。安敦尼一直未能完全抑制御林军的势力。 |
| 180—192 年 | 鲁·科莫杜斯。他一上台就同马科曼尼人缔结和约。 |
|  | 他在位时，**罗马的御林军长官同时也是民政长官，即宰相**；先是**佩伦尼斯**（于 186 年被杀）担任，后来是贪得无厌的被释奴隶**克林德**，此人在民众暴动时被处死（189 年）。 |
|  | 在达契亚，尤其是在**不列颠**，他的**代理人**顺利地进行了**边界战争**。 |
|  | 一直到这时，人口稠密兴旺，各省物产丰富，各个城市繁荣昌盛，国内外贸易也十分活跃。**对外贸易：主要是同印度的贸易**（因为罗马帝国包括整个西欧）；后来通过**埃及、巴尔米拉、叙利亚**，继续同**印度进行贸易**。 |
| 193 年 | （科莫杜斯死亡）到戴克里先（284 年）时期，即 193—284 年，是可怕的军事专制时期（从御林军开始）。 |
| 193—211 年 | 塞普蒂米乌斯·赛维鲁：完成向不列颠的进军，扩张帝国边界，死于**约克**（埃波拉库姆）。他的原则是："**多给士兵薪饷，别人一概不管。**"他在位时，御林军长官是国家的要职，可以**指挥御林军，有权支配财政，拥有刑事审判权**。 |
| 211—217 年 | 马·奥略里·安敦宁·巴西安努斯·卡拉卡拉。他穿过多瑙河沿岸各省，随后又来到东方{各省}，他的苛捐杂税和残酷统治使这里民不聊生；同时他还需要**弄到一笔钱来给士兵发饷，与边境的敌人媾和**。 |

正是由于他需要钱，**他想出了一条妙计：把公民权赏赐给各省**。这样就能征收 vicesima heredirarum 和 manumissionum① 了。他立即把它们变为什一税。不久，罗马人和意大利人为了能住在**哥特人和汪达尔人**中间，自愿放弃了公民权。另一方面，在罗马和意大利，这时**外国人可以担任**（实际上已经担任了）**军队的指挥官**。

[217年4月11日—218年6月8日　马克里努斯；218年6月18日—222年3月11日　海利奥加巴尔。]

222—235年　**亚历山大·谢维路斯**。他在226年与波斯（**安息帝国发展成为新的波斯帝国**）交战。235年8月至238年5月：**马克西米努斯**（色雷斯农民）。238年，‖非洲总督**戈尔狄安努斯**和他的儿子|戈尔狄安努斯二世|被人民宣布为皇帝；他们两人都被努米底亚的统治者杀害。**元老院任命：巴尔宾努斯和普皮耶努斯**，后者成为**狄安努斯三世**。马克西米努斯被自己的部队打死。御林军部队也杀害了普皮耶努斯和巴尔宾努斯，宣布**戈尔狄安努斯三世为帝**（238—244年）。

244—249年　阿拉伯人菲力浦二世。

249—251年　图拉真·迪希乌斯：哥特人渡过多瑙河，第一次打通了去罗马帝国的道路。

251—253年　加卢斯（向哥特人乞和）；253年，**埃米利安努斯**。后来，253—259年，**瓦莱里安努斯**。（他的将帅们守住了**边境**，制止了日耳曼人和哥特人的入侵，**他本人战败，成了波斯人的俘虏**。）

259—268年　**加利努斯**（瓦莱里安努斯的儿子）。他在位时，罗马帝国**四分五裂**，大多数行省的长官宣布独立；其中有19人宣布自己的儿子为皇帝。**这个时候被不正确地称为"三十僭主时期"**。这时**波斯人**在**东方获胜**，**日耳曼人在西方获胜**。

---

① 遗产税和释放税。——译者注

日耳曼民族这时成了对帝国的威胁。（1）一群叫作**法兰克人**的部族散居在整个下莱茵沿岸的高卢；（2）一群**阿勒曼尼人**的部族散居在**上莱茵地区**；（3）最可怕的**哥特人在多瑙河下游的沿岸和黑海北岸，从博里斯芬**①**到顿河**，组成了一个强大的王朝。他们的可怕不仅因为他们陆军力量雄厚，而且因为他们有强大的海军。尤其是当时他们已经占领**克里木的鞑靼海峡半岛（托赖半岛）**；他们的舰队经常威胁**希腊和亚细亚各行省**。

**268—270 年 10 月** **马·奥略里乌斯·克劳狄乌斯**：他在位时期，**击退了阿勒曼尼人，战胜了闯入尼斯河附近默西亚的哥特人（269年）**。[**默西亚**——**波斯尼亚、塞尔维亚、保加利亚**的一部分——在北方介于**萨瓦河**和**多瑙河**之间，它的意思是**沼泽**，多瑙河在那里有一大片沼泽地。**上默西亚从德里纳河延伸到威布尼茨（威亚布尔），后来划入达契亚主教管区。下默西亚从威亚布尔**延伸到**欧克辛海**，后来划入**色雷斯**主教管区。]

**270 年—273 年 3 月** **鲁·多米齐乌斯·奥里利安努斯**为帝国收回了部分丢失或完全丢失的各省，他先击败侵入**翁布里亚**的**哥特人和阿勒曼尼人，战胜了巴尔米拉**——当时包括叙利亚、埃及、小亚细亚一部分——的女王齐诺比亚，把这些行省收归罗马管辖。（271—273 年）**西部各省高卢、不列颠、西班牙**，从加利努斯时代起，由独立自主的统治者管理，当时是由泰特里库斯管辖的，他强迫这些省份服从。

**他主动放弃了达契亚。**因为他已经把达契亚的罗马居民通过多瑙河迁移到默西亚了，后者称作**奥里利安努斯的达契亚**。

**奥里利安努斯**[在伊利里亚]被杀后，接着是六个月的王位空缺时期。

**275 年 9 月 25 日—276 年 4 月** **塔西图斯（马·克劳狄乌斯）**在远征哥

---

① 博里斯芬（Borysthenēs）是第聂伯河的古称。——译者注

特人时身亡。

276 年 7 月—282 年 8 月　普罗布斯：击败日耳曼人，把他们赶到莱茵河和多瑙河（277 年）；在边境筑起一道从多瑙河（累根斯堡附近）到莱茵河的防线；强迫波斯人签订和约；重建了一些城市，让战俘居住；迫使他的士兵**在莱茵地区种植葡萄**。他被自己的士兵杀死。

282—283 年　卡勒斯被宣布为皇帝（282 年 8 月—283 年 12 月）。他让两个儿子马·奥略里·克劳修斯和马·奥略里·努梅里安努斯当皇帝。卡里努斯**战胜了哥特人**，又抵御了**波斯人**，本人遭到雷殛。

284 年　努梅里安昂努斯被他的岳父大法官阿里埃·阿佩尔谋杀，于是结束了军事独裁时期（180—284 年），接着就是**分裂时期**。

4 ‖ 284— 476 年。

284 年 9 月 17 日—305 年 5 月 1 日　戴克里先（盖·瓦列里乌斯）：被卡尔支登地区的部队拥立为帝〔战胜了幸免于难的皇帝**卡里努斯**，后来卡里努斯在**上默西亚被杀**〕。

戴克里先选择当时他的战友、一个粗鲁的士兵**马克西米安努斯**（马·瓦列里·马克西米安努斯·大力神）共同执政（286 年），这位大力神当时正在莱茵河两岸同**阿勒曼尼人和勃艮第人**作战，戴克里先本人也在同波斯人作战。**卡罗希乌斯**篡夺并霸占了不列颠王位。为了对付压境的蛮族，这两个**奥古斯都**各自从杰出的将领中任命一个**凯撒**，每一个凯撒都是自己的奥古斯都的助手和未来的继承人。

292 年　划分：**戴克里先**得到东部各省；**加勒里乌斯**得到色雷斯、伊利里亚（多瑙河各地）；**马克西米安努斯**得到意大利、非洲和一些岛屿；君士坦丁大帝得到**西部各省、高卢、西班牙、不列颠和毛里塔尼亚**。

**戴克里先**正式头戴王冠，并在自己的宫廷中置办东方的豪华服饰和东方的贵重奢侈品。于是便为**君士坦丁大帝**的宫殿奠定了基础。

新制度的结果是对**各省的压制**：这些行省这时供养四个行政长官及其邸宅，还有他们的军队。这样划分是维持帝国的唯一手段。所以他|戴克里先|战胜了这些篡位者：**不列颠的阿勒克图斯（296年）**，非洲的尤利安、埃及的阿基里斯（293—296年）；加勒里乌斯战胜波斯人，**把帝国扩展到底格里斯河**。戴克里先于305年退位，也让马克西米安努斯退位了。这时的奥古斯都是**君士坦希乌斯（305—306年）、加勒里乌斯（305—311年）；死于约克的君士坦希乌斯的儿子君士坦丁被宣布为合法的奥古斯都**。戴克里先和马克西米安努斯的那些继承人，经过一番浴血战斗，彻底毁灭了高卢和意大利，这才开始了所谓**君士坦丁"大帝"的君主专制政体**。

306—337年　**君士坦丁大帝**。他把府邸迁到拜占庭；使罗马人不能从**埃及输入粮食**，使埃及成为君士坦丁堡的粮仓。他把罗马人的许多古物文献运到新的皇宫，使基督教成为国教（尼西亚的宗教会议，325年）。皇宫迁出罗马，这对罗马**教皇**大有好处。**这时王权不是选举的，而是继承的**，因为**君士坦丁在遗嘱中已把国家交给自己的三个儿子：君士坦丁、君士坦兹、君士坦希乌斯**。[他也把蛮族人收入**罗马军队**。]罗马元老院的批准和罗马人民的同意，只不过是表面文章而已。（306年君士坦丁打败了**法兰克人**）。[324年君士坦丁排除了所有对手，其中最后一人——**李奇尼乌斯**——在比蒂尼亚被击败，根据他的命令被处死。][之所以要把首都迁到**拜占庭**，一部分是由于要推崇基督教，因为罗马当时还完全信奉多神教，部分原因是必须**在边境上防御哥特人和波斯人**。迁都是确立**宫廷专制**的主要手段。]‖[自从戴克里先执政后，帝国四分五裂，这就为迁都准备了基础，当王侯们不任军职时，**便住在各个城市**。戴克里先住在尼科美迪亚；马克西米安努斯住在米兰。在君士坦丁以后，尽管罗马元老院还继续存在，但它的威信在戴克里先时已

5‖

经消失了。]

原来由大法官掌握的**民权和兵权已完全分开**，于是**军事制度**彻底改变，这时民权归**民政官掌管**。

根据新的区划，各国分成**四个省**，各省又分为若干**主教管区**，每个**主教管区再分成**若干块领地。

Ⅰ. 东方省；五个主教管区：（1）东方主教管区、（2）埃及主教管区、（3）亚细亚主教管区、（4）黑海主教管区、（5）色雷斯主教管区；它们有48**块领地**，遍及亚洲、埃及以及利比亚和色雷斯的边境地区。

Ⅱ. 伊利里亚省；两个主教辖区：（**1**）马其顿主教辖区，（**2**）达契亚主教管区；11块领地，遍及默西亚、马其顿、希腊、克里特岛。

Ⅲ. 意大利省；三个主教管区：（1）意大利主教管区、（2）伊利里亚主教管区、（3）非洲主教管区；29块领地，遍及意大利、从**多瑙河**以南到默西亚边境地区，西西里、撒丁、科西嘉、苏尔特的非洲领地。

Ⅳ. 高卢省；三个主教管区：（1）高卢主教管区、（2）西班牙主教管区、（3）不列颠主教管区；28块领地，包括西班牙、巴利阿里群岛、高卢、海尔维第、不列颠。

**每个**省由大法官掌握，不包括民政官，在各个主教管区，下设**副主教**；在**各领地**，下设不同职衔的**领地长**。

这时第一次出现一些**宫廷职务**（servitores cubiculi）。四个部门的 comites palatii 和 cubicularii 都归 praepos tus cubiculi（侍从长）负责。后来这些职务常常由很有势力的太监担任；magister officiorum（内务大臣）；comes sacrarum largitionum（财政大臣）；quaestor（代皇帝立法者、司法大臣和国务秘书）；comes rei principis（皇室刑法大臣、国君刑法大臣）；两名 comites domesticorum（宫廷警卫长），每人都有一支卫队（schola）。

**公职人员和宫廷人员的数目便逐渐增多了。**

领导作战部队的是 magistri peditum（步兵长）和 magistri equitum（骑兵长），都听命于 magister utriusque militiae（全军总指挥）。受他们管辖的司令官叫作 comites 和 duces。君士坦丁缩减了军队，**允许蛮族人服役，他们的人数便逐渐增多**。

实施一些新税，**恢复了**一些旧税，由于征收的方法而使这些税成倍地加重了。例如：

(1) **每年的土地贡赋**（indictio）都按照一份**全部地产的准确登记表或公开估价**征收。每年规定征收的总数，由大总管（indicebatur）登记，并**由领地长和十人长分别收集**。这份登记表大概每十五年审定一次，这就为从 312 年 9 月 1 日起开始按通用纪年征收的 ‖ **十五年的课税**提供了基础。

(2) （aurum lustrale）（**商品税**）。几乎各种商品都要征收商品税，每四年收一次。

(3) 自由馈赠（don gratuit）这时变成**义务税**，aurum coronarium；一直发展到每逢有什么事时向皇帝献赠贵重的花冠，后来又以金钱来缴纳。每一座**有名的城市**都有这一笔支出。

(4) **市政开支**完全落在市民特别是市政人员（十人长）的头上。君士坦丁拿出各个**城市**的大量**财宝**分赠给**教会**和**僧侣**。

337—350 年　在**君士坦丁二世**（死于 340 年）和**君士坦兹**（死于 350 年）同形形色色的皇位僭望者斗争结束后，

350—361 年　确立了**君士坦希乌斯**的君主专制。[他本人主张用分赠礼品的方法拢络那些**日耳曼的蛮族国王**，让他们帮助他重新向**马格南提乌斯**开仗，后者是一名统帅，在高卢自称为王（350 年）。**马格南提乌斯**先在**班诺尼亚**的**默瑟**战役中吃了败仗，后来又在**高卢**战败，结束了他的钻营美梦。(353 年)。]

**君士坦希乌斯**（于 355 年 11 月）立表弟**君士坦希乌斯·加卢**

斯的小儿子**弗·尤利安**为凯撒。［他任命尤利安为凯撒，派他去抵御安息人，后来（于 354 年）在伊斯特拉将他处死］，要他守卫**莱茵**边境；**尤利安击败了日耳曼人，一直追击到他们国家的腹地**。**君士坦希乌斯**挡住了安息人，要尤利安的部队向他靠拢；后者接受了士兵们给予的王冠。

361 年　**弗·尤利安**沿多瑙河进军反对君士坦希乌斯，在行军途中得悉他已死于亚洲。

361 年 11 月—363 年 6 月 25 日　**弗·尤利安**；同安息人作战，一直深入到底格里斯河，在当地的一场战斗中被击毙。

死于 117 年的**图拉真**，是最后一位征服者；他把一个新的行省并入国内，征服了散居在**特兰西瓦尼亚、摩尔达维亚、瓦拉几亚、塞尔维亚和班诺尼亚**部分地区的达契亚人。

从此，仿佛是一种停滞状态、一种帝国与蛮族人的均衡状态便开始了。

［关于各行省居民情况和耕种情况、军队的组成，等等。参看博塔第 52~62 页，以及第 62~65 页①。］

［关于对国家形成威胁的**蛮族人**，参看第 65~66 页②。］

363 年 6 月 25 日—364 年 2 月 16 日　**弗·约维恩努斯**：他与波斯人签订和约，把从 297 年侵占的全部土地退还给他们，执政八个月。

364 年 2 月 26 日—375 年 11 月 17 日　**弗·瓦伦蒂尼安努斯一世**在尼西亚被军队拥立为皇帝，立刻把**东方省**交给他的弟弟**瓦伦兹**，自己留下了其余的部分。367 年，他在西方又让儿子**格拉蒂恩努斯**和自己同为奥古斯都。

**不断地同日耳曼族斗争**，在尤利安时代日耳曼族伤亡惨重，这时已经恢复了元气；先同莱茵地区的**法兰克人、萨克森人**和阿

---

① 见本册第 229~232 页。
② 见本册第 232 页。

勒曼尼人斗争，后来又同**夸迪人**以及匈牙利多瑙河地区的其他民族斗争，他在匈牙利死于脑溢血。

7 ‖ 364—378 年　瓦伦兹：他在君士坦丁堡镇压国内的叛乱（他**同波斯人**的战争于 373 年结束）。

他执政时的一件最重要的事情是**匈奴人突然入侵**。**阿塔纳里克**——他的继承人是**弗里蒂格恩**——统治那些经皇帝同意定居在**多瑙河北岸的哥特人**（从**奥利里安努斯**时代起，罗马人迁居多瑙河的对岸，于是**多瑙河便成为国界**）。

373 年　匈奴人侵入顿河地区。373 年征服了**直到蒂萨河的哥特人**。哥特人分为**东哥特人**和**西哥特人**，一条第聂伯河把他们彼此分开。被匈奴人赶出境的东哥特人，侵犯那些被瓦伦兹准许来罗马国家居住的**西哥特人**，如果不算**从君士坦丁时期起就住在班诺尼亚**的汪达尔人，这就是**迁到帝国边境的第一个夷族**；由于罗马统治者的压迫，他们起来反抗；瓦伦兹镇压他们，但是在**阿德里安堡被击败**，死于 378 年。

378 年　瓦伦兹分别**安置**了从匈奴人手下**逃出**的哥特人，把他们当作在**默西亚**（波斯尼亚、塞尔维亚、保加利亚和比萨拉比亚部分地区）的居民（基督教的信徒）；统治者**马克西姆和鲁比岑**这两个罗马官员的贪婪，造成他们的叛乱（见博塔，第 67～68 页①）。瓦伦兹被哥特人追上，并被活活地烧死。因此**哥特人声威大振**，这时已不是逃亡者或臣民，而是他们所占领的那片土地的主人。

375—383 年　格拉蒂恩努斯。在**西方**（**继承父亲**瓦伦蒂安努斯一世），与在其监视下的兄弟

375—392 年　瓦伦蒂安努斯二世共同执政（年仅 13 岁），把伊利里亚省交给他。格拉蒂恩努斯出兵援助叔父瓦伦兹时（378 年），得悉他已战败身亡。**格拉蒂恩努斯才 20 岁**，（这时日耳曼人正

---

① 见本册第 232 页。

在逼近高卢）他的廷臣都要他把军队指挥权移交给西班牙战斗有功的**狄奥多西乌斯**；他任命他与自己同为**奥古斯都**，共同统治帝国，并把**东方**一部分受到威胁的地区交给他（**瓦伦蒂尼安努斯二世与母亲查士丁娜仍在意大利**），**狄奥多西乌斯抵住了东方敌人的进攻。格拉蒂恩努斯率领主要由蛮族人、特别是他们重视的阿兰人组成的大批军队，在高卢顺利地同日耳曼人作战。**

383 年 突然发生了**马克西穆斯**（渡海来到高卢的**不列颠官员**）的**叛乱**；他得到高卢军团的支持；马克西姆侵入意大利等地，但被击败，在**班诺尼亚**成了**狄奥多西乌斯**的俘虏，不久即被处死（388 年）。不久，**瓦伦蒂尼安努斯二世**被他的 magister militum① **阿波加斯特**杀害，后者又把自己的朋友 magister officiorum② 欧根尼乌斯拥立为帝。狄奥多西乌斯击败并俘虏了此人（**欧根尼乌斯死于 394 年**）。于是狄奥多西乌斯便成为**全帝国的唯一国君**。

389 年 1 月 19 日—395 年 1 月 17 日　**狄奥多西乌斯大帝：他消灭了所向无敌的哥特人的势力**，尽管他们在多瑙河沿岸还有自己的居民点。他疯狂地压制**阿里乌派**（当时在东方颇有势力），恢复了希腊正教，在他的统治下，多神教徒遭到迫害，他们的寺庙被拆毁。他竭力**巩固帝国的边防**，在他死以前，一个省也没有丢失，**这就加重了赋税。**

帝国**居民的减少**［在**意大利**还有基督教（见博塔，第 72、73 页）③］从来没像在他统治时期那样，不得不雇佣那么多的蛮族人来罗马服役，‖于是**罗马帝国的武器和战术也有所变化了**。他的大部分军队是从哥特人、阿兰人以及其他蛮族人征招来的，他们看到可以加入罗马军队，成群地跑来当兵。蛮族人

8 ‖

---

① 军事首领。——译者注
② 内务大臣。——译者注
③ 见本册第 233 页。

已经成了主人，虽然还听命于皇帝。狄奥多西乌斯由他的两个儿子继承。**阿尔卡迪乌斯**（当时18岁，31岁时死）在高卢人鲁芬努斯的监护下。得到**帝国的东部土地（伊利里亚省和东方省）**；**霍诺里乌斯**（11岁，39岁时死）在汪达尔人斯蒂利科的监护下。得到**西部土地：高卢省和意大利省**。帝国已被瓜分，但还是统一的，——在中世纪，这种观点一直流传了许久。

395—408年　**阿尔卡迪乌斯**。

395—423年　**霍诺里乌斯**：斯蒂利科使霍诺里乌斯成为自己的女婿；为了霸占东方省，杀死了**鲁芬努斯**，但是代替鲁芬努斯作为保护人的是**欧特罗庇乌斯**。霍诺里乌斯这位**圣安布罗西**的学生，颁布了反对多神教徒和异教徒的法令。斯蒂利科派军队从高卢去攻打**西哥特王阿勒里希**（400年）。这时**汪达尔人、阿兰人、苏维汇人**便攻占了高卢，从而入侵西班牙。

403年　**阿勒里希在维罗纳被斯蒂利科击溃**；后者让阿勒里希带领自己的残兵败将撤回到伊庇鲁斯。**霍诺里乌斯**每年向阿勒里希这位盟友交付一定数量的现款。曾率领**一群哥特人和日耳曼人**侵入**佛罗伦萨的拉达盖斯**，也被斯蒂利科挫败。

405年　**所有被俘的蛮族人都被卖为奴隶**（见博塔，第79页①）。哥特人（在拉达盖斯率领下）第二次入侵意大利以他们彻底被歼而告终。

408年8月23日　斯蒂利科被自己的女婿霍诺里乌斯凶残地处死。（哥特人在意大利受到的迫害。见博塔，第82页②）。

408年　西哥特的**阿勒里希**又向意大利进军，包围罗马，**后者被迫求和**。霍诺里乌斯不愿批准阿勒里希与罗马元老院商定的停战条件。

---

① 见本册第233页。
② 见本册第233页。

409 年　**阿勒里希**任命**阿塔卢斯**（市长）**为皇帝，逼近罗马，强迫元老院正式宣布这一任命。他包围了霍诺里乌斯居住的拉韦纳。**开始了谈判（**在谈判期间，阿勒里希又废黜了阿塔卢斯**）；同霍诺里乌斯谈妥的停战条件没有得到遵守；阿勒里希便进军罗马。

410 年　**阿勒里希洗劫罗马**（他于 410 年 3 月的最后一天攻入罗马）。（关于当时的**罗马**，见博塔，**第 89～90 页**①。）阿勒里希还想占领非洲，先占领**西西里**，但不久在卡拉布里亚的首都科森扎亡故。继承他的是他的内兄**阿陶尔夫王**，此人带领一**批哥特人闯入高卢**，后来又进入**西班牙**，在那里建立了**西哥特国**。

于是高卢的部分土地、西班牙的大部分土地，在霍诺里乌斯统治下便与罗马国分离了。

**阿勒里希入侵意大利以后，大量当地居民移居国外；许多奴隶跟随着蛮族人走了**（其中四万人在罗马被攻占以前就因阿勒里希而迁走，战胜者把许多**被战胜者**领去做奴隶）。这里已经是荒无人烟了（见博塔，第 92～93 页②）。

［阿陶尔夫娶霍诺里乌斯的妹妹**普勒西迪娅**，她往他死后又回到罗马（417 年）。曾在 411 **年**战胜**君士坦丁**的霍诺里乌斯的司令官**君士坦希乌斯**——高卢和不列颠的僭位者——娶普勒曲迪娅，霍诺里乌斯任命他为奥古斯都；他在几个月后就死了。**普勒西迪娅**为了逃避霍诺里乌斯对她——他的妹妹——的爱情，于 423 年到君士坦丁堡去，在那里同自己的孩子**霍诺里乌斯和瓦伦蒂尼安努斯**一直住到霍诺里乌斯逝世。］

423 年　霍诺里乌斯死后，霍诺里乌斯的文书**约翰篡夺王位**；425 年他

---

① 见本册第 233～234 页。
② 见本册第 234 页。

被东罗马皇帝狄奥多西乌斯二世击败。后者把**普勒西迪娅**送回罗马；**瓦伦蒂尼安努斯**成为皇帝（西帝），在成年时娶狄奥多西乌斯二世的女儿**欧多西亚**[但是，**狄奥多西乌斯二世**终于把**西罗马帝国的西伊利里亚这块割地（班诺尼亚、达尔马提亚、诺里克）**作为奖赏弄到手，于是**西罗马帝国**多瑙河以南的全部土地只剩下了属于**意大利省的勒戚亚和温德利戚亚**。罗马人于427年自愿放弃了**不列颠**。**高卢的西南部分以及西班牙的大部分土地便落入西哥特人之手**]。

425—455年 **瓦伦蒂尼安努斯三世**[六岁即位，由**普勒西迪娅**摄政．她死于450年]。这时西罗马帝国除了意大利省，几乎丢失了全部行省。

429—435年 **汪达尔王国**。盖瑟里克接奉罗马总督博尼法齐奥的命令，埃蒂乌斯的阴谋是要后者造反。‖435年，瓦伦蒂尼安努斯便正式承认了非洲**盖瑟里克的汪达尔王国**。

‖9‖

435年 在高卢的东南部分土地上建立了**勃艮第王国**，除了**法兰西东南部分土地，瑞士和萨瓦**都属于它。

444年 匈奴人在**阿提拉**领导下居住在**蒂萨河**、**顿河**直到**伏尔加河**那片哥特人舍弃的土地上（他们{迁来以后} 在欧洲的驻地是**班诺尼亚**）。东罗马帝国向阿提拉**求和**。

450年 阿提拉进攻西部各省。罗马联军在**埃蒂乌斯**和**西哥特人**的领导下，在香槟平原，在**夏龙（加泰罗尼亚平原）**战役中把他击败，他回到匈牙利。

451年 此后，在意大利同普勒西迪娅的女儿、淫荡的**霍诺丽娅**保持联系的**阿提拉**，便募集军队，加入军队的有**格庇德人**和**东哥特人**（在他们的酋长**阿尔达里克**和**维拉米尔**的率领下），还有**赫鲁尔人**、**图林根人**、**夸迪人**以及其他一些日耳曼人的许多部队；451年冬季，阿提拉渡过多瑙河到达**弗留利**；对阿奎莱亚——埃蒂乌斯就被困在那里——的围攻延续了两年，阿提拉的军队损失了一半（关于被他蹂躏的情况，见博塔，第103页及以下各页，**该书还记述了当时威尼斯的建立**①）。埃蒂乌斯，也像采用迂回缓进策略的费边一样，阻挡了阿提拉。

453 年　阿提拉离开**明乔河**岸回家，不久便死了。

454 年　瓦伦蒂尼安努斯三世杀死了埃蒂乌斯。

455 年　瓦伦蒂尼安努斯三世被贵族元老**佩特罗尼乌斯·马克西穆斯**杀死，他的妻子曾被前者强奸。马克西穆斯强迫**瓦伦蒂尼安努斯**（他没有留下儿女）的寡妇**欧多西亚**嫁给他，强迫士兵称他为**皇帝**。**欧多西亚**召回**盖瑟里克**（他的汪达尔王国的首都是**迦太基**）。

**汪达尔人和摩尔人**在盖瑟里克的率领下乘上舟船，在相传罗慕洛占卜官征询罗马奠基日时占卜官指定的**那个日子里**，在意大利登陆。**马克西穆斯**逃跑了，几个元老把他抓获并杀死了他。

455 年 4 月 21 日　**盖瑟里克**进入罗马，**洗劫罗马**两个星期，他的劫掠远远超过了阿勒里希。最后，盖瑟里克逃走，带走了大量奴隶，其中包括**欧多西亚**和她的两个女儿——**欧多西亚**和**普勒西迪娅**；奴隶们被分配给非洲的汪达尔人和摩尔人。（小）**欧多西亚**嫁给盖瑟里克的儿子**特拉萨蒙德**。

**西哥特王狄奥多里希**［勿与**东哥特人狄奥多里希**相混淆］当时怂恿马克西穆斯在高卢的将领**阿维图斯称帝**，并答应同他结盟。

455—456 年　**阿维图斯**：他在**阿尔勒**当选（选举他的既有罗马军队的军官，也有**西哥特人、法兰克人**军官），为了让元老院批准，他前往罗马（他竟糊涂到遣返了那些保卫他的哥特人）。埃蒂乌斯被杀后，**瓦伦蒂尼安努斯三世**把他的职他转交给**里西梅尔**；阿维图斯信任他，派他在科西嘉领导军队。他从这里赶走了汪达尔人；里西梅尔在罗马同元老派勾结，推翻了阿维图

---

① 见本册第 234 页。

斯，并把他赶出城（456年）。阿维图斯一度在普勒森舍任主教，后来被迫离开意大利，在流放中死去。

457年4月1日—461年　**朱利乌斯·马约里安努斯**。里西梅尔任命他为皇帝，后来在461年废黜了他。

461—465年　里西梅尔推荐**李维·塞维鲁斯**，后者死于465年。

465—467年　**皇位空缺两年**，里西梅尔执政，但是没有皇帝称号。里西梅尔要求东罗马皇帝**利奥**任命一位西罗马皇帝；他挑选了**安西米乌斯**（此人当时住在君士坦丁堡）。

467年4月12日　安西米乌斯到达罗马[贵族和几乎所有出身平民的名门望族都移居国外]。

他娶了跻身于**贵族**的里西梅尔的女儿。不久他们之间便有了争吵。安西米乌斯在罗马和意大利南部较有势力，**里西梅尔在威尼斯和南阿尔卑斯高卢力量较强**。

469年　里西梅尔469年回到米兰。**他们开始打仗**。里西梅尔（在**安西米乌斯淹死于台伯河**、他的党羽全部死亡以后）占领**罗马**。

472年　里西梅尔指定盖瑟里克的内弟**奥利布里乌斯**为皇帝。

473年8月18日　里西梅尔死亡，接着奥利布里乌斯也死了。这就是**里西梅尔455—473年的专权时代**。

10 ‖ 472年10月　**格利塞里乌斯**在拉韦纳穿上紫袍，但是没有被君士坦丁堡方面承认，那里已经任命尤利乌斯·尼波斯为奥古斯都。

474年　**尤利乌斯·尼波斯赶走格利塞里乌斯**。

475年　尤利乌斯·尼波斯被自己的将领**奥雷斯蒂斯**推翻，后者立自己的儿子**罗慕洛·莫米路斯**为帝，后来称作奥古斯图鲁斯。[关于**奥雷斯蒂斯**入侵高卢的情况，见博塔，第120~121页①。]**意大利当时的情况**（第121~129页②）。**十人长和高利贷者**。在后者中，那些教士起了不小的作用（第127~129页③）。

---

① 见本册第234页。
② 见本册第234~236页。
③ 见本册第236页。

（阿波利纳里斯·西多尼乌斯把高利贷者称作**帝国的唯一主人**。）（**利奥大教皇禁止神职人员发放高利贷**！）奥雷斯蒂斯的卫士长**奥多亚克**去找**赫鲁尔斯人**和**图林根人**，向他们讨好，答应把**意大利的土地分给他们**，他率领一支大军，其中全是在意大利的不满分子、蛮旗人、意人利人。**奥雷斯蒂斯撤退到帕维亚，把罗慕洛·奥古斯图鲁斯**困在**拉韦纳**。奥多亚克占领帕维亚，杀死奥雷斯蒂斯。

476 年　　**拉韦纳**向奥多亚克投降；**罗慕洛·奥古斯围鲁斯被废黜**，关在那不勒斯附近的柳卡勒斯要塞（现今的 Chateau del'Oeuf），领取养老金 6000 埃居。

476—492 年　　**奥多亚克**的帝王称号只不过是对蛮族人而言，他的**贵族**称号也只是对意大利人（罗马人）而言。他把意大利的三分之一土地给了蛮族人（**赫鲁尔人、图林根人、鲁吉人**）；他在远征**诺里克**以后，也是这样做的；他把那些拥护他的、应该向鲁吉人让出诺里克的**年迈的居民都迁到意大利**去；他分给他们土地（以后的事，见第 132、133 页①）。在其他方面，他仍然保持了罗马的统治方式，保留了执政官，等等。（**关于他的统治**，见第 133～135 页②）。[他的首府是**拉韦纳**。][最初他撤销了**执政**的职务，后来又恢复了，任命**巴齐尔**为执政；后来（在迁居拉韦纳以前）又赐给他封号、贵族权力和一名大法官]。

**东哥特人狄奥多里希在东哥特人居住的班诺尼亚称帝**。狄奥多里帝作为人质（otage）到达君士坦丁堡，在那里住了十一年，皇帝泽诺对他礼遇有加。这位希腊皇帝唆使他进军意大利去打对皇帝没有任何依从表示的**奥多亚克**。东哥特人为进军做了这样一些准备工作：他们带着妻儿、供应军队食用的牲畜、**新式**

---

① 见本册第 236～237 页。
② 见本册第 237 页。

的载重马车，其中有一些已经做成可供全家居住的房屋形状，其他一些大车运载的是石磨以及一些日常生活必不可少的器械，车轮一转动，车上堆放的东西就摇晃不止（见博塔，第139页①）。

488年秋天　**狄奥多里希**率领**东哥特人进军**，他走了一条近路，穿过戚尼斯，在阿奎莱亚附近的伊宗佐港口扎营。在**阿奎莱亚和维罗纳**先后被击败的奥多亚克遁入**拉韦纳**；被围困三年后，决定投降；

493年3月　在一次庆祝和平的宴会上，狄奥多里希竟阴险地下令杀死奥多亚克、他的儿子及全体侍从（493年3月）。

## 意大利的封建制度

郎哥巴底国王任命了一些公爵，从而造成了一批**封建制度的上层人物**。查理大帝**使封建制度往下扩展。**｛为此，｝他与郎哥巴底的显贵举行会议；把至今还驳杂不清的**领地按自然疆界**（山脉、河流、森林）加以划分，组成了相应数量的州。各个州内的**堡寨和城市的治理权**转交给有**伯爵**（comte）头衔或有统帅头衔的显贵人物；那些负责守卫边界的人得到了侯爵的头衔（marques，marches——边防省——现在还存在的**安科纳边区、特雷维索边区**等等）。**凡是**担任行政管理工作的**人都被称为封建主**，有些省则**永远**（？）由他们管理。一些侯爵、伯爵以及普通的封建主也都有权管理**城市、教会、寺院**。见博塔，第292页及以下各页②，最初这种**封建主的**管理权只涉及**军事行政**方面。民政机构还保留自己的独立性，国家官职和法律很

---

① 见本册第237页。
② 见本册第254页。

少改变或毫无改变；后来由于意大利战事无休无止，**封建统治者抢去了民政权**（博塔，第 293 页①）；逐渐攫取国君的统治权和臣民们的权利（第 293—295 页②），参看第 327~332 页③。

[776 年，贝内文托公爵**阿里基斯**；他死后是他的儿子**格里莫尔德**。见第 295~296 页④]。

**最高学府**（第 312~314 页⑤）。**查理大帝在帕维亚**（800 年）。**诏书**。修改了阿勒里希时期编写的狄奥多西乌斯法典汇编（第 315 页⑥）。**查理大帝**由于压制**市政当局**，遭到他的封建仆从的憎恨。**奴隶制和农奴制交织在一起**（第 315~317 页⑦）。

**查理大帝死后**，意大利的局势十分特殊。在国内，拜占庭人在**南意大利**，**在那不勒斯**，还相当有权势；**郎哥巴底公爵们**，**即弗留利公爵、斯波莱托公爵、贝内文托公爵**还很有势力。**威尼斯**由于自己的商业开始产生影响；后来又有了一些总想扩张自己宗教影响和世俗影响的**教皇**，接着又有了一些派自己的儿子前去统治意大利的**萨拉森人**，不久又来了**诺曼人**。**丕平比查理大帝先死**。

813 年　丕平的儿子**伯恩哈德**被指定为意大利国王。**814 年，查理大帝死**。继承人是**虔诚者**（le Débonnaire）**路易**。他把伯恩哈德身边的谋士**阿德拉尔德**（科尔比的修道院院长）、他的弟弟**瓦鲁**流放国外，指定**洛塔尔**承袭帝位。发生了一场反对路易的阴谋，伯恩哈德与此阴谋有牵连。他听从皇后**厄尔门哈尔达**的诺言，被骗到法兰西，路易召开的**男爵会议**判处他死刑，他被赦

---

① 见本册第 254 页。
② 见本册第 254 页。
③ 见本册第 256~257 页。
④ 见本册第 254~255 页。
⑤ 见本册第 255 页。
⑥ 见本册第 255~256 页。
⑦ 见本册第 256 页。

免，但**被弄瞎双眼**。几天后伯恩哈德死亡。不久路易派洛塔尔（自己的儿子）到意大利。

**路易**同自己的三个儿子发生内战；他们是：当时的**意大利国王洛塔尔、巴伐利亚国王路易、阿基坦国王查理**（他后来是法兰西国王，即**秃头查理**）。

840 年　**路易**死后，洛塔尔开始治理洛林，派**路易二世**[后来是皇帝、意大利国王] 去治理意大利。

...........................................................................

# 41 ‖ 米兰宗教斗争 {1062—1076 年}

**拉韦纳**的大主教**吉伯特**和**米兰**的大主教**泰巴尔多**是**格雷哥里七世**的两个最激烈的反对者。**吉伯特**是他的意大利对手的首领，**米兰教会**同罗马教会完全断绝关系**已有十年**。当时**在意大利**有一批人表面上疯狂地笃信**摩尼教教义**。{他们宣传} 禁绝肉欲，反对教士的淫荡行为……

1062 年　这些狂信分子在米兰主教管区找到越来越多的信徒。1062 年（米兰的教士）**阿里阿德**反对教士结婚，因此他与**圭多大主教**发生了争执。教皇**亚历山大二世**为他辩护，把阿里阿德这伙人中的知名人物**埃尔伦巴德**封为罗马（旗手），他凭着这一称号，在米兰省弄到一个类似总督的职务。后来米兰各派之间发生了一场血战，阿里阿德惨遭杀害，埃尔伦巴德也逃跑了。

1068 年　年迈的大主教主圭多把大主教的头衔送给他的朋友戈弗雷主教，后者花了一笔钱得到日耳曼国王（亨利四世）的批准。几年以后，埃尔伦巴德及其同伙不顾米兰教会的教规，任命一个年轻人**阿托**为大主教，教士和市民把他赶走，但是他得到**格雷哥里**的批准。

1075 年　**埃尔伦巴德**企图用武力硬要米兰人接受他，米兰的大部分地区毁于（战火），埃尔伦巴德被杀，米兰人向亨利四世求助。

1076 年　在特里布尔王公会议前九个月，亨利四世要米兰人选立他批准的新主教泰巴尔多。这位米兰人泰巴尔多完全和拉韦纳的吉伯特一模一样，**亨利四世一到意大利，就公开反对格雷哥里。**

……………………………………………………………………………

1077 年 4 月　亨利返回日耳曼，启程前曾**在波河隆卡尔河谷把伦巴第人召集在一起。**（他把幼子**康拉德**留给他的意大利的拥护者做人质。）

1077 年 3 月 15 日　亨利四世在福赫海姆被一些日耳曼王公和主教废黜，**施瓦本的鲁道夫被宣布为国王**（为此，**美因茨、沃尔姆斯、维尔茨堡的市民都反对主教**）。亨利取道卡林西亚山道前往巴伐利亚，拉拢捷克的公爵弗拉蒂斯拉夫二世及其臣民，募集大量部队，许多鲁道夫的党徒向他倒戈，所以部队不断扩大，捷克人在施瓦本大肆劫掠。**为使帝国为难而接受王位的波兰的波列斯拉夫二世利用了这场斗争。在这场斗争中**

1078 年　**格雷哥里七世**的态度模棱两可。在宗教会议上（1078 年）又把亨利开除教籍，但不是对付亨利，而是暗中对付那些阻挠世俗首领和教会首领和解的人。

在日耳曼，双方战事正酣。**日耳曼农民**以及住在归亨利管辖的萨克森和法兰克尼亚的**文德人都为亨利而战。贵族和高级僧侣趁机剥夺了农村居民的最后一点自由。**被逐的**萨克森贵族**全都返回了，并没有因这场毁灭了巴伐利亚、施瓦本、法兰克尼亚和莱茵省的内战而受苦，**战争吞没了那些支持亨利的主教的收入。**

1078 年 8 月　维尔茨堡附近的梅尔里希施塔特的一场决战，亨利在一侧翼取得了胜利，后来又被击败。

1078 年初　费尔登的主教迪特里希和奥斯纳布吕克的本诺同往罗马，**文里希、特里尔的恩格尔贝特**也到了罗马，格雷哥里七世不想加害于他们。

1079 年春　亨利把施瓦本赐给比伦的伯爵弗里德里希，即霍亨施陶芬王朝的奠基人（此王朝以他的祖传城堡霍亨施陶芬命名）。

1080 年 1 月　诺尔特海姆的奥托在离米尔豪森不远的弗拉赫海姆打败了亨利。

格雷哥里七世又把亨利废黜并开除教籍，把王冠交给僭位国王鲁道夫，王冠上面写着：Petra dedit Petro, Petrus diadema Rudolpho。

1080 年 6 月　在美因茨宗教会议上，亨利重申 1076 年沃尔姆斯宗教会议提出的免除格雷哥里教职的决定：拉韦纳的大主教吉伯特（格雷哥里的旧敌）终于被参加蒂罗尔的布里克森宗教会议的三十个主教任命为教皇，称克雷门斯三世。

1080 年 9 月底　亨利入侵萨克森。

1080 年 10 月 15 日　亨利在离蔡茨不远的赫龙河战役中被诺尔特海姆的奥托和鲁道夫击败。

鲁道夫受伤，几天之后死于海泽堡。据说他是被布永的戈弗雷打伤的。亨利劝诺尔特海姆的奥托为了自己的儿子退位了。关于儿子的事奥托连听都不愿意听。亨利对德意志的大部分地区是有把握的，便把保卫德意志的任务交给他曾赐以帝国领地的人。他决定去意大利，因为他的朋友们在那里已经完全战胜了玛蒂尔达和她的藩臣。

在格雷哥里七世和亨利四世这场斗争中，在意大利第一次出现了相互争斗的两派，即教皇派和皇帝派，前者要求民族自由，后者认为，与其在身边养活一位教皇，还不如在远方有一个皇帝。

………………………………………………………………………………
……

# 第一次十字军远征和耶路撒冷王国 {1093—1127年}

**伊斯兰教分裂为两个教派——逊尼派和什叶派**（在什叶派中有许多狂信的、有一点自由思想的教徒）。在**巴格达**，阿巴斯王朝的哈里发经常仇视占该城一半居民的**什叶派**，这时他受**塞尔柱的一个艾米尔乌马拉管辖**，就像**埃及的法蒂玛王朝的哈里发**受丞相艾哈迈德·阿弗达尔管辖一样，阿弗达尔这个狂热的**逊尼派**已经使这个教派成了一个重要的教派。

塞尔柱人**基利奇·阿尔斯兰统治鲁姆或称伊康尼，凯尔博加统治幼发拉底河和底格里斯河上游地区。巴基·西扬统治安蒂奥克**，他们彼此嫉妒。**里德万**（在**阿勒颇**）和他的弟弟**多卡克**（在**大马士革**）更是像仇人一样。这时，**叙利亚的海岸**也像**耶路撒冷**和巴勒斯坦的一部分内地一样，都属于法蒂玛王朝。在**构成叙利亚北部边界的山区有许多亚美尼亚人的基督教徒**，他们几乎扩张到**安蒂奥克**，从另一方面挤走了**伊康尼的土耳其人**。他们也分为两派，这两派的**首领**也都相互咒骂。

在遥远的东方，在**幼发拉底河东岸那个受希腊人保护的埃德萨**城里，有许多基督教徒。这个城市的**贵族政府**只有一个首领，后来被一个**参加第一次十字军远征的君主**占领，成了十字军在亚洲建立的第一个**基督教伯国的中心**。

**在法国，菲力浦一世**（亨利一世之子）在1067年已届成年，他同**佛兰德伯爵鲍德温五世**（他以前的保护人）的儿孙们打了多年的仗。他把妻子打发走，自己娶了一个禁止他娶的女人，由此在准备第一次十字军东征的前不久，他同国内的教会和把他开除教籍的教皇**乌尔班二世**发生了争执。

**在英国，征服者威廉**死于1087年，把诺曼底留给儿子**罗伯特**，把英格兰留给小儿子**威廉二世**。由于后者十分凶暴，国内发生了几次大规模的骚乱，**罗伯特在诺曼底骄奢淫欲，留连声色，趁第一次十字军东征之机很高兴地以一万马克把自己的公国抵押给在英格兰的那位弟弟。**

---

**1093 年和 1094 年　亚眠的彼得**这位深居简出、笨得像驴子一样的诺曼人，在土耳其人统治巴勒斯坦的时候，**到耶路撒冷去朝圣**。他来到这座圣墓，夜不成寐，仿佛看到了耶稣，便邀请一位耶路撒冷的教长一同宣传十字军远征，并带着这位宗主教的一封信**去找教皇乌尔班二世**（这时此人正同亨利四世作战，受到僭位教皇**克雷门斯三世**的排挤）。彼得的计划乍一看未免荒谬，但对这位教皇是**有利**的，他便授权彼得号召各公爵和人民向巴勒斯坦进行十字军远征。彼得在**法兰西南部和勃艮第**的宣传尤为顺利。**佛兰德的伯爵罗贝尔**早就认识那位在信中要求给予武装援助的希腊皇帝，在教皇和皇帝正在斗争的日耳曼，人们都认为彼得是一个傻瓜。

**1095 年 3 月　皮亚琴察的宗教会议，参加人数很多**（乌尔班二世谴责亨利四世，保护**希腊皇帝**，后者也派人出席了会议）。

**1095 年秋**　乌尔班二世指示在**克莱蒙召开一次宗教会议，他出席会议并主张进行十字军远征**，大多数出席者都发誓要参加这次神圣的远征。许多人参加是**为了摆脱债主**。普尤伊（在奥弗涅）的**阿德马尔**是第一个发誓要参加十字军远征的主教。第一批的世俗公爵有：**富瓦的伯爵罗杰二世、图卢兹和圣吉尔的伯爵雷蒙**这位法兰西南部实力雄厚的统治者；陆续还有：**布永的戈弗雷和他的两个弟弟尤斯塔斯和鲍德温、诺曼底的公爵罗伯特，韦芒杜瓦的伯爵雨果**（法兰西国王菲力浦一世的弟弟）。

**布永的戈弗雷是布洛涅的伯爵尤斯塔斯和驼背的洛林公爵戈弗雷的妹妹所生的儿子**。在驼背死后，**亨利四世任命布永的戈弗雷**为**安特卫普侯爵**，而后为**洛林公爵**。

参加十字军的还有：**塔兰托公爵博埃芒德一世和他姐姐的儿子**

**布林迪西的坦克雷德**[罗伯特·吉斯卡尔之子**博埃芒德一世**，在同希腊人的一次战斗中，损失了船只和军队，被迫逃往南意大利，他在那里因成为塔兰托公爵而感到心满意足。他的**弟弟罗杰·布尔萨**按吉斯卡尔的旨意得到了**卡拉布里亚、阿普利亚和萨莱诺**。]几支平民队伍比那些早已准备远征的王公大人更早行动，所有的匪徒恶棍由骑士**瓦尔特·佩克塞约**和他的侄子**穷汉瓦尔特**率领，一伙歹徒由**隐士彼得**率领，还有一伙歹徒由莱茵地区的**日耳曼人教士哥特沙克**率领。这群乌合之众几乎全都丧命，一部分人死于痛恨他们的胡作非为的**匈牙利人**之手，一部分死于尼西亚的**塞尔柱人**之手。在这次进军中，**犹太人**损失最大。

53 ‖ **第一次十字军远征，1096—1099 年。**

1096 年 8 月　**布永的戈弗雷**开始进军。初冬，兵临**君士坦丁堡**城下。

同时，雨果穿过意大利前往**杜拉佐**，按**亚历克修斯一世**的指示，被阻截，押送**君士坦丁堡**。后来**博埃芒德**和**坦克雷德**向君士坦丁堡挺进，在途经希腊时大肆抢劫。

**亚历克修斯一世**要求他们为他收复失地而效忠宣誓。十字军的首领们加以拒绝，开始了流血的武装冲突。最后，有些王公大人等得不耐烦，作了让步，坦克雷德终于也让步了，**图卢兹的雷蒙**只答应不打**希腊人**，于是十字军部队才被希腊人运到亚洲，约有 60 万人。

在**尼西亚**这个塞尔柱人的**苏丹基利奇·阿尔斯兰一世**的首都附近，傻瓜彼得的残军和十字军部队会师了。

1097 年 6 月　在七个星期的围困之后，早就同这位苏丹有联系的**亚历克修斯一世**花了一笔钱让土耳其人的驻防军交出这个城市，亚历克修斯**收买**几个（实力雄厚的）**十字军首领**，并不想要军队，于是**亚历克修斯一世**占据了**托罗斯山以南所有被征服的土地**。

**1097年6月底** 十字军撤出**尼西亚**，率领一直先锋队的**鲍德温**想立即攻下**塔尔苏斯**（在奇里乞亚，这是一个当时称作小亚美尼亚的最富裕的城市），他自作主张，立即{带领一支队伍}离开军队，征服了幼发拉底河沿岸大片土地。基督教徒城市**埃德萨**的居民乘乱杀死以前的统治者，让鲍德温进城，他成了公爵，并逐渐**侵占叙利亚东北部基督教徒的前沿和堡垒埃德萨这块伯爵领地**。

**博埃芒德**大人不愧为吉斯卡尔的儿子，也想掠劫一番。他正在包围**安蒂奥克**，所以要大家不必急忙进军。

**1097年冬** 饥饿和疾病使安蒂奥克城外的这帮基督教徒强盗难以活命，许多人纷纷逃命，一部分人逃往**沿海城市**，一部分人逃往**埃德萨**，其中也有**傻瓜彼得**，他已被人拦截，同其他逃跑者一起被坦克雷德送回兵营。

**1098年6月** 首领们早就许诺安蒂奥克将归博埃芒德所有，他还是**收买了一个奉巴基·西扬之命守卫一面城墙的背教者，使这个城市投降了**。三天后，凯尔博加（摩苏尔国的）奉**巴尔基亚鲁克**这位苏丹之命向这个城市推进，加以包围，想通过长期围困来使那些基督徒就范。**普罗旺斯的雷蒙**的宫廷牧师**彼得**（不是那个亚眠的傻瓜）寻找（？）耶稣蒙难的**圣矛**——非常及时！在围困二十六天后，城里人在这支圣矛的保佑下，开始出击（队伍的前面举着圣矛！），**重步兵同土耳其骑兵作战**，十字军获胜，占领了**土耳其的兵营**。这时**安蒂奥克**已归**博埃芒德**所有。**阿弗达尔**（埃及的丞相）（利用一个使者）使十字军长期不能向耶路撒冷推进，**普尤伊的主教{阿德马尔}**（驻军的教皇使节）的死也起了作用。十字军{在同埃及谈判时}要求交出**整个巴勒斯坦**，但这件事没有说成。十字军**撤出安蒂奥克**后，占领了属于埃及的**沿海城市：劳迪塞亚、的黎波里、西顿、提尔、阿卡和埃马乌斯**。

**1099年6月7日早晨** 耶路撒冷在望，于是立即猛攻。

1099 年 7 月 15 日　耶路撒冷陷落。十字军无恶不作。第三天，**城防军在自由撤退的条件下投降**了，因此鼓励军队再一次屠杀居民。十字军在耶路撒冷的暴行激起了东方一切信仰伊斯兰教居民的愤怒。

........................................................

**早期的耶路撒冷王国**，十字军立**布永的戈弗雷为耶路撒冷国王**，阿弗达尔带着部队赶来了。

1099 年 8 月　**阿什卡隆战役，埃及人大败**。十字军**战果辉煌**，于是从欧洲**又来了一批十字军**。在这以前比萨人由于羡慕**热那亚人**，也装备了一支军队，被教皇任命为阿德马尔的继承人的**比萨主教戴姆伯特**带着这支军队来到耶路撒冷，成了一个黩武的**宗主教**。

1100 年　布永的戈弗雷死，曾在国内大封采邑。
　　　　**他的弟弟鲍德温**（**埃德萨**的统治者）**被立为王**，他将**埃德萨伯爵领地转给自己的近亲布尔日的鲍德温**；他（鲍德温一世）早就是**坦克雷德**的死敌，后来坦克雷德是耶路撒冷的四大男爵之一。

1100—1118 年　**鲍德温一世**（耶路撒冷国王）。**坦克雷德**有条件地把自己的封地（在耶路撒冷国内）让给他，作为一个**统治者**前往**安蒂奥克**，因为博埃芒德已被**土耳其**的一个艾米尔俘获，鲍德温制伏了**戴姆伯特**，抢劫了他的财富，戴姆伯特去找**坦克雷德**。**鲍德温同埃及人的第一次战争**〔他的兵力将近 1000 人，击败了带领 3 万人入侵的**阿弗达尔**〕。这时，**十字军的三支新部队已开往东方**。

（1）**米兰大主教**（亨利四世的元帅）、**勃艮第的伯爵、布卢瓦的伯爵、拉昂的主教**这些主要人物，当时正在君士坦丁堡的**图卢兹的雷蒙德**的率领下，入侵小亚细亚。土耳其人把他们各个击败，并消灭了他们。

（2）**讷韦尔的伯爵威廉**带领 15000 万名朝圣者出发，只有

7000人到达安蒂奥克，其余的人都被歼灭。

(3) 这支部队由法国人和德国人组成，指挥官是**韦芒杜瓦的雨果、吕齐尼昂的雨果、巴伐利亚的公爵韦耳夫四世、萨尔茨堡大主教**、‖**威廉四世**（这位一贯会说大话的**普瓦图伯爵和阿基坦公爵**）、奥地利的女侯爵伊达。大部分人不是惨死就是被土耳其人俘虏了；伊达下落不明，**韦耳夫可耻地临阵脱逃，萨尔茨堡大主教被折磨死了，普瓦图的威廉**和六个随员好不容易才走到**坦克雷德**的城堡。这几次进军使土耳其人获得不少战利品，对**鲍德温**毫无好处；于是他就**攻打埃及**——因为那里在**穆斯塔利死后**（1101年）正进行**争夺王位**的斗争，后来阿弗达尔又稳坐王位，{鲍德温} 遭到惨败。**鲍德温**（在**意大利的一些商业城市的支援下**）仍然经常**攻打埃及**，攻打塞尔柱人的苏丹巴尔基亚鲁克的继承人，攻打**在幼发拉底河和底格里斯河沿岸逞凶的穆斯林君主们**。双方都没能获胜。**意大利的沿海各国仍然帮助鲍德温控制海岸线，靠着同东方开展的自由贸易而日渐富裕，运送朝圣者所得的高收益使它们的船舶日渐增多。工业蓬勃兴起**。不料鲍德温于1118年死亡，当时他正在远征埃及，已经到达尼罗河畔了。他向身边的官员**建议让他的堂弟布尔日的鲍德温**为继承人。[ {耶蹄撒冷} 国王的兄弟**尤斯塔斯**回到欧洲。]

1118—1131年　**鲍德温二世**。他的王朝十分显赫。他把**埃德萨**公国交给**茹塞林**，茹塞林和鲍德温都被**巴拉克**（此人属于土库曼人**奥尔图克**的后代即**奥尔圈克朝**——见第51页①）**俘虏**。

1123年　**巴拉克**占领**阿勒颇，茹塞林**逃跑，不久巴拉克死亡，**国王鲍德温被赎回**。

在茹塞林被释放之前，率领**大批船只抵达耶路撒冷**的一位**威尼斯督治**同几个男爵签订条约，条约规定，**威尼斯人在巴勒斯坦**

---

① 见本册第82页。

**得到许多特权,必须和十字军一同远征埃及。这次合作的结果是**

1124 年 **提尔被征服**;**阿弗达尔死后**(1121 年),埃及由于内讧,一片混乱。但是,在**基督教国家的东部边界**出现了两个凶恶的**敌人**:**阿萨辛派**和土耳其的阿德贝格**伊马德·乌丁·赞吉(阿克-松科尔之子)**:塞尔柱人苏丹**马茂德二世**最初曾任命他为**瓦西特**和伊拉克的**总督**,后来又把

1127 年 **摩苏尔、美索不达米亚**和**叙利亚**作为封地赐给他,他逐渐成了一个基督教徒所畏惧的人物。

..................................................................................
......

# 第二次十字军远征(1147—1149 年)和第三次十字军远征前的东方

**埃德萨陷落后,圣贝尔纳**组织了一支由**德意志皇帝康拉德三世**和**法兰西国王路易七世**率领的十字军**去征讨伊斯兰教徒。**

1147 年 4 月底　**日耳曼人**出发,**两个月后**,法兰西人在**路易七世**的领导下也出发了(**巴巴罗萨**和他的叔父康拉德三世在一起,此外,还有康拉德的同父异母兄弟**夫赖津根的主教奥托**、**巴伐利亚的韦耳夫六世**)。**康拉德穿过了匈牙利进入希腊帝国。**

1145 年 **拜占庭的皇帝**是那位娶了康拉德的妻妹**伊琳娜**的**曼纽尔一世**,**这两个人的共同利益就是要对付双西西里的国王罗杰二世。**
**日耳曼军队**,不算步兵,约有**七万名装备精良的骑兵**;在**菲利浦波利斯**同希腊人进行了一场血战,巴巴罗萨在**阿德里安堡**就像在一个敌对国家里一样(攻打希腊军队等等,从此曼纽尔对他恨之入骨)。经过浴血奋战,**康拉德抵达君士坦丁堡城下**,在现今的**彼腊**和**加拉塔**安营扎寨,成为这位希腊皇帝的敌人,五天后进入亚洲,至于{下一步}怎么走,他和**弟弟奥托**各执

已见。奥托带领一部分王公和军队沿着海岸直抵**以弗所**；希腊人不许他进入**任何一个亚洲的沿海城市**，他的部队中了希腊人的奸计，几乎全军覆没。**康拉德**经过**弗里吉亚**进攻**安蒂奥克**，但是，曼纽尔**不久前已与伊康尼的苏丹签订了为期十二年的和约**。康拉德并不知道希腊人早与这位苏丹有秘密协定，在许多土耳其轻骑兵的追击下开始撤退；大部分军队被歼。**康拉德**带领已损失十分之九的残部到达**尼西亚**，为了活命只得把最后的财产，**甚至自己的武器**卖给希腊人。

不久前，**路易七世带领法兰西部队逼近君士坦丁堡**；大部分法兰西部队刚刚到达，曼纽尔就提出他曾向西方要求过的宣誓问题，路易向他**宣誓效忠**，他这才答应提供**向导和必要的给养**。**康德拉**｛在尼西亚与路易会师｝。又同走了一段路，就和这些法兰西人在**以弗所**分手，回到君士坦丁堡去过冬（**在那里与曼纽尔言归于好**）。（康拉德）让日耳曼人自己决定如何去巴勒斯坦，他准备统率1148年到达那里的下日耳曼人的十字军。

**路易七世**从**以弗所**出发，**经过劳迪塞亚**（在弗里吉亚），与土耳其人作战，损伤惨重。最后，**在阿达利亚这个潘菲利亚的沿海城市连一艘船也没有**。希腊人出售的霉烂食品贵如黄金。饥馑，饿殍载道。**路易七世**和一批王公权贵渡海去安蒂奥克（在叙利亚海岸）。根据协议，**阿达利亚的希腊总督**收到预支款后就应当把其余的十字军带到**塔尔苏斯**（在奇里乞亚），再用船送到**安蒂奥克**。这个希腊人不守诺言。这些法兰西十字军历经艰辛才到达安蒂奥克。

**1148年春** **康拉德乘船达到巴勒斯坦。日耳曼人的残兵败将和夫赖津根的奥托**都在那里等着他。当时**努拉丁**（见第56页①）（**阿勒颇和埃德萨的大公**）掌管从未属于**哈姆丹**王朝的那片土地，只有叙利亚的古都**大马士革**不听他的命令。大马士革的统治者是**图格**

---

① 见本册第91~92页。

图京，说得准确些，是他的大臣**阿纳耳**。**路易七世**和**康拉德三世**又征集了一大批部队，打算与领大马士革，从而**与亚美尼亚和埃德萨的基督教徒建立联系**。他们决定和耶路撒冷的封建主们共同实现这次进军。

**1148 年 7 月** 他们和鲍德温三世（梅利森黛的儿子）一起向**大马士革**进军，包围了大马士革。最后，起决定作用的是**普拉人**（这些人是巴勒斯坦和叙利亚的西方征服者的后裔）。这些普拉人背信弃义，给他们出了一个坏主意，最后使他们可耻地溃败了。**这两个国王进攻埃及边境的城堡阿什卡隆**，结局更为丢人，原来答应的普拉人的援军并未到达，他们等了八天，只得又"空手而返"。

**1148 年秋** 日耳曼人和**康拉德**一同回国。在**塞萨洛尼基**，**曼纽尔一世**与**康拉德三世**联合对付西西里的罗杰二世。当时法兰西人也回去了。

**1149 年春** **路易七世**才回去，在耶路撒冷过了一个冬天。

人们攻击**圣贝尔纳**，责怪他的预言未能实现，但是他却诿罪于十字军违背教规。

························································································
······

# 最后几次的十字军远征以及与此有关的一些事件﹛1198—1202 年﹜

**1198—1216 年** **英诺森三世**（出身塞尼的一个伯爵世家，就学于巴黎和博洛尼亚，29 岁时任红衣教主）。他立即结束**日耳曼的主权**，建立一个独立的**教权国**，采用了以下措施：一直作为皇帝的**封臣**、代表日耳曼统治罗马的**罗马市长**，必须向教皇宣誓效忠，**教权国的那些**由不受教皇管辖的**元老院议员**所领导的**城市**也照此办理。他企图占有**在日耳曼人手中的**玛蒂尔达的那些**领**

地，把两个日耳曼公爵赶出斯波莱托公国和**安科纳边区**，建立**托斯卡纳城市同盟**——只有**比萨**还忠于皇帝。但是，狡猾的托斯卡纳人建成一个所谓**教皇党人的联盟**，这位教皇才设法用各种附加条件来阻扰对它的承认，并禁止自己领地上的**各个城市**加入这个联盟。

**英诺森**在**西西里**早就（那时弗里德里希二世还年幼）使**康斯坦丝**不能像那些诺曼国王那样处理国内的宗教事务了。她甚至请求他保护她母子二人，这样他才有给她一块**教皇封地**。

1198 年　**康斯坦丝死**。根据她的遗嘱，这位**教皇成了总摄政**。他派一句使节去西西里，按照他的指示去管理国家；他把**莱切**和**塔兰托**这两块地封给布里恩的瓦尔特伯爵，使被他监护的**弗里德里希蒙受损失**。〔瓦尔特的妻子是国王坦克雷德的女儿，她的母亲**西比拉**向**亨利六世**认输时要求他把**莱切伯国**和**塔兰托公国**给她的几个孩子，亨利下令将西比拉及其子女送回日耳曼，对她的一个儿子十分虐待；英诺森通过**施瓦本的菲力浦**使另一个儿子获得了自由。〕

1202 年　西西里人与**安科纳**的公爵**马克沃德**结成联盟，但是，他在夺取西西里的大部分土地后于 1202 年死了。他的弟兄继续斗争，其中有一个叫**迪波尔德**的，俘获了布里恩的瓦尔特，后者因受伤而死。

1206 年　这位教皇与迪波尔德达成协议，让他有权参与国事，**英诺森在西西里**树立了威望，一直作为**摄政**统治到最后。

⋯⋯⋯⋯⋯⋯⋯⋯⋯⋯⋯⋯⋯⋯⋯⋯⋯⋯⋯⋯⋯⋯⋯⋯⋯⋯⋯⋯⋯⋯⋯⋯⋯⋯⋯⋯⋯⋯⋯⋯⋯⋯

1197 年　**英诺森三世**鼓吹十字军远征。不该由亨利六世在阿普利亚动用的那支十字军在巴勒斯坦登陆。**萨拉丁的几个儿子**彼此不和。在巴勒斯坦，基督教的贵族和一些骑士团也互存戒心。亨利六世死后，日耳曼的王室贵族都从巴勒斯坦返回，参加两个皇帝的争斗。**耶路撒冷的国王阿马里克二世**与穆斯林订立为期三年的和约。英诺森一上任就声称将自己收入的十分之一用于十字军远征，他要**西方各国的教士**交出自己收入的 2.5%，他还派出一些使节去鼓吹十字军远征，但是他们毫无成就，‖尤其是‖那位被派往法兰西的**卡普亚的红衣主教彼得罗**（由于英格博尔格的事，他与菲力浦·奥古斯特曾有过一段瓜葛），所以，英诺森就派出了**讷伊的牧师富尔克**。

1199 年　富尔克在香槟举行的一次骑士大比武时竭力煽动，当时就有一些人接受了十字架，其中有**香槟的伯爵蒂博**（即泰奥巴尔德）、**布卢瓦的和沙特尔的伯爵路易、西蒙·蒙福尔伯爵、蒙米赖的雷诺尔德、特鲁瓦的主教、香槟的元帅若弗鲁瓦·维拉尔杜昂**（他曾描述过东征），随后**佛兰德和埃诺的伯爵鲍德温、圣保罗的伯爵于格**及其封臣很快也都参加了，决定从海上进攻巴勒斯坦。关于船队的谈判拖了整整一年。最后，派出一个由六名骑士组成的代表团与意大利沿海各国进行有关**运输的谈判**，也去了威尼斯，因为热那亚和比萨当时正在血战。

........................................................
......

## 从花剌子模王国的产生到奥斯曼—土耳其人在小亚细亚的出现

### （1）花剌子模王朝和廓尔王朝﹛1092—1222 年﹜

**梅利克·沙赫**死后（1092 年）（见第 48 页[①]），他的王国瓦解为一些小国，彼此之间只靠大苏丹的表面权力维持着微弱的联系。［在**巴尔基亚鲁克执政时**（他是梅利克·沙赫的一个儿子，从 1095 年起是塞尔柱人的统治者，死于 1104 年（见第 48

---

[①] 见本册第 76 页。

页①）），**在花剌子模又有了一个特殊的统治者辛贾尔**（他也是**梅利克·沙赫的儿子**），他再一次征服花剌子模和撒马尔罕，从1153年到1156年成为土耳其人的俘虏，死于1157年。]

向塞尔柱人称臣的**花剌子模**位于咸海、里海和杰洪河之间。塞尔柱人宫廷里一个司酒官的奴隶**阿努施蒂金**，在主人死后竟有幸得到司酒官的职务以及主人在花剌子模的收入。他的儿子穆罕默德一世·科特布乌丁继承这一职务，始终是塞尔柱人的苏丹的忠实幕僚。

**1127—1156年** 他的儿子**阿特西兹**拒不服从苏丹辛贾尔，确保自己的**沙赫头衔**，征服**杰洪河（阿姆河）以西和里海沿岸**一带。这时辛贾尔的国家先后遭到**契丹人**和**土库曼人的蹂躏**。**呼罗珊和内沙布尔城**被毁，辛贾尔本人被俘。

**1172年** 伊尔·阿尔斯兰（花剌子模的）死，他的两个儿子**阿拉乌丁·泰克什和苏丹·沙赫穆罕默德二世**兄弟阋墙二十年。由于后者死亡，**阿拉乌丁·泰克什**成为唯一的统治者，把国家版图‖向东西扩张，消灭了波斯西部**的最后一个塞尔柱王朝**，吞并了**雷伊、伊斯法罕、哈马丹和阿塞拜疆**，还从契丹人手中抢走了**布哈拉城**。同时，他的儿子兼总督阿拉乌丁·穆罕默德二世与波斯的阿萨辛派作战，但是，1200年，阿拉乌丁·泰克什**死了**，阿拉乌丁·穆罕默德二世同他的侄子为**争夺花剌子模王位**而斗争，后者有**廓尔人支持**。

## 古大夏国的廓尔人

**11世纪末**，一个名叫**侯赛因·伊本·萨姆**的强盗设法钻进**伽色尼王宫**，成了一个宠臣，最后成了**伽色尼北部一个山国廓尔的总督**（该山国曾被苏丹**马茂德一世征服**）。他的几个儿子——长子娶了**伽色尼的巴赫拉姆的女儿**——继承他，不仅想独立，而且想推

---

① 见本册第77页。

翻巴赫拉姆。巴赫拉姆曾将三个儿子抓获并处死，四子**哈桑**赢得了这场较量，他生性残暴，甚至东方某些史学家斥责他为"**第一流的纵火犯**"。他推翻并赶走了巴赫拉姆的儿子**兀思鲁·沙赫**，摧毁了伽色尼城。在经过伽色尼国时，一路烧杀掠劫，无所不为。**兀思鲁·沙赫**逃往属于他本国的印度的**拉合尔**，他和他的儿子在拉合尔住了一段时期。**辛贾尔**击败**哈桑**，将他俘获，但很快又把这个谄媚之徒释放了。

**哈桑的儿子和继承人**登上王位不久就死了，他的两个堂兄弟**吉亚斯乌丁和希哈布乌丁**把国家瓜分了。

1162年　**吉亚斯乌丁**成了大苏丹，把伽色尼王朝的这个后代骗出**拉合尔**，彻底消灭了已存在

1182年　两个世纪的伽色尼国。他准备向印度进军，征服了这个国家，几乎到达**中国的边境**。他的弟弟**希哈布乌丁**占领了**内沙布尔、赫拉特、马雷**，一直打到**鞑靼**地区。花剌子模统治者的侄子**阿拉乌丁·穆罕默德**投奔一直支持他的**吉亚斯乌丁**。

1202年　**阿拉乌丁·穆罕默德**与**吉亚斯乌丁**开战，后者在当年战事刚

阿拉乌丁·穆罕默德直到1221年　开始时就死了，他的弟弟**希哈布乌丁**丧失了包括印度山脉在内的全部土地。

　　1206年　**希哈布乌丁**被阿萨辛派刺死（因为他曾压制他们的教义，让许多**土耳其奴隶**服兵役，而且对他们十分优待）。他死后，这些**马木留克**部队的首领在**廓尔国**各地各自称王。

1208年　这个国家的少数剩余土地被**阿拉乌丁·穆罕默德**（花剌子模的）占领。**廓尔国灭亡**。在国内一个很小的角落里还留有廓尔族的所谓后裔。

...................................................

这时，**穆罕默德·阿拉乌丁**为大批蒙古鞑靼族的**契丹人或康里人**的涌入打开了通道，这些强大的鞑靼部族与花剌子模的许多苏丹有血缘关系，在他们的军队里当过兵，但是

也掠夺和袭击他们的领地。为此，**穆罕默德·阿拉乌丁**攻打他们，被俘后又逃出，等待终于来临的复仇时机。

统治**黑契丹**和**突厥斯坦**大部分土地的**古尔汗**的女婿和封臣**库赤路克**压迫契丹人。**库赤路克和契丹人**向穆罕默德·阿拉乌丁（花剌子模的）求援，均遭到拒绝。**库赤路克**击败契丹人，那时，**穆罕默德·阿拉乌丁**要保护的是他们的那些与他血缘相近的首领以及他们汗国剩下来的大约五万人。**消灭这个尚武的部族，对蒙古的首领成吉思汗是很有利的。穆罕默德·阿拉乌丁向东扩张**，战胜了统治**伽色尼城**的马木留克，进军**印度**，从印度山脉直到底格里斯河，征服了这个山国，在**巴格达的哈里发**（逊尼派的哈里发）直接统治的那一小块土地周围扩张自己的统治，要求这位哈里发像对那些塞尔柱人的苏丹那样尊敬他，以便**巴格达**能接受**花剌子模**驻防军，使他能随时住在那里。这位哈里发拒绝了，穆罕默德·阿拉乌丁向他出兵，遇到罕见的雪崩，只好折回。再一次动用世俗和教会方面的武装对付阿巴斯王朝。他召集**什叶派神学家**开会，强迫他们臣服，不再服从巴格达的哈里发，诅咒他的教义。他指定**阿里**的一个所谓的**后裔**为哈里发，为第二次向巴格达进军作准备。在所有东方各国消除**逊尼派哈里发**的影响是不可能的，因为东方各主要省份——**花剌子模、撒马尔罕**和**赫拉特**——的居民有权根据自己的愿望选择自己的哈里发。这是在文件上明文规定的。

1219年　**穆罕默德**以武力威胁，要把他任命的那个什叶派的哈里发带到巴格达，这时**巴格达的哈里发**不仅宣布以牙还牙，而且向**成吉思汗统治下的多神教的蒙古人求援**。

**穆罕默德的教义**已经有所变化。从印度泛神论和波斯二元论中产生的哲学已经渗入伊斯兰的宗教中，从**伊斯兰教变成一些意大利和普罗旺斯的基督教教派**，引起了对异教徒的迫害和多次宗教战争，促使**巴格达的哈里发**焚烧书籍，迫害它们的作者，把宗教裁判的一套制度引入东方。这时，叙利亚和巴勒斯坦正面临法兰克人的**十字军远征（1217—1222年）**的威胁，达米埃塔恰好在此时陷落。长期被利用**对付基督教势力的伊康尼苏丹国**开始动摇。最后，野蛮的蒙古族和鞑靼族从东方的亚洲山区潮涌而来。

‖ 89 ‖  ‖（2）亚洲的成吉思汗及其子孙。花剌子模王国的灭亡{1155—1231年}

1155 年　铁木真或称**成吉思汗出生**。

死于1227年　在他出生前不久：（1）**中国**本身只包括现在中国的南方；（2）1125年，**蒙古女真族**

1125 年　**在中国北方建立了一个国家，号称"金"**；（3）在西方，**克烈惕人的联盟**，定都哈拉和林；此外（4）**在黑龙江与中国北方边界之间一部分向女真族纳贡的部落**建立了一个新的**汗国联盟，与女真族几乎连年交战**［这是满洲的一部分］；在与女真族的历次战斗中，**铁木真**的祖先是很有名的，他们作为最大的汗国的统治者握有一定的实权。

1167 年　12岁的**铁木真**在父亲死后，被后者统一的大部分汗国所遗弃，只好去投奔**（蒙古境内的）克烈惕人**，经常住在他们的主要城市哈拉和林。**脱斡里勒**或称**王汗**，即鞑靼人的首领，被**中世纪在亚洲各地传教的基督教传教士**看作是基督教徒，许多基督教徒知道他是有名的**约翰长老**。后来，铁木真娶了脱斡里勒的女儿，并被派去指挥打仗。不久，他和他的岳父大动干戈，脱斡里勒的许多军事首领背叛了，他本人在**逃往西藏途中被打死**。铁木真把脱斡里勒的土地（以及由他统一起来的那些部落）据为己有，此外还征服了许多其他的汗国，为建立**统一的大汗国奠定了基础**，后来称霸于世界。

1206 年　铁木真在蒙古中部离黑龙江源头不远的地方召开了一次所谓

的**忽里勒台**，即蒙古和突厥部落首领会议，他强迫一个**萨满**①以天的名义宣布他为**大汗**，并接受**成吉思汗**这一尊号。不知道当时他是否已经宣布他的《**雅撒**》（即一般民法和宗教法）。成吉思汗深入**西伯利亚**内部，继而征服**朝鲜北部的蒙古族和突厥族部落**。直到戈壁滩从长城以西到西藏边界。《**雅撒**》规定**塔儿罕**即上层贵人**免交捐税**，独享猎物，有权随时晋见大汗，可以免罪九次（由于黩武的生活方式，在半开化的民族中都有这种形式的**封建权利**）。成吉思汗以**哈拉和林**为中心，团结各个部族，便开始出征**中国帝国**，他和他的后代都是这个帝国的诸侯。经过三年的鏖战，他战胜了**北方中国**的皇帝，提出条件苛刻的和约，强迫纳贡，把公主嫁给他，**迁都南方**。接着他又出征**鞑靼人的黑契丹国**②，战胜**库赤路克**，占领了全部国土（突厥斯坦北方大部的土地）。

1219年　铁木真成了花剌子模的近邻，暂时相安无事。尽管要求巴格达的哈里发给以援助，当时花剌子模的居民并没有促使他发动战争。[花剌子模的居民和东方的贸易往来相当活跃。]**成吉思汗**开始入侵。他本人带领四子拖雷向**撒马尔罕**和**布哈拉**进军；长子**术赤**向**塔什干**进军；次子**察合台**和三子**窝阔台**围攻**杰洪河**附近的设防地区**讹塔剌**，这块地区方圆有一日的骑程，人口十分密集，可以算得上一个城镇。**穆罕默德·阿拉乌丁**的熟练战术也不足抵挡人数众多的鞑靼军队。他解散部队，以为在自己的首都可以万无一失，认为这些蒙古人只不过是一批野人。但是，许多骑兵对他穷追不舍，他打算到印度去，已经到了**巴耳赫**又折回，发现他的国家西部已经到处都是跟踪而来的蒙古人了。**穆罕默德·阿拉乌丁**把财宝和家属藏在**巴赞达兰**的

---

① 萨满（shaman）是在匈奴时代在蒙古境内流行的萨满教（即甘教）的巫师、术士。萨满教以"天"为无上至尊。人欲与天交通须由神灵媒介，而神灵只有萨满教的巫师能接近。——译者注

② 中国史籍中称黑契丹为西辽。——译者注

|   | 一个**山寨城堡**中，他打算到里海对岸的高加索去向阿巴兹吉人寻求一条生路，后来困死在**里海的一个岛上**。
| --- | --- |
| 1221 年 | **穆罕默德·阿拉乌丁死**。他在死前已得知巴赞达兰被蒙古人占领。他的几个儿子，除了两个外，都被杀死，几个女儿被战胜者掳走。两个幸存的儿子是：陪同父亲在岛上而活命的**吉拉尔乌丁·曼古贝尔梯**，在**克尔曼沙漠**保全性命的**施尔－沙赫**。这时，蒙古军队在**呼罗珊**、**布哈拉**、**撒马尔罕**、**巴耳赫**以及其他一些繁荣的城市烧杀掠劫。珍贵的财物、大量的典籍、肥沃的农田、宫殿和清真寺等等，全都荡然无存了。
|   | ‖巴尔赫是一个繁荣的**商业城市**，有许多能工巧匠，〔还有许多〕供来往商队住宿的**漂亮客栈**、清真寺、学校和 1200 个浴池。
| 1221 年到1231 年 | 被蒙古人穷追不舍的**吉拉尔乌丁·曼古贝尔梯**在**伽色尼**保全了性命，蒙古人直逼印度山脉。
|   | **吉拉尔乌丁·曼古贝尔梯**在伽色尼**招兵买马**，击败了两支蒙古军队。但是大汗（**成吉思汗**）亲临战场，吉拉尔乌丁手下的将领为瓜分掠获物而争吵，一个将领离开了他，带走了一大半军队，他只好退到印度。
| 1221 年 | **成吉思汗把他赶到印度河岸**，吉拉尔乌丁尽管勇猛过人，仍然被多得像蝗虫一样的蒙古兵打败了，然后在乱箭追击下渡过印度河（成吉思汗亲自督战）。"在陆地上猛如狮子，在水中凶如鳄鱼。"蒙古人忙于抢劫，不敢渡过**印度河**，又回到**波斯**，在那里蹂躏了两年。
| 1221—1223 年， | 成吉思汗的两个儿子**察合台**和**窝阔台**转战于伽色尼和印度河，长子**术赤**征服了〔后来属于〕**俄罗斯的奥伦堡和阿斯特拉罕**。
| 1224 年 | **成吉思汗返回哈拉和林**。在此之前，他经常住在他进行**大规模狩猎的撒马尔罕郊区**。成吉思汗率领几个儿子从哈拉和林出发，先进攻**中国的北部和西部边界**，以便最后征服那里的游牧

民族，继而侵占**中国整个北方**。

1225 年　**吉拉尔乌丁返回花刺子模，收复该城**。在此之前，他的弟弟**施尔-沙赫**占领了**克尔曼省**和其他一些地方，他父亲的一个藩臣在**波斯境内征战**。但是，**花剌子模和印度之间的一些山寨堡垒都在蒙古人的手里**。所以，**吉拉尔乌丁只得穿过阿富汗和克尔曼的沙漠**，再说他手下的人也不多了。他在波斯受到热烈欢迎。从**克尔曼**出发，胜利地通过**伊斯法罕到巴格达**，继而向北征服**阿塞拜疆**和**基督教徒聚居的格鲁吉亚**。出兵攻打**亚美尼亚**的城堡**赫拉特**，运气不佳，花了很长时间才攻下这个当时属于**阿尤布·阿什拉夫（阿基尔的一个儿子）**的城市。

1230 年　**阿什拉夫和伊康尼的苏丹凯库巴德在城外应战**，战斗持续了三天，**亚洲伊斯兰教徒的主力军死伤甚重，这对蒙古人是有好处的。吉拉尔乌丁彻底失败**。他拒绝议和，在蒙古人**再次入侵**时｛已不能自卫｝。

**成吉思汗**在晚年征服了**中国边境的各个汗国**，接着征服了**中国的西夏和金国**。为了征服金国，他与**中国南宋皇帝**结盟。

1227 年 8 月　**成吉思汗死**。他在遗嘱中将国家分给他的几个儿子，长子**术赤**已死，留下一个儿子**拔都，他得到阿斯特拉罕和奥伦堡**。即所谓的**钦察汗国**①。次子**察合台**成了**杰洪河即阿姆河**对岸一片土地的统治者。四子**拖雷**得到**波斯的东部和西部**，以及**抢占的一部分印度土地**。**窝阔台**成了**大汗**，但是只有经过**忽里勒台**（即首领会议）的正式批准才能得到这个头衔。但是这个会议在

1229 年　才召开。因此空位时期延续了两年。这几个弟兄征服了**中国北方，包括首府汴京**②。把河南省让给同盟者——**中国的南宋皇帝**。

---

① 又作金帐汗国。——译者注
② 今河南省开封。——译者注

与此同时，**拖雷的儿子旭烈兀进军亚美尼亚和格鲁吉亚**，蒙古的骑兵——其中最著名的首领是**乔马贡**——到处搜寻吉拉尔乌丁。吉拉尔乌丁向**伊康尼的苏丹、阿尤布·阿什拉夫和巴格达的哈里发**求援，遭到了拒绝，突然被蒙古军队围困在**阿塞拜疆**。多亏那批曾为他服役、归**乌尔汗统帅**的**奥斯曼－土耳其人**，他才得救。他没有同他们一起**逃往伊斯法罕**，把他们全部解散以分散蒙古人对他的注意，然后去**库尔德斯坦**，落到一群库尔德人的手中，被人认出了。

1231年　一个库尔德人——此人的哥哥曾被他手下的人杀死——把他刺死。

**花剌子模王国灭亡**以后，蒙古人迫使鲁姆——或称伊康尼——的苏丹归顺他，同时与当时尚维持独立的**中国南宋皇帝**开战，另外，还征服了朝鲜半岛的统治者。

几乎就在这时，一群奥斯曼—土耳其人入侵小亚细亚，在那里建立了一个强盗国家——**卡拉希萨尔**。

‖ (3) 鞑靼人进攻欧洲〔1224—1241年〕

当**成吉思汗**还在**花剌子模国**的时候，他的儿子**术赤——钦察汗国的建立者**——从里海向欧洲进军，与**波洛伏人**（多神教的突厥族）发生冲突，后者在**亚速海**到**第聂伯河**石滩之间游牧，经常与分成许多小国的**俄罗斯人**为敌。这时，波洛伏人向俄罗斯人求援。在**姆斯季斯拉夫**

1224年　大公〔他娶了一个波洛伏人〕的统率下，来了一批俄罗斯人（有十万多人的援军）。**他们在卡耳卡河遭到失败**，于是，俄罗斯的南方完全向蒙古人敞开了。但蒙古人只到达**切尔尼戈夫**，接着是好几年的平静时期，因为就在这一年（1224年）**术赤死了**，成吉思汗又从花剌子模退出，蒙古人只好推迟向**西方进军**。

蒙古人进犯俄罗斯南部的保加利亚人，后者未得到俄罗斯人的

|         | 支援，被**蒙古人**降伏了。**蒙古人**又没有继续向前推进，因为 |
|---|---|
| 1234 年 | **窝阔台**在蒙古召集蒙古人举行**忽里勒台**（即首领会议），不久，又同**中国**作战；大兴土木，原来只有窝棚和帐篷的**哈拉和林**变成了一座城市。|
| 1237 年 | **拔都**（**术赤之子**，**窝阔台**派他率领大军）**在沃罗涅日河歼灭**了没有其他俄罗斯人支援的**梁赞大公**的部队，打败了**弗拉基米尔（大公）尤里（格奥尔基）二世**，征服并破坏莫斯科、弗拉基米尔和其他一些城市。|
| 1238 年 | **尤里二世（苏兹达尔大公或弗拉基米尔大公）**鼓足勇气又在**锡蒂河打了一仗**，他被打败，和一些知名贵族一起葬身疆场。俄国两个半世纪的命运已成定局。蒙古人进入俄国内地，烧杀掠劫，一直打到离**诺夫哥罗德**大约 15 德里①的地方，由于**沼泽地解冻**，才回到**伏尔加河流域**。|
| 1239 年 | 蒙古人再次出现，俄国人逃往沼泽地和森林深处。城乡庐舍焚毁殆尽。|
| 1240 年 | **基辅大公**和**加利西亚大公**带领许多俄国人，以及**四万户库曼**人的家庭纷纷逃往**匈牙利**：蒙古人往西南方向紧追不舍，|
| 1241 年初 | 进入匈牙利和波兰。|

---

**匈牙利**：1196—1204 年　**埃迈里茨**（贝拉三世之子和继承人）与弟弟**安德鲁二世**不和，在他死后，安德鲁成了埃迈里茨的年幼的王位继承者的监护人，把他和母亲一同逼走了。

1205 年　这位幼年的继承者死，**安德鲁二世**成了一个专制的国君，既与贵族不和，又与亲生儿子这个被迫不久承认为共同摄政的**贝拉四世**不和。他调停俄罗斯大公们的争吵，

1217 年　准备进行十字军征讨（不光彩的）。

1222 年　贵族**逼**他颁布"**金玺诏书**"。贵族每年召开一次议会，贵族及

---

① 一德里（地理里）等于 7.42 公里。——译者注

其家人一律免缴捐税,只有经过法庭判决,才能剥夺他们的财产和特权。在诏书的**最后一条**中规定:**如果国王或他的继承人破坏金玺诏书,贵族和教士们有权造反**。全文只字不提**市民和农民**(不像英格兰自由大宪章那样),匈牙利贵族之所以能强盛,就是因为**这个阶级备受压迫**。从此市民的自由备受限制,**农民相继沦为奴隶**。纠纷频起,安德鲁二世、贝拉、双方的贵族时有争吵,与教皇、教士、俄罗斯人时有争吵。在安德鲁财政困难时曾伸出救援之手的**那些信奉犹太教和伊斯兰教的高利贷者掌握了国家财产和许多私人财产**。贵族仍然花天酒地,受不了一点苦。**心怀不满的贵族推举好战的奥地利公爵弗里德里希为王**,此人一上台就打了败仗,被迫签订不利的和约。当时突然传来一个消息,50万蒙古人已经逼近**喀尔巴阡山的各个山口**;所有这一切都发生在贝拉四世统治时期。

**贝拉四世** 1235年,贝拉四世在父亲死后这一年继承父位。

**1241年** 蒙古人兵分四路,从俄罗斯出发。**一路向波兰和西里西亚进军**,另外三路**分头**向**匈牙利进军**,那里的库曼人正怒气冲天,因为他们的几个大公被扣作人质。这些家伙投靠了蒙古人。另一方面,负责守卫喀尔巴阡山各个山口的总督赫德瓦拉毫不**抵抗就放弃了那些山口**。于是,**拔都入侵匈牙利,整个匈牙利成了他的战利品**。奥地利的弗里德里希带领一批日耳曼骑士去支援,蒙古人大部分只有弓箭和长矛,一小部分人有盔甲,遭到了惨败。但是,**好战的弗里德里希回到奥地利去找援军**。贝拉四世把敌人诱骗到**绍约河附近莫日草原上的一个不利的地方**。拔都把匈牙利人紧紧地包围起来,开始屠杀,只留下**一条逃生之路**,于是匈牙利人乱作一团;蒙古人像屠杀牲畜那样屠杀匈牙利人。得到**西里西亚的部分援军的蒙古人,把匈牙利变成废墟,一直打到伊利里亚和达尔马提亚**。贝拉四世投奔**好战的弗里德里希**;把自己的国土作为采邑送给**皇帝弗里德里希二**

世，弗里德里希向各基督教强国和日耳曼贵族写了几封**通告信**，此外，什么事情也没有做。

1242 年　拔都得悉大汗窝阔台去世，便带领蒙古大军返回东方。

------

波兰在一百年以前已经分裂成许多互相敌对的公国，表面上由一个实力最强的公爵领导。

蒙古人入侵时，有**四个大公爵**。

**大胡子亨利一世：**|握有|布雷斯劳和西里西亚的大部分土地，被公认为最高首脑。

**腼腆的波列斯拉夫：**|掌握|克拉科夫和桑多梅日。

**康拉德：**马索维亚和库雅维亚。

|**弗拉迪斯拉夫：**波兹南和格涅兹诺。|

1228 年　大胡子亨利劝表弟康拉德把库尔姆地区让给条顿骑士团的骑士（他们当时没有去屠杀东方的穆斯林，开始征服德意志东部边界的普鲁士人和一些多神教的民族。）

1238 年　虔诚的亨利继承**大胡子亨利**的权力，仍然管辖其余的公爵。

1240 年　蒙古人第一次**越过波兰国境**，把卢布林抢劫一空。

1241 年　蒙古人四路大军中最弱的一路大军到达波兰（见前一页，1241 年）；其余三路大军之中的一路击败**波列斯拉夫**，进入匈牙利，进攻波兰的蒙古部队在**佩特**的领导下去打西里西亚，受到了骑士的抵抗。**上西里西亚的公爵梅契斯拉夫在奥珀伦郊外**击败蒙古部队，谨慎地避开了正向**布雷斯劳（市民纷纷逃跑）**进军的主力部队，骑士们**占领奥得河一个岛上蒙古人没能攻下的城堡**。布雷斯劳（城内贵重物品运到了岛上）被骑士亲手烧毁。蒙古军队抵达利格尼茨，**虔诚的亨利**正在那里集结部队。参加的有：上西里西亚的梅契斯拉夫、摩拉维亚的公爵波列斯拉夫（他带着一批哥尔德贝格的矿工，曾指挥过一支像十字军那样的军队）、条顿骑士团的一个团长及其骑士，还有许多王公和骑士。亨利本人有一支部队，都是**西里西亚人、波兰**

**人和雇用来的日耳曼人。**整支部队大约三万人。

1241年4月9日 在利格尼茨附近的瓦尔施塔特平原上的大会战。蒙古人获胜，但损失也不小，以致没能继续向**日耳曼**进军，返回**拉维亚**和**波希米亚**。这些**野蛮人**穿过**波希米亚**（它的国王躲起来，因为在等待日耳曼人的援军）；在**摩拉维亚**，蒙古人在**奥里谬茨**战役中遭到严重挫折，在匈牙利与**拔都**的部队会师，一同**返回东方**。

............................................................

选自马克思：《历史学笔记》第一册，北京：中国人民大学出版社2005年版，第1—11、21、65—66、83—86、109—110、126、146—152页。

卡尔·马克思

# 历史学笔记（第二册）（节选）

## （1300—1470年）

{I. 14世纪（到80年代末）的
德意志、意大利、英格兰、法兰西}

Cosa fatta ha capo
(original edition der
"faits accomplis")①

1 ‖   （1）阿尔布雷西特一世死后（1308年5月）
到乌尔班五世：德意志、意大利、英格兰、法兰西

**阿尔布雷希特在施瓦本和奥地利的遗产落入他的五个儿子之手；长子美男子弗里德里希和次子列奥波特一世代替三个弟弟阿尔布雷希特、亨利希和奥托**掌管全部领地，尽管这五个人都算是领主。阿尔布雷希特一世死后六个月，

**1308年11月 亨利希**这位在马斯河、摩泽尔河和下莱茵颇有威望的**卢森堡伯爵**借助于**美因茨大主教彼得·艾希施帕特**（Aichspalter）和**特里尔大主教鲍德温**——前者曾是这位卢森堡人（der Luxemburger）的幕僚，后者是他的弟弟——被选为**德意志皇**

---

① 木已成舟（"既成事实"的最早提法）。

帝，称**亨利希七世**。为了犒赏这两个身为大主教的助手，他把一些王室土地赐给他们；此外，他又**还给彼得**一笔钱，后者曾用这笔钱为亨利希的弟弟鲍德温在**教皇**那里买到**特里尔的主教职位**。克雷门斯五世根本不想再增强菲力浦四世（法国国王）的实力，答应他在选举皇帝时为他的兄弟**瓦卢瓦的查理**助一臂之力，行动上却完全相反。

**亨利希七世**巡视莱茵、施瓦本和法兰克尼亚；**斯特拉斯堡、苏黎世**当时比如今人烟稠密。**乌尔姆、奥格斯堡、纽伦堡**同意大利往来频繁，在其他任何方面它们都不次于**意大利的那些城市**；其实，**施瓦本的城市**还处在**符滕堡和巴登的伯爵们**的残酷压迫之下；他{亨利希七世}让这些城市牢记它们都是**帝国的城市**；他恢复了三个森林州（Waldstadte）过去享有的那些特权和优惠，又把它们并入了帝国。

1309 年秋　在施派尔召开会议，亨利希七世传讯**符滕堡伯爵埃伯哈德这个强盗兼暴君**（此人在施瓦本为非作歹已有十年之久）和奥地利的公爵们，要他们向他称臣。他把哈布斯堡王朝的土地作为封地赏给奥地利的公爵们，还贬黜了杀害阿尔布雷希特的凶手们的**亲戚**，让这些公爵有权进行**血族复仇**，因而他们感到很满意。他们{奥地利的公爵}不再觊觎**捷克**，给正缺钱的他{亨利希七世}**一笔钱**，答应派 200 名骑士陪他一同进军罗马。**埃伯哈德**带领一批强盗骑士来到施派尔，同这位皇帝{发生了}争吵；他已不再受宠。

**意大利**。**教皇派**和**皇帝派**都出席会议，他们主张尽快向罗马进军，其中最著名的人物是皇帝党人**马泰奥·维斯康蒂**及其对手**杰多·德拉·托雷**派出的使者，以及被逐出布雷西亚的教皇党人**泰巴尔多·迪·布鲁萨蒂**。亨利希七世以为，实现他们的要求就能在意大利弄到**一笔钱**来维持王室的威望。

1310 年　**法兰克福议会**：讨论的主要是**捷克问题**。在捷克，占有王位的是**卡林西亚的公爵亨利希**，即温采斯拉夫三世的妹夫；他使捷克人的日子过得很不安宁，把**斯拉夫的贵族**排挤到一边，**对德意志的骑士倍加器重。他夺取富有矿场的金银**，运到卡林西亚，他还想把长得像男人模样的小姨子、声名狼藉的悍妇伊丽莎白硬嫁给一个软弱无能的男人（Schlappschwanz）。他逃脱他的羁押，团结一批心怀不满的捷克贵族，这些人觉得伊丽莎白斗不过卡林西亚的亨利希的那些骑士，都去投靠亨利希七世。捷克贵族表示愿意把**伊丽莎白**和**捷克国家**送给他的儿子约翰（当时 14 岁），而长得像男人模样的伊丽莎白已经 20 岁了；他｛亨利希七世｝最初并不同意，后来同意了，并在法兰克福同捷克贵族签订条约，由议会宣布**卡林西亚的亨利希已失去捷克王位**。

1310 年 9 月 1 日　　在施派尔，**伊丽莎白**与约翰｛举行｝婚礼，亨利希七世把已经升格为公国的卢森堡交给约翰。

亨利希七世从施派尔到达勃艮第，准备再到意大利去。

他事先准备了**两套征讨计划**：

（1）**讨伐符滕堡的埃伯哈德。**他把自己的**施瓦本的帝国地方官康拉德·冯·魏茵斯堡**派去对付他，此人立即征讨埃伯哈德。**埃斯林根**和其他一些城市的**居民**对骑士的骚扰抢劫已忍无可忍，立即攻打**埃伯哈德的城堡**，除了三座城堡，所有的城堡都被拆毁了。**埃伯哈德被逐**，向**巴登侯爵**寻求庇护，住在那里一直到死。

（2）**讨伐卡林西亚的亨利希**，最高统帅是美因茨大主教彼得·艾希施帕特（负责政治方面的问题）和亨纳贝格伯爵。

一方面遭到进攻，另外不满的捷克人又在闹事，亨利希只好逃回**卡林西亚**，再也没有离开那里。

1311 年 2 月　　彼得·艾希施帕特为约翰（亨利希七世的儿子）加冕为捷克国王。

## （2）亨利希七世进军罗马前后的意大利

**从克雷门斯五世**（1305 年）起，**教皇的驻地一直在法兰西**（这种情况一直继续到1377 年）；因此，在意大利，**教皇的政治影响和皇帝的威望**全部化为乌有。教士道德沦丧，圣职买卖流行，利用教会职权营私舞弊，这时出现了一批狂热的宗教改革者，其中最著名的是一个教士的私生子**杜尔奇诺**，他[作为 13 世纪中叶传教士、空想家**杰拉尔德·塞加雷利**的学生]，利用口述和**书信**（其实就是一些**传单**，因为人们都竞相传阅）**宣传早期基督教的淳朴道理，宣传财产公有、建立基督教共和国、推翻世俗的恶霸和富翁**，以解救穷人和被压迫者。他面临逮捕和强迫离境——后来他在**伦巴第东部**有了一大批拥护者——终于逃走，在**诺瓦拉和韦尔切利**的几座几乎终年白雪皑皑的**高山**上聚集了 6000 多人，和美丽动人、勇敢机灵的妻子一起住在这个难以攀登的崇山峻岭，靠抢劫为生。

1300—1308 年　杜尔奇诺抵御附近主教们的正规军；最后一支十字军终于组织起来对付他。他和他的信徒全都牺牲了。

在**那不勒斯，安茹的查理二世**的政权很稳固，在这个**宗教国家**里，教皇和贵族都服从他的指挥。在**意大利北方各省**（伦巴第的许多城市），在**佛罗伦萨**，他是一个强大的教皇派的首领，**他在⎰自己的对手⎱皇帝派的王公**中间也保持自己的威望。他占据**皮埃蒙特**的一部分土地，同萨瓦伯爵菲力浦争夺蒙费拉托省和后者妻子留下的**摩里亚半岛**的领地。他不情愿让匈牙利和那不勒斯由同一个君主管辖，他不把国家遗赠给孙子**查理·罗伯特**这个长子的直系继承人，而遗赠给**小儿子罗伯特**。罗伯特想再一次占有**西西里**，几经努力，均未得逞。

1309 年　**安茹的查理死，由罗伯特继位。克雷门斯五世**豁免了他的⎰**罗伯特的**⎱父亲的**许多债务**。

‖**佛罗伦萨人**能攻善战，正在同皇帝党人厮杀。**罗伯特**率领一队勇士支持他们，这队勇士在**地中海各个岛屿和沿岸地区当雇佣兵时被称作加泰罗尼亚人和阿拉贡人**，尽管其中许多人属于其他民族。

**在热那亚和威尼斯**，内部争吵不休。在**费拉拉**，**埃斯特家族**的那些亲王争权夺利，有一个亲王把它｛费拉拉｝卖给了**威尼斯**，为了摆脱威尼斯人，费拉拉的居民竟让教皇来执政，于是教皇和威尼斯开始打仗。

1309 年　**克雷门斯五世**对不向他交出费拉拉的威尼斯竟然破例地下令**开除教籍并停止一切圣事**。他开始宣传对它进行十字军讨伐；他让一个红衣主教指挥一群听信宣传而聚集起来的匪帮。**威尼斯人被逐**，遭受十字军恶棍（Kreuzgesindel）压迫的费拉拉的市民，争取了**埃斯特**的另一个**亲王**，教皇让罗伯特任费拉拉和罗马涅总督。

1310 年　罗伯特从普罗旺斯抵达意大利，比亨利希七世早先一步。

1304 年　**教皇本尼狄克十一世**为了使双方和解，派红衣主教**尼古洛·迪·普拉托**到**佛罗伦萨**去，因为那里的**白党**在被逐后已经同附近郊区的皇帝党人联合起来了。｛尼古洛·迪·普拉托｝一事无成，离开佛罗伦萨，他离开后，谁也不关心这件事了。双方重启战端，内战中一场大火焚毁了 17000 幢房屋。后来，皇帝党人和白党指望教皇的帮助，在皮斯托亚的支持下，企图用武力夺取返回佛罗伦萨的权利。他们冲进城市，但又被赶出，死亡甚众。

后来**佛罗伦萨人**为了报仇，｛开始｝**同皮斯托亚打仗**，双方英勇奋战，皮斯托亚被围。

1306 年　在剩下的给养只够维持一天时，｛皮斯托亚｝投降了。佛罗伦萨人不顾降约规定，恣意抢劫，**拆毁城墙，毁坏皇帝党人和白党的宫殿、城堡**。1306 年初来到意大利的教皇使节**纳波莱奥内·奥尔西尼**也把这些佛罗伦萨人开除教籍。被逐的佛罗伦萨人和他们的朋友纷纷到德意志去寻求藏身之地和援助。

**1302 年 6 月**  在米兰，由于**马泰奥·维斯康蒂**的垮台，**杰多·德拉·托雷**便实行专制统治。维斯康蒂重新掌权的企图全都失败。后来，**马泰奥**几乎已被人遗忘，住在**加尔达湖**附近的一个庄园里，直到**亨利希七世**当选为|皇帝|。他|马泰奥|派学识渊博的**帕维亚**的法学家**弗兰契斯科·加尔巴尼亚蒂**作为使节去觐见他，这位法学家获得亨利希的青睐，并陪他进军罗马。

............................................................

**1310 年秋—1313 年 8 月 24 日　进军罗马，亨利希七世死。**

**1310 年秋**　亨利希七世踏上征途，经过洛桑和苏萨，手下只有 2000 名战士，这个傻瓜寄希望于**国王菲力浦四世**，后者"当然"也希望在意大利以德国人的影响来代替法国人的影响！但丁（生于 1265 年，死于 1321 年）和他的宣言！**马泰奥·维斯康蒂**这个坏蛋（Schuft）到**阿斯蒂**去见亨利希七世，比萨人因杰多·德拉·托雷已同那不勒斯的罗伯特和佛罗伦萨人结盟而感到一筹莫展，便给亨利希送去六万金盾，要他从速出兵；**亨利希七世|到达|米兰**（陪同的人有**洛迪**和**帕维亚**的官员、以及**趁此机会又钻入米兰的马泰奥·维斯康蒂**）。亨利希这头蠢驴（Asinus）把使者派往四面八方，**并宣布皇帝党人已经与教皇党人言归于好，还说他就是调停人**！[其实，他早就作好了准备：一旦需要从各城市搜刮教皇党人和皇帝党人的金钱，一旦他本人觉得像在克雷莫纳那样"受到侮辱"，他就**采取行动，无论如何也决不让步**。] 意大利人立即认清了这个野蛮的傻瓜（den barbarischen Einfaltspinsel）[后来，在罗马又听到了他在红衣主教们和他们的荒唐教皇面前所发表的幼稚讲话]。

这个家伙——亨利希七世——总是感到**钱不够用**，马泰奥对他说，在米兰随便就可以弄到六万金盾，——**杰多·德拉·托雷说，可以弄到十万**。于是有钱的人|对亨利希七世|大为不满。当他后来**要求双方的首领**[作为人质] 陪他去罗马时，他们**共同计划把德国人赶出米兰**，但是没有实现。马泰奥早已料到

{不会成功}，叛乱一开始，**就靠牺牲自己的盟友，骗取了这位皇帝的信任。**1311 年 1 月初在米兰登上罗马王位的亨利希七世因此而白白地浪费了一段时间，直到

**1311 年 4 月中**[狡猾的叛徒马泰奥·维斯康蒂，为了自己的安全，曾与**杰多·德拉·托雷**一同被逐出米兰，此后不久又得到这个德国傻瓜的批准返回米兰，但是已经没有竞争的对手了。]这时亨利希七世不听但丁的规劝，浪费许多时间，佛罗伦萨人（教皇派）已全副武装，正向罗马启程，亨利希七世在向罗马进军时不得不避开他们，谨慎前进。

他从米兰到**克雷莫纳**。**野蛮地镇压克雷莫纳**[因为**它**受佛罗伦萨人的怂恿，收留被逐的杰多，而且还可耻地赶走了一些帝国使节]。亨利希对它洗劫一空，不仅如此，还利用敲诈手段弄到**十万金盾**。

**亨利希七世**在整个行军途中**尽量搜刮钱财**，为的是把他筹划的这次进军进行到底。在克雷莫纳完成这番伟绩以后，他又向显然不愿接待他的**布雷西亚**出发。

**1311 年 6—9 月** 布雷西亚遭到围攻，指挥布雷西亚保卫战的是泰巴尔多·迪·布鲁萨蒂（此人被俘，被装在牛皮袋子里，围着城墙拖来拽去）。只是由于饥饿，布雷西亚才投降。亨利希十分暴虐，拆毁大部分城墙，**勒索七万金盾**。根据亨利希七世当时下令编制的统计，在**布雷西亚及其郊区能作战**的 18 岁至 60 岁的成年男子{共有}163000 人。亨利希完成了英勇业绩，把全部大军扑向伦巴第的各个城市。

尽管索取金盾、收受贿赂和伦巴第各城市的贡品，这位皇帝仍经常感到手头拮据，例如，从一份史料可以看出，施派尔城提供的侍从骑士（Endelknechte）每个月就要他花费三四个马克，而当时的日工资**只有 6～8 个赫勒**①和一些吃的东西。这些骑士

---

① 赫勒（Heller），旧银币或铜币，在奥地利曾等于百分之一克朗。——译者注

3 ‖

**身价百倍！**后来亨利希从克雷莫纳折回布雷西亚，在后者被围期间，失去四个月的时间，人马损失四分之三，‖ 而在**帕维亚**举行的伦巴第人的代表会议开得很不顺利，最早征服的城市都因他的**搜刮钱财的手段**而骚乱迭起，——亨利希走的路线经过**热那亚**，在那里又损失了从 10 月到翌年 2 月这段时间。向**居民**提出一些**过分的要求**，但是他引起的怨言和反抗只是来自中下等级，因为热那亚的"市民"已分裂为**两个皇帝派**，正像佛罗伦萨已分裂为两个**教皇派**一样。两派都想博得{亨利希}的宠爱。这位卢森堡人在这里鼓吹"和解"，而他本人仍像在**克雷莫纳**和**布雷西亚**那样穷凶极恶地搜刮民脂民膏。他在那里**指责佛罗伦萨**，"宣判"要对它**严惩**。不久，热那亚人就变得不能忍受他的统治了，他们开始明白，佛罗伦萨由于同心怀不满的伦巴第城市结盟，同那不勒斯的**罗伯特**结盟已经得到许多好处。**罗伯特**给这位卢森堡人派去一名**使节**，试探能否缔结**和约**；这个使节听说那个罗伯特已经派弟弟约翰——自称**阿哈伊尔公爵**——到罗马去，提出他**有权在罗马涅和托斯卡纳任王室代理人**，并要凭借武力反对这位卢采尔堡人①的一举一动，便突然悄悄地离去。亨利希从**热那亚**乘船去**比萨**，以便**前往罗马**，没等德意志人的增援部队来到比萨，就离开了。

1311 年 10 月—1312 年 2 月

1312 年 5 月　　{亨利希}**在罗马**。在那里受了骗[罗伯特的弟弟**约翰已占领该城的一部分**，他那些姓**奥尔西尼**的盟友占领了该城的另一部分]。最后，

1312 年 6 月 29 日　　**亨利希在拉特兰大教堂加冕**。这头**蠢驴**（Asinus）不听但丁的规劝，公然保护**克雷门斯五世**，并用**诏书**宣布他可以动用世俗权力（den weltlilchen Arm），用武力摧毁敌视教廷的一切力量，{亨利希}又一次坐失良机，直到

1312 年初秋　　才离开罗马，**这时与他同行的德意志人都各自回家了**

---

① 卢采尔堡（Lutzelburg）是卢森堡的旧称，这里仍指亨利希七世。——译者注

(home)！于是他到了佛罗伦萨，可是根据但丁和维兰尼的说法，**又耽误了八天**。尽管佛罗伦萨人投入战场的只是**市民和支持他们的城市骑士**，佛罗伦萨除了**众多的步兵**，仍然派出 4000 名骑兵〔**卢卡**派了 600 名骑兵和 2000 名步兵，**锡耶纳**也派出这么多人。**博洛尼亚**派了 400 名骑兵和 1000 名步兵；**皮斯托亚**派了 100 名骑兵和 500 名步兵；**拉韦纳、里米尼、法恩扎、切塞纳**各派 300 名骑兵和 1500 名步兵〕，而这位卢采尔堡人只有 800 名**德意志人和 1000 名意大利骑兵**；他〔亨利希〕包围佛罗伦萨。

1312 年 10 月　〔亨利希〕因为粮草不足和疾病流行，被迫停止围攻，不久又照样围攻，但毫无成效。

1313 年春　〔亨利希〕在**比萨同西西里的弗雷德里克**结盟。他早就收下此人的**大量金盾**。他打算把法兰西人赶出那不勒斯；他在比萨对那不勒斯国王罗伯特和佛罗伦萨布置一场滑稽可笑的诉讼。

1313 年 8 月　他带领大军（2500 名德意志人和 1500 名意大利骑士）从**比萨出发，比萨人、热那亚人和西西里的弗雷德里克**提供船舶，支持他的这次进军。向那不勒斯进军，必然要执行在比萨宣布的对罗伯特的废黜。

1313 年 8 月 24 日，　在进军时，这位卢采尔堡人突然死于锡耶纳省的**布翁孔文托**（Buonconvento），有人认为他是自然死亡，也有人认为他是在举行圣餐时被一个多明我会的修士毒死的。这次罗马进军真是历史上最没有意义的一次进军！

......................................................................
......

# 15 世纪

## ｛I. 君士坦丁堡被占领以前的土耳其和拜占庭史｝

### （1）14 世纪末的蒙古人

**成吉思汗法典**规定：在成吉思汗身后四个王朝中没有**嫡长继承**

制；在四个君主中如果有一个死了，**成吉思汗王朝的所有王公都聚在一起，从自己的人中选出一个新君主**。因此，一个君主的死亡总要引起一场大战。久而久之，王公逐渐增多，每个王公都拥有大片领地，都有为自己效劳的雇佣军队，都同好战的沙漠游牧民族结盟。诸侯之间战争不断，诸侯与上层统治者之间也是如此，结果，**一个王朝于 14 世纪中叶覆灭**，另个王朝于 15 世纪末崩溃。在波斯，**成吉思汗的后裔退出历史舞台**大约是在 1336 年。

**1370 年左右** 他们被**逐出中国**，最后只能在中亚细亚的一些游牧部族面前称王称霸。以前，他们曾到过俄罗斯，曾征服**幼发拉底河和底格里斯河沿岸各国、亚美尼亚、格鲁吉亚和小亚细亚**，曾捣毁哈里发的首府**巴格达**，曾霸占整个**中国**，曾占领**西藏**和**印度恒河以东的部分地区**。

曾经有过**塞尔柱土耳其人的帝国**，在埃及和叙利亚有过马木留克，穆罕默德三世在**乌古斯族土耳其人**（其中包括**奥斯曼人**）、**康里人部族**和一些**突厥人部族**的帮助下曾创建一个**花剌子模王国**。穆罕默德三世每征服一个国家，就把该国的一个省送给母亲，即**康里人可汗**——他与土耳其人同源——**的女儿**，一些波斯历史学家都知道她的名字叫作**秃尔罕可敦**。她有一个七人内阁，自称为"和平与信仰的保护者，土耳其贵妃，众女之王"，按其签名①或花押字，号称：Khoudavendi djahan（世界女主）。

曾经是**乌古斯人**的五万**奥斯曼—土耳其人**在成吉思汗进攻时成群结伙地逃到**亚美尼亚山区**，他把他们一直追击到那里，他们的首领**苏里曼**溺死河中。{苏里曼的}四个儿子都各自寻觅一块能使自己作为**伊斯兰教**传播者的立足之地，其中一个儿子**额**

---

① 原文为 Tougra，指土耳其苏丹亲自书写的签名，其中包括本人的封号、父亲的封号。这种签名有时铸在硬币上，印在公文上，刻在清真寺或公共设施的大门上。——译者注

**儿脱里鲁勒是奥斯曼人的国家的始祖**。他率领一小股人支援塞尔柱苏丹**阿拉乌丁**,为此得到**安卡拉这块封地**,不久他又放弃了,向北扩张,创建一支骑兵。他的儿子奥斯曼和孙子**乌尔汗**不断扩充这支队伍,把它变成一支因纪律严明和有狂热的信仰而所向无敌的军队。

**在奥斯曼统治时期**,一伙骁勇的土耳强盗进攻额儿脱里鲁勒所征服的、已成为他的统治中心的**卡拉希萨尔**。奥斯曼人的国家之所以在实力上能超过希腊人和许多**土耳其小诸侯**,主要是因为他们严守**纪律**。随着时间的流逝,形成了一个真正骑士封建主的组织。苏丹**奥斯曼**分配**抢占的土地**几乎是按照英国征服者**威廉**的办法。奥斯曼人所以能轻而易举地占领**小亚细亚北部地区**,这是因为:一些土耳其人部族已把南部和西部沿海地区掠劫一空,而**希腊的皇帝们**又从不关心**比蒂尼亚**的防卫。自从**迈克尔·佩利奥洛格斯**把拉丁人赶出**君士坦丁堡**,把帝国首府从**尼西亚**又迁回去,**拜占庭**的兵力全被同马其顿、色雷斯和希腊的战争消耗了。因此,在奥斯曼统治时期,许多土耳其小诸侯把希腊人在**小亚细亚西南部**的一些城镇和行省都霸占了。正像有些**拜占庭历史学家**所说的,这些诸侯占领或者捣毁了**坎赫列亚、门德雷斯河畔的特里波利斯、萨迪斯和以弗所**。另一些土耳其人部族占领爱琴海沿海地区,掠夺这些岛屿。这时,**奥斯曼人集中兵力攻打比蒂尼亚**,有时在**色雷斯登陆**。在比蒂尼亚只有三个城市——**布尔萨、尼西亚和尼科美底亚**坚守了二十五年以上,只有**伊兹密尔**一直坚守到帖木儿时期,**菲拉德尔菲亚**早已陷落。

1326年　**奥斯曼死**。不久前,**布鲁萨陷落**,它成了新的{奥斯曼人}国家的首府。

奥斯曼的继任者**乌尔汗**征服尼西亚和尼科美迪亚,占领**比蒂尼亚和帕夫拉戈尼亚**。

1357年　一群奥斯曼人占领**色雷斯半岛**和附近的沿岸地区——东到罗

多斯托，西到马里查河上游的**伊普萨拉**，北到**乔尔卢**和**吉拉波利**。

**苏里曼**（乌尔汗的长子，从未到过欧洲）前往新占领的地区，定都**加利波利**这个拜占庭帝国当时最繁荣的城市之一，沿海的一个重要的贸易据点。苏里曼比他父亲死得早，由**乌尔汗的次子穆拉德一世** ‖ 继位。

(2) 在奥斯曼人占领加利波利以前的拜占庭帝国

1259—1282 年　**迈克尔·佩利奥洛格斯**。

1261 年 7 月 25 日　**君士坦丁堡陷落**。三个星期后，**迈克尔·佩利奥洛格斯从尼西亚迁回**。在城里专门有几个街区是热那亚人和威尼斯人住的，他们把**拜占庭的文化艺术和希腊的文明带到了西方**。**伊庇鲁斯和塞萨利亚的希腊统治者们**——他们自称为**君主**——承认迈克尔的最高权力，所谓的**特拉布宗王朝**认为他和他的家族不是合法的统治者。迈克尔不得不同在**摩里亚半岛**有许多骑士城堡的**拉丁贵族**的残余作斗争。他利用一批雇佣兵、**保加利亚人**和**土耳其人**同他们作战。（按照法耳梅赖耶尔的说法），如果他不同**阿尔塔**的君主作战。不同统治**新帕特雷、雅典和伊庇鲁斯**的**法兰克贵族**作战，如果他不想征服**爱琴群岛**，他完全能够战胜他们。迈克尔把拉丁人赶出**希阿斯岛、莱斯沃斯岛、罗得岛**和其他一些岛屿。他竭力保护比萨人和热那亚人的贸易，所以**教皇和威尼斯人**就来保护安茹的{查理一世}，后者打算要替鲍德温这个被逐的拉丁皇帝说情。为了防止十字军的征讨，迈克尔在（西方教会）的一次宗教会议上提议**在东方恢复教皇的威信**：教皇在教会圣歌中应和其他四位宗主教同受歌颂，最重要的应该还是罗马主教，可以向他申诉——只有**宗主教约瑟夫**可能会因此而感到难受。对**希腊人**来说这是无所谓的，但是使他们愤怒的是在关于圣灵的教义中还要加上

filioque｛和子｝，结果就成了**圣灵来自父和子**。当教皇派使节｛来君士坦丁堡｝时，人民在信仰和祈祷仪式方面拒绝服从皇帝，于是开始了争吵、迫害。迈克尔一直到死（他死于1282年）同自己臣民所作的斗争，比同土耳其人的斗争，更为剧烈。**埃托利亚、伊庇鲁斯和塞萨利亚**的一些希腊**暴君**、所谓的**特拉布宗皇帝**以及**内格罗岛、底比斯、雅典和伯罗奔尼撒**的一些**拉丁贵族**都为那些被迈克尔迫害——为了取悦教皇——的希腊人鸣不平。他的统帅都背叛了他，神职人员也都骂他，他的亲属几乎全都反对教皇。他残酷迫害反对"filioque"的人。他的教会不要他，教皇也把他开除了教籍，希腊宗主教诅咒他为异端，他的儿子（大安德朗尼库斯）在父亲死后立即摘掉教皇的假面具，不想把父亲的遗体安葬在君士坦丁堡，把它葬在**塞利姆布利亚**。

1282年—1328年5月24日 ｛大安德朗尼库斯执政｝，**他死于1332年**。大安德朗尼库斯是（一个有学问的神学家）。在他统治时期，所谓的**加泰罗尼亚匪帮**[**在西班牙内战期间**，他们和一些**英格兰人和法兰西人**一样也是雇佣兵队长]曾袭击地中海沿岸岛屿。另一方面，**在巴勒斯坦的拉丁人统治覆灭后移住塞浦路斯岛的约翰骑士团**，把罗得岛变成一个**基督教徒对付土耳其人的重要据点**。土耳其人在沿岸的岛屿稳住脚跟，杀向内地，约翰骑士团想摆脱塞浦路斯国王，这时，**罗得岛就被希腊人和土耳其人瓜分了**。骑士团团长**富尔科·德·维拉勒**到法兰西去招募骑士，他又到罗马去，教皇给他九万盾作为征讨异教徒的经费。只被承认为宗主的**安德朗尼库斯**｛心有不满｝，派出一支军队和舰队迎战这些骑士。

1310年8月 维拉勒击败希腊人，占领罗得岛的主要城市，接着占领整个岛屿，从此该岛就成为**约翰骑士团的财产**。

**安德朗尼库斯**决定三个皇帝共同执政，以他为首。他把皇帝称号赐给儿子**迈克尔二世**和孙子**小安德朗尼库斯**。

1320 年 10 月　大安德朗尼库斯打算不让孙子**小安德朗尼库斯**执政，提出另一个孙子**君士坦丁**，任命私生子、痴呆的**迈克尔**（一个纯洁派的教徒）为继承人。**小安德朗尼库斯**优柔寡断，淫荡好色，他的后台是**约翰·康塔库津**和**西尔吉昂**[后者的祖母是一个有希腊皇族血统的公主，祖父是库曼人。{西尔吉昂}在替希腊人当兵的斯拉夫人和保加利亚人中颇有威信。他曾两次出卖**大安德朗尼库斯**，后者也很恨他]。小安德朗尼库斯的父亲**迈克尔二世**{死后}，大安德朗尼库斯不准贵族把小安德朗尼库斯尊为皇帝。这两个人{康塔库津和西尔吉昂}都劝**小安德朗尼库斯**让祖父{命令希腊的王公首领向他宣誓}。除了这两个人，卷入这场阴谋的还有**阿德里安堡**享有很高威信的骑兵统帅**西纳德诺斯**和**塞尔维亚国王**。

1321 年复活节　康塔库津、西尔吉昂和小安德朗尼库斯一同去阿德里安堡。{这里早就遭到}土耳其人、拉丁人、库曼人和斯拉夫人的破坏，{这时}两个皇帝带着两支野蛮的雇佣军互相对峙。**大安德朗尼库斯**被迫同意和小安德朗尼库斯**瓜分帝国**。大安德朗尼库斯得到君士坦丁堡以及属于它的几个岛屿：**菲拉德尔菲亚、士麦那**和尚未被土耳其人侵占的一些**小亚细亚城市、马其顿以及往西一直到杜拉佐的这一片土地**。小安德朗尼库斯得到**阿德里安堡及其东南的一片土地、从菲利普波利斯到帝国最北端的色雷斯**。不久西尔吉昂便阴谋**反对约翰·康塔库津**。西尔吉昂去君士坦丁堡，劝塞尔维亚国王支持大安德朗尼库斯。

1321 年冬　小安德朗尼库斯（和**康塔库津**）抵达君士坦丁堡城下，但被击退，后来又重复一次，于是双方和谈。

1325 年 2 月　**小安德朗尼库斯**击败保加利亚人后，在**君士坦丁堡加冕**。他管理自己的土地，但他还承认**大安德朗尼库斯**为最高君主。**帝国瓦解**的征兆：保加利亚人死守菲利普波利斯；保加利亚人、斯拉夫人以及来到**德涅斯特河和普鲁特河沿岸的鞑靼部族**，把色雷斯变成一片废墟；小安德朗尼库斯好容易才离开季季莫蒂卡要塞；奥斯曼人占领比蒂尼亚，定都布鲁萨。小安德朗尼库斯在季季莫蒂卡曾同保加利亚皇帝米哈伊尔建立联系，这件事使大安德朗尼库斯起了疑心。这个保加利亚人娶的是小安德朗尼库斯的妹妹泰奥多拉·佩利奥洛格斯，小安德朗尼库斯曾拒绝塞尔维亚国王同她结婚，因此后者倒向大安德朗尼库斯。小安德朗尼库斯被君士坦丁堡法庭传讯，他和康塔库津一同启程。

1327年10月　大安德朗尼库斯不准他{小安德朗尼库斯}进城。

1328年　小安德朗尼库斯向君士坦丁堡进军，但是由于大安德朗尼库斯已募集一批雇佣军，便退到马其顿，圣德米特里通过一些教士使他旗开得胜。结果，

1328年5月24日　小安德朗尼库斯（和康塔库津）占领君士坦丁堡[这时，加拉塔港已被正在同热那亚人交战的威尼斯人封锁，他们抢劫途经博斯普鲁斯海峡的船舶和商品，为此威尼斯曾派出40艘船]。这些伪君子跟老头子假仁假义地演了一场戏：他们还让他享有表面上的最高荣誉，允许他还住在宫里——小安德朗尼库斯却住进舅父德米特里的官邸。不久老头子——似乎已大权旁落——在家里开始受到家仆、市长西纳德诺斯的走卒的侮辱[约翰·康塔库津在《当代人轶事》中只字不提，老头子的拥护者尼基福鲁斯·格雷哥拉斯却详细地记述了这些侮辱事实]。最后他们把他逼进修道院，继续嘲弄他。他死于1332年。

1328年5月24日—1341年　小安德朗尼库斯[真正的统治者是约翰·康塔库津]。安德朗尼库斯{在遗嘱中}指定康塔库津辅佐未成年的儿子约翰·佩利奥洛格斯。皇太后——萨瓦的安娜——的周围有一批人反对这位摄政，内讧开始，国家遭到曾侵犯它的蛮人和保卫它的蛮人的践踏。康塔库津向塞尔维亚国王求援，把亲朋好友请到季季莫蒂卡要塞，

1341年10月　正式登基，皇袍加身。关于这件事的经过，他在记事中

有极详细的描述。但是在登基诏书中，他这个一向假仁假义的伪君子，**把皇太后安娜和约翰·佩利奥洛格斯的名字排在自己名字的前面**，后来政府的各项命令全都照此办理了。

**康塔库津**时而同**塞尔维亚国王**作战，时而同**保加利亚皇帝**作战，时而同**克里木的鞑靼部族的王公或蒙古部族的王公**交战，时而同**马其顿的斯拉夫人部族**交战，时而同**皇太后安娜的统帅阿波考库斯**交战——他总是向**土耳其人**求援。

1342—1346 年 在这最初的四年中，他得到**艾登的苏丹乌穆尔－贝格**①的援助，而奥斯曼人的苏丹乌尔汗却支持**安娜和她的儿子**。

1346 年 奥斯曼人的苏丹乌尔汗（58 岁）钟情于**康塔库津**的女儿**泰奥多拉**（还是一个小姑娘）；娶她为妻。康塔库津曾详细描述这次婚礼。安娜也早已签订一项**条约**，允许奥斯曼—土耳其人在**奴隶市场**上买卖**希腊俘虏**或把他们领走。

1347 年 **皇太后安娜**同**君士坦丁堡宗主教**不和，在一次宗教会议上宣布他为"叛教者"。有一天夜里，宗主教的信徒让**康塔库津**进入君士坦丁堡，他在平民百姓的帮助下对她进行突然袭击。**安娜和皇帝约翰·佩利奥洛格斯**保住帝位，但是：（1）佩利奥洛格斯已与康塔库津的女儿订婚；（2）**康培库津在约翰满 25 周岁（当时只有 15 岁）以前还应该是唯一的君主**，于是他{康塔库津}就作为皇帝大权在握。不久**乌尔汗**访问君士坦丁堡，他亲眼看到这个帝国的处境是何等悲惨。**尼基福鲁斯·格雷哥拉斯**也写道，这个宫廷表面豪华，实际上已十分**贫穷**了。接着，贫穷的亲王之间又开始争吵，他们不得不时而求助**土耳其人来对付塞尔维亚人和保加利亚人**，时而求助后者来对付前者。**马特维·康塔库津**（康塔库津的长子）与**约翰·佩利奥洛格斯**一直势不两立，后者于

---

① 贝格（beg）为俄语，相当于土耳其语的贝伊（bey），意为绅士、酋长、长官、亲王等，常用作尊称。——译者注

1352 年　占领**阿德里安堡**,但未能攻下城堡,它被{及时赶来援助儿子的}**约翰·康塔库津占领**。那些为双方效劳的蛮人对自己主人的臣民无恶不作。**约翰·康塔库津**向热那亚人求援[他们在**加拉塔**建立国中之国,对于**约翰·佩利奥洛格斯**让**威尼斯人**享有特权,非常不满],要求女婿**乌尔汗**派遣援兵。此人派出儿子**苏里曼**,他不仅袭击约翰·佩利奥洛格斯的盟友——塞尔维亚人和保加利亚人,而且在

1356 年　还侵占离加利波利一个半小时路程的沿海要塞**齐姆帕**(切门利克),

1357 年　又**占领加利波利**。这就给**土耳其人在殴洲**建立**国家**奠定了基础。

..........................................................................
......

### (3) 科索沃平原战役(1389 年)之前的拜占庭和奥斯曼帝国

**约翰·康塔库津**主动把政权让给**约翰·佩利奥洛格斯**,削发为僧。**马特维·康塔库津**于

1357—1359 年　几次想篡夺佩利奥洛格斯的权力都没有成功。

1359 年　**乌尔汗死**,继位的是他的次子**穆拉德一世又称阿穆拉特一世**(1359—1389 年)。他首先开始征服小亚细亚,他的地方官员开始征服色雷斯。

1361 年　**季季莫蒂卡**(现称季莫蒂卡)**被占领**,接着**阿德里安堡被占领**(这次穆拉德亲自出马),穆拉德把它定为土耳其国家的首都。菲利普波利斯被占。最初他的府邸在布鲁萨,

1365—1370 年　穆拉德一世的府邸就在阿德里安堡了,他在那里指挥奥斯曼人进攻**塞尔维亚、保加利亚、西部山区、马其顿、塞萨利亚和阿尔巴尼亚**。

1364 年　{在}阿维尼翁的**乌尔班五世**以讨伐土耳其人为借口,试图摆

脱这帮强盗。**约翰·佩利奥洛格斯**感到十分可疑,因此他们{这帮强盗}都到埃及去了,那里的**马木留克把他们揍了一顿**(gekeilt)。

1367年 萨瓦伯爵阿梅迪从土耳其人手中夺回**加利波利**,受约翰·佩利奥洛格斯之托,劝乌尔班五世鼓吹十字军讨伐。**约翰·佩利奥洛格斯到奥芬去见匈牙利王拉约什**,同时派遣以伯爵阿梅迪为首的八人使团去觐见乌尔班五世。使团的成员中有君士坦丁堡的一个"天主教的"宗主教。使团在维泰博见到乌尔班五世(这时他在从阿维尼翁返回的途中)。**教会的统一**应该是对这攻讨伐的报答。

1369年 约翰·佩利奥洛格斯前往罗马,

1369年10月18日 向教皇阐述自己的信条:**圣灵来自父和子**,也可以用一块白面包代替**圣餐**,罗马教会应居世界所有教会之首,在**一切宗教事务中罗马主教是最高权威**。约翰一无所获,只弄到几封给**查理五世**(法国国王)和**威尼斯人**的介绍信。在威尼斯,约翰进了**债务监狱**,因为他把**威尼斯高利贷者**借给他访问欧洲各个宫廷的一笔巨款花光了。**他的长子**安德朗尼库斯不愿帮助他,小儿子**曼纽尔**在君士坦丁堡却为他弄到**一笔赎金**。他没有得到任何人的军事援助。

1370年 约翰·佩利奥洛格斯答应每年向穆拉德一世纳贡,换取了和平。土耳其人新的帝国是按民主和专制的原则建立的。一旦爆发战争,他们就**全民武装**,除了长期服役和按时领饷的**骑兵,人人皆兵**。最后还有一支也是长期服役和领饷的最精锐的**步兵**〔当时在欧洲这些人都是**瑞士人**即外国雇佣兵〕,〔这些步兵〕由**叛教者**或**基督教**的子孙组成,后者从小被人从父母身边抢走,专门**培养成狂热的穆斯林**。这支新的(yeni)步兵**队伍**(cheri)名叫Ỹenicheri,① 在穆拉德一世时期成了一支威胁力

---

① 土耳其语Ỹenicheri(yeni——新,cheri——部队)是土耳其的近卫步兵。——译者注

量，其作用相当于罗马皇帝身边的**御林军**或拿破仑时期的近卫军。最初**每年都有上千名基督教徒的子孙或叛教者**入伍。每换一个新朝代，人数就增加一次：在**穆罕默德二世执政时**，是12000人，在**穆罕默德四世**时期是4万人。当停止骚扰抢劫，不再向外扩张时，这支近卫步兵就从**自己的人中增补**，变成**一支享有特权的世袭民军**，变成国家的祸害。除了每天领一个到七个阿斯珀的这帮**正规军**，苏丹们还保留一支**专门行劫的队伍**。这些人带来本部族的技能和武器，显然从小就受过各种技能的训练。统帅们应该善于使用他们，而早期的苏丹们又都是天生的统帅。

**最早的土耳其骑手**，即所谓的 akinci①——也像哈萨克人和贝都因人那样——是**轻骑兵**。他们遍布亚洲，但是抵挡不住披盔戴甲的西方骑士，因此便建立一支**骑兵近卫军**，由担负各种任务的四个特别军团组成，即所谓的**西帕希**（sipahi）。此外，还有另一种骑兵，一旦他们的主人在战时需要派出骑兵并**亲自骑马上阵时**，他们总会得到一些大小不等的封地或采邑（timar和ziamet）。

1371—1373年　{在}**塞尔维亚，国王拉扎尔同保加利亚皇帝康斯坦丁结盟**。这时穆拉德一世占领了**斯拉夫人的领土**，一大帮土耳其人几乎每年都要对塞尔维亚人、波斯尼亚人、阿尔巴尼亚人、保加利亚人骚扰一番，这些奥斯曼人一直打到施蒂里亚。尽管**格雷哥里十一世**号召进行十字军讨伐，也是白费心机。佩利奥洛格斯派学者兼说客**约翰·拉斯克里斯**向西方的王公和骑士求援，同样也毫无结果。

1374年起　穆拉德一世又征服了**马其顿**和**塞萨利亚**。他在**萨瓦河、多瑙河和阿尔巴尼亚高原**的所有城市都筑起防御工事，把居民赶走，让土耳其人来定居。**绍德吉**（穆拉德之子）和**安德朗**

---

① akinci 是土耳其轻骑兵中的一支特种部队，其任务是抢劫敌人的财物。——译者注

尼库斯（约翰·佩利奥洛格斯之子）都违抗父命，彼此结盟，这两个父亲也缔结了一份契约来对付他们（每人都向对方保证，一旦逮住自己的儿子，就瞽其双目）。不久，两个年轻人都成了"土耳其人的俘虏"。穆拉德下令把绍德吉弄瞎，让他毙命，**安德朗尼库斯**已被弄瞎了双眼，他的儿子**约翰**的眼睛也被弄伤。穆拉德还是把安德朗尼库斯释放了。

1375 年　**塞尔维亚的拉扎尔**开始向穆拉德缴纳 1000 磅白银，向土耳其军队提供 1000 名骑手，实力强大的保加利亚皇帝**西蒙**向穆拉德宣誓。**安德朗尼库斯回到君士坦丁堡，立即逮捕约翰·佩利奥洛格斯**；后者向因事来君士坦丁堡的威尼斯贵族**卡尔洛·泽诺**求援，答应把**博兹贾阿达岛**让给威尼斯人，只要他们能把他和他的两个儿子曼纽尔和泰奥多**弄出监狱**。安德朗尼库斯已把这个岛交给热那亚人，可是，威尼斯人早就把**它占领**了，并击败热那亚人的进攻，贿赂安德朗尼库斯的一名军官，救出佩利奥洛格斯及其两个儿子。佩利奥洛格斯曾把**莱斯沃斯**岛让给一个名叫**卓万尼·卡塔卢乔**的热那亚人。这时，为了使穆拉德离开再次反叛的安德朗尼库斯，他答应把**菲拉德尔菲亚**（在吕底亚，现称**阿克谢希尔**）让给奥斯曼人。**菲拉德尔菲亚**和**士麦那**——小亚细亚的两个大城市一直在抗击土耳其人，捍卫自己的独立，菲拉德尔菲亚在巴耶济德统治时期一直没有放松防御。后来，**安德朗尼库斯和他的儿子约翰**未能继承王位，然而，他们在君士坦丁堡父子双双入狱时，还控制着**塞利姆布利亚**[塞利布利亚]。

‖ **特拉布宗的皇室**也和拜占庭帝国一样遭到土耳其人的蹂躏，而且经常与热那亚人为敌。

**热那亚人**把君士坦丁堡的郊区**加拉塔**变成一个要塞，他们利用同威尼斯交战，使海运畅通无阻。他们在加拉塔击退来犯的拜占庭军队，为争夺博兹贾阿达，同威尼斯人进行海战，后来

{威尼斯和热那亚}不顾约翰·佩利奥洛格斯的利益签订了和约，这时后者已经像 1260 年被迈克尔·佩利奥洛格斯赶走的拉丁皇帝鲍德温那样了。

1382 年　穆拉德一世侵占**索非亚**又称**萨尔迪卡**，这个保加利亚边界的希腊名城，夺取塞尔维亚的**贝尔格莱德**，从波斯尼亚人手中夺走**卡斯托里亚**（在马其顿），在山区又抢占阿尔巴尼亚人的一个要塞**克鲁亚**。**塞萨洛尼基**又称**萨洛尼卡**，应归佩利奥洛格斯的儿子**曼纽尔**所有，可是，此人撕毁和约，袭击**塞雷**（塞雷斯）。因此在

1386 年　**塞萨洛尼基**被穆拉德的统帅海拉丁-帕沙攻下。但是土耳其人没有守住这个城市。**曼纽尔**最先逃到**莱斯沃斯**，然后逃到阿德里安堡，在那里他得到了穆拉德的饶恕。**穆拉德**征服**小亚细亚中心地带**和当时称作**卡拉曼**苏丹国**科尼亚**[穆拉德在执政初期曾占领**安卡拉**和**加拉西亚**，把统治权扩张到塞尔柱人的地区——有时采用收买的办法，有时采用其他手段]。**阿拉乌丁**（卡拉曼的）在攻下塞萨洛尼基之前，入侵在小亚细亚奥斯曼人的领地。**穆拉德一世**在**科尼亚**平原又称**伊康尼**平原（现今科尼亚）把他击败，但是，阿拉乌丁以奥斯曼人的藩臣的身份保留自己的领地。穆拉德也让一些**土耳其的小贵族和统治者**独立自主，因为

1387 年　塞尔维亚国王拉扎尔和保加利亚王西蒙结盟，他不得不前往欧洲。

1388 年　穆拉德一世娶约翰·佩利奥洛格斯的一个女儿。穆拉德一世让{约翰·佩利奥洛格斯的}另外两个{女儿}嫁给自己的两个儿子作妾。在婚宴上他得悉**他派往塞尔维亚的那支两万人的队伍在波斯尼亚流窜**，到处抢劫，最后彻底瓦解了。他几乎用整整一年的时间装备一支亚洲的军队。穆拉德的年轻幸臣**阿里-帕沙**首先进攻保加利亚，占领**西蒙的锡利斯特拉和尼科波尔**，接着捕获他本人和他的全家。他们保住了自由，但是**保加利亚**

已被并入奥斯曼帝国。

1389 年 **科索沃**（德罗兹多平原）**战役，塞尔维亚的拉扎尔**带领一批塞尔维亚人、保加利亚人、波斯尼亚人、阿尔巴尼亚人、波兰人、瓦拉几亚人和匈牙利人在科索沃安营扎寨。基督教徒遭到惨败。**穆拉德**被一个伪装投诚的塞尔维亚人杀死，但是垂死的穆拉德已亲眼看到**被俘的拉扎尔**被处决。当穆拉德咽气时，**巴耶济德**下令处死自己的兄弟**雅库布**。

........................................................................
......

## II、15 世纪中叶以前的德意志

......

### （5）德意志帝国和1432年以前的胡斯战争

在受到**康斯坦茨宗教会议**迫害的那些**布拉格大学**的温和派**教授**中，在扬·胡斯和耶罗尼姆的那些（眼光短浅的）追随者中——他们称作**加利克斯廷派**或**圣杯派**——有这样一些人：**耶塞尼采的扬，米斯的雅科布，普拉哈季采的克日施坦，莱茵施泰因的红衣主教扬，季什诺维茨的西蒙，罗基察尼的西蒙，拉包恩的兹德涅克，克拉莱沃—格拉代茨的马雷克，兹维雷蒂茨的男爵兹迪斯拉夫和马伦尼茨的米凯尔·切舍克**。

最初，在卢日尼采河口附近有一些胡乱编造以色列宗族史，主张人民革命、普救世人、实行共产共和的教派（很像14世纪威克利夫的门徒和17世纪英国的新教徒）——它们的创始人都信奉那些移居捷克的**皮卡第人、阿尔比人和贝加尔人**的教理——[像以前胡斯那样] 受到**皮特耳**这位殷实富有的呢绒厂主的接待。这些教派创立了**塔博尔派**（根据它们所居住的地方，采用《圣经》上的一座山的名字①），战争爆发时，**这些受到异城他乡的空想主义者激进的教派创始人**和信徒——首领**伊钦的扬**以及**维纳克、贝德林的扬、卡尼什、普谢尼奇卡**这几个教士——团结了好几千人。他们最初露宿，后来才建了一个（小镇）**塔博尔**。

1417年1月25日　**胡斯派**——以及**加利克斯廷派**——的首领们在**布拉格**散发**宣言**[完全像路德反对卡尔施塔特、闵采尔那样]。从这份宣言可以看出，布拉格的神学家们仍想保留涤罪所，主张祭祖祭神，保留多种宗教仪式，例如撒盐、注水、在节日时挥舞柳枝、吃鸡蛋等祝圣仪式。[实际上又比胡斯和耶罗尼姆倒退了一步。]康斯坦茨宗教会议对这些拘泥祖制、食古不化的人冷嘲热讽，百般排挤，他们才不得不前进一步。

1418年2月22日　**马丁五世**在康斯坦茨发布的一份敕谕中**气势汹汹地**责骂那些追随胡斯、耶罗尼姆、威克利夫的人，对捷克人又效法博尼法齐乌斯的那份宗教裁判的敕谕，一开始就用了以下这几个字："ut inquisitionis negotium"（"为裁决宗教案件"），号召世俗政权对异教徒严惩不贷；在

1418年3月　的一份通告信中，他对捷克人恣意谩骂。捷克的贵族和人民怒不可遏。本想限制传教自由的温采斯拉夫借此机会在布拉格掀起了一场暴动，逃到**维舍格勒城堡**，后来他也谨慎从事。

1418年6月9日　温采斯拉夫颁布这样一条法律：**捷克人决不到外国教会法庭受审**。坏蛋（Lumpacius）"**西吉斯蒙德**"[此人受红衣主教约安·多米尼契（多明我会修士）的影响]于

1418年底　经过帕绍返回匈牙利，由于西吉斯蒙德的挑唆，卑鄙的**温采斯拉夫在布拉格当局**支持圣杯派时，于

---

① 塔博尔（Tabor）是巴勒斯坦的加利一座著名的山，海拔1843英尺，《圣经》常提到这块圣地，Tabor在《圣经》中被译作"他泊"。——译者注

81 ‖ 1419年2月　开始限制**圣杯派**，只准他们在布拉格的某些教堂举行**礼拜**，同时对这些异教徒大发雷霆。他的忠臣**胡西内茨的米库拉什**和他的高龄的良将**特罗茨诺夫的瑞日卡**（此人在条顿骑士团同多神教徒的战争中驰名于**波兰和立陶宛**）都不再为他效劳。温采斯拉夫从维舍格勒城堡逃到昆拉蒂茨附近的**温采施泰因堡**。温采斯拉夫宣布瑞日卡和胡西内茨的米库拉什为异教徒，把他们驱逐出境。许多教士在**塔博尔山**（这是在卢日尼采河边的**城堡山**上的一个像碉堡那样的营地，三面有深沟峡谷，另一面无法攀登）

1419年夏　举行一次有成千上万人参加的露天祈祷仪式。

1419年7月23日　胡西内茨的米库拉什从捷克的四面八方召来男人妇孺共42000人举行全国性的宗教庆祝活动；被召来的人自称为上帝派来的人，是**犹大的后裔**。他们说，农民和贵族都是兄弟。庆祝活动在这个布满帐篷的小山岗上持续了好几天，气氛十分和平安宁。温采斯拉夫**在布拉格新城的市政局中**安插一些被免职的胡斯派的敌人。在旧城市和小采邑也准备这样做。

1419年7月30日　在布拉格的大街小巷举行**游行示威**，领导者是曾在布拉格的新城创建一个狂热教派的普顿蒙特莱修会修士**约翰**。市政局、正教徒市民和市参议会职员漫骂这些游行的人。人群在**瑞日卡和他的武装队伍**的支持下攻入市政厅，**七名市参议员和市法官尼克拉舍克**被扔出窗外，被戳在长矛上，一命呜呼，其余的参议员都躲起来了。

1419年8月16日　**温采斯拉夫死**。（这是）捷克的大暴动的信号，胡斯派在各地掌权。

1419年9月29日和11月11日　在塔博尔山上再次召开会议，瑞日卡（带领4000名武装从员）和胡斯派教士瓦茨拉夫·科兰达都参加了。经**大多数捷克贵族的同意**，大部分城镇长期归德意志人统辖。瑞日卡通过一些狂热的传教士散发传单，号召**农民和捷克居民不要相信那些德意志人，不要饶恕他们**。对这个"敌基督"①的斗争。**在布拉格掌权的是温和派，因为他们有枪有炮**，但是城内（多次发生）烧杀，烧毁一些宫殿。他们攻下市政厅和所谓的**萨克森宫**，把后者当作一个要塞。**除了五个城市，其余的城市都在温和的胡斯派手中。瑞日卡击溃比尔森的一些骑士，从他们手中夺取了这座城**。在这场血战中，狂热派击败了**罗森贝格**，铲平乌斯季，**在塔博尔山上建起了一座要塞**。温和派的人数还很多。

1419年圣诞节：**西吉斯蒙德**在**布尔诺**召开会议。出席会议的有：教士、宫廷贵族、捷克和摩拉维亚的男爵、骑士、城堡司令、各城市的代表、温采斯拉夫的遗孀——**索菲娅**（由于混乱，她逃出布拉格）。

1419年12月27日　布拉格的代表团也来到布尔诺。西吉斯蒙德对这些代表就像对待农奴一样，在第一次觐见时，他们还要下跪，保证撤销异教徒所担任的各种职务。这时，革命者在已占领的城市建筑防御工事，并得到他们这一派的**有经验的矿工**的大力支援。骗子手**西吉斯蒙德这样对待温和派，促使捷克的各个派别都团结一致反对这个国王，反对那些受教皇唆使来对付它们的德国王公**。这件事的发生是因为**西吉斯蒙德**在西里西亚逗留时，于

1420年2月　镇压**捷克人，尤其是**1418年7月冲击市政厅的**那些屠夫**。他们按照斯拉夫人的习惯，把一些市参议员扔出窗外②，或者用另一种方法弄死他们。西吉斯蒙德指定**一个委员会**，判处23个市民死刑。西吉斯蒙德于

1420年3月　命令8名刽子手把他们斩首，他亲临刑场。他把逃跑者的地产都送给城市，限制**捷克人尤其是那些屠夫的权利**，委派16名贵族出身的阿谀奉承的走狗和4名城市公社的成员**担任20个市参议员的现职**。在布雷斯劳，

---

① 敌基督（Antichrist）是基督教《圣经》的名词，意为反对基督的人。——译者注
② "扔出窗外"（deferme tration）是胡斯革命时期起义者在愤怒下对统治者的报复行为，即把他们从窗口扔到刀矛林立的街上。——译者注

1420年3月15日　前市政官员**扬·克拉哈**根据西吉斯蒙德命令**被送上断头台，后来被活活烧死**。因为他保护胡斯并谴责宗教会议。接着，西吉斯蒙德通过教皇使节和宗教法庭审判官卢卡的斐迪南向布雷斯劳市民宣读马丁五世的圣谕，号召**讨伐捷克的胡斯派**。布拉格的市民和布拉格大学都反对骗子手西吉斯蒙德，让瑞日卡和他的塔博尔派进入布拉格。骗子手同一些德国王公和主教们一起试图执行教皇所宣布的对捷克的讨伐，这时布拉格的市议会宣布他已被废黜，是从未承认他为国王的捷克民族的敌人。一些德国王公真心实意地援助西吉斯蒙德，因为几乎德国所有的城市、市民和各个自由公社，特别是那些由教会头目统治的城市或城内有教会机构、寺院和教会司法机关的城市，看来都在仿效捷克人。德意志军队〔美因茨、特里尔、科隆、普法尔茨和勃兰登堡的选帝侯们，奥地利和巴伐利亚的公爵们，迈森的两个侯爵，图林根的侯爵以及许多主教、骑士、伯爵，此外还有**数千名被强征的市民和农民**，这些人被一些公爵和骑士像赶羊群似的赶来赶去，一有机会就逃跑了〕从西部开来，**在布拉格附近遇上了来自西里西亚的骗子手西吉斯蒙德，这支军队约有15万人之众**。

1420年7月14日　**在布拉格，瑞日卡击退德国走狗的进攻**。这些走狗在山上**遭到彻底失败**，从此这座山就叫作瑞日卡山。德意志人弹尽粮绝，开始在城郊抢劫，斯拉夫人无不切齿仇恨！

**瑞日卡**和西吉斯蒙德在残暴行径方面力求超过对方。在**捷克人**这一方面，两个狂热教派——**霍里夫派和塔博尔派**——的农民以及**瑞日卡的野蛮士兵都十分残暴**，这些兵士｛在其领袖死后｝自称为 Orphans，**即孤儿军**，此外还有其他一些教派，例如亚当派和皮卡第派。在7月，**布拉格的"温和派"同西吉斯蒙德**谈判了整整一个月，毫无结果，因为他既不愿承认他们的民族权利，也不愿承认他们在祈祷仪式方面所做的改革。

7月19日　瑞日卡的几个狂热分子放火烧毁**布拉格附近德国兵营的一**

些用干树枝搭起的**窝棚**，大风使火势更加蔓延。

**1420 年 7 月 30 日**  那些**德国傻瓜可耻地返回老家**。骗子手竟然还让那个控制着布拉格城堡的**布拉格大主教**为他加冕，留一支卫戍部队在**维舍格勒要塞**，随后匆匆离开了。革命者的猛攻使**维舍格勒**处于绝境。西吉斯蒙德带着一支军队回来，都是一些忠于他的捷克人和摩拉维亚人。

**1420 年 11 月 1 日**  在维舍格勒的一场战役中，**骗子手被彻底击溃**，带着他的军队逃跑了。

**1420 年 11 月 2 日**  **维舍格勒投降**。在紧接着的一次战斗中，骗子手西吉斯蒙德的那些匈牙利人和瑞日卡的狂热分子都想要战胜对方，在城乡到处放火，抢掳摧残黎民百姓。

**1420 年年底**  胡西内茨的米库拉什死，瑞日卡单独领导所有的"非温和派"。

**1421 年初**  瑞日卡率领他所创建的军队向**摩拉维亚**推进，在捷克把信**天主教的捷克人**以及主张财产公有和"不信神的"亚当派成群地烧死，击溃各地的王室军队。

**1421 年 2 月底**  骗子手被迫（从捷克）撤退到摩拉维亚。

**瑞日卡**（和克伦威尔一模一样）的手段极其野蛮，终于在

**1421 年 7 月**  在恰斯拉夫的**市议会上让大家承认温和派以前提出的所谓四项条款**，除了这些条款，后来又增加了两条。市议会在新国王选出之前，**指定一个 20 人执政的临时政府**。**瑞日卡**不能驾驭各个教派，但**在战场上他始终是一个胜利者**，尽管一只眼睛完全瞎了，另一只眼睛在战争中严重受伤。瑞日卡有**两个年轻的军官**，他们原是教士，这两人都叫普罗科普：按他们的年龄，一个叫**大普罗科普**，另一个叫**小普罗科普**。大普罗科普还有一个绰号：**秃头**（剃度的僧侣）。

**西吉斯蒙德率军撤出捷克后，塔博尔派、霍里夫派一伙人立即侵入邻邦**。德意志人受到他们的野蛮袭击，有苦难言，这是活该。这时，**骗子手打算用女儿伊丽莎白**来作交易，有时他甚至

想**把她卖给土耳其苏丹**，当时她才 12 岁，最后她还是属于她在两岁时就与之订婚的**奥地利的阿尔布雷希特二世**。西吉斯蒙德应该给她用于捷克军费开支的 20 万杜卡特，阿尔布雷希特应该替这头畜牲（für das "Viech"）付现金六万杜卡特。

1422 年　伊丽莎白同奥地利的阿尔布雷希特二世结婚，后者得到骗子手给他的**摩拉维亚**。阿尔布雷希特二世在奥地利对**异教徒和犹太人**极尽凶残之能事，把几千人活活烧死。他是一个顽固的正教徒（dickköpfig Orthodox），他征讨**胡斯派**，从而**把后者引到奥地利**，让他们在奥地利大肆破坏。这支军队得到阿尔布雷希特二世的装备，得到骗子手那伙马扎尔人和库曼人的支援，**接二连三地吃败仗**，例如，

1421 年 9 月　在扎泰茨（扎茨）城外，**迈森侯爵、美因茨和勃兰登堡选帝侯**、许多主教和封建主扎营，等侯西吉斯蒙德从东面过来。德意志军队得悉**瑞日卡日益逼近**，就狼狈逃窜，这支军队的大部分人在逃跑时被歼灭。

1421 年 11 月　骗子手带来一支军队，它由雇佣兵队长**佛罗伦萨的皮波**指挥。他抵达**布拉格**，深信已把**瑞日卡**围困在**库滕贝格**附近，然而瑞日卡**在半夜就穿过德意志人军队突围了**。

1422 年 1 月　德意志军队撤退。瑞日卡把他们阻截在**德意志布罗德**，予以击溃，抢走军旗和辎重，把他们一直赶到**伊格劳**。西吉斯蒙德把**库滕贝格付之一炬**，屠杀该城的居民。瑞日卡在德意志境内的**布罗德**也这样做，以至这里十四年一直荒无人烟。

1422 年夏　西吉斯蒙德——经过长期的争执——到**纽伦堡**去参加德意志国会。关于对捷克的讨伐在**纸上有各种方案**，领导这次讨伐的**勃兰登堡的霍亨索伦·弗里德里希在纽伦堡的圣塞巴尔德教堂接过一面被教皇祭过的旗帜**。但是这次"讨伐"也毫无所获。这时西吉斯蒙德在德国只能指望**奥地利的阿尔布雷希特二世和萨克森的新选帝侯**，为了根除**阿斯坎家族**（1422 年），骗子手于

1423 年　指定**执拗的弗里德里希**这个迈森侯爵和图林根侯爵为萨克森

的新选帝侯。

1424年10月　瑞日卡死。在领袖中——在自称Orphans即孤儿军的最狂热的领袖中——最杰出的是**小普罗科普**。其他人——**塔博尔派**——受**大普罗科普**的影响。一些大贵族同骗子手谈判，另一些人以及布拉格的市民同**立陶宛亲王西吉斯蒙德·科里布特**谈判，1422年布拉格人想让此人当皇帝，此人曾来到捷克，但1423年又回去了。**执拗的弗里德里希**这个萨克森的新选帝侯以为捷克的这场骚动对自己有利，但是，捷克人把骗子手赏给他的**边境城市杜克斯**和**布里克斯**破坏无余，杀死那里的居民，击溃匆忙赶来的**萨克森和图林根的援军**，在一次战役中就消灭4000人，把不久前并入萨克森的捷克城市奥西希（拉贝河畔乌斯季）围得水泄不通。弗里德里希——当时正在德国参加开

1426年
7月初 不完的国会的一次会议——的妻子派来一支军队（**都是一些萨克森、图林根和法兰克尼亚的士兵**），**由魏登伯爵和施瓦茨堡伯爵指挥**。这两个伯爵就像狂躁的蠢驴（als hirntolle Esel）猛攻捷克人的车垒（用车辆堆筑的工事）。**塔博尔派彻底挫败**这些德国恶棍，15000名德意志人在塔博尔派的**带形梭镖和铁链**的打击下也不敢还手，4000辆辎重车成了胡斯派的战利品。

1426年7月6日　**捷克人猛攻乌斯季，把它化为灰烬，残杀居民。**

**德意志人也偶有小胜**，例如，

1427年3月　**奥地利人把再次围攻茨韦特尔城**的胡斯派军队杀得片甲不留。

**两个普罗科普和一群狂热分子不断地侵袭西里西亚、迈森、劳西茨、萨克森和法兰克尼亚**，布拉格市民和**全体捷克骑士**比较有节制，主张保皇，同西吉斯蒙德谈判，他们是力量较弱的一方。大普罗科普所领导的塔博尔派以及那些没有一个真正**领袖的狂热教派**完全不是这样，他们毫无顾忌，根本不管什么**城市和要塞**，把沿途遇到的村庄烧得精光，他们露宿，**把几百辆战车用链条拴在一起就成了他们的营地**，等等。

83 ‖ ‖他们自称为上帝的予民,把捷克称作乐土,把迈森居民称作摩亚比特人,把萨克森人称作埃多米特人,把德意志人称作非利士人{凡夫俗子①}(妙极了!)

1427年4月 在法兰克福,诸侯……会议再次召开。他们编造一份名册(像在1422年那样,这种名册记载了每个阶层为战争提供了多少兵力和财力),制订一份军事条例,共两个部分。[其中有炮兵条例,还提到了平射炮(Terras—Büchsen),第35~45条]。(同捷克交战的这些蠢驴把主要的希望寄托在这个重150~200磅的石弹炮上。)在 Landsturm{"战时后备军"}集合的纽伦堡,只有选帝侯特里尔的奥托和其他一些人,后来这些人也溜走了。

1427年7月 胡斯派在西里西亚、萨克森、法兰克尼亚、迈森的烧杀抢劫是骇人听闻的。于是决定由帝国向捷克全面进军。集合地点定在米斯,来自各地的军队在此集中。这个消息传遍捷克,各派立即联合起来[甚至一些天主教徒封建主以及他们的骑士,布拉格的步兵和大普罗科普所领导的塔博尔派,拥有500辆战车的塔博尔派,拥有200辆战车的孤儿军,霍里夫派和步兵,等等——全都涌向米斯。]

1427年7月21日 萨克森人到达米斯比德国军队早,打算退到法兰克尼亚边境,这是其余的帝国军队入侵的必由之路。这种在胡斯派的追击下的撤退变成了狼狈逃窜。胡斯派杀死大约12000个逃窜者,抢走他们的全部辎重和大炮。有两股德军——一股是勃兰登堡军应从埃格尔进入{捷克},一股应从陶斯进入{捷克}——听到这个消息后,立即后撤。普罗科普攻下波希米亚林区的塔霍夫,毁灭该城,居民无一幸免,但在比尔森遭到失败。

1427年 海德堡议会。通过关于召募正规的帝国军的决议[勃兰登堡的霍亨索伦·弗里德里希说,要战胜捷克人,决不能依靠那些未

---

① 非利士人(philistines)是地中海东岸的古代居民,在德语中,Philister的意思也是市侩庸人,所以马克思说"妙极了"。——译者注

经挑选的**不中用的后备军和那些毫无纪律的披甲骑兵**〕，还通过关于征收军税的决议。征兵工作应该交给已被任命为**总指挥的勃兰登堡的弗里德里希和红衣主教温切斯特的亨利**这位教皇使节。钱是已经收到了一部分，被征收人侵吞了。**这次议会的结果就是如此**。然而，胡斯派已夺取**普劳恩**，在格里马战役中击溃萨克森人，为**夺取莱比锡**一直打到马尔基。

1428年　奥地利和摩拉维亚被阿尔布雷希特二世的军税压得民穷财尽。这时胡斯派打算占领布尔诺，未能实现。不久他们一直打到**维也纳**，一度驻扎在城外的**努斯多尔夫**。

1427—1429年　胡斯派〔他们这几年不断骚扰（zausen）西里西亚、劳西茨、迈森、上萨克森和下萨克森、法兰克尼亚和巴伐利亚〕，捣毁500多个设防城镇。这时，国内的那些塔博尔派、霍里夫派以及一些已经**成帮结伙**的狂热分子同**布拉格人、男爵们、西吉斯蒙德的追随者、住在捷克的德意志人的战斗也很顺手**。

1429年春　同骗子手签订和约势在必行。骗子手邀请｛胡斯派｝的几个领袖去谈判，因此决定在6月前缔结停战协定。大普罗科普率领一个代表团到达**普雷斯堡**，奥地利的阿尔布雷希特二世也在**普雷斯堡**，然而**西吉斯蒙德**面临的是不能接受的条件。毫无结果。〔要求西吉斯蒙德**承认宗教信仰以《圣经》**为主，准许用两种形式领取圣餐，特赦｛捷克人的｝领袖，等等。〕

1429年9月　塔博尔派和霍里夫派再次进行毁灭性的进军，袭击摩拉维亚、西里西亚和萨克森。在**德累斯顿**，旧城破烧，这时，**爱好和平的弗里德里希这个选帝侯**（"执拗者"的儿子）还在｛新城｝。所有的城镇，包括马格德堡都化为灰烬。在劳西茨，村庄全被烧毁，**格尔利茨城拒不投降**，把胡斯军派来的使者缝在一些口袋里投入水底（！），其他地区的居民却因此而遭殃。

1430年初　在大普罗科普的领导下，**捷克军队**大举进攻德意志（2万名骑兵和52000名步兵，3000多辆大车，套有10～12匹马，但是后来连运送战利品也不够用了）。〔胡斯派的军队也袭击匈牙利和波兰。]**萨克森**和**法兰克尼亚**已成一片废墟，一百多个城镇被焚烧殆尽，牲畜被整群地运回捷克。为了买通胡斯军，总司令**勃兰登堡的弗里德里希**花了 1 万杜卡特，**埃格尔**花了 1700 杜卡特，**纽伦堡**花了 1 万杜卡特，**班贝格**的**主教**花了 9000 杜卡特，巴伐利亚的公爵约翰花了 1 万杜卡特，**安斯巴赫、艾希施泰特**和**萨尔茨堡**也是花了一大笔钱才免遭毁灭。

1429 年底　议会——第一次也是最后一次——在匈牙利的普雷斯堡召开（因为骗子手也在那里，正患痛风）。|议会的目的是争取|**西吉斯蒙德出席纽伦堡的议会**。匈牙利的大贵族也都同意，但要求他在议会结束后立即回匈牙利。

1430 年 9 月中　**西吉斯蒙德**出席**纽伦堡议会**（他应当于 3 月抵达，但是他一向拖沓，一路磨蹭，耽误了时间）。各阶层的代表大部分都已星散。西吉斯蒙德在 11 月又召开一次议会。

1431 年 2 月　召开的**纽伦堡议会**，由于胡斯派的袭击，出席的人数比最近任何一次都多。1431 年 4 月，通过关于户籍和军事条例的**决议**。会议毫无结果。当时还**通过**一项关于在 1432 年圣马丁节前实现地方和平的决议。这也没有兑现！

> 当时"神圣帝国"的**审判制度**是这样的：例如，**因戈尔施塔特的路德维希**和**兰茨胡特的亨利**这两个巴伐利亚公爵之间的官司已经打了许多年。1417 年，骗子手在康斯坦茨曾审理此案，当时**亨利公然责难堂兄路德维希**，后来这两个人在**巴伐利亚**多年械斗，最后路德维希的一伙人中有一个骑士即**托林根的卡斯帕尔**告到**威斯特伐伦的秘密法庭**（Fehmgericht）。这个法庭显然能够对威力无限的亨利执行判决，这也许是西吉斯蒙德永远做不到的，于是骗子便支持**科隆大主教迪特里希**，试图限制这个秘密法庭的权力。迪特里希在 1430 年和一些陪审官和法学家共同制定一份限制计划。但是毫无用处。纽伦堡议会有关**帝国法庭和王室法庭的决定**，有关**币值的决定**也是如此。

被教皇作为使节派往纽伦堡的**红衣主教朱利亚诺**竭力鼓吹对**胡斯派进行十字军征讨**。从胡斯运动的各派在**纽伦堡议会**期间所举行的一次**宗教代表大会**上，可以看出，**圣杯派即加利克斯廷派已倒退到旧教会**，而那些野蛮的、穷兵黩武的狂热的启示录派早已摒弃它了。

84 ‖  ‖因此温和的胡斯派就派一个代表团——其中有大普罗科普——到**埃格尔**去同西吉斯蒙德的全权代表协商谈判，毫无结果，此外，普罗科普得悉**朱利亚诺**向招募的军队气势汹汹地鼓动十字军征讨。在这**民族存亡**的紧急关头，捷克的各派立即团结起来。**德意志军队尚未出兵，胡斯派已占领边境的各条要道**。在比尔森地区举行的一次阅兵式上可以看到：5 万步兵、5000 骑兵、4000 辆大车和许多门大炮。朱利亚诺竭力鼓动，在德国召集了 4 万骑兵和少量的步兵。

1431 年 6 月 26 日　还在纽伦堡的**西吉斯蒙德**，在纽伦堡的圣塞巴尔德教堂委任**勃兰登堡的霍亨索伦·弗里德里希为十字军的总指挥**。最可笑的是红衣主教朱利亚诺当时的那篇貌似虔诚的演说。

1431 年 8 月初　由红衣主教朱利亚诺陪同的帝国军队从四面八方入侵捷克。在**塔霍夫**的一场战役中，一部分军队**一开始就遭到可耻的失败**，四散逃走。**霍亨索伦·弗里德里希**集结其余的部队，率领这支德意志军队驻扎在**陶斯附近**。这时**大普罗科普率领的胡斯派大军突然出现**（这支军队见到红衣主教朱利亚诺所怂恿的各种骇人听闻的烧杀抢劫罪行，便越战越猛。）德意志军队中一片"普罗科普来了！"的呼喊声，人人惊慌失措，四处逃窜。在这次无法阻挡的逃跑中，军队损失 11000 万人、2000 辆大车，150 门大炮。红衣主教朱利亚诺〔这条走狗（derselbe Hund）后来给匈牙利带来不少灾难，因此被人干掉了（und selbst dabei gemurxt）！〕**红衣主教的那顶帽子、十字军征讨的教皇训谕、法衣和他佩戴的十字架**，也都成了 sploia opima｛战利品｝。最妙的是：有一个巴伐利亚公爵率先逃跑，选帝侯勃兰登堡的弗里德里希这个霍亨索伦家族的总司令大将（！）甚至没有想到维持秩序，也不发布命令就逃跑了。[他就会空口说大话。]大普罗科普一直逃到福伊希特兰德和尚未被运动波及的东部地区。[在塔霍夫城下歼灭萨克森选帝侯的部队和前来支援的巴伐利亚人，能活命的没有几个人。后来这个选帝侯给普罗科普赠送一笔钱，请他撤走。]

西里西亚人花了一笔钱请同时也向他们进攻的胡斯派不要去进攻他们。一支有8000名孤儿军的部队直捣匈牙利城市克雷姆尼察，并把它付之一炬，这时在摩拉维亚，胡斯派的贫苦农民得悉胜利的消息，纷纷反抗暴君的疯狂压迫。

1431年　奥地利的阿尔布雷希特二世到达摩拉维亚，对500个胡斯派的村庄大肆烧杀，得到的报复是：

1432年　胡斯派杀死不少奥地利人。

## （A）15世纪上半叶的英格兰和法兰西

### （1）14世纪末的法兰西

1388年　查理六世宣布自己已届成年，脱离勃艮第公爵、贝里公爵和波旁公爵的监护。他的身体因酗酒而越来越坏，在他同巴伐利亚的伊萨伯拉结婚时，在他的弟弟奥尔良公爵路易娶瓦伦蒂娜·维斯康蒂时——公爵因而获得阿斯蒂伯国和一大笔令法兰西人咋舌的现金，在普罗旺斯这块封地转给他的两个堂弟安茹的路易和沙尔时，总要举办盛大的庆宴，狂喝滥饮。

他同让·德·蒙福尔时有争吵，后者同元帅奥利维耶·克利松这个查理六世的宠臣和军事长官也不和，此人的女婿蓬蒂维公爵要求得到布列塔尼。

1392年　夜晚在巴黎的大街上阴险袭击克利松的是皮埃尔·德·克朗

［此人在布列塔尼拥有大片地产，是让·德·蒙福尔的亲信。（当时在巴黎的）勃艮第公爵和贝里公爵参与了这桩罪行］和一帮歹徒。被认为已经毙命的**克利松**躺在街上，¦很快被抬走了¦。

1392 年 8 月 5 日　**一支讨伐军从勒芒开到布列塔尼**（正逢酷暑）。国王在启程时突然精神错乱。查理疯了，征讨难以进行。**贝里公爵和勃艮第公爵**再次掌权。结果，同僭望摄政的**奥尔良公爵**发生了冲突（他是国王的弟弟，才 20 多岁）。国王恢复神志，在一次婚礼上却**粗鲁地胡言乱语**。**查理六世**的病情又有所好转，后来在

1394 年 1 月以前的七个月里，查理六世的疯病重新发作。为了摄政问题，**勃艮第公爵和奥尔良公爵**又争执起来，结果，法兰西的骑士分为敌对的两派。不巧，**查理六世逐渐又好了**。

**布列塔尼公爵同克利松言和**（克朗安静地住在巴黎，没有受到议会给他的轻微处罚）**理查二世两次延长同法兰西的休战协定，在妻子死后娶了查理六世的女儿伊萨伯拉**（还是个孩子）。她被送到英格兰，婚礼并未举行。

..........................................................................

（2）理查二世执政后期和亨利四世执政时期的英格兰

1389 年 5 月　（见第 26 页①）**理查二世执掌政权**［这时已 22 岁，因为他生于 1367 年（他在 1377 年 6 月 21 日就是国王了）］。在他执政时，威克利夫的追随者和罗拉德派引起的骚乱仍在继续，这些异教徒时常受到残酷迫害。

1390 年和 1391 年　议会三令五申，英格兰人不得接受外国人给的牧师俸禄（Pfründe），不得以外国人的名义支配它们或者向国外寄钱，违者将被没收财产，处以死刑。两年后，**博尼法齐乌斯九**

---

① 见本册第 39~40 页。

世让一个意大利红衣主教得到理查二世给一个英格兰人的一大笔教会收入，还说这个英格兰人要是接受这些俸禄，就把他开除教籍，于是

1393 年　一项**法令**，即 praemunire① 就颁布了。教皇照样继续分发俸禄，但要这样做必须迎合国王的心意。

**这一年，勃艮第公爵和贝里公爵**（以及查理六世）在**阿布维尔同兰开斯特公爵和约克公爵**（这是理查的两个叔父，他们都主张同法兰西媾和，他的三叔**格洛斯特**的看法却**相反**）举行和谈。**结果是停战协定延期一年**。

1394 年　**理查二世的妻子亡故**。再次和谈，毫无结果。与**隐士**（Brüsser）**罗伯特**（一个生于科（Caux）的贵族，他从巴勒斯坦返回后就这样自称）的一场闹剧。因此，**停战协定延期到 1398 年的圣米迦勒节**。

1395 年　理查二世派一个代表团到巴黎去向**伊萨伯拉求婚**（**查理六世的女儿**）（她只有 7 岁），得到同意，她被送到英国。

1396 **年春**　为期二十五年的**新停战协定**以及**婚约**都被批准。这时，理查二世只想到"钱"（法国人的），但只得到 80 万克朗，可是为**筹备**这次婚姻的**代表团**，为两位国王的会晤，为**订婚庆宴**，他一共花了 30 万银马克，就是说，大大超过未婚妻带来的"陪嫁"。查理六世和理查二世会晤商谈这笔交易时，在场的还有**布列塔尼公爵**［不久前他在巴黎同查理六世的女儿订婚了］。理查二世总感到钱不够用，为了 12 万金法郎就把还在英国人手中的**布雷斯特**让给此人，还让出了**瑟堡**。他挥金如土，经常勒索钱财，英国人民十分愤懑。**下院派代表向上院**呼吁，要它请国王撙节开支，它反而因这次"粗鲁无礼"不得不向上院和国王请求原谅，还遭到国王的一顿训斥。**向下院提出这个建议的神甫托巴斯·哈克西，被处以叛国罪**（后来得到饶恕

---

① 教皇权力不得逾越王权的法令。——译者注

了）。**格洛斯特公爵**在御前会议上对理查二世在议会的行为严加申斥。**理查**对格洛斯特公爵一直怀恨在心，因为他曾反对同法国媾和，**在他未成年时又对他态度不好**。

[1394 年　理查二世征讨爱尔兰。]

109 ‖ 1397 年 7 月 12 日　理查二世下令逮捕格洛斯特，把他送到加来［捏造的罪名是他同**大主教坎特伯雷、阿伦德尔伯爵、沃里克伯爵**等显贵图谋不轨］（沃里克和阿伦德尔也被捕]。

1397 年 7 月 15 日　理查二世的声明竭力为他的独断专横辩解。

1397 年 9 月 20 日　下院向上院控告这些被捕者犯的是叛国罪［这个下院的议员都是在**各郡郡长的压力下挑选的**，所以它成为国王常用的工具］。起诉书中根本不提那个捏造的阴谋，只列举**几件在理查未成年时所发生的事**［这个笨蛋（der Alberne）千方百计地要报复那些使他在未成年时遭受委曲的人］。**当时，大主教坎特伯雷是首相**，他被赶走，只没收了他的地产。**阿伦德尔伯爵被处死，沃里克**承认有罪，**被流放到马恩岛，科巴姆勋爵去泽西，莫蒂默逃往爱尔兰山区去找野蛮的克尔特人**。

**格洛斯特公爵在加来被杀死**。这个消息是这样传开的：当格洛斯特应该去上院的时候，在加来监视他的**诺丁汉伯爵说**，格洛斯特"已暴卒"。

1398 年　在什鲁斯伯里召开的议会同 1397 年在威斯敏斯特举行的那次议会一模一样。它是对理查未成年时主张限制王权的那些人的惩罚工具。

1398 年　**诺福克公爵和赫里福德公爵**［这个博林布罗克就是**兰开斯特公爵的儿子亨利·得比伯爵，后来是亨利四世**］案件。诺福克被判处终身流放，不久在从巴勒斯坦返回的途中死于威尼斯。**赫里福德被判处十年流放**，他为人八面玲珑，流放期改为**四年**［后来他在巴黎住在克利松的府邸（后来称作苏比兹大厦），受到查理六世、奥尔良公爵和贝里公爵的百般奉承］。理查也对他**特别优待**，保证他享有理查不在时他应得的全部遗产，可

**是兰开斯特公爵死后不久，轻率的理查就撤销了这种特许，把兰开斯特家族的财产据为己有。**［诺福克公爵和赫里福德公爵这两个**贵族**是唯一没有受到理查二世报复的**上诉人**。］

［1398 年 9 月 16 日 在考文垂，两只公鸡的一场决战，当时……］

这时**理查二世**以借债的名义强行勒索，滥施淫威，一次就宣布**十七个郡**因曾支持他的敌人而**不受法律保护**，从而获取大量罚金。

1399 年 **兰开斯特公爵死。理查二世立即撤销对赫里福德的特许。理查二世到爱尔兰去镇压叛乱，指定叔父约克公爵**（白蔷薇）替他摄政。在**这一年爆发了红白蔷薇战争**（兰开斯特家族的纹章是红蔷薇）。

1399 年 7 月 4 日 **亨利·兰开斯特带领少数几个人在拉文斯普尔附近**（**约克郡**）**登陆，诺森伯兰公爵**（还有派尔希）和**威斯特摩兰公爵带领一些部队与他会合。约克公爵**（摄政王）**按兵不动，亨利返回伦敦**。约克在**伯克利**（格洛斯特郡）同亨利会合，后来，约克留在**布里斯托尔**，亨利前往**切斯特**。**理查**（这一切他是在亨利抵达三个星斯后才知道的）派索尔兹伯里勋爵去威尔士，此人招募一支民军。但又溃散了，因为理查十四天后才来到。理查被送到伦敦，在伦敦塔签署了一份**很不体面的退位诏书**。

1399 年 10 月 13 日 ［议会把理查二世废黜，］**亨利四世**立即登基。［当时英格兰的继承法对亨利极为不利，因为他的父亲**约翰·兰开斯特**在**爱德华三世**［理查的父亲］的几个弟兄中并不是**长子**［理查二世又无子嗣］。长子是已故的**莱昂内尔·克拉伦斯公爵**，**克拉伦斯**的两个外孙即两个未成年的马尔什伯爵还活着，**在理查执政时期：他们的继承权受到议会法令的保护。**］理查被送到**庞蒂弗拉克特堡**。在那里**被杀死**，曾有人阴谋让他复位，但未成功。他的**几个兄弟**与这次阴谋**有牵连**，早已被杀。

1399—1413 年 **亨利四世**［在他的统治结束以前，阴谋、叛乱、内战、死刑，连年不断]。亨利利用**各郡的骑士**（knights of the shire）**对付豪门贵族**。在他执政时，**下院得到不少新的特权**。威尔士人出于对英格兰人的仇恨，｛选出｝一个本族的大公，此人被称作**欧文·格伦道尔**[欧文·阿普·格里菲恩·鲍恩这个格伦道德里（Glendoudry）的酋长总说自己是卢埃林（Llewellyn）的后裔]。对付这些威尔士人，亨利派的是**派尔希**这个**急性子**。他们也被他派去守卫边界，以防苏格兰山民的侵犯，为此要他占据贝里克。需要赎回**格雷·雷特恩勋爵和埃德蒙·莫蒂默伯爵**[此人是被**马尔什伯爵关押**的几个真正王位继承人的叔父，也是那个急性子的妹夫]。亨利同意这样做是为了格雷勋爵，而不是为了莫蒂默。急性子于是同亨利公开破裂[早些时候，他的父亲**诺森伯兰公爵**觉得失去面子，因为亨利四世不准他为收赎金而释放**道格拉斯伯爵阿奇博尔德**和他所俘获的一些苏格兰男爵。亨利想把他们扣下来，为的是在同苏格兰缔结和约时能提出更高的要求。]诺森伯兰的骑士向亨利宣战。道格拉斯也同诺森伯兰父子联合起来了。

**1403年7月21日**　**什鲁斯伯里战役。亨利四世获胜。派尔希**阵亡，他的妻子伊丽莎白从此就受到亨利的监视，因为她是莫蒂默家族的人。

**1405年2月和3月**　[约克公爵死于1402年，留下儿子**爱德华**和**女儿康斯坦丝**，后者作为**斯宾塞勋爵的遗孀**住在官里。她想释放一直囚禁在温莎的两个马尔什伯爵，‖她和他们一同逃到威尔士边界，被人追上，她被送回，她说她的哥哥**爱德华**叫她这样做的。不久，后者**锒铛入狱**，直到他不再是一个危险分子为止]。

**1405年6月**　亨利四世讨伐**诺森伯兰公爵、约克的大主教斯克罗普**和**道格拉斯伯爵**。诺森伯兰公爵把贝里克让给当时苏格兰的摄政王**奥尔伯尼公爵**。几个星期后，叛乱平息，**斯克罗普被处死**[威斯特摩兰伯爵玩弄叛变的手段，这些合伙者都把自己的大部分军队遣散了。］这时威尔士人得到法兰西人的**海上**援助。**亨利四世**去威尔士，胜利后就返同北部边界。**奥尔伯尼公爵**在返回山区前把贝里克烧得精光。**亨利四世**想花钱从苏格兰人手中弄到**诺森伯兰公爵和巴尔多夫勋爵**，但是他们早已得到消息，都到威尔士去投奔**欧文·格伦道尔**了。

1405 年 3 月　［苏格兰**国王罗伯特三世去比特岛**，让（弟弟）**奥尔伯尼公爵**暂时执政，甚至允许此人把他的{罗伯特的}亲生长子**大卫**当作国事犯对待。他就下令让他饿死在**福克伦德城堡**］。**罗伯特三世下令把次子詹姆斯一世**（刚满 14 岁）和两名男仆用船送到法兰西，这艘船被**英格兰的海盗船**劫持，**亨利四世把詹姆斯留在身边，这样一来也就把奥尔伯尼公爵控制在手掌心里了**。**法兰西人**的军队登陆后，支持**欧文·格伦道尔**许多年，直到亨利四世的宿敌**奥尔良公爵**死亡为止。［在同欧文的斗争中，亨利的儿子即后来的亨利五世表现了非凡的军事天才。］格伦道尔并没有得到法兰西人的什么好处，就派**诺森伯兰公爵和巴尔多夫勋爵**回到约克去发动叛乱。

1408 年　亨利四世尚未到来前，他们已被约克郡郡长**托马斯·罗克比爵士**击溃。**诺森伯兰阵亡，巴尔多夫**因受重伤而死，**盖尔的一个神甫**被俘后被吊死，本戈尔的一个主教也成了俘虏。酷刑。没收地产。**威尔士人被赶回山区峡谷**。

1413 年 3 月 2 日　**亨利四世**（和理查二世一样也生于 1367 年）死于威斯敏斯特，终年 46 岁，执政十四年。

...................................................................................
......

(7) 英法战争。阿拉斯和约后的法兰西

1436 年 4 月 13 日　**法军**（由奥尔良公爵的私生子、当时的法兰西元帅**里尔－阿丹指挥**）**收复巴黎**。巴黎市民在里尔－阿丹进攻巴黎的同时已经起义了。**这里的英国驻军兵力不足，因为约克的理**

121 ‖ 查——按温切斯特主教的谋划接任已故的法兰西总督贝德福德公爵——没有‖及时得到来自英格兰的必要的援兵。] 巴黎收复以后，**战争在许多年内就成为骑士的厮杀了，吉延省和塞纳河、索姆河和卢瓦尔河沿岸地区的居民深受其害。**

1437 年　**比彻姆**（Beauchamp）即沃里克伯爵，代替约克的理查，被任命为**英军总司令**，死于

1439 年后来**英军总司令又是约克公爵**。主要是在一些地方攻守或包围。

1441 年　法军攻占**蓬图瓦兹**，后来开始**几次和谈**，毫无结果。当时**军人职业是一个最有利可图的行当，当兵的不仅收入优厚**，而且还可以**因房获和抢劫而大发其财**。有一帮人把法国折腾得民不聊生，其中"最有功劳的"要算是**那帮奸商**（écorcheurs）和**骗子**（rotondeurs）。他们遍布全国各地，特别是在主要战区**荷兰、香槟、普瓦图、吉延**。这伙歹徒的首领是**布西科、夏巴纳、拉伊尔**这些"豪杰"。

1440 年　Praguerie①[贵族对骄奢淫逸的查理七世的反叛。这个词就像 14 世纪的 Jacquerie② 一样，Praguerie 这个词中含有布拉格，即胡斯战争的发源地]。这次叛乱是因**曼恩的查理**的所作所为引起的，此人在拉·特雷穆伊下台后就控制了**查理七世**，不仅侮辱了贵族，而且也侮辱了波旁公爵和阿朗松公爵。这两位公爵曾受到拉·特雷穆伊的挑唆。结盟叛乱的有：**旺多姆伯爵、迪努瓦伯爵**（奥尔良的私生子）、**德·普里大人、肖蒙大人、普瓦图的镇守拉罗什、夏巴纳、布西科、太子路易**（即后来的路易十一），这位太子看到阿涅斯·索雷尔影响朝政而怒不可遏，经常与父王争吵。这伙密谋者聚集在**尼奥尔**，决定劫持国王，交太子监管，并发布一份文告。

**查理七世**立即派**里什蒙**带领一支军队去讨伐。波旁公爵接受勃

---

① 布拉格叛乱。——译者注
② 扎克雷起义。——译者注

艮第公爵的调解，太子和奥尔良派的私生子先后离开了密谋者。查理七世没有饶恕**拉特雷穆伊、肖蒙和德·普里**。为了这几个人，他同太子**路易**吵过一场，后来**多菲内**的总督职位连同**全部收入**还是还给太子了。他饶恕了其他一些人。半年后，布拉格叛乱（Praguerie），遂销声匿迹（capores）。

1439 年　**查理七世着手军事改革**。为了媾和，他在 1439 年在奥尔良召开三级会议，号召与会的**世俗头面人物的代表到昂热**去制止抢劫和**内讧**，批准向**王室正规部队（王军）长期纳税**［代替原来规定的**短期纳税**］。从此，百姓为保卫国家应向封建主缴纳的全部**封建贡赋**——**人头税、土地税、无名税，临时税、卫国税**——全都应该停止，但是这些捐税甚至在**路易十二执政时**也没有彻底消灭，尽管后者也曾三令五申。

1445 年　才彻底实现新的**体制**，常备军有骑兵和步兵，按时发饷的王室部队只有**骑兵**——15 队**披甲骑士**（gens d'armes）。**步兵**——**自由射手**（franc-archers）——却是一种**地方军队或国民近卫队**，不由国王委任的**各级军官**指挥，而隶属于某些公社，因此备受蔑视，步兵都穿**制服，备有弓箭**。他们只是在作战时期才领饷，随时准备应召服役，因而免缴**一切捐税**，所以被称之为**自由射手**。由于免交捐税——这是公社的其他成员享受不到的特别优待——他们便以贵族自居，成了**法兰西最早的一支步兵**。他们并没有多大用处，因此**路易十一**认为他们不如**瑞士人**。参加披甲骑士的只是旧部队中的那些有钱的士兵。从前每个骑士都有大队人马，如今，每个骑士随身只能有一名**侍从**（coutillier）（Knappe）、两个射手（archers）、一名侍童和一名跟班马弁（gros valet）（Reitknecht），这些人都有马。"披甲骑士"（"都很有钱，全都披盔戴甲，但无徽记"）(tous riches, mais ils portaient tous leurs harniers, et sans paniers) **都被分配给某些长官**，后者应编制**所属人员的名册**，按名册领取应发放的军饷。**他们慑于严刑，不能再像从前那样擅自敛财。今后除了国王，任何人都无权招募兵卒。聚集在昂热的头面人物为供养 7000~9000 名披甲骑士，规定缴纳长期捐税（"taille perpetuelle"）。许多公社**在查理七世时期所缴纳的那些未经头面人物的允许、数目不断增加的税款，不过是 30~40 利弗尔，在路易十一时期竟达 1000 利弗尔。科米讷认为，查理七世为自己部队征集的军费从未超过 180 万利弗尔，而路易十一，"不算大炮以及类似的开支"（sans l'artillerie et autres choses semblables）竟为 470 万利弗尔。

1439—1443 年　**英格兰和法兰西几次想和谈**。为此积极奔走的是**奥尔良公爵**[1440 年才获释]，他在 1437 年获准同**布列塔尼公爵**谈判。

1439 年　决定在**加来和格拉沃利讷**附近召开和谈会议（奥尔良公爵也获准前往）。会议毫无所获。

1440 年　**第二次会议也是如此**。勃艮第公爵夫人[葡萄牙国王若奥一世的女儿，**英格兰的亨利四世的妹妹**]却使勃艮第公爵和奥尔良公爵这两个家族和解了。勃艮第公爵（并不太确实），‖太子、布列塔尼公爵、阿朗松公爵、旺多姆伯爵、拉·马尔什伯爵、阿尔古伯爵，兰斯的主教、纳博讷的主教、德·马伊大人和德·洛埃阿克（de Loheac）大人，都先后各自为奥尔良公爵向英格兰人缴纳了赎金（12 万金埃居）。查理七世认为贵族这样做，意在阻挠王军的建立，想用德意志的"王公贵族政权"的原则来对抗君主制。这时，同其他贵族结盟的还有勃艮第公爵、获释的奥尔良公爵、布列塔尼公爵。

1442 年　他们要求查理七世准许他们去**讷韦尔**参加商讨国事的会议，他答应了。这帮诡计多端的家伙在呈文中也提到几条有关人民的福利，但是他们要求"只能任命直系亲王为枢密顾问，全部要职只能由出自名门的人担任"，这是暴露了他们的真实面目。

查理七世破坏了他们的计划,他派**旺多姆伯爵**(直系亲王)**到讷韦尔参加会议**,通过他向奥尔良公爵暗中许诺,让他成为唯一的直系亲王,答应**给他年金 1 万利弗尔和特别税 16 万利弗尔**,以抵还他的赎金(他履行了这一许诺)。公爵在**圣灵降临节去利摩日晋谒查理七世**,劝**波旁公爵**退出联盟,从而挫败了贵族的美梦。从英军手中收复的**塞纳河、索姆河和加龙河**一带地方,又树立了**国王的威信**。

1443 年　**查理七世**在**朗格多克**逗留期间得到玛格丽特伯爵夫人从监狱传出的一份遗嘱[这件大事的情况是这样的:在查理六世执政时,**科芒日的几个伯爵**世家都已绝后。他们的土地不承担义务,并不是封地,所以便转归**玛格丽特伯爵夫人**这位女继承人。她的第一个丈夫是**阿马尼亚克伯爵让三世**[即 1418 年在巴黎被杀的一个统帅的兄弟],**她在他死后**又嫁给费森萨克伯爵的儿子**让·阿马尼亚克**。因为他那玩意儿"硬不起来"(nicht "büchsenfest"),不能使她"满足"(und ihr nicht "genugtar"),她就同他离婚了,在他还在世时又嫁给富瓦伯爵。于是**领主阿马尼亚克伯爵和富瓦伯爵**就为玛格丽特的遗产科芒日**伯爵领地涉讼**。她和富瓦离了婚,立下**遗嘱**指定了继承人:她的独生女——在她死后也**很快就亡故**——是法兰西国王。富瓦让她受了二十五年的牢狱之灾,她并未屈服,把**遗嘱**从监狱辗转递交给正在朗格多克的**查理七世**]。查理七世让**图卢兹法院**了结这个案子,法院把**科芒日伯爵领地**判归他所有,不准**阿马尼亚克**今后再称为**阿马尼亚克伯爵大人**。**查理七世**刚离开,此人立即于

1443 年秋　占领了**科芒日这块伯爵领地**。

1444 年春　**太子路易**率领一支军队,用它攻打诺曼底的英格兰人,并向**朗格多克**推进,占领**科芒日**,甚至把阿马尼亚克的祖产**鲁埃尔格和阿马尼亚克**也抢到手,阿马尼亚克被俘。

1446 年　阿拉贡国王、卡斯蒂利亚国王和**富瓦、阿尔布雷、马尔什**几位伯爵向查理七世说情，阿马尼亚克伯爵获释，收回了阿马尼亚克和鲁埃尔格，但是这位大人的统治却永远消失了。

......

1444 年　**与英格兰签订为期五年的停战协定**。但是烧杀抢劫的亡命徒还有五六万人，仍被称为"阿马尼亚克"。最初看来他们已不再骚扰，已按照**皇帝弗里德里希三世（向瑞士人提出）**的要求被送往阿尔萨斯、施瓦本和瑞士。他们一直在那里，直到停战期满，又被**查理七世**重用。这时他利用"**王军**"重整秩序，**各城镇居民都愿意做直属国王的臣民**。"但愿他们是**直属国王的臣民**"（subjets au roi sans moyen）（reichsunmittelbar），但愿这些臣民不违抗他们的主人的意志，但愿**主人也不损害他们的利益**，未经他们同意和国王同意，不把他们交给别人。"

1442 年　布列塔尼的让六世死（这是一个**亲英格兰的人**），他的继承人即儿子**弗朗索瓦一世**向查理七世宣誓，正式废除同英格兰签订的各项条约。

1449 年 6 月　英法停战协定期满，但是敌对行动在

1448 年　已经恢复，因为**约克的理查**（当时英国派驻诺曼底的总督）不准交出**萨福克**已经同意交出的**安茹**和**曼恩**，尤其不想让出**勒芒**这个城市。**法军围攻勒芒**，英格兰人通过几名军需官把它交给了法军。

1450 年　支持法军的是新的**布列塔尼公爵**。不仅如此，

1448 年 12 月　苏格兰人已同他们重新谈判结盟，**萨福克和玛格丽特**并没有为**保卫英法的领地**尽一点力。**在诺曼底指挥作战的萨默塞特公爵和塔尔博特**，尽管多次要求，并未从英格兰人手中得到一分钱和一兵一卒。

1449 年 11 月　萨默塞特不得不让出**鲁昂**（诺曼底的首府）。因为不仅受到布列塔尼公爵（从西面）的进攻和**查理七世**（从东面）的进攻，居民也造反了。

1450年1月　英格兰人丢失**阿夫勒尔**（Harfleur）和**翁弗勒尔**（Honfleur），他们治理的诺曼底只剩下了三分之一。

1450年4月　英军在富尔米尼（位于**巴约和沙朗通**之间）的一次**激烈的战役**中被击溃。

1450年7月1日　萨默塞特率残部退到**卡昂**（Caen），该城被围四个星期，最后**投降**了。

1450年8月　瑟堡被攻占，终于占领了诺曼底。这次征战有功的查理七世又继续过着昔日花天酒地的生活。太子殿下对**阿涅斯·索雷尔**和曼恩的伯爵**查理**大发雷霆，从多菲内回来后就竭力唆使**夏巴纳**和查理七世的苏格兰人卫队，挟持或杀死老头子。夏巴纳禀告了国王，国王又把这个"不肖之子"赶走了。后者在流放地又密谋策划，住**雅克·科尔**（查理七世的司库兼财政大臣）的协助下，毒死**阿涅斯·索雷尔**，她是在

1450年2月28日　死的。这时**查理七世**已把阿涅斯·索雷尔的侄女**安东尼达·德·梅热**当作正式的情妇，不久把自己的宫殿变成嫔妃成群的**后宫，和路易十五一模一样。**

**在法军收复诺曼底期间，布列塔尼的弗朗索瓦一世暴卒。**他把同他作对的弟弟吉尔投进监狱，原想毒死他，后来把他活活饿死了。吉尔临死前委托**听他忏悔的弗朗索瓦的教士在四十天内邀请弗朗索瓦公爵出席上帝的法庭**，教士完成了这一嘱托［在邀请时，弗朗索瓦的叔父里什蒙元帅也在场］，也许这就是弗朗索瓦暴死的原因。**继承弗朗索瓦一世的是他的弟弟皮埃尔**，此人要为自己加冕为王，**却向查理七世宣誓效忠。**

1450年秋　查理七世在攻占卡昂后派往加龙的**法军**，占领贝尔热拉克、**让萨克、圣富瓦、沙莱和蒙塞朗。**

1451年3月　王军在迪努瓦伯爵（奥尔良的私生子）（在攻占诺曼底时他是总司令）的率领下向吉延推进。兵分四路，一路由**迪努瓦**亲自指挥，一路由**庞蒂埃夫尔伯爵**指挥，一路由**富瓦伯爵**指挥，一路由**阿马尼亚克伯爵**指挥，迪努瓦进军**弗龙萨克**［即最

高法院（Chambre royal）（Obergericht）的所在地。{弗龙萨克}是通往吉延的咽喉要道，它十分重要，**驻守要塞的只能是清一色的英格兰人**]。法军到达后的第三天才攻下**弗龙萨克**，接着开始对**城堡的围攻**。

1451 年 6 月初　（根据法国掌玺大臣——他故意送走了迪努瓦元帅——的倡议）**吉延的各界名流**即贵族、僧侣、市民**在波尔多召开了一次会议**。

1451 年 6 月 12 日　他们同迪努瓦签订一项条约：如果**英格兰**在 6 月 24 日以前不来**救援弗龙萨克要塞**，他们一定会把**波尔多**交给**查理七世**。为了奖赏，以**查理七世**的名义保证如下：**吉延**的各个城镇还像以往一样享有自由和特权；在**波尔多**将成立一个铸币厂和一个最高法院，今后两年内不准改变硬币；凡是想去英格兰的人可以随身带走自己的财产。此外还保留了**世袭贵族的私人的特权、宠物和津贴**。英格兰的援军没有到达，弗龙萨克要塞便被交给法国人了，

1451 年 6 月 29 日　迪努瓦进入波尔多。

1451 年 7 月初　除了**巴约讷**，全省已被征服。

1451 年 8 月　巴约讷被迫投降。

1452 年　在吉延，叛乱又起。那些为了占"小便宜"而签订**波尔多条约**的德·蒙塞朗、德·莱斯帕尔、罗桑、迪拉斯、丹拉德、拉胡德这帮老爷和一大批**波尔多市民**派了一些代表去伦敦向英格兰人求救。80 岁的**塔尔博特**带领小股部队乘船去吉延。

1452 年 10 月 18 日　塔尔博特到达波尔多城外，法兰西驻军司令还不知道他已到达，他已被居民迎进城内。**整个吉延都仿效这个榜样**。塔尔博特从一个方面攻入佩里戈尔，从另一个方面**占领了弗龙萨克**，正在该省的查理七世几乎是亲眼目睹了。查理七世调兵遣将。

1453 年 7 月　查理七世带着许多门大炮（炮兵 700 人）驻扎在**卡斯蒂永城外**。塔尔博特父子两人火速驰援，并未收效，父子两人阵

亡。吉延遂被征服。

1453 年 10 月　波尔多终于投降。它的居民有过一番顽强的抵抗，为了惩罚他们，要他们缴纳捐税。不久，**查理七世又恢复了他们的各项特权，并对终生放逐的人——除了 40 个人——实行大赦**；准许在波尔多的英格兰人返回英格兰，或者返回**加来这座还在英军手中的唯一的一座法兰西城市**。

1461 年　**查理七世死**。他的宝贝儿子路易经常"**图谋下毒**"，使他惶恐不安。

1461—1483 年　**路易十一**。这时法兰西人利用瑞士军队开始在欧洲扮演从前德意志人所扮演的角色，这个角色西班牙人也想争取。法兰西人和西班牙人为占领意大利而斗争，德意志人和法兰西人为占领勃艮第和洛林而斗争，德意志皇帝不得不与马扎尔人和土耳其人作战。

选自马克思：《历史学笔记》第二册，北京：中国人民大学出版社 2005 年版，第 1—5、98—104、130—136、176—179、194—198 页。

卡尔·马克思

# 历史学笔记（第三册）（节选）

（1470—1580 年）

## Ⅱ. 15 世纪末的法国、西班牙、德意志、意大利

### （1）路易十一死后到最后一个布列塔尼公爵死以前的法国、德意志和尼德兰

1483 年 8 月 30 日　**路易十一死**。他指定｛他的女儿｝**博热夫人辅佐**｛他的｝14 岁的（根据法国王室法律）因而是"已成年的"｛儿子**查理**｝。但是**奥尔良公爵路易**提出应该由他来摄政。

1483—1489 年　**查理八世**。他在加冕以前于

1484 年 1 月 14 日　**在图尔召开三级会议**，会议开了两个月。关于这次会议。会议的参加者**马塞朗**写过一篇文章，最初由**加尼埃**摘要发表，后来由法国（路易·菲力浦的）政府**全文**发表。

1484 年 3 月 7 日　**解散会议令**。博热夫人安抚**奥尔良公爵**、**迪努瓦伯爵**和**昂古莱姆伯爵**，给他们每人配备一支 100 人的"卫队"和一笔为数不小的年金。[**马塞朗**引用的有关这次**三级会议**的材料有助于理解当时法国的财政状况。]**路易十一**不管**奥尔良公爵**是否愿意，非要他娶自己的丑女儿**让娜**。裁缝的儿子**皮埃尔·**

朗杜瓦[布列塔尼公爵的亲信]在同（布列塔尼的）贵族的斗争中，竭力拉拢奥尔良公爵，怂恿他同让娜**离婚**，再娶没有子嗣的弗朗索瓦二世（布列塔尼的）的长女兼继承人**安娜**[公爵弗朗索瓦二世希望这个安娜能嫁给**马克西米利安**，她的妹妹伊萨韦利亚能嫁给他的**儿子菲力浦**]。[朗杜瓦下令先把大法官**肖文**加囚禁，然后弄死他。这时，**一部分布列塔尼贵族冲进南特**，占据一个城堡，准备逮捕朗杜瓦。他逃走了，捡到一条命，唆使市民和农民反对他们。这些贵族不得不放弃南特，后来汇集在司令官里约（Rieux）统辖的**昂斯尼**（Ancenis）。朗杜瓦这才有机可乘，他立即觐见奥尔良公爵，利用上述的婚姻诡计来拉拢他。博热夫人利用查理八世的加冕典礼，把{抵达布列塔尼的}奥尔良公爵召进宫内。{为了对付后者的布署}，她笼络一批布列塔尼的**不满分子**。**朗杜瓦**这时不顾早已允诺的大赦（在贵族撤离南特时），竟使弗朗索瓦二世同意对贵族采取残酷手段。这些贵族被宣布为国事犯，家宅被毁，森林被伐，他们的家属不能同他们有任何联系，禁止向他们出售食品、武器、马匹。这项决定执行得很严格。]

**1484 年 10 月** 布列塔尼的头面人物**让·德·沙隆**（奥伦治亲王）、**皮埃尔·德·维尔布朗什、让·布蒂里埃**要求摄政王妃博热夫人保护布列塔尼贵族，并**赌咒发誓地答应**，只要弗朗索瓦二世一死，就承认**法国国王**为那里唯一的国君，当然必须先**接受八项条款**[这八项条款一直是布列塔尼特殊法律的**基础**，甚至 1532 年布列塔尼完全并入法国后也是如此，这种情况一直延续到 **1789 年革命**以前]。于是博热夫人保证对布列塔尼贵族给以保护，通知公爵弗朗索瓦二世不得迫害贵族并赔偿他们所受到的全部损失。弗朗索瓦二世和皮埃尔·朗杜瓦就向**马克西米利安**{求援}。

奥尔良公爵通过**法庭**终于取消了**图尔会议**关于查理八世已届成年但仍由博热夫人暂时替他执政的决定。后来，这位公爵同**布**

列塔尼公爵、迪努瓦伯爵、阿朗松公爵和原来的王室总管**波旁**〔此人的继承人——波旁公爵——是博热的丈夫〕结成一伙。当时,博热不让奥尔良和迪努瓦享有他们在图尔三级会议上所得到的特权,把奥尔良围困在他所逃往的**韦尔讷伊**(在佩尔什),他只好投降。他**又被允许参加国务会议**,没有收回他的地产和年俸,必须寸步不离宫廷,(也就是说)处处受到监视。陪伴查理八世赴诺曼底的奥尔良再次勾结老总管,竭力在**布卢瓦**搜罗那些被博热夫撤职的路易十一的亲信。他特别寄希望于**布列塔尼公爵**和**朗杜瓦**,后者打算带领军队袭击那些还留在**昂斯尼**的贵族。博热夫人利用**莱肯**即**被她派去援助的一支法国军队的军官**,粉碎了这个计谋。最后,莱肯借助于布列塔尼大法官弗朗索瓦·克雷蒂安,于

**1485年7月17日** 把逃往**南特**去见弗朗索瓦公爵的**皮埃尔·朗杜瓦**"**吊死了**",根本不把那位公爵放在眼里。这样一来,**奥尔良公爵的计谋被粉碎了**,他的这场 guerre folle(荒唐的战争),这场他一手制造的骚乱,终于失败了。布列塔尼公爵在**布尔日**签订的**条约**中不得不承认自己是**法国的藩臣**,可是尚未最后解决的是会不会有这种 hommage lige(忠君的隶属关系),因为关于其他方面,他的会议已经商妥了(在八项条款中),迪努瓦被流放到属于奥尔良公爵的**阿斯蒂**(皮埃蒙特),王室军队占领了奥尔良公爵的全部城堡,**老总管波旁被解除了武装**。

**1485年** 马克西米利安迫使佛兰德的摄政王府的所在地**根特投降**。{这里的}政权掌握在作为民主政府掌权的52个行会首领的手中,**菲力浦**(年轻的勃艮第公爵即马克西米利安和已故玛丽亚所生的儿子)也在他们的手中,这个政府勾结法国政府算计他。〔在平息了**列日**、**乌得勒支**和荷兰的动乱以后,马克西开始收拾佛来米人,攻占了**鲁尔蒙德**和**登德尔蒙德**。根特人为了报仇,野蛮地扫荡**弗利辛根**。马克西占领**斯勒伊斯**和**布鲁日**,接

着包围根特。]根特的居民向他交出了菲力浦,当地根据降约带领5000人进入根特时,{发生了一场}**暴乱**。**希迈亲王**和**拿骚亲王**制伏了乱民,马克西趁此机会把调来援助他的其他城市的部队领进**根特**。他在这里**完全按照奥地利的方式**主宰一切,33个叛乱的肇事者被吊死,100多人被逐,**根特的防务撤销了**,拆毁了一部分城墙,撤除了该城的**炮兵部队**,降约中规定的那笔70万盾①的罚款又增加了,**城市自主证被公然撕毁,52个民主的行政管理机构被撤销,任命了一个贵族的管理机构**。马克西这位风流侠义的德意志封建君王卑鄙地摆脱了**威廉·万·德尔·马克**(阿登的野猪)。后者和洛林的勒奈二世就**入侵布拉班特**一事已同博热夫人商妥。马克西米利安遂同**弗雷德里克·万·霍伦**[列日主教的兄弟]达成协议,此人设宴邀请威廉·万·德尔·马克。在骑马闲游时,霍伦雇用的几个埋伏着的打手逮住了威廉,‖并送往**马斯特里赫特**。侠义好汉马克西米利安立即把他送交为此事成立的一个委员会,并**残暴处死**。

21 ‖

........................................................................

**1485年** 弗里德里希三世在**维也纳**,它已被马蒂阿什·科尔文紧紧包围,不得不投降。**弗里德里希三世**身边只有1500名骑兵,只好离开国土,央求德国的王公诸侯支援。**科尔文**占领了整个**下奥地利**,除了维纳—诺伊施塔特和卡林西亚、克拉伊纳、施蒂里亚的一部分。他在维也纳强迫国会向他这位**奥地利公爵**宣誓效忠。弗里德里希三世{去}莱茵,他和八年未见面的马克西米利安一同去法兰克福,不得不同意**马克西加冕为罗马国王**,过去他一直是**不同意**的,这时反而劝他这样做。

**1486年2月** 马克西米利安在**法兰克福当选**,1486年4月在**亚琛加冕为罗马国王**。**法国的使节都没有出席参加**。

---

① 盾(gulden)是荷兰的货币单位。——译者注

1487 年和 1488 年　佛来米人，尤其是**根特和布鲁日**的居民，给马克西米利安惹的麻烦就像**匈牙利人**给弗里德里希三世惹的麻烦一样多。马克西带领一大群德国雇佣兵，是"**用佛来米人的钱支付薪饷**"的。博热夫人有恃无恐，因为**法国民众**对她很有好感，相反地，马克西米利安却试图同**法兰西上层贵族**结盟。[他置和约于不顾，闯入了**阿图瓦**。]

1487 年 3 月　**在布鲁日，马克西米利安、布列塔尼公爵、奥尔良公爵勾结在一起**，准备再次对博热夫人开战。

1487 年 2 月　博热夫人通过让·德·布罗斯及其妻子——路易十一贿赂这对夫妻从而有权觊觎布列塔尼——再次证实了这件勾当，所以|被她的行动所激怒的|**弗朗索瓦二世**便召集**布列塔尼的头面人物**，强迫他们在领圣餐时发誓：在他死后他们只承认他的女儿安娜和伊萨韦利亚为继承人。这件事以及|弗朗索瓦二世|同马克西米利安的结盟，便成为**博热夫人征收新战争捐税**的借口[王国境内每**五十二** feux①（户）应出一个人，还要供给这个人在服役期间的装备，并付给 60 个苏。她重新接受在路易十一死后被她解职的 6000 个瑞士人的服役，为了支付这些人的薪饷而不设新税，她挖空心思想出了 des crues（增补税），类似如今的 centimes，additionnels（附加税）。她的掌玺大臣对此大为不满，要求"**至少对贵族（notables）应予豁免**"]。

1486 年　除了德意志雇佣兵，**马克西还有英王亨利七世**提供的一批士卒。在战争中他只是一个表现平庸的武士，**可是法国军官德凯尔这位克雷沃克尔公爵**却是一名真正的将才，后者坚守着设防地区[马克西的那笔专门支付雇佣兵薪饷的钱尚未告罄]；马克西的 3000 多名雇佣兵被他吸引过去，其余的人都四处逃散了。蒙受耻辱的马克西只带了一小队人马从阿图瓦返回佛

---

① 法国 feu 直译是星火，意译是户、家。——译者注

兰德。

1487年　**法军在贝蒂讷**{获}**胜**。这一年，双方战事不多，因为都忙于其他事务。

1488年　马克西被布鲁日市民请去庆祝该城的奉献节，前往**布鲁日**。[他再次遭人仇恨：下令把被他赶走的蛊惑民心的政客**阿德里安·维兰**在**库特赖**就地逮捕，押往**布拉班特**；此人逃到**根特**，煽动暴乱。另一个不满的原因是：他的那些德国雇佣兵**胡作非为**，他**滥用托付给他的那笔钱**。法国人通过**德凯尔**答应给佛来米人以支援。]马克西刚抵达布鲁日，

1488年2月10日　**在布鲁日**{就发生了}**暴乱**[那里已经得到根特暴乱的消息]。马克西想去根特，可是城门已向他紧闭。

1488年2月14日　马克西真的成了布鲁日居民的俘虏，他的府邸被抢劫一空。他的亲信，除了少数人逃走以外，都受到严刑并被处死。

1488年5月16日　马克西获释，在此以前他已经用"最神圣的誓言"同布鲁日的市民确立了一份**屈辱**的条约，并留下三名显赫贵族的代表作为人质。他同意**佛兰德脱离德意志联盟**[尼德兰的其他一些省仍然是**德意志帝国的组成部分**（这对它们有好处！）]。答应**根特**和**布鲁日**的造反者在涉及法国方面恢复**阿拉斯条约**所规定的一切；在佛兰德，不再对自己的儿子菲力浦进行监护，对其他各省的监护权仍然保留；答应在**根特**和**布鲁日**承认那些他以前**撤销**的**民主管理机构**；保证自己的"**德意志雇佣兵**"三天内撤出佛兰德，八天内撤出尼德兰。

对付博热夫人，有一个**强大联盟**：它的首领是归国的**迪努瓦**，参加者有：**奥尔良公爵、昂古莱姆伯爵**、{整个}**富瓦家族、阿尔布雷爵士及其儿子让**（由于联姻而成为纳瓦拉国王）、奥伦治亲王、**莱肯、吉延的总督、讷韦尔伯爵、蓬斯**大人和**奥尔沃**大人，甚至还有**洛林公爵**这个奥尔良公爵的宿敌，{路易十一的}两个枢密顾问**科米纳**和**吉兰**。这些人并不齐心协力，也

没有武装。博热夫人立即占领**吉延**这块最危险的地段，惩治了莱肯，迫使**昂古莱姆**和**阿尔布雷**主动屈服，其余的人**逃往布列塔尼**。可是**布列塔尼的贵族对奥尔良公爵十分仇视**，最后，50多个贵族{结成了}一伙，同博热夫人谈判，打算迫使布列塔尼公爵撵走那些逃亡者。**法国军队**开进**布列塔尼**；损失了大部分兵力的弗朗索瓦公爵在**奥伦治亲王**的帮助下逃往**南特**。**南特被法国军队和**{布列塔尼的}**贵族包围了**，博热夫人要求自己的弟弟把**这个城市**送给她，所以**布列塔尼的贵族**都认为这是对条约的破坏[布列塔尼的任何一寸土地都不应该归法国所有]，因此他们转到另一方。**下布列塔尼的居民**都武装起来，准备保卫自己的公爵。马克西米利安派遣的1500名德国"士卒"在南特港登陆，‖博热夫人派出一支新法国军队，占领了许多设防地点。根特和布鲁日的市民不让马克西米利安去援助安娜，她以前曾被议定做他的妻子，奥尔良公爵也想染指于她。一些**英国贵族**担着风险派出军队援助弗朗索瓦公爵，此人的军队也得到一些心怀不满的法国人的增援。法国军队由**特雷穆耶**率领。在另一个阵营，奥尔良公爵、奥伦治亲王、司令官里约、阿尔布雷爵士并不齐心协力。

1488年2月　由于召集贵族而变为大理院的**法国高等法院**三次要求这个联盟中的法国人（出庭），其中有奥尔良公爵和布列塔尼公爵。这两人没有出庭，所以在

1488年5月　被宣布为**国事犯**。在此以前，博热夫人的丈夫于

1488年4月1日　**在老总管**（波旁公爵，即奥弗涅、福雷、里尔－茹尔丹伯爵）**死后**，成为法国势力最强大的贵人之一，博热夫人为**执行判决**[最高法院作出的] 又向布列塔尼派去12000人。由特雷穆耶率领。这时，**阿尔布雷和奥尔良**成了不共戴天的死敌，因为**安娜**看中的是她所爱的奥尔良，而不是阿尔布雷。在双方军队交战前，阿尔布雷企图害死奥尔良，{但是}阴谋已被揭穿。

1488 年 7 月 27 日　圣欧班战役。**联军一败涂地**。被俘的有：**奥尔良公爵**和**奥伦治亲王**，他们军队中的英国人都**被砍死**（活该！）。所有的城镇，除了**雷恩**，都落入法军之手。雷恩回答王室传令官有这样一句话："我们不怕国王，不怕他显赫强大。快把这个令人高兴的回答告诉特雷穆耶先生，你们也别指望从我们这里得到什么。"

1488 年 8 月 21 日　**圣马洛失守**，**布列塔尼公爵**必须接受在**萨布莱**迫使他接受的那些难以忍受的条件。其中有一条是必须保证**未经国王准许决不嫁出安娜和伊萨韦利亚**。

1488 年 9 月 9 日　**弗朗索瓦二世这位布列塔尼公爵死亡**。他在遗嘱中指定司令官里约保护他的两个女儿，并维护国土不受侵犯。

..................................................................
......

（11）法国人和西班牙人对那不勒斯的掠夺战争

1500 年　路易十二这个蠢货占领米兰以后，**拒绝那不勒斯国王费代里戈的建议**，即**承认**法国国王为**宗主**并且每年纳贡，他反而与"天主教徒"一起阴谋策划，后者于

1500 年 5 月　已经装备了一支部队和舰队；据说是对付土耳其人。被摩尔人和那不勒斯国王费代里戈召来的土耳其人，不仅在达尔马提亚和伊利里亚，而且在威尼斯占领的**卡拉布里亚海岸**攻打**威尼斯人**。

1500 年 9 月 22 日　（天主教徒斐迪南在格拉纳达批准）所谓的**格拉纳达条约**，即**路易十二和天主教徒瓜分那不勒斯王国的条约**。{为了签订这份条约，有一个}无耻荒谬的借口：费代里戈和摩尔人向土耳其求援！［参看上文：教皇和土耳其人，等等］。路易十二应得到**那不勒斯、拉沃罗省、阿布鲁齐**，以及**那不勒斯国王称号**，斐迪南应得到**阿普利亚和卡拉布里亚**以及这两处的**公爵称号**。Dogana（卡皮塔纳塔的牲畜的关税，值 10 万杜

卡特）应由西班牙官员征收，分给西班牙和法兰西两国政府。**教皇批准这项条约，**切萨雷·博尔贾陪同**法国军队执行这项条约。**

1500 年　这一年，科尔多瓦的冈萨尔沃从海上和陆上支援威尼斯人攻打土耳其人，从土耳其人手中夺回**凯法利尼亚**，交还给威尼斯人。

|| 34 || 1501 年初：冈萨尔沃被派往西西里，再从那里占领那不勒斯王国的南部。

1501 年 7 月　**奥比尼率领的法军**（其中有许多瑞士人）开进那不勒斯王国，只在**卡普亚**近郊遇到了抵抗，经过猛攻，该城陷落[**切萨雷·博尔贾下令在卡普亚为他挑选 40 名美人和少女带到罗马**]。**费代里戈**逃到伊斯基亚群岛，向已抵达的法国舰队投降。在法国，路易十二把安茹和曼恩送给他。他死于 1504 年。他的长子**斐迪南**在 1550 年以前一直住在西班牙，两次结婚，娶的女人都是显然不能生育的。

⋯⋯⋯⋯⋯⋯⋯⋯⋯⋯⋯⋯⋯⋯⋯⋯⋯⋯⋯⋯⋯⋯⋯⋯⋯⋯⋯⋯⋯⋯⋯⋯

瓜分者之间发生了争斗。**格拉纳达条约**没有提到**莫利塞城郊、贝内文托谷地、普林奇帕诺**和**巴西利卡塔**这几个省。没有**卡皮塔纳塔**，就不能守住**阿布鲁齐**和**拉沃罗**，所以法军**向西班牙人**提出不仅要征收牧群税，而且要占领卡皮塔纳塔。**内穆尔公爵**曾是路易十二的总督，**科尔多瓦的冈萨尔沃是斐迪南的代表。**

⋯⋯⋯⋯⋯⋯⋯⋯⋯⋯⋯⋯⋯⋯⋯⋯⋯⋯⋯⋯⋯⋯⋯⋯⋯⋯⋯⋯⋯⋯⋯⋯

1501 年 7 月　法国人和西班牙人开战。

1502 年全年　（冈萨尔沃率领的）西班牙军被（奥比尼指挥的）法军赶出阿普利亚，冈萨尔沃好不容易才守住**巴列塔、安德里亚、加利波利、塔兰托、科森扎、塞米纳拉**和其他一些据点。如果按照奥比尼的建议全力猛攻，巴列塔也许就会陷落了。**内穆尔**按照封建领主的习俗，表面上让**巴亚尔、费朗索瓦·于尔菲、托尔西、蒙德拉贡**这些法兰西骑士同西班牙骑士像斗牛那样战斗。奥比尼很不满意这个年轻笨蛋（侠义的）内穆尔的瞎指挥，只要攻下巴列塔，他**也许就能以这次袭击结束这场战争了**。被天主教徒欺骗的路易十二还干了一件蠢事：

1503 年 4 月 5 日　路易十二在里昂与菲力浦大公（天主教徒斐迪南的女婿）**签订一项条约，后者从中获得无限的权力：1500 年出生的菲力浦的儿子查理**（后来的查理五世）必须同路易十二的两岁女儿**克劳迪娅订婚**，这两人都得到那不勒斯国王和王后、卡拉布里亚公爵和公爵夫人的称号；在结婚前，那不勒斯王国的西班牙语部分归**菲力浦**所有，在**法语部分**指定一名双方都同意的总督。**路易十二**〔真是头蠢驴!〕扣住**在热那亚装备的舰只、军队以及粮草**〔支援那不勒斯的〕；**斐迪南**〔与菲力浦一起〕向冈萨尔沃下达停战令。〔**斐迪南瞒着菲力浦另搞一套，下令冈萨尔沃不听菲力浦的命令。**〕于是，蠢驴路易十二自我束缚了双手。这时斐迪南就把**人力和财力从的里雅斯特送往巴列塔**，派出 15000 名新军到卡拉布里亚去对付奥比尼。他们的首领**波托卡雷罗**在卡拉布里亚登陆后不久身亡，接替人是**费尔南多·安德拉达**，他手下的人是：**曼努埃尔·贝纳维德斯、冈萨尔沃·阿瓦洛斯、胡安·卡多纳和安东尼奥·莱瓦**（后来是查理五世的优秀将领）、安德拉达向奥比尼包围的设防城市**特拉诺瓦进军、奥比尼迎战，向他进攻。**

1503 年 4 月 25 日　**奥比尼在塞米纳拉**（在卡拉布里亚西南、雷焦以北）**战役中被彻底击败**，安布雷库尔、马莱尔布和奥尔巴尼公爵约翰·斯图亚特战死沙场，奥比尼逃往**安吉托拉堡**，随即向西班牙军投降。

这时，**冈萨尔沃**为了袭击内穆尔，"悄然"撤离巴列塔。

1503 年 4 月 28 日　**塞林纽尔战役**（离巴列塔有十六个小时的路程）。**法军战败，内穆尔阵亡。**

1503 年 7 月底　**法军被彻底赶出那不勒斯王国**〔这都是因为路易十二太愚蠢，因为"天主教徒"玩弄了欺诈手腕（Bescheisserei）〕。

1500 年 4 月 10 日以后　当那个摩尔人在诺瓦拉被出卖时，被"地方当局"｛即自己的州｝从各个部队召回的瑞士人［这些小伙子大部分来自四个小的森林州，来自格劳宾登］占领了贝林佐纳［占领者是一些来自乌里的瑞士人］，从而为诚实的瑞士人建立现今的泰桑州，这就成了路易十二派驻米兰的总督［因为贝林佐纳等地属于米兰省］与瑞士人交战的原因。正当卡拉布里亚和阿普利亚进行最后几场战斗的时候，由于来自乌里的瑞士人有｛其他各州｝瑞士人的支持，一直侵入马焦雷湖西南岸的阿罗纳。

1503 年 4 月 10 日　为了向天主教徒斐迪南报仇雪耻而进行这场战争的路易十二首先需要瑞士人。他签订一项条约，按照这项条约，里维埃拉、贝林佐纳和博伦察并入乌里、施维茨和翁特瓦尔登这三个森林州，这三个森林州把它们组成几个区，受三个州的共同管辖。拉·特雷穆耶奉路易之命率领这些瑞士畜生前往那不勒斯。但很少作为［这件事以后再谈］。

1503 年 9 月和 10 月　路易派出里约元帅率领的前往鲁西永的第二支部队围攻塞尔萨斯一个半月，但是，斐迪南在阿拉贡招募的 6000 名民军开到佩皮尼昂，迫使这支部队撤退了。斐迪南跟踪追击，占领许多法国城镇，而且还要另一些城镇交纳军事赔款。在加斯科涅招募的第三支部队应当从丰特拉维亚攻入纳瓦拉。但是路易十二也很精明，把这支部队交给纳瓦拉国王的父亲阿尔布雷爵士率领。此人当然顾惜儿子［他也不愿与天主教徒斐迪南关系恶化］的领地。

不久斐迪南签订和约［意大利不在内］，停战期为三年。

......

（2）美洲的发现。克里斯托弗·哥伦布

葡萄牙人乘船逐渐绕过非洲西海岸［卡斯蒂亚人也从当地有过

几次航行，也在那一带有所发现］。

**葡萄牙**。

1454 年　佛得角群岛被（来自里斯本的）**卡达莫斯特**发现。

1456 年　卡达莫斯特发现**比热戈斯群岛**（几内亚对岸）。

1462 年左右　佩德罗·德·辛特拉沿着几内亚南岸，发现一些群岛直达马拉盖塔或胡椒海岸。沿着几内亚南岸继续航行。

1487 年　巴托洛梅乌斯·迪亚斯沿非洲西部的南岸航行，**发现风暴角**。后称好望角。

1497 年　**华斯哥·达·伽马**（直接从里斯本）启航。

1497 年 11 月 20 日　抵达**好望角**，离东非海岸不太远，驶往印度，抵达**德干高原的卡利卡特**①，那儿有**葡萄牙人**建立的一个印度帝国。葡萄牙人认为从海路进入"黄金国"印度是自己独有的权利。他们**不准外国人用他们的航海图**，也不让人们知道他们使用了航海指南针。在华斯哥·达·伽马时期，人们已经想到地球是圆球形的，所以不仅**向东走**，**而且向西走**，都可以到达**遍地是钻石珠宝**的印度这片奇妙的国土。

1446 年　**克里斯托弗尔·哥伦布**生于热那亚（迁往西班牙后，取名哥隆），长期住在**葡萄牙**，习航海术、天文和数学，独自进行过几次有益的海上航行，娶了一个在葡萄牙宫廷中有威望的贵族的女儿。但是**葡萄牙的若奥二世**虽有进取之心，对哥伦布的计划却无动于衷。哥伦布还遭到心存疑窦的**热那亚元老**的拒绝。他派兄弟**巴托洛梅乌斯**晋见英国国王**亨利七世**，他本人去求**斐迪南和伊萨韦利亚**（在安达卢西亚），他们当时在 1484 年开始第二次进军格拉纳达。

1486 年冬至 1487 年　［航海专家（由天文学家和航海专家组成的王室**委员会**）在**萨拉曼卡**的圣斯蒂凡修道院开会讨论哥伦布的计划。］1486 年至 1487 年的冬天，斐迪南和伊萨韦利亚也出席

---

① 卡利卡特（Calicut）是科泽科德的旧称。——译者注

了。这个计划被认为是幻想，但是**王室忏悔牧师弗朗西斯科·迭戈·迪亚斯**这位能左右伪装虔诚的伊萨韦利亚的首席神学教授，却支持哥伦布[他也不再被认为是"骗子"了]。他作为上宾被接纳为宫廷近臣，六年中他一直没有得到最后答复，一直等到格拉纳达陷落。（1491 年底）**格拉纳达终于投降**，这时哥伦布仍无指望，因此于

1492 年 1 月　离开这对国王夫妇，从**圣菲**营地去科尔多瓦。在一座桥上，他遇到**圣安杰洛的路易斯**，这位受王后宠幸的阿拉贡的**教会收税官**和**财政大臣金塔尼利亚**，他们曾向这个两面三刀的荡妇（bigotten Weibsbild）证明，西班牙不应当落后于葡萄牙，葡萄牙要是走**东路**，发现金银财宝和用武力改革基督教的人群，那么西班牙就应当走**西路**去寻找这些东西。

1492 年 4 月 17 日　哥伦布同天主教徒和伊萨韦利亚{签订}合同。他为未来的发现提出许多要求，他们都同意了，但是对他支持不多，拨给三艘破船。其中两艘不足 100 吨，一艘只有 40 吨。

1492 年　哥伦布的首次航行是从**帕洛斯**出发的。尚未抵达**加那利群岛**（西班牙人在 1495 年征服**特内里费岛**之后才占领这些群岛），他的船都已严重破损。

8 月　他停在原地整整一个月。

1492 年 9 月 6 日　才沿着未经探索的海洋行驶。

1492 年 10 月 13 日　他抵达**瓜纳哈伊群岛**，给它取名**圣萨尔瓦多**，随后抵达**古巴**和**伊斯帕尼奥拉岛（海地）**。不久他却折返，

1493 年 3 月　在**西班牙**海岸停泊。教皇**亚历山大六世**在两份圣谕中把西班牙人在西方抢占的一切赏给西班牙人，他的几位前任都是这样把葡萄牙人在东方抢占的一切"赏给"葡萄牙人。

1493 年 9 月 25 日　哥伦布的**第二次远航**[17 艘船，约 2500 人，只有 3 艘船是 100 吨的，当时这已经是良好的装备]从加的斯海湾下水。

11月2日　**发现一个岛屿**。称 Dominica①，因为这一天是星期日。｛哥伦布前往｝**伊斯帕尼奥拉岛**，建立一个约有1000个**西班牙人**的新镇［以前他曾在这个被他称作纳维达的地方留下30名西班牙殖民者，这些留守的人都不见了，他们的房屋全被焚毁］。他发现了小安的列斯群岛的大部分岛屿。

1495年2月　哥伦布让12艘船回西班牙去为他运一些他迫切需要的补给品。［**截船抢劫**是一些美洲的西班牙冒险家的唯一目的，在哥伦布写给西班牙宫廷的一些报告中也有所证明］。［哥伦布的报告把自己描绘成一个海盗。有关的具体材料可以参看｛施洛塞尔｝第191页②。］［**贩奴就是基本准则！**］

1496年　哥伦布被召回｛西班牙｝。

1498年5月底　哥伦布的第三次航行。
　　1498年8月30日他再次抵达他所建立的圣多米尼加城。

1500年8月底　天主教徒派**博瓦迪利亚**去古巴，必要时在半途除掉哥伦布。哥伦布作为囚徒披枷戴锁返回西班牙。在这第三次航行中，哥伦布抵达一块大陆，也就是说，发现了**从奥里诺科河口到加拉加斯**的加勒比海南岸。

1502年　哥伦布的第四次也是最生一次航行。他到了达连湾。

1506年　哥伦布逝世。

----

① Dominica 即多米尼加，葡萄牙语 Domingo 是"星期日"。——译者注

② 在马克思提到的地方，施洛塞尔写道："在这方面，哥伦布带给西班牙宫廷的那些表功的消息，以及他的返回的伙伴的描述，证明这些向往新世界的西班牙人的唯一目的，就是抢劫、暴力和占领，哥伦布的学术追求固然值得敬仰，他对新时代的贡献固然巨大，我们也高度评价他的智慧和决心。但是谈到他的这些报告，不能不令人毛骨悚然。他给被遣返西班牙的人一些用暴力抓获的野人和从野人手中换到的黄金，他以此为诱饵为自己换取马匹、牲畜、绵羊和各种食品。同时他还说，把岛民变成奴隶，让那些野蛮敌对的加勒比人——像他说的那样——因毫无人性而受到惩罚，是天经地义的。他甚至要求政府不必花钱给他运送他所需要的大量物资，不过可以鼓励商人把它们运往古巴，用他的话来说，商人们在那里可以用商品换到伊萨韦利亚的臣民捕获并卖给他们当奴隶的人。他说，这些俘虏未必比非洲奴隶差。哥伦布迎合西班牙理财家的贪心，因为可以抽取从这些岛屿运往西班牙的商品税。"（施洛塞尔：《世界史》，1864年，俄文版，第11卷，第185～186页）

## Ⅳ. 从活尔姆斯帝国议会到第一个宗教合约（1532年）时期德国所发生的几件事

……

### （3）农民战争

1524年　农民（农奴和佃农）动起来了；成百成千的传单和小册子；许多教士被免去教职，但挡不住他们的布道；伟大的**塞巴斯蒂安·弗兰克**（他的《历史记事》一再翻印）。[**塞巴斯蒂安·弗兰克**——他写过一本激怒了顽固的路德的书《**怪论集，或圣经中二百八十段奇谈**》（1533年）——是一个真正的神秘莫测的泛神论者。塞·弗兰克（1500年他生于**多瑙沃特**）的著作大部分是在1528年和1545年之间{问世的}。他先后被逐出纽伦堡、乌尔姆、斯特拉斯堡。{弗兰克认为}基督只不过是一个英勇的改革家。这部**德国谚语集**被市民和农民当作（德国的）圣经，此外还有《**历史记事，从混沌初始到1530年的大事记（Zeytbuch）和历史圣经**》、《**德意志，或德意志土地和德意志各民族起源、习俗的编年史**》。他认为一切宗教和教派都无分轩轾，还说人人都有基督的品质，后来他的这部著作消除了《圣经语词集》（Konkordienformeln）和路德食古不化的教义的毒素，它于1551年在乌尔姆出版，共三卷。]对农民战争起直接思想影响的显然是那些利用德国农民提出的十二条款来支持**瑞士共和主义改革**的人，这些人一开始就比盲目狂信鬼神的庸人（Spiesser）路德更勇敢。

1524年6月底　**施蒂林根的起义**。当地的农民深受**伯爵西格蒙德二世**及其鹰犬爪牙的残酷欺压，起义很快蔓延到[**布赖斯高和克莱特高**，也就是说，离瑞士不远了]。

1524年7月　农民宣布**不再**听命于**贵族**，只服从**皇帝**。1200个农民举着黑、红、黄三色的帝国旗帜向瓦尔茨胡特移动，市民也参加了。这些人自称为"福音兄弟会"，公开地和秘密地派一些信使去**松德高**（在阿尔萨斯以南）、**黑高**（在现今的巴登区）、**阿尔萨斯、施瓦尔、莱茵地区、法兰克尼亚、摩泽尔、图林根**。他们声明"再也不向老爷们俯首贴耳，再也不伺候任何人，除了皇帝；他们同意向他交捐纳贡，但愿他不要劝阻；他们要把城堡、寺院和带有教会名字的一切全部铲除"。他们掌权八个月。**他们要求一些骑士一同举事，这些骑士对他们的事业并不热心。**他们的装备很差，根本没有武装。

1525年3月　在德国，到处传播着**农民的十二条款**，或**《福音派的抗议》**（下层阶级反对上层阶级的）。这份福音书相当温和，合乎道义，也应该是**其他国家的法律。托马斯·闵采尔**用另一种激进的笔调起草了一份**上施瓦本农民宣言**，人们通常称之为**《书简》**（Artikelbrief）。在整个施瓦本，叛乱蜂起。**帝国政府在埃斯林根**颁布一些命令，而在乌尔姆的**施瓦本联盟的会议**却是对

1525年2月　发生的农民革命行动的规劝。施瓦本联盟给农民派去查理五世雇用的两名军事首领：**格奥尔格·冯·弗龙兹堡和特鲁赫泽斯·格奥尔格·冯·瓦尔德堡**；后者于

1525年3月　调集一支军队迎战进入施瓦本的**符腾堡的乌尔里希**（他领导一批他召雇的雇佣军），他率领这支军队袭击已经分为三股驻守在**比伯拉赫、阿尔高和博登湖**的农民。农民的领袖主要是**教士**，其中有艾希施泰滕教区牧师**弗洛里安神甫、乌尔姆近郊的莱普海姆的神甫汉斯·韦埃大师、朗格瑙和金茨堡**的一些教士。**特鲁赫泽斯·格奥尔格的军队**首先攻击一支向**多瑙河**移动的六七千人的队伍，先后在**艾尔欣根和莱普海姆**让这支队伍受到毁灭性的打击，所以

1525年4月5日　在这两地周围，尸横遍野，俘虏遭到酷刑。随后特鲁赫泽斯移向驻守**乌尔察赫**的人，**阿尔高**和直到**博登湖**一带的

"暴徒乱民"立即被他和一些骑士镇压。对这些骑士的野蛮暴行采取报复手段（捣毁城堡、教堂、寺院，杀死贵族和教士）的是**奥登林山**和**内卡河谷**的农民（当时特鲁赫泽斯正向他们逼近）。在**魏恩斯贝格**这座城堡里住着一位**黑芬施泰因伯爵**，他娶的是**马克西米利安一世**的一个私生女，他从斯图加特返回，发现所有的地方全被愤怒的农民占领，就召集了一批见农民就杀的**黑森和普法尔茨的骑士**，农民得悉**上施瓦本**的暴行，就惩治他(**黑芬施泰因**)和**博特瓦尔市市长**魏勒尔，以示报复。经**魏恩斯贝格市民**的同意，

**1525年4月15日** **魏恩斯贝格市和城堡**被农民攻陷，他们杀死这两个人和所有的骑士，一阵乱箭把人都赶走了（太好了！）。整个**符腾堡**爆发起义，**帝国政府**迁出埃斯林根，斯图加特危在旦夕，这时

**4月底** 特鲁赫泽斯·格奥尔格已率军逼近。农民有一支精锐的炮兵，受到许多骑士和将领的支持。纷纷传说**葛兹·冯·伯利欣根**（济金根的朋友）打算自称为从**上施瓦本**到**图林根**这一带的起义者的首领。一支有两万人的农民军队焚烧了**黑伦贝格**，

**1525年5月的第一周** 驻在**伯布林根**，受到**格奥尔格**的攻击。

**1525年5月11日** 在**伯布林根**和**辛德尔芬根**之间的一场真正的厮杀。**农民同施瓦本联盟的骑士搏斗了三个半小时，胜负取决于对伯布林根的占领，然而伯布林根的居民全是叛徒**，他们让特鲁赫泽斯进城，此人就从该城扫射农民的部队。这些"高贵的大人"获胜后，"像匈奴人一样暴戾"。在上施瓦本和符腾堡遭受镇压时，内卡河谷和奥登林山的农民加入了**法兰克尼亚的起义**。这次起义很有秩序，制定了一整套帝国新制度的计划，规划了一些州郡。**海尔布隆**将成为德国西南部、阿尔萨斯和洛林的部分地区的中心。但是，**特鲁赫泽斯·格奥尔格**把自己的军队（施瓦本联盟的军队）与那些危在旦夕的诸侯的骑士队伍编在一起。农民烧毁了**200多个贵族庄园、教堂、城堡**，在他

们占领的维尔茨堡成立了自己的**大委员会**,包围了{当地的}**马林堡要塞**。但是**特鲁赫泽斯·格奥尔格**配合**特里尔选帝侯里沙德、普法尔茨的路德维希、巴伐利亚公爵奥托**和**维尔茨堡主教**的军队于

**1525年6月2日** 在柯尼希斯霍芬战役中使起义者受到惨败,用两天时间彻底歼灭农民部队的那支所谓的**黑军**,给**维尔茨堡**解了围。对溃逃者和俘虏惨无人道,农民英勇地搏斗,6000人在**柯尼希斯霍芬**战役后立即遭到残酷杀戮。‖{在洛林},**安东公爵和弟弟克洛德·吉斯**先杀死与**阿尔萨斯—察伯尔恩农民军**主力走散的数千名农民,接着袭击这支部队,见人就杀。洛林的雇佣军捣毁(先是洗劫)**察伯尔恩**和**主教城堡**,农民试图堵住**安东公爵**,不让他利用沃维尔山口撤退,但是**又失败了**。这是**吉斯家族**(老淫棍勒奈的后裔)在同内敌的较量中的第一个战绩。

在**弗赖堡、巴塞尔地区和松德高**,农民的骚动被平息了,流血不多,或者没有流血。

在**普费德斯海姆**(沃尔姆斯以北),所有信奉天主教的**选帝侯、特里尔的里沙德和普法尔茨的路德维希**战胜了集结在那里的莱茵地区附近的农民,杀死了800个求饶的农民,有些人是被里沙德老爷亲自杀死的。

..........................................................................

### (4) 宗教改革的成功。托马斯·闵采尔和图林根的狂热幻想家(Schwärmer)

**1523年6月在马格德堡**,市议会不征询**大主教阿尔布雷希特**的意见,就凶相毕露,武力反抗**皇家最高法庭**和**帝国政府**,不许它们执行所宣布的对市议会的贬谪。

[**1523年6月23日** 马格德堡的市民聚在一座奥古斯丁会的修道院里,要求议会实行新的礼拜仪式,这已经实现了。]

**1523 年拉撒路的星期日**　一个攻击过异教徒的来自美因河畔法兰克福的神甫被民众赶出教堂。议会实行改革。

同年，路德的著作《论宗教团体的礼拜仪式》出版了。这时他要求的那些改革还一直受到抵制，他把奥古斯丁会修士的一座修道院交给选帝侯，在这座修道院里只剩下一位院长和他本人，他脱下了僧袍。

**1524 年 10 月 9 日**　路德第一次不穿僧袍，而是穿"牧师法衣"布道〔衣服的呢料子是选帝侯送给他的〕。宗教改革取得成功主要是因为**教会财产国有化了，一些骑士家庭和诸侯家庭得到了好处**；另一方面是因为，一些转向新教义的"神职人员""**结婚成家**"了。最有影响的例子是**普鲁士的条顿骑士团团长**，不久"佩剑骑士"都纷纷仿效，这些人在里夫兰、爱斯兰和库尔兰得到许多国有化的领地和骑士团长的职位。在这位**勃兰登堡**的"**阿基里斯**"死后，**霍亨索伦家族分成两个支系**。其中一支统治**勃兰登堡**，另一支统治**安斯巴赫**和**拜罗伊特**，在勃兰登堡，继承**约翰·西塞隆**〔阿尔布雷希特这位"阿基里斯"的儿子〕的是选帝侯**约阿希姆一世**。他成为路德的死敌是因为路德曾谴责他的弟弟阿尔布雷希特这位美因茨和马格德堡的主教，该主教最感兴趣的是**特策尔做赦罪符的生意**。继承坏蛋约阿希姆的是

**1535 年**　他的儿子约阿希姆二世，这个勇士经过**认真考虑**终于成了**路德派信徒**，他瞩目的正是被他的堂弟即**条顿骑士团团长安斯巴赫和拜罗伊特的阿尔布雷希特所攫取的普鲁士**。

**1524 年**　安斯巴赫和拜罗伊特的阿尔布雷希特这个"勃兰登堡人"从纽伦堡帝国议会返回，在维滕贝格与路德和梅兰希顿几次磋商。他们建议他把**属于骑士团的普鲁士收归世俗国家所有**，〔当时阿尔布雷希特是当地的骑士团团长，〕就像在**德国**曾〔根据他们的〕意见使一些修道院世俗化一样，阿尔布雷希特大人为自己的家族攫取了**骑士团这份财产**，而且同**波兰国王西吉斯**

蒙德一世达成了协议，他的安排是，**把普鲁士从德意志转给波兰**。

1525 年 他"公开地"自称为福音学说的信徒，**把普鲁士**变成一个公国，把骑士团的领地变成世俗封地。根据与西吉斯蒙德的协议，**普鲁士的一部分仍留给波兰人**，可是归骑士所有的那一部分于

1525 年 4 月 8 日 变为**封臣的领地**（作为**波兰的国有封地**）落入昔日的**骑士团团长**、从此成为"公爵"的"**阿尔布雷希特**"之手。于是，阿尔布雷希特便摆脱了**皇帝**和**帝国**，把普鲁士交给因此而一直仇视骑士团的波兰当局。阿尔布雷希特的弟弟**亚格恩多尔夫公爵格奥尔格**早就是路德派信徒，对"**阿尔布雷希特**"**十分嘉奖**！

1522 年 **托马斯·闵采尔被赶出阿尔特施泰特**、萨克森和纽伦堡，他参加了 1523 年上施瓦本的**农民起义**（当时起义已从施瓦本扩展到图林根），又出现于**图林根和富尔达地区**，后来就在当地被逮捕。

1524 年底 {闵采尔活动}于**帝国城市米尔豪森**[以及毗邻的哈茨]。当时米尔豪森是完全独立的，{城里有}居民一万人左右，周围有 20 个村镇。**托马斯·闵采尔**早已到过这里。迎接他的是**普费菲尔**[绰号"铸剑者"][**普雷蒙特雷修会**①**修士**]和其他一些热心的弟子。市政官员听任民众选举闵采尔为**总神甫**，使米尔豪森成为阐释神意的人的居住地。**心怀嫉妒**的路德一心想在自己的集团内做"**教皇**"，他写道："**闵采尔是米尔豪森的国王和皇帝，从来不是个导师。**"民众期待他的"财产公有制"，期待他把《圣经》作为基督徒法庭的唯一法典，就像穆斯林

---

① 普雷蒙特雷修会（Premonstratenians）是 12—16 世纪欧洲各地的僧团，俗称白衣修士会，1120 年由荷兰人、基督教马格德堡大主教诺贝尔特（Norberts, 1180—1134）在法国北部普雷蒙特雷（Prémonstré）创立，又称诺贝尔特会，该会遵循奥古斯丁修会的隐修规则，禁欲苦修。——译者注

的《古兰经》那样。民众从四面八方汇集到米尔豪森，**市议会不得不"呈请辞职"**。

**1525 年 3 月 17 日** 选举了一个新议会，名为"**永久议会**"，它的主席是闵采尔。这个议会的成员都是最热心拥护他的人。闵采尔把修士和约翰骑士团的骑士都赶出城外，为公众福利而没收他们的财产，**对他的各种诽谤**全是坏蛋**梅兰希顿捏造的**，这些都载入了**德国的各种历史书籍**中，1848 年以后，梅兰希顿的这些谎言才根据许多**历史文件**被推翻。

**1525 年 5 月** 为进一步扩大《圣经》的统治地位，从米尔豪森{开始}有所行动了。[诸侯的奴才路德骂闵采尔是"杀人的先知"]。**霍恩施泰因、施托尔贝格、曼斯菲尔德、拜赫林根**这些伯爵领地和**爱尔福特**地区——都在进行这场运动。这方面的消息已传入**施瓦茨堡、阿尔滕堡、迈森、科堡、艾希斯费尔德**。

72 ‖ **1525 年 4 月** 诸侯的奴才"**路德**"**徒劳无益地**四处奔波，"宣传'服从长官'"，在自己的故乡城市**艾斯莱本**他也不受欢迎，一筹莫展（Stinkt er ab），而闵采尔已经建立了一个反对当局和现存制度的真正的同盟。在同盟者中第一个就是{要求}根除不敬神的人的普费菲尔。**从伦山（Rhön）到哈茨，农民的十二条款成了根本法律。小业主都被迫加入**福音兄弟会、富尔达（城）被占领，5000 名农民迫使**盖斯费尔德**这座城市加入兄弟会。从**萨勒河**到**威悉河和易北河**，农民的军事行动大获胜利，**普费菲尔向艾希斯费尔德的进军势如破竹**，**爱尔福特**受到数千名农民的劫掠。当时**路德**——这位气壮如牛的**西豪·德·蒙福尔**①却"胆小如鼠"——开始要求诸侯动手杀人，他就像那个狂暴的、诽谤告密的"**教皇**"。他在致吕耳博士的一封信中写道："至于说农民盼望仁慈，那么当然，上帝一定会拯救并保

---

① 西蒙·德·蒙福尔（1160—1218）是教皇英诺森三世镇压法国南部阿尔比派的一个将领。——译者注

护其中无罪的人,上帝对罗得(不用说,是一个好的典范!)和耶利米就是这样,凡是得不到他的拯救的人,无疑都是有罪的人——无论如何,这些人已经缄口不语并且赞同了。智者说:Cibus, onu set virga asino｛是驴子就要吃喝、驮重、挨鞭子｝,农民[这位变成修士的农民写到]有了**麦秸**就心满意足了,他们很愚钝,就是不听话[不听马丁的**教皇训谕**!],因此他们应当挨鞭笞,遭枪决,**这是活该**。我们应该为**他们祈祷,使他们俯首听命**,如果他们不听从,他们就得不到仁慈,让枪炮显威吧,否则将不可收拾。"这个坏蛋在骑士即那帮凶手和刽子手**获胜**后,描绘了图林根的情景:"**对老爷们的胜利,其实他也害怕(!),同样也害怕农民的胜利**。如果后者获胜,那么贩夫走卒也会成为修道院院长;如果那些暴君当上了主人,那么**老泼妇**也会成为**女修道院院长了**。"(以前他不"害怕"农民,这种胜利就是**上帝**的胜利,就是这次"老泼妇"一模一样的上帝的胜利)。路德的这番充满愤恨的话,**选帝侯智者弗里德里希**并不赏识。继承他的是

1525年6月初 **约翰坚贞者**(der Beständige)这个把路德的话奉为圣经的酒鬼,这个约翰立即加入了**黑森的菲力浦、萨克森公爵格奥尔格、曼斯菲尔德伯爵阿尔布雷希特、不伦瑞克公爵亨利希**的军队。

托马斯·闵采尔命令在最近几个月造出武器,由米尔豪森出发,率领大约8000名没有军事训练和装备的农民,扎营在**弗兰肯豪森**(在施瓦茨堡—松德斯豪森)。

1525年3月 **黑森的菲力浦**准备同特里尔、普法尔茨结盟对付农民,许多修道院院长、主教、**特里尔选帝侯、维尔茨堡主教**和**班贝格主教**都躲避农民,逃到了**海德堡**。他知道在**萨勒河、威悉河**与**易北河**之间到处都爆发了起义,就利用**自己的军队即侠义的骑兵和大炮**,把农民和所有追随农民的人从陶伯河赶走,占领了**富尔达**和**盖斯费尔德**,对农民毫不宽恕。**他的岳父萨克森公**

爵格奥尔格召他去图林根，在布特尔施泰特他遇上了萨克森的格奥尔格，与他会合的是不伦瑞克的亨利希——他们共有3500名步兵（除了骑士和雇佣骑兵）。[他们向弗兰肯豪森推进，]在弗兰肯豪森，这位菲力浦伯爵对士兵的讲话非常幼稚（梅兰希顿对这篇讲话就是这样说的）。他说："他们只字不提我们的操心和劳碌，而他们的赋税和徭役才真是鸡毛蒜皮的小事。"

这帮王公骑士的食人生番的战场上非常残暴，对闵采尔也很残暴。在米尔豪森，这帮维护"秩序"的畜生统治了这座城市，立即[血流]成河。闵采尔和普费菲尔受到了严刑拷打。吃过农民苦头的贵族手中有了这两个俘虏，就把他们折磨得死去活来。

菲力浦在富尔达、图林根先后与萨克森的格奥尔格、不伦瑞克的亨利希以及曼斯费尔德的两个伯爵一起，帖木儿式地镇压农民[与帖木儿如出一辙！]。维尔茨堡的主教康拉德与这帮刽子手在国内到处骚扰，勃兰登堡—拜罗伊特的卡季米尔命令挖出60～80个农民的眼睛！甚至他的兄弟亚格恩多尔夫公爵格奥尔格也因此十分"愤怒"，在一封信中质问他："你把农民都斩尽杀绝，谁来养活我们！"

### （5）茨温利的初步行动

1519年　苏黎世、伯尔尼、巴塞尔和沙夫豪森这几个州脱离德意志帝国较晚，至今在宗教事务上还经常听命于德国的选帝侯，这时都开始脱离教会了。

利奥十世派米兰的方济各会修道院院长伯恩哈丁·桑松到瑞士去出售赦罪符。此人比特策尔更无耻，他兜售的赦罪符不仅能赦免现有的罪孽，而且还能赦免未来的罪孽。[这位教皇的特使（General—Commissarius）像真正的"参孙"①那样自吹自擂，说他"在这里[在瑞士！]经营了十八年，为三个教皇赚到180万杜卡特"。]在各个小州和伯尔尼，他大有收获：在**伦茨堡**，他受到抵制；在**布雷姆加滕**，教长不准他进城（这两个城市都在**阿尔高**）。这位教长就是**布林格尔**；桑松解除他的教职；此人前往**苏黎世**，{瑞士}议会会议正在那里讨论符腾堡事件。这位赦罪符的兜售者被勒令滚走。{而且}在**苏黎世**有**一批人的康斯坦茨主教** ‖ 反对罗马的这套把戏，**他的副主教**于

73 ‖

1518 年 把许尔德莱希·茨温利请到苏黎世，后者能说会写，又会使枪舞棒（Streitkolben），曾参加**意大利远征**，亲眼目睹马特维·辛奈尔的欺诈手腕和替人当兵的瑞士人的野蛮行为，他是维也纳的大学生，早就看出了罗马的蒙骗活动。他成为**格拉鲁斯**的一名牧师，他在**艾恩西德伦**（**施维茨州的一个朝圣之地**）讲经传道，是专门被请去布道的。

1519 年 9 月 他被任命为**苏黎世**大教堂牧师；茨温利**并不是路德的门徒**[其实他的行动比他更早]。

1520 年 **苏黎世大议会**{作出}**决定**：只根据福音布道。**小议会**支持旧教义的追随者。由于**克雷门斯七世**的坚决要求，瑞士议会、德国的**帝国政府**和**帝国议会**的多数派，都竭力阻止**新的国教**的推行[造成这场灾难的正是这个"国教"（dies war eben der Teufel, dass es "Staatsreligon"）。]

..................................................................

## （6）德国的宗教改革，从 1524 年到 施派尔帝国议会（1529 年）以前

1524 年 1 月 14 日 **纽伦堡帝国议会**。代表教皇克雷门斯七世出席的是

---

① 参孙（Samson）是《圣经》故事中一个力大无穷的英雄，亦译桑松（希伯来文 shim-shon 的意思是："太阳"、"强壮"）。伯恩哈丁·桑松（Bernhardin Samson）与《圣经》人物参孙的拼法完全一样，这里借用的是《圣经》的典故。——译者注

**红衣主教卡佩焦**和**红衣主教罗拉里乌斯**（教皇密使），大部分是天主教徒。{帝国议会最后决定}：只要是在自己的领地内，人人都可以随意行动，但是**暂时**不应该撰写和出版有关宗教的争执问题。**在德国**，解决宗教问题必须专门召开一次**宗教会议**，进一步的解决属于即将于 1524 年 11 月在施派尔召开的帝国议会。**路德**反对这些决定（也破口大骂了（stinking grob））。

**1524 年 7 月** （由于教皇的坚决要求），在**布尔戈斯的查理五世**向**德意志各阶层**颁布一项**命令**，{其中提到}，他绝不容忍各阶层凭借自己的权力对宗教问题作任何决定。他命令**埃斯林根帝国政府**和弟弟**斐迪南**严格执行沃尔姆斯敕令。在 1524 年 4 月底，（选帝侯弗里德里希的代表）已经有过一次**抗议**，当时有人主张在纽伦堡帝国议会会议记录中写上**禁止出版和撰写宗教问题的文章**。

**1524 年 7 月 6 日** 巴伐利亚的两位公爵**威廉和路德维希**、**萨尔茨堡大主教**、**特伦托主教**、**雷根斯堡主教和斐迪南大公**，亲自去见坎佩焦（当时在雷根斯堡），并同**班贝格、施派尔、斯特拉斯堡、奥格斯堡、康斯坦茨、弗赖堡、拿骚和布里克森**的几位主教的全权代表一同保证在他们的所辖地区严格执行沃尔姆斯敕令。

[**1525 年 3 月 24 日** 查理五世指定在奥格斯堡召开新的帝国议会，它本应该在 10 月初召开，但是查理的信在 1525 年 8 月才寄到德国。]这时，**公然同意路德教义的有**：黑森的菲力浦、萨克森选帝侯坚贞者约翰、哈瑙伯爵菲力浦、奥尔登堡的安东和克里斯托夫、泰克伦堡的康拉德以及纽伦堡、美因河畔法兰克福、斯特拉斯堡、北豪森这几个城市。他们完全取消了天主教的祈祷仪式。**阿尔布雷希特**这位美因茨和马格德堡大主教"允许"在他的管区传经布道和举行新的祈祷仪式[有人甚至说，他"为了使自己的寺院都世俗化"，"愿意"改信路德的教义]。这次教会财产**世俗化**引起了许多诉讼（涉及**教会和寺院的土地**），**帝国高等法院**虔诚的法官们对掠夺者作出各种判决，但

是路德派的诸侯不准"执行这项判决"。

1525 年（春天）　在**德绍**，仇视路德的**萨克森公爵格奥尔格、勃兰登堡选帝侯约阿希姆一世**、沃尔芬比特尔公爵**小亨利希**、卡伦贝格公爵**埃里希**、美因茨和马格德堡的（大主教）**阿尔布雷希特**（不满意马格德堡的共和改革）开过一次会。在德绍举行的这次会议使黑森的菲力浦感到十分可疑。

1525 年 10 月　**奥格斯堡帝国议会**。除了斐迪南，**查理五世**又指定**勃兰登堡—拜罗伊特的卡季米尔和卡伦贝格的埃里希**这两个恶棍为特派员。因此，除了特伦托主教，帝国官员均未**亲自出席**，只决定 1526 年 5 月在施派尔继续开会。这时传说皇帝颁布了几项语带威胁的文告。

1526 年 5 月　［施派尔帝国议会于 6 月 25 日召开］，**坚贞者约翰和黑森的菲力浦**｛曾缔结｝**托尔高联盟**（以抵制**天主教皇帝派**的一伙人）。该联盟于

1526 年 6 月　在马格德堡重整旗鼓，参加者有：吕讷堡、采尔、格鲁哈根的几位公爵菲力浦、奥托、弗兰茨，梅克伦堡公爵亨利希，安哈尔特大公沃尔弗冈，曼斯菲尔德伯爵格布哈尔德和阿尔布雷希特，几天后马格德堡修道院院长也参加了。

1526 年 6 月 25 日　施派尔帝国议会；斐迪南和他的两位特派员坚决执行沃尔姆斯敕令。由于同土耳其人的战争，宗教问题的争论就被搁置了。

1526 年 8 月 27 日　｛起草了一份｝温和的"**帝国议会的决定**"，｛决定｝等待教皇在德国召开宗教会议，或者等待皇帝亲自莅临。与此同时，帝国诸侯或帝国官员——在执行沃尔姆斯敕令时——实际上都能随心所欲地"对待自己的臣民"。

1526—1528 年　局势仍无变化；在自己的领地"进行改革"（使财产世俗化）的人数日渐增多。

1528 年　**奥托·冯·帕克**（**萨克森公爵格奥尔格**的代理总管）向**黑森的菲力浦**出示一封伪造的信，其中写道，1527 年在布雷斯劳，

由于格奥尔格的调停，缔造了一个令人恐惧的拥护教皇的联盟；菲力浦宣布这个臆造的布雷斯劳阴谋，并带领大量军队闯入**美因茨、符腾堡和班贝尔格主教**的领地；1528 年圣灵降临节时，这场冲突已被平息，菲力浦却要这几位主教付一笔"战费"，尽管他也承认，他受了骗，承认没有人故意危害新的福音教徒。这时**查理五世**正忙于意大利事务，**斐迪南**忙于**匈牙利和捷克**事务。〔这时幸亏路德阻止了选帝侯约翰这位菲力浦的盟友的**坚决行动**，否则查理五世的阴谋也许就会失败了〕。

74 ‖ 1529 年　**施派尔帝国议会**。**查理五世**和**斐迪南**打算让帝国议会先讨论在对不久围攻维也纳的**土耳其人**的战争中的**帝国支援**问题〔帝国议会多数议员先讨论的却是宗教的争论〕。

1529 年 3 月　在由**多数等级**（Stände）做出的**帝国议会决议中**写道："年内必须举行有皇帝参加的世界各国宗教会议，在此以前不准**改变**（现有的制度）；不应该公开宣传新的圣餐学说；不要取消弥撒；禁止由于宗教分歧而剥夺他人的土地、权利和旧有的特权；**违者以破坏地方和平论处**（这是针对菲力浦伯爵的）；沃尔姆斯地方和平必须恪守。"

1529 年 4 月 19 日　**福音教派的官员**对{这项}决议{纷纷提出}抗议：他们要求把他们的抗议载入{帝国议会会议记录}。

1529 年 4 月 25 日　他们起草了一份正式的上诉书给即将召开的宗教会议，从施派尔动身广为**散发**。〔这样一来，**在帝国议会上多数人的表决就不像以前那样起决定性作用了**，{这就使}在**帝国统一中出现的裂痕进一步加深**。〕

在**这**次甚至受到瑞士改革者赞同的**抗议**之后，路德和茨温利的追随者开始被称为"Protestanten"①。最初在这份上诉书上签名的有：**萨克森选帝侯**、**勃兰登堡—安斯巴赫侯爵格奥尔格**、

---

① 德语 Protestant 原义为"抗议者"，指 1529 年德意志帝国议会中对恢复天主教特权的决议提出抗议的诸侯和城市代表。现译作"新教徒"，指 16 世纪欧洲宗教改革运动中脱离天主教而产生的新教派，如路德派、加尔文派等。——译者注

**吕讷堡公爵恩斯特、黑森伯爵菲力浦、安哈尔特大公沃尔弗冈；当天十四个帝国大城市**也参加了抗议。

(7) 新教徒为分两派：1532年宗教和约以前"条顿"民族分裂为路德派和天主教派

1522年　**茨温利及其支持者**摆脱**康斯坦茨主教**的控制；后者想联合苏黎世的**小议会**在联盟内部制止这场革新。**瑞士议会**反对茨温利，因为他在布道时竭力反对使许多显贵豪门发财、使人民丧失理智的**"各州的军役和政治制度"**。茨温利在六十七条论纲中阐述了自己的教义，愿意通过公开辩论来维护这些论纲。

1523年2月　在**苏黎世**的公开辩论（康斯坦茨主教未到场）（出席的有瑞士各地区（Orte）的近300名僧侣）。

1523年秋天　苏黎世公开宣称拥护新的教义，12个"地区"扬言要把它开除出**联盟**。

1524年3月21日　其他"地区"也派人到苏黎世去严加指责、**沙夫豪森**（茨温利的追随者**里特尔**就在该城布道）宣布拥护苏黎世。**苏黎世的市民**开始行动，取消了天主教的祈祷仪式。

1525年　{开始}采用**两种形式领取圣餐**；瑞士的寺院并没有像德国那样都被交给了贵族和骑士，而是当作**贫民的栖身地、医院、学校、神学院**。寺院的绝大部分收入被用来提高传教士和教师的薪俸。但是，在那些实行新的祈祷仪式的各个州，这一切做得比德国更**激进**得多，{开始}破坏圣像，教堂里取消了音乐（管风琴的演奏），甚至禁止在**出殡时鸣钟**。在巴塞尔（伊拉斯谟这时正在这儿），许多漂亮的圣童圣女的木雕像被烧毁。然而许多州还是信奉天主教的。可怜的路德由于同茨温利争论圣餐礼问题，从而妨碍了德国的路德教派同瑞士一向属于德国的各个城市的路德教派的联合〔这位教士妨碍了宗教改革中的真正进步的联合〕。笨蛋路德不同意与**天主教徒**一同承认圣餐礼的**变体论**，杜撰一句荒谬可笑的话："Genuss von Christi Leib und Blut mit, in und unter dem Brot und Wein."（"圣餐礼中，面包和酒同时也是基督的身体和血，它们既是实质，也是形式"）。关于这一点，**卡尔施塔特**嘲笑他，**茨温利**在

1525 年　写了一篇论文《**论圣餐礼**》。茨温利把（我的身体和血"**是**"（ist）这个词解释为："**代表着**"，他认为圣餐礼就是**回忆基督的死**。斯特拉斯堡的一些神学家和欧科兰帕德都同意茨温利的观点，可是布根哈根（波美拉努斯博士）和其他一些德国笨蛋却支持路德的解释。后者"怒不可遏"，因为**瑞士人**都认为卡尔施塔特的论据比卡尔施塔特的敌人路德的论据更有说服力。

1525 年 10 月　十四个施瓦本的教士写了一篇诽谤**欧科兰帕德**（罗伊希林和伊拉斯谟的朋友）的文章，这伙施瓦本的笨蛋的首领是拙劣的教士**布伦茨**，他们称欧科兰帕德为**异教徒**（和**皮尔克海梅尔**说的一模一样）。斯特拉斯堡的宗教改革者**布采尔**和**卡皮托**竭力建立和睦关系，他们甚至派"几个调解人"去见路德，路德"放了一个屁"（furzt）作为回答（他对付魔鬼的主要手段就是他的屁股（sein Arsch））。

1526 年初　修士路德在给**罗伊特林根人**的一封信中声称**卡尔施塔特**、**茨温利和欧科兰帕德**的教义为**魔鬼的谰言**。同年，**茨温利**出版了《**论圣餐礼**》，共七个印张，**宽恕了路德**，但是，路德还是用屁股作了回答：他怒气冲冲，他这个修士的肚子里的魔鬼大发脾气，以致在

1529 年　的帝国议会上已经决定容忍路德的教义时，路德竟劝**选帝侯约翰**这个酒鬼**不要宽容**再洗礼派教徒和 Sakramentiere①（指茨温利的追随者）。梅兰希顿竭力反对，但是他也竭力阻挠同**茨温利派**建立**菲力浦伯爵**所希望的那种**密切关系**。

---

① 圣礼形式论者。——译者注

**1529年6月29日** 查理五世离开意大利去德国的行程已经决定，德国的一些新教徒就把**上诉书**和**抗议书**送到博洛尼亚呈交查理，他们是通过**埃欣格尔**（梅明根市长）、**亚历克西斯·弗劳恩特劳特**（安斯巴赫侯爵的秘书）和**米哈伊尔·冯·卡登**（纽伦堡市政官）带去的。这些笨蛋受到了"一顿臭骂"。

**黑森伯爵菲力浦**想通过斯特拉斯堡人的调解，**在圣餐仪式问题上能达成协议**。这就使他有可能既联合**萨克森选帝侯**，又联合**瑞士的新教徒和施瓦本的各个城市**（在必须武装进攻时）。菲力浦正等着**查理五世一败涂地**，苏黎世正等着与**许多旧州缔结攻守同盟的奥地利的斐迪南倒霉**，伯尔尼、巴塞尔和圣加仑已正式进行宗教改革；双方都在调集军队，但是

**1529年6月24日** 军事行动尚未开始，乌里、楚格、翁特瓦尔登、施维茨和卢塞恩以及信奉新教的各个"地区"已经签订了和约，当着双方军队的面撕毁了**与斐迪南订立的那份势不两立的条约**。苏黎世、伯尔尼、巴塞尔、圣加仑、米尔豪森和比尔这些城市的**新教徒联盟**由于维护他们的宗教信仰而被承认为合法的。

**1527—1529年** 关于**圣餐礼**的越来越激烈的**争论**使这一切受到了影响。‖这场争论打乱了**菲力浦伯爵**联合新教徒的全部计划，菲力浦知道，对查理五世必须动用干戈才能解决问题，**萨克森的约翰**这个酒鬼却在路德的掌心中，后者在**托尔高联盟**期间曾声明："当然，**谁都不应该用武力保护皇帝的臣民来对付皇帝即他们的主人**，同样，**托尔高的市民要是用武力保护市民来对付萨克森选帝侯也是不应该的。因此，如果皇帝想加害自己的臣民**，那么只好把国家和居民交给他，任凭他和他的**助手们随意宰割，除此别无他法，因为他是皇帝**。"

**1529年6月** **菲力浦伯爵**不顾路德，在**罗达赫**（在**科堡**）同信奉新教

的官员（包括**纽伦堡**、**斯特拉斯堡**、**乌尔姆的官员**）商谈缔结一个战斗的联盟。为了**缔结**这个联盟，决定在**施瓦本**（在法兰克尼亚中部）召开一次大会。（**表面上，这个联盟并不是针对皇帝的。**）路德（他的理由是：**在乌尔姆**和**斯特拉斯堡**，人们还相信荒谬的圣餐教义）说服酒鬼约翰委托他路德起草一份信纲，即所谓的**施瓦马赫论纲**，要求**所有的盟员**都在这些论纲上签字。菲力浦对酒鬼的回答是："希望选帝侯直接答复（不要通过那些谦恭的秘书）他是否打算答辩。如果没有其他办法，如果**谁也不答辩**，谁也不想摆脱**世代相传的奴役**［菲力浦认为，**农民是想也不敢想的**］，那么这就是上帝对**胆小的德意志人的惩罚。**"［在野蛮地消灭**大胆**的农民之后，这段演说词讲得不错！］其实伯爵是拥护**瑞士人**的教义的。菲力浦请**路德**和**茨温利**去马尔堡商谈，在圣经教义方面达了协议。在斯特拉斯堡，与9月动身的茨温利同行的有：**欧科兰帕德、布采尔、赫迪奥和施图尔姆**市长（Stadtmeister）。从其他方面抵达的有**布伦茨**这个无赖（Lümmel）、纽伦堡的**奥西安德尔**和一些虔诚的路德的信徒。路德的表现就像**第二个教皇**。

1529年10月1—3日　**马尔堡辩论**。大家都同意十四条论纲，但在圣餐礼上仍有分歧，增加了一些有关和解的空洞词句。路德不听茨温利的要求和劝告，像木头人似的纹丝不动，梅兰希顿则"一言不发，好像嘴里含着一口水。"

1529年10月16日　接着要在**施瓦巴赫**正式缔结在罗达赫谈妥的**联盟**，但是加入联盟的人必须在路德的**"施瓦巴赫"论纲**即后来被称之为**"托尔高"论纲**上签字，因此双方发生分歧，留待"下一次"施马尔卡尔登"会议"继续讨论。

1529年11月28日　**施马尔卡尔登代表大会**。确定了联盟章程，还是没有通过决议，因为路德认为基督的肉体是"无所不在的"（施瓦巴赫论纲）。

1530年1月6日　**纽伦堡新的代表大会**。由于**施瓦巴赫论纲**，**斯特拉斯**

堡、乌尔姆、康斯坦茨、林道和**梅明根**没有派代表出席。

就在 1530 年 1 月　**查理五世**决定于 1530 年 4 月在奥格斯堡召开帝国议会，他打算亲临会场。他在指令中既不提沃尔姆斯敕令，也不提施派尔抗议书。

**奥格斯堡帝国议会。**

1530 年 5 月 2 日　抵达奥格斯堡帝国议会会场的是萨克森选帝侯，5 月 12 日——黑森的菲力浦，6 月 15 日——**查理五世**。

6 月 15—16 日　**查理五世**在深更半夜请一些德国诸侯参加第二天举行的**基督圣体的游行队列，新教徒拒绝参加**。查理设法使斐迪南当选为**罗马国王**，指望新教徒**帮助**他对付土耳其人，因此他同意先讨论宗教问题。

6 月 25 日　在查理参加的议会上宣读了一份**新教徒信纲**，没有宣读路德的那份施瓦巴赫或托尔高论纲，它们是梅兰希顿起草的，即所谓的**奥格斯堡信纲**。修士路德**打算不让瑞士人**享有**新教徒的对异教宽容**的权利，所以在奥格斯堡信纲中，再三强调的是它的"关于圣餐礼的荒谬论点。"因此，**斯特拉斯堡、康斯坦茨、梅明根**和林道单独提出一份用拉丁文和**德文**写的（布采尔和卡皮托起草的）Confessio Tetrapolitana（四个城市的信纲），它仅在**圣餐礼问题**上没有接受路德的那份"施瓦巴赫"或"托尔高"论纲。在**查理五世**执政时期，除了红衣主教坎佩焦和一些教士，还有一位首相兼外交官**格兰维拉**。黑森的菲力浦**吓唬**那些争吵不休的主教。查理五世命令**埃克**和科赫劳斯[以**19 位天主教神学家委员会的名义**]写一篇文章驳斥**奥格斯堡信纲**，一篇尖刻的抨击文章{写成了}。

1530 年 8 月 3 日　**查理五世**召见双方，下令向他们宣读这篇胡乱拼凑的东西，暗示新教的问题应当由他来解决。

1530 年 8 月 6 日　**黑森的菲力浦**悄悄地离开奥格斯堡帝国议会，查理五世下令把守各个城门，这只"鸟儿"还是飞掉了。（路德先生满不在乎——在他的**科堡**住宅！——在写给酒鬼的几封信中。）

暗地准备抵抗的**菲力浦的溜走**打乱了查理的计划，菲力浦也同**苏黎世**结成了亲密的联盟。

**1530 年 9 月 20 日** 酒鬼萨克森的约翰也想溜之大吉，查理硬要他等到帝国议会作出决定后再走。

**1530 年 9 月 22 日** 宗教狂热者**勃兰登堡的约阿希姆一世**以皇帝的名义把**帝国议会**对新教徒即将作出有关**宗教**的那一条**决定**告诉了萨克森选帝侯。这也是一种**宣战**。但是，**萨克森的酒鬼**已经走了，根本不愿听到斐迪南当选为罗马国王的消息，他留下了几名全权代表，查理五世"大发雷霆"。

**1530 年 10 月 13 日** 查理五世企图吓唬出席帝国议会的四个城市的代表，下令在**诸侯委员会**向他们宣读已通知萨克森选帝侯关于帝国议会即将作出的有关宗教的那一条决定，要求他们{就这个问题}作出答复。他们要求考虑一段时间，于是他们被告知，皇帝希望**不惜任何代价**来根除不信神鬼的现象。可是，根据这一条决定，**在 1531 年 4 月之前**一切必须恢复原状，因此这四个城市开始考虑只有进行武装抵抗。全体萨克森的代表都离去了。**后来**，

**1530 年 11 月 19 日** 颁布了一项语带威胁的帝国议会决议，{根据这项决议}凡是背叛罗马教的行为都要受到诅咒，新教的信纲遭到**痛骂，一切都要恢复原状**，违抗命令者受到皇帝的**报复**。新教徒准备抵抗皇帝和帝国，**路德**不得已只好同意了。[这时主要是问题不是信仰，而是要**保护劫掠来的教会财产，捍卫诸侯政权，反对王权**。]

**查理五世**为了在德国推行**王朝政治**，收买了美因茨选帝侯和普法尔茨选帝侯。

**1530 年 12 月** **狗崽子约翰·弗里德里希**（酒鬼之子）对**斐迪南**{即将}在科隆当选为罗马国王提出抗议。菲力浦劝酒鬼召开第二次施马尔卡尔登代表大会。路德本人在《**警告亲爱的德意志人**》（"Warnung an die lieben Deutschen"）中声明，他已改变"被

迫自卫"的初衷。酒鬼-选帝侯召集新教诸侯和各个等级出席

1530年12月22日 施马尔卡尔登代表大会[12月1日黑森的菲力浦已经同苏黎世、巴塞尔和斯特拉斯堡缔结了一个战斗的同盟以防袭击]。除了约翰和菲力浦，出席这次大会的有：**吕讷堡公爵恩斯特、安哈尔特的沃尔弗冈大公、曼斯费尔德的格布哈尔德伯爵和阿尔布雷希特伯爵**（后者持有**不伦瑞克—格鲁本哈根的菲力浦公爵**的全权委托书），此外还有一些人代表**勃兰登堡—安斯巴赫公爵**，代表**斯特拉斯堡、纽伦堡、康斯坦茨、乌尔姆、不来梅**（第一次派代表出席），代表**罗伊特林根、海尔布隆、梅明根、林道、肯普滕、伊斯尼、比伯拉赫、温茨海姆、诺尔德高的魏森堡和马格德堡**。[由于菲力浦的调解，同意茨温利教义、在奥格斯堡单独递呈抗议书的那四个城市也参加了。]施马尔卡尔登代表大会于

1530年12月31日 把一份有全体与会者签名的反对选举**斐迪南**为罗马国王的抗议书送到科隆，代表大会另有一信要求**查理五世撤销**帝国的Fiskal（检察官）和**帝国高等法院**审理宗教问题。**查理五世对此置之不理**。因为法兰克福已同意奥格斯堡信纲，所以查理于

1530年底 在科隆让斐迪南当选为**罗马国王**，

1531年1月11日 又在亚琛为他加冕。随后**查理五世**前往布鲁塞尔，任命自己的姐姐**玛丽亚**（寡居的匈牙利女王）为**尼德兰总督**，接替已故的姑母玛格丽特，**斐迪南**仍然是德国**摄政王**，他们两人预先**在尼德兰招兵买马**。

1531年2月27日 在新的施马尔卡尔登代表大会上缔结了为期六年的**防御战斗联盟**，如果某一个盟员由于宗教信仰问题而遭到攻击，那么，**其他盟员必须全力以赴地保卫它**。施马尔卡尔登联盟[最初加入的有六个诸侯，两个伯爵，十一个城市，后来签名的有七个诸侯，二十四个城市，包括美因河畔法兰克福]。最初**黑森伯爵菲力浦**和选帝侯**约翰**这个酒鬼被宣布为**联盟的首**

领，他们任命了一个**军事委员会**，开支的**一半**由各个诸侯负担，另一半由各个城市负担，然而在军事委员会，诸侯比城市**有更多的表决权**。

**1531 年 6 月**  美因河畔法兰克福各盟友的代表大会。由于**路德**指使的酒鬼的过错，**瑞士新教徒**才不同**德国新教徒**紧密结盟。酒鬼声称："瑞士人不遵循圣餐礼的教义，所以不能同他们结盟。"

**1531 年 12 月**  各盟友的新的代表大会。联盟的**组织结构**最后确定下来了，**戈斯拉尔、艾姆贝克**和**埃斯林根**这几个城市已被接受，酒鬼－选帝侯和黑森的菲力浦被确认为**联盟的领导**。普法尔茨伯爵弗里德里希带着这个消息去见查理五世。因此

**1532 年 1 月**  **查理五世**巡游德国，在美因茨**授权**调停人[普法尔茨选帝侯和美因茨选帝侯]暂且安抚新教徒。在这次调解中，主要的当事人是**黑森的菲力浦**[路德对他很生气，因为他接纳了四个城市加入施马尔卡尔登联盟，而这四个城市对他的十五条《信条》只同意十四条]。

**1532 年**  **"坚贞者"约翰**这个**酒鬼**死了，继承他的是作为萨克森选帝侯的**约翰·弗里德里希**。巴伐利亚人早已同法国人达成协议，试图劝施马尔卡尔登联盟的首领们也这样做，这就使谈判提前了。

**5 月**  在施韦因富特，确定了**协议**的主要条款。谈判的一方是**普法尔茨选帝侯路德维希**和**美因茨选帝侯阿尔布雷希特**，另一方是黑森的菲力浦和萨克森的狗崽子。**皇帝**因这项协议使自己约束了一年多，他批准这项协议，

**1532 年 8 月 2 日和 3 日**  查理五世在纽伦堡宣布这项协议，事先既不向帝国各等级也不向教皇征询意见。这项协议被称为**第一部宗教和约，或纽伦堡宗教和约**。[在宗教会议举行之前，或在帝国议会作出新决议以前，任何一方都不应在宗教信仰问题上强制另一方；宣布停止审理**财政**案件（原来是这么回事！）和其他涉及宗教的案件。]因此，**从 1532 年到 1544 年**，两个宗教教

派之间的斗争还没发展到公开的战争，**纽伦堡和约**触怒了教皇、罗马国王斐迪南、**勃兰登堡**选帝侯约阿希姆和萨克森公爵**格奥尔格**。

**在瑞士**，许多"州"脱离了旧教会，这就使一些"诚实的"Kantönli①在人的交易方面受到损失，损害了它们的政治威望。**苏黎世**是同黑森的菲力浦联合一致的；在**瓦特州**讲经布道的都是**伯尔尼**的牧师；**伯尔尼人**暗中帮助**日内瓦**反对它的主教和它的宗主**萨瓦公爵**；**纳沙泰尔**也接受了新的教义；在**索洛图恩**，大部分居民是天主教徒，在索洛图恩州，**贝尔托德·哈勒**诱导许多人信奉新教；建立新的教会的地区有**萨尔甘斯、图尔高、巴登**。后来还有**凯撒施图尔、楚尔察赫**和**圣加仑**这几个城市，尽管当地的修道院竭力反对。**卢塞恩州**和 Kantönli 都怨声载道，但也无济于事。

77 ‖ **1531 年初秋** 这些旧州即 Ur – "Sonderbündler" 用一支 8000 人的军队占领了一些因**苏黎世**而脱离的"州"。苏黎世调集一支自卫军，发动猛攻，不指望还在**伦茨堡**的那些**伯尔尼人**了。

**1531 年 10 月 12 日** 苏黎世的军队在**卡珀尔**附近被击溃，损失 510 人。**茨温利阵亡**，遭到**碎尸**，后来被一些旧州的成员烧掉。被俘的苏黎世人**必须同意忏悔**，否则**被杀死**。随之而起的是互相残杀，（**伯尔尼人**）还有些手软），各个 Kantönli 是"蠢熊"(Urbären) 因宗教狂热而联合起来了。此外，在他们的队伍中还有许多在意大利和法国服役时训练有素的雇佣兵，——他们占有优势。

**1531 年 10 月 21 日** 苏黎世联军在**门青根再次败北**。因为**伯尔尼人**拒绝"向远处"派遣军队，所以农民新教徒大失所望，{接受了}**法国、萨瓦、霍赫贝格—雷特伦、诺因堡、格拉鲁斯、弗赖堡**和

---

① 马克思把乌里、施维茨、翁特瓦尔登这几个天主教旧州称为"Kantönli"。

阿彭策尔的**调解**。

**1531 年 11 月 16 日** 在**迪蒂孔**（巴尔附近）签订一项**和约**，这是五个**州**（**卢塞恩、乌里、施维茨、翁特瓦尔登、楚格**）的军队强迫**苏黎世**接受的。施维茨的公证人（Landschreiber）写下一些条件，在苏黎世的使者到达时，只做了一些补充。

**1531 年 11 月 24 日** 伯尔尼一方面同苏黎世，另一方面同五个"州"在黑格林根签署一项和约，一些天主教州因此而占了便宜。它们有权惩罚**布雷姆加滕**和**梅林根**这两个**自由地区**（Aemter）（都在**阿尔高州**）；伯尔尼人和苏黎世人都必须支付 5000 克朗军费，**巴塞尔**为参加这个和约交了 1000 盾；**索洛图恩人**曾给伯尔尼人派去援军，所以"五个州"要他们选择：或者是**交罚金 1000 金盾**，或者是**变成天主教州**。实际上，1523 年起已经信奉新教的 34 个公社宁愿**归属天主教教会**，圣加仑修道院又合理合法了。**在结盟的地区**，新教教义的传播经常受到阻碍，**天主教徒**在这些地区的各个角落强制推行"自己的一套"。

............................................................................

## Ⅶ. 宗教改革运动的结果

### （1）耶稣会会士

**耶稣会会士**［自从**奥格斯堡宗教和约**和**特伦托宗教会议**以来，他们成为天主教教会的主要力量］。［耶稣会初创时，民间成立了一个下流的"**卡普勤**"修会①。］

---

① 卡普勤修会是天主教方济各会的一支，1528 年创立于意大利。卡普勤是意大利文 cappuccio 的音译，意思是"尖顶风帽"，因该会会员的服装附有一顶尖顶帽，故名。——译者注

1521 年　在保卫**潘普洛纳**（抵御法军）时城防司令**伊格纳西奥·洛约拉**双足严重负伤，只好放弃军职，伤口很久才愈合。洛约拉利用这段时间在父亲的城堡里像堂吉诃德阅读骑士小说那样，阅读了一些圣徒的传奇文学和传记。他眼前出现"幻景"，他寻**找神灵的奇遇**，到罗马和**耶路撒冷去朝圣**（在耶路撒冷他试图**说服一些土耳其人**），后来在西班牙到处宣传认罪忏悔，在尼德兰行乞，为的是用乞得的钱去**巴黎**学习几年。

1534 年　他在巴黎成为僧侣团首领（**他在巴黎度过了九年**）。据里瓦登内拉撰写的他的传记记载，**他在巴黎曾经向宗教法庭告发大学教授中间的路德派异教徒**（在弗朗索瓦一世和亨利二世时期，**烧死异教徒**是常有之事）。他赢得了**弗兰西斯科·哈维尔**（一个来自纳瓦拉的西班牙人）的友谊，在巴黎的博韦学院曾听过此人的哲学课；赢得了博学的萨瓦人**皮埃尔·法布尔**的友谊；与他接近的还有**哈科沃·莱内斯、阿方斯·萨尔梅龙、尼古拉斯·博瓦迪利亚和西蒙·罗德里格斯**。

1534 年 8 月　洛约拉在蒙马特尔的一个女修道院的地下小教堂为他们举行一场隆重肃穆的弥撒，要他们发誓：他们一同去耶路撒冷或**罗马**向教皇顶礼膜拜，并甘愿［作为徒步朝圣的骑士］为保卫神圣的宝座而效力和献身。随后，**伊格纳西奥**去**西班牙**，没有住在自己小兄弟的城堡里，而是住在一家医院里，他到处乞求施舍，鼓吹忏悔，鞭打自己肉体，创造奇迹。他走遍了整个西班牙，后来又漂洋过海去**威尼斯**，他的那些同道也去了，人数有所增加。因为又有了一批在巴黎学习的西班牙人。他取消了去**耶路撒冷**的计划——**伊格纳西奥、法布尔**和**莱内斯**去罗马，其余的人各自出发，在**意大利的各所大学**网罗支持者。

1538 年和 1539 年　制定了**会章草案**，宗旨是不断地为**教皇**［而不是为**教会**］效力。不等教皇表示态度，

1539 年 4 月　誓词中除了清贫和贞洁，又加上一条：**像军队那样盲从未来的会长**；建立修会**不是为了修道，而是为了干预人间的事**

务。教会犹豫不决，这时刚刚批准了新建立的**卡普勤修会**，在同他商谈后，

**1539 年 5 月 4 日**　又增加了**第四条**誓愿："必须**全心全意地服从教皇**"。"凡事必须遵循教皇的意旨无偿地协助他。"

根据葡萄牙政府的要求，洛约拉派**两名传教士**即**西蒙·罗德里格斯和弗兰西斯科·哈维尔**渡海到东印度葡萄牙人领地**说服当地的土著**。**弗兰西斯科·哈维尔**这个在**日本**的传教士、**苦行僧和圣徒吹嘘自己的修会**，就像**圣多明我和阿西西的方济各**吹嘘自己的修会那样。〔于是，洛约拉就成为**葡萄牙的东方传教团的创始人**。〕

**1540 年秋　保罗三世**颁布**训谕**"Consueverunt"批准这个修会。伊格纳西奥·洛约拉成了该会的**第一任军长**。在该修会获得批准后，**西蒙·罗德里格斯**倍受国王**若奥三世**的嘉许，开始在葡萄牙迫害**异教徒和马兰诺人**。人民和贵族怨声鼎沸也无济于事。被教皇派往**苏格兰**的耶稣会会士**萨尔梅龙和布鲁埃**成了苏格兰人背离天主教的原因。被派往**德国**的**法布尔、博瓦迪利亚和勒热**使沃尔姆斯和雷根斯堡的宗教辩论毫无成果。巴伐利亚公爵指定勒热在后来成为德国耶稣会发源地的**因戈尔施塔特担任教授**。博瓦迪利亚一直住在维也纳。法布尔先到美因茨去以教皇名义阻止当地**大主教所进行的宗教改革**，后来又去科隆，把在当地学习的**荷兰人彼得·卡尼齐**引入耶稣会。此人作为学识渊博的神学家成为耶稣会的一名新骨干。

**1543 年**　保罗三世撤销关于建立耶稣会会士人数限定为 60 人的补充训谕。天主教国家，尤其是**西班牙、葡萄牙和尼德兰**，到处都是耶稣会会士。各个大学、学校、一些宫廷的忏悔室，全都被耶稣会会士掌握了。他们善于用各种各样的方法吸引人。这时，德国人的宗教改革日益蜕变为**空洞**的**教理讨论**。从 16 世纪后半叶起，耶稣会已遍及各地，一些耶稣会会士掌握了精密科学。关于**耶稣会内部组织的一部优秀著作**是**梅尔希奥·英霍费**

尔的"Monarchia Solipsorum"（《极端利己主义者的君主制》）。**英霍费尔在 17 世纪上半叶**身居修会的各项要职，住在罗马，是教皇**英诺森十世**的朋友，一些耶稣会会士当着这位教皇的面劫走了梅尔希奥，但是教皇要求他们把他**送回罗马**［尽管梅尔希奥的这本书是匿名出版的，是用**寓言体裁写作的**，也没有指名道姓地提到耶稣会会士，但是人人都知道是他写的］。耶稣会会士出版了一本书《耶稣会的初期形象》（"Imago primi seculi societatis Jesu"），当然，一切都被理想化了。为反驳英霍费尔的这本书，耶稣会会士**哥德利布·雷诺**写过一部荒唐无礼的著作，共二十卷本。

105 ‖　　‖［**伊格纳西奥的出生地是洛约拉的一个乡村修道院**，在离**圣塞瓦斯蒂安**的东南 20 公里的吉普斯夸省；他 1419 年生于**比斯开的洛约拉城堡**一个高贵的西班牙人的家庭里，死于 1556 年，被教皇格雷哥里十五世追谥为圣徒；他的纪念日是 7 月 3 日；他用西班牙文写了一份《**耶稣会章程**》，1588 年在罗马被译成拉丁文，用西班牙文写的《**心灵的锻炼**》于 1548 **年在罗马被译成拉丁文**，**神父布歇**在 1679 年出版了《**圣伊格纳西奥的生平**》，1683 年出版了他的《箴言集》（"Maximes"）。］

..................................................

130 ‖　　（3）从查理九世逝世到普瓦捷和平敕令（1577 年）以前法国的几次宗教战争

**1574 年（5 月 30 日）　　查理九世逝世**。纳瓦拉的亨利和孔代依旧是新教徒的首领，后来又成了一批 Malcontents（**不满分子**）或政客的首领。"天主教的信徒"即**科塞元帅**和**蒙莫朗西元帅**及其友人**拉拢阿朗松公爵**（即后来成为**安茹公爵的弗朗索瓦**）。**亨利三世**得悉查理九世已死，便逃离**克拉科夫**，他先在**维也纳、威尼斯**和**都灵**吃喝作乐，最后来到**法国**。与亨利三世及其"嬖幸"相反，**吉斯家族**的威望日益增高。

1574 年 7 月和 8 月　在米约和吕埃尔格召开一次胡格诺派全体代表大会。孔代当时在德国，打算招募军队，他们承认他为首领，因为纳瓦拉的亨利（以及阿朗松）在宫中还受到警察的监视〔同样，在巴士底狱的还有蒙莫朗西元帅和科塞元帅〕。胡格诺派为孔代集资招兵，他们所起草的联合条例很快由陆军统帅蒙莫朗西的次子即元帅丹维尔公爵签署了，此人是朗格多克总督〔在当地，他像路易十四时期以前的那些总督一样，几乎是完全独立的。〕两个敌对联盟的拥护者在外省相互厮杀，任命军官和地方长官，收捐征税，颁布许多命令，涉及了司法和军事部门，尤其是有关改革祈祷表面形式的所有问题。

阿朗松公爵受到那些"嬖幸"的侮辱，便离开了亨利三世，在拉罗谢尔和约后曾作为人质留在宫里的一些新教代表都劝阿朗松逃走。这些被宫廷派到德国去安抚孔代的代表，同时与恶棍普法尔茨伯爵卡季米尔商谈如何为孔代招募一支德国军队，这位普法尔茨伯爵要求——这些代表同意了——对方一旦和解，国王让他当上梅斯、图勒和凡尔登的总督，并绝对保证给他的那支护送孔代回法国的军队发放薪饷。

1575 年 9 月 15 日　阿朗松秘密离开宫廷，孔代也成了他的代理人。1575 年，亨利三世把战争的指挥权交给曾在多尔芒击败德国骑兵的昂利·吉斯。

1576 年 1 月　约翰·卡季米尔和孔代带领 6000 名德国兵｛来到｝勃艮第。〔卡特琳娜释放科塞元帅和蒙莫朗西元帅出狱，好像要同"阿朗松"和宗教改革派开始和谈，她也害怕吉斯的成功。〕昂利·吉斯作为香槟的一方之长曾在朗格勒击败多雷的那支企图到卢瓦尔河对岸去找盟军的骑兵。

1575 年 11 月 22—1576 年 6 月 25 日　｛订立｝停战协定。亨利三世要拿出一大笔钱来——不仅作为给普法尔茨伯爵的那支军队的军饷，同时也作为使后者不向法国进军的补偿金。他答应给那些政治家和宗教改革家六个城堡，昂古莱姆、尼奥尔〔因为它们的司令不听他的命令，交出的不是这两个城市，而是**圣让·丹热尔和科尼亚克**〕、**梅济耶尔**〔其实这座城堡是不能交给宗教改革派的，因为它处危险的边陲〕、**拉沙里泰、布尔日和索米尔**。（亨利三世）要给**阿朗松**一笔钱来供养**瑞士人的近卫军**和一批由**弓弩手和精骑兵**组成的**射手**（披甲兵）。这时**波兰人**要求亨利三世这个**逃跑者**回国，后来毫不留情地把他赶下王位，另选了一位国王。

**停战协定**未被遵守，双方都雇了一批**德国步兵**（亨利三世雇用的是信奉天主教的；**新教徒和政治家们**雇用的是信奉新教的）。

1576 年 2 月　**孔代和约翰·卡季米尔**率兵进入**香槟**，穿过**勃艮第**，渡过**卢瓦尔河和阿列河**，在**波旁**与盟军会合，宣布**阿朗松**为总司令。

1576 年 2 月 23 日　**纳瓦拉的亨利**逃出宫以后，以总督的身份占领了**吉延**，这里早已传闻他的到来**并未得到国王的许可**。他不团结波旁的宗教改革派，却**派一些代表去参加他们的穆兰代表大会**。他们迫使国王接受一些带有"**反抗精神**"的条件。贵族竭力利用亨利三世的困难处境来捞取私利。

**卡特琳娜**满足了**阿朗松**的要求：除了一些封地，他得到三个省即**图兰、贝里和安茹**（他从此被称为**安茹公爵**,）年收入十万塔勒等等。对其他一些人许下了诺言：答应给**孔代**的是**皮卡第**，答应给**约翰·卡季米尔**的是金钱。

在关于第五个宗教和约的几次谈判中，只有**旺塔杜尔伯爵吉贝尔·德·莱维**为了共同利益提了几项建议（见第 101 页①）。

1576 年 5 月 14 日　第四份宗教敕令（{包括}63 条）由**亨利三世亲自提交法院登记在案**，{它宣布}**祈祷仪式**不受时间和地点的限制，完全自由；新教徒可以担任各种职务；法院的成员半数为新教教徒，半数为天主教徒（chambre mi‑partie）；取消对新教徒贵族的判决；为了保证和平，八个城堡应当交给**安茹公爵、纳瓦拉国王、**

---

① 施洛塞尔：《世界史》，1867 年，俄文版，第 13 卷，第 100 页。

{孔代亲王}和丹维尔元帅。这份敕令只是一纸空文，双方都不认真维护和平，但是这份敕令却使亨利三世威信扫地，反而提高了吉斯家族的威望。这份敕令复活了神圣联盟——它的萌芽圣友会早已存在——它的主要目的就是不让亨利三世成为合法的王位继承人，要把昂利·吉斯推上王位。保留天主教是一个借口，吉斯、教皇、菲力浦二世、一些教士僧侣和法院的法官们利用这个借口，使所有的天主教徒都卷入了反对亨利的运动。联盟公开活动的表面借口是，蒙迪迪耶、拉鲁阿和佩龙纳的总督于米埃尔这个孔代的宿敌，拒不向亲王昂利·孔代交出不久前和约规定让给他的皮卡尔第。于米埃尔为一些天主教组织写了一份正式的联合法规，一开头就是"以神圣的三位一体的名义"，并且要求天主教徒贵族签名，阿普兰库尔大人带着这份文件到处征集签名。这份文件的内容在达维拉和德·图的著作中可以看到。它已经 ‖ 保证无条件地服从一位未指名的首领以便消灭新教。这份文件已载入 Mémoires de Nevers Mémoires de Victor Palma Cayet ou Chronique Novennaire, vol. 55, p. 34. 亨利三世得悉这份文件时，许多贵族、市民、神职人员、法官、城市和省都已经纷纷答应加入联盟了，这时三级会议也正好要在12月在布卢瓦召开。这次会议的召开是在

1576年12月6日 [当时巴黎的十六个街区，圣友会征集一批联盟的拥护者，不久普瓦图和图兰的一些城市也签了名]。

随着三级会议的召开，人们立即猛烈攻击亨利三世。这个胆小鬼经过一番抵抗，还是承认了该联盟，并自称为它的首领。会议否决国王所要求的津贴，甚至不同意把王室地产划归国有，坚决主张消灭新教徒。根据吉斯家族的要求，亨利三世向新教徒们宣布，他们必须放弃自己的宗教，否则就兵戎相见。新教徒们还在进军中，纳瓦拉的亨利和孔代已经占领吉延、普瓦图和邻近各省的许多城镇和要塞，在那里布置了一些弄来的增援部队，丹维尔元帅在朗格多克也是这样做的。这三个人早就拒不承认布卢瓦的会议，

一口回绝了会议的要求。这时会议要求**亨利三世宣战**,后者则要求会议拿出**战争费用**。委托**安茹公爵**带领一支军队[他一事无成而且还浪费了许多钱,**他的失败不利于新教徒**,因为接着而来的就是**丹维尔的失败**]和另一支军队,不过很快就开始了**新的谈判**。经过谈判,

1577年9月　{颁布了}**普瓦捷和平敕令**({包括}64条)以及附加的**秘密条款**(48条),这些条款有利于在**贝尔热拉克**(佩里戈尔)的那位**纳瓦拉国王**。这时**亨利三世俨然大权在握**。天主教徒之所以要强烈反对、吉期家族之所以能强大有势是因为:改革派教会已能自由地祈祷和举行宗教仪式了,尽管天主教会已被宣布为占统治地位。亨利三世说,他们应该拿起武器,他们有利于社稷:他把自己的法官赐给他们,除了巴黎、第戎、鲁昂和布列塔尼的法院,在这些法院里不应该有混合庭(Chambres mi‐parties);**九座城堡**押给宗教改革者使用四年等等;但是——原来是这么回事——**禁止宗教改革者与外国人谈判、结盟和秘密协商**,这也是为了**表面上禁止教皇主义者同西班牙人密谋**,为了禁止该**联盟**,并**让它消亡**。

敕令的第56条是:"已有的或违反本敕令以各种借口将要成立的**各个联盟、团体和教友会,一律解散**,随着本敕令而消亡;凡我臣民今后绝对**不得集资收款**,构筑工事,招募士兵,**聚众集会**,凡置若罔闻或破坏此令者,一律严惩不贷。"

........................................................................
......

### (6) 1572年以前的英国女王伊丽莎白

1558年11月17日　**伊丽莎白被立为女王**。她在**爱德华六世执政时是新教徒**,在**玛丽执政时是天主教徒**,当玛丽病得奄奄一息时,伊丽莎白被问到是不是天主教徒,她"开始请求上帝,她如果不是一个虔诚的罗马天主教徒,就让她天诛地灭"。她对菲力浦二世派来的

　　　　　费里亚公爵也是这样说的。在登基时她发誓坚决诚心诚意地信仰天主教。
　　　　　**根据法律，她是"非婚生女"**。她把自己登基的事通知几个大国，也通知了**教皇**，[同时她又让**丹麦国王、荷尔斯泰因公爵、德国的新教贵族王公**相信她是**新教徒**]，而且还宣布她的"**登基是根据继承权，也顺应民心**"。**保罗四世**（1555—1559年）不愿承认她的"继承权"，因为据说她不是亨利八世的合法女儿，有权登基的应该是**玛丽·斯图亚特**[亨利八世的姐姐**玛格丽特**的孙女儿]。伊丽莎白认为，把"**新教**"变为一个极端重要的问题就万事大吉了。尽管她统治的手段很卑鄙，尽管她执政时民不聊生，这一切都使她的**临朝听政成为国人关注的大问题**。

1558年4月　　**玛丽·斯图亚特**这个合法的王位继承人嫁给**太子弗朗索瓦二世**。1559年6月29日，**弗朗索瓦二世**当上**法国国王**，可是在1560年12月5日就死了。**玛丽·斯图亚特**这位苏格兰女王去苏格兰，笼络**苏格兰人**和**法国**[因为玛丽·斯图亚特在伊丽莎白登基前是这两个国家的女王，在弗朗索瓦二世死后，是**苏格兰女王，又是吉斯家族的侄女**。][伊丽莎白即位时，英国人由于（在**爱德华六世**时期）丢失了布洛涅，这时又丢失**加来**，民族感情十分高涨。][这种局面很不利于英国的天主教徒。]

　　　　　因此，伊丽莎白背弃国教的企图很快就暴露无遗，所有的主教，**除了一个人**，都拒绝给她加冕，而那个给她加冕的人提出的条件是，她将来一定要**忠于天主教的宗教仪式**。

1558年　　伊丽莎白这个清教徒的死敌，**禁止改变祈祷仪式**，甚至要**议会作出决定**。

1559年　　颁布了一系列议会法令：用英语作祈祷；重申**亨利八世**的敕令即每一位**英国国王**都是**英国教会的首领**[每个人即使**死刑临头也必须发誓承认国王至上**]；恢复了**爱德华六世**时期颁布的

所有宗教改革敕令；规定全国实行**同一种祈祷仪式**；修改了**克兰默**制定的英国教堂**圣餐仪式**。任命主教的权利交给了女王，不愿遵守这些规定的神职人员应该卸职。

1562 年　伊丽莎白召开**教士会议**（Convocation）。

1562 年 1 月 23 日　要求它把**爱德华六世**时期公布的英国教会宗教——略加修改——宣布为**教会法律**。

1568 年 1 月 29 日　教士会议通过了**英国教会 39 条**。

1558 年　伊丽莎白登基时，恰逢**英国同法国为争夺加来及该地区土地**战事方酣[这个地区方圆数十公里，包括金内斯、法楠、阿德尔以及许多城镇及其近郊，总称之为杜瓦郡]。

1559 年　伊丽莎白在**康布雷齐**同（法国国王）**亨利二世签订和约**。根据和约，法国**保留加来八年，或付给英国 50 万克朗**。条约——这份**友好结盟**条约——还规定，在这八年内，如果法国**对英国稍有敌视行动**，或英国对法国稍有敌视行动，条约就算无效，法国也就无权再保留加来，英国就**有权收回加来及该地区土地**！

139 ‖ 1562 年　科利尼和孔代（参看第 115 页①）派代表**维丹姆**，同伊丽莎白**签订一项条约**，根据条约，她必须给他们提供军队、船舶、金钱，他们也必须立即把**格拉斯**地区的**阿弗尔**交给她。这位法国使者援引**康布雷齐和约**与伊丽莎白交涉，白费唇舌。其实，加尔文教派已经把**阿弗尔和迪耶普**交给她了，阿弗尔这个坚固城堡还在**沃里克伯爵**手中。然而"**好人贝丝**"②还是给科利尼送去**一小笔钱**，并且"答应"科利尼如果他找到能给他大笔贷款的"**商人**"，这笔债由她来借。她始终没有给他派去野战军队。

1563 年 2 月 18 日　波尔特罗杀死**弗朗索瓦·吉斯**；{接着就是}**昂布瓦**

---

① 见本册第 180 页。
② 这里是指伊丽莎白。——译者注

斯敕令。这时查理九世要求伊丽莎白交出阿弗尔，认为她想把它当作放弃加来的抵押，要她仍按照康布雷齐和约办事，和约规定加来应于1567年转归英国人所有，她一口拒绝了。这时沃里克伯爵没有派军队援助科利尼等人，反而严守阿弗尔。他部署了6000名士兵和700名工兵，使这个城堡变得"坚不可摧"，听说法国的叛乱已结束，便把法国人全部逐出阿弗尔。不久，阿弗尔被蒙莫朗西、孔代、科利尼攻占，沃里克只好当着伊丽莎白和查理九世的面"恭顺地"交出城堡，带着残兵败将离开了。在格拉斯地区的阿弗尔横行肆虐的鼠疫使他的军队只剩下2000人，这些人把鼠疫带到英国，用休谟的话来说，鼠疫夺去了"大量"人的生命，"特别是在伦敦，一年之内就死了两万多人"。最后，"贝丝"不得不忍痛以125000克朗彻底放弃了加来。〔关于她派驻法国的使节斯密斯和特罗克莫顿的事，见科贝特，第283节（第162、163页）①。〕

莱斯特伯爵〔即罗伯特·达德利爵士，是被玛丽处死的诺森伯

---

① 在马克思所指的第283节（第162、163页）中，科贝特写道："尽管'好人贝丝'这时遭到不幸——国家因她而卷入了灾难——但是她那出奇的伪善和奸诈却未见收敛。这位'光荣的好人贝丝'此时应该向国王本人及其叛民求和，她不久前就已经这样做了。她的两位使节尽管身揣的护照无可挑剔，还是被拘捕，投进监狱。她大发雷霆，破口大骂，但她忍受了侮辱。她施展各种必要的手段，设法使法国宫廷接见她的使节。她顽固地坚持，遭到鄙夷的讪笑，她等了好几个月，一直到法国宫廷屈尊倾听和约条件为止。她的使节是斯密斯——另一个使节是特罗克莫顿——是她派驻巴黎的大使和代表，曾挑唆孔代和科利尼叛变。斯密斯在默伦被捕，特罗克莫顿在圣热尔门被捕。斯密斯由于伊丽莎白的坚决要求才被释放，特罗克莫顿仍被押在牢里，准备利用他来强迫'好人贝丝'接受使她大丢脸面的条件。因为根据康布雷齐条约，法国人八年后应该归还加来，或者缴出50万克朗。条约中有一条写道：'好人贝丝'留下了四个法国贵族作为人质，要求法国保证执行条约。既然'好人贝丝'援助了法国的叛乱者，这就破坏了条约，她已无权要求归还加来，倒是应该送回人质。'好人贝丝'向来言而无信，她这不光彩的一生中，每天似乎都准确无误地像祈祷书上所说的：'不该做的，我们做了，应该做的，我们没做到'，——所以，这位'好女人'扣留了人质，尽管她失去抱怨法国人不执行条约的权利。因此，这些人都落入她的掌心了。可是法国人也握有把柄，他们弄到了特罗克莫顿这个冤家对头，何况此人的心里还藏有'好人贝丝'的不少见不得人的秘密！经过长期谈判，——在谈判时，特罗克莫顿声明他不打算在狱中自杀，他要设法报复那位没有良心的夫人——'好女人'才不得不同意用四名法国贵族来换回特罗克莫顿。虽然是用四个换回一个，总比毫无所获更合算。于是，她只好收下125000克朗，忍痛把加来永远交给法国。"

兰公爵沃里克的次子]在**伊丽莎白**登基后不久成了她的拥有无限权势的宠臣和情夫,当他不再作为淫棍使她满足时,他仍然受到她的宠爱。他**死于1588年**,掠夺英国近三十年。对这个**被清教徒们**吹捧为英雄的人物的**评价**[他自诩为他们的秘密领袖],见**海林博士**[英国教堂神甫]的《**宗教改革史**》(Doctor Heylin. History of the Reformation),还可参看**历史学家伊贡**(Higons)和**科贝特**的著作第174、172页①。再参看1568年出版的《**莱斯特的共和国**》(Leicester's Republic)。

---

① 在马克思所指的这两页上,科贝特写道:"莱斯特无论在政务还是军事方面都是她的宠臣。关于此人,海林博士是这样写的(见《宗教改革史,伊丽莎白》第168页)(Doctor Heylin. History of the Reformation, Elisabeth, P·168):

'罗伯特·达德利爵士是诺森伯兰公爵(被伊丽莎白的前任处死的卑鄙叛徒)的次子。伊丽莎白登基后,立即赐封他为登比勋爵(Lord of Denbeigh)和莱斯特公爵。她早就提拔他为御马总监,让他担任牛津大学名誉校长和英国首席传令官。此外她把登比这块地产连带一座奇妙的城堡都赏给他了,城堡里仆从如云,非一般英国臣民可比。后来又送给他一块领地和凯尔沃思城堡。他权势日增,竟能操纵政府要职和宫廷要职大权,他有权提升教堂的杂役为神职人员。他心狠手辣,嗜财如命,恬不知耻地抢劫搜刮;他言而无信,毫不念及对他的信任,甚至毫不尊重某些人的生命财产。——这样一个人,可以说:'他的一个小姆指对于英国百姓来说都是不堪忍受的负担,其分量超过了两位已故国王的所有宠臣的体重。'应该说,这'两位国王'就是以搜刮和没收而闻名的亨利八世和爱德华六世。为了掩盖骇人听闻的暴行,为了不让人们有机会控诉他的罪行,莱斯特表面上装扮成一个国教的虔诚拥护者,他成了清教徒的首领,而清教徒也声嘶力竭地为他大唱赞歌。尽管如此,他对他们并不和颜悦色,不是高谈阔论地演说,就是下达指示,他在这方面颇为内行,言出吐语全是圣经上的话。可以说,他像笃信宗教的作家那样就是具有这种灵感。'

不要忘记,对莱斯特的这段评论,是英国圣公会(它的后台就是贝丝本人)的一位博士在献给查理二世并经他批准的一部著作中说的。

她(贝丝)当然是想嫁给莱斯特的,据传说,此人杀死原妻,打算为这件婚事扫清道路。

她的使节告诉她,各国宫廷对这件暴行已传说纷纭。使节的汇报以及大臣的规劝,使伊丽莎白未敢贸然作出决断。才华横溢的历史学家伊贡的著作道出了历史真相,他说,莱斯特为了能娶到这位女王,杀死了原妻。后来,莱斯特又秘密地结了一次婚,当第二个妻子拒绝离婚时——因为他想第三次结婚——他把她毒死了。这件事,在1568年出版的《莱斯特的共和国》(Leicester's Republic)这本小册子中提到了。

但是,尽管如此胡作非为,此人——或者正确些说,这个怪物——一直大权在握,收入甚丰,一直到死始终是这位'贞洁的女王'的宠儿。他死于1588年,他对英国百姓搜刮欺压了三十年。

这位宗教改革家,应该同亨利八世、克兰默、托马斯·克伦威尔、'好人女王贝丝'归作一类。"

"贝丝"的**枢密官威廉·塞西尔爵士**后来承她赐以**伯利勋爵**头衔，当上**财政大臣**，在**爱德华六世**时期是一个新教徒，是护国公**萨默塞特**手下的秘书。当**达德利·沃里克**的权势超过萨默塞特时，他立即离开了萨默塞特。爱德华六世在病榻上的那份不准姐妹玛丽和伊丽莎白继承王位的文件，**就是他起草的**。他被玛丽饶恕后，成了一个热心的天主教徒，还主动要求护送红衣主教波尔离开布鲁塞尔。几乎**四十年**，他一直是伊丽莎白王权的**主要支柱**。**他死于 1598 年**，终年 77 岁。

他死以后，担任**枢密官**的是**弗朗斯·沃尔辛厄姆**；他以前担任过大使等职务，大概是在**伊丽莎白执政的初期**。他在国外有 **53 个代理人**和 **18 个密探**。他临死前已经有些失宠了，**死于 1590 年**。

**圣约翰大人这位温切斯特侯爵**是一个得力助手，他**负责处理**一些**政治案件**，执行过几次类似的差事。他在官运亨通的初期，曾是**温切斯特主教的总管**，那是在主教福克斯任职时期，**亨利七世临朝时**；**亨利八世**让他当上**王室宫廷司库**，封他为**圣约翰勋爵**；他是亨利八世的十六个**遗嘱执行人之一**；在**爱德华六世**执政时，他成了一个热心的**新教徒**，保留了所有的职务和俸禄，在教会财产遭到继续掠夺时，又得到一笔赏赐；眼看达德利即将取代**萨默塞特**，便弃旧迎新；**他处理这个案子，向萨默塞特宣布了死刑判决**；达德利先后封他为**温切斯特伯爵**和**温切斯特侯爵**，把毕晓普沃尔瑟姆的那座温切斯特主教府邸和这个主教管区的各种肥缺赏给他。在**玛丽执政时期**，他立即**改信天主教**，保留全部收入，成了一个**狂热的**天主教徒，疯狂地迫害新教徒。这位**枢密大臣**经常斥责主教邦纳，怪他"不勤恳，不卖力，烧死的新教徒还不够多"。殉教者书的作者**福克斯说**，"在**枢密院**，**害人成瘾的就是这位温切斯特侯爵**"。玛丽死后，他又立即变成新教徒，残酷地**迫害天主教徒**，主持各种委员会，向天主教徒宣布死刑。**他死于 1571 年**，曾为五个主人效劳，四次改变宗教信仰。有人问他何以能安然无损反而步步高升，他回答道："因为我**不是橡树**，我是**柳条**。"一个典型的钻营利禄的人。

------

**1559 年** **玛丽·斯图亚特——法国和苏格兰女王**，她和她的丈夫不仅有法国和苏格兰的纹章，而且还有**英格兰纹章**。英格兰正面临**异族统治**的严重威胁，**议会**也无法劝说"贝丝"结婚。议会定了一条法律，在**惠特克**（美国教会神甫）那本《**论伊丽莎白**》的著作中，这条法律被称为"无耻的"法律。

**1571 年** "好人贝丝"让议会通过一条**法律**，保证王位属于"**从她肚子里**"掉下的**亲骨血**，于是，她的任何一个非婚生子都是**王位继承人**；不承认他有权登王位，就是**叛国**。见流传至今的 Statute Book, 13, Elisabeth, Ch, Ⅰ, sect. Ⅱ。

**1572 年** 女王"**贝丝**"。根据她的意志，许多天主教徒**被吊上拷刑架，一直被吊得骨头脱臼**。她的刽子手残酷折磨那些天主教徒，不仅因为他们是"天主教徒"，而是因为他们没有执行她的宗教礼节。这位"**贝丝**"在巴托罗缪之夜（1572 年 8 月 24 日）以后竟然有脸穿上丧服，而且，她的那些淫逸放荡的宫廷女眷也都身着"黑色丧服"迎接法国使节。她规劝"亲爱的弟弟"查理九世，最后希望他**仁慈地对待信奉新教的臣民**，卡特琳娜对她说，在这方面她的儿子最信赖的领导人不是别人，正是这个"在英国的亲爱的姐姐"。

**1553 年 7 月** **爱德华六世逝世**，不久，被克兰默任命为"宫廷神甫"的苏格兰人**约翰·诺克斯**（Knox）（删除前两个字母就是 ox①）**返回苏格兰**，获得许多**拥护者**；他宣传共和原理；他被迫再次背井离乡，住在**日内瓦**，激起了拥护者的狂热。这些拥护者每获胜利，总要撵走天主教教士，砸毁修道院，焚毁教堂

------

① ox 直译是"牛"，转意为蠢货，笨蛋。——译者注

里的艺术装饰品，常常连整座教堂也化为灰烬。

1558年12月　阿盖尔伯爵、莫顿伯爵、格伦凯恩伯爵组帮结社，制订一个对付天主教教会的所谓的Convenant，他们把天主教教会称之为"魔鬼的会众"①。玛丽的母亲**洛林的玛丽**这位**女统治者**竟然能使苏格兰人无论是天主教徒还是新教徒都一致同意

1558年4月24日　**玛丽·斯图亚特**和**弗朗索瓦二世**举行的婚礼。洛林的玛丽这位摄政女王烧死了一个狂热支持诺克斯的卸职教士米尔恩，宣布另外三个没有出庭的人**不受法律保护**，这就惊动了整个苏格兰，

1559年5月　**诺克斯**，即Ox，第三次抵达**苏格兰**，引起了一场**内战**。**一群教士**（**同仇敌忾的清教徒**）占领了苏格兰的大部分地区，甚至占领了**爱丁堡**，不久他们手中的**爱丁堡**被抢占，在摄政女王玛丽和**阿伦伯爵**（法国人称他为**沙泰勒罗公爵**）召引法国援军以后，他们就被挤进崇山峻岭。根据**塞西尔的建议，伊丽莎白**最初用金钱暗中资助**苏格兰的会众**，后来则以**战舰和军队**公开支持他们。当法国人调军队和战舰到苏格兰时，**伊丽莎白**与法国的加尔文教徒结盟，要求**拉勒诺迪**（**昂布瓦斯阴谋**的策划者）也助一臂之力。

1560年2月　**诺福克公爵**（受伊丽莎白委托）同苏格兰的一些**信奉新教的"地绅"**（lairds）签订**条约**。但是苏格兰和英格兰的联军在对付诺克斯的支持者的这场战争中并不走运，"贝丝"于

1560年6月　已命令塞西尔**缔结和约**，这时，苏格兰当权的女主人**洛林的玛丽死了**。

1560年7月　**法国人**同**英国人缔结条约**，同时，**女王玛丽和苏格兰人**也签订一项条约，条约限制了玛丽的**王权**，加强了新教权贵的势力。根据这项条约法国军队应该撤离，除了在**邓巴尔**和**因奇**

---

①　当时一些信奉新教的苏格兰贵族自称"主的会众"（Congregation of the Lord），共同遵守一种与上帝交盟的"誓约"（convenant）。——译者注

基斯的驻防军；三个等级的会议提出 24 人，女王指定其中 7 人、会议指定 5 人受命执掌国事；国家要职只能指定本国人担任，国王（弗朗索瓦二世）和女王（玛丽）不经各等级同意不能进行战争[清教徒主张在整个王国信奉新的教义，但是塞西尔不敢坚持条约中的这一条，因为"贝丝"对清教徒恨之入骨]。**弗朗索瓦二世**和**玛丽**在条约中**答应**今后不再拥有英格兰和爱尔兰国王和女王的头衔，不再使用它们的纹章，承认伊丽莎白为它们的合法女王。但是他们两人**拒绝批准这项条约**，因为他们的代表并没有受权在谈判时参加讨论英国王位的继承问题。可是这帮**会众大人**不征求女王的同意就召开**会议**，不顾条约的规定在全王国废除了现有的宗教，而且对受害人毫无补偿，把**王国政府**变成一个**虔诚派的革新政府**。

**1560 年 12 月**　**弗朗索瓦二世死**。玛丽寡居在洛林的一座府邸，过着放荡淫乱的生活；写给"贝丝"的信，语气非常恶毒刻薄，因为她坚决要求{玛丽}批准这项条约。

**1562 年 8 月 20 日**　**玛丽**由三位舅父和一些法国人护送，抵达**苏格兰**，**伊丽莎白**在这里的威望比她更高{伊丽莎白不准玛丽这一伙人途经英格兰，还派一名海军上将率领战舰去逮捕她}。**伊丽莎白在苏格兰**对玛丽动手，也就是打击了她的法国后台老板，即**法国的吉斯家族**（见第 115 页①和前面的第 139 页②）。

...........................................

**在 1562 这一年**　"贝丝"竭力保证实现和平，愿意遵守**康布雷齐条约**，同时又派使节**特罗克莫顿**去不断地唆使孔代打仗。为了报复，**法国人和西班牙人**试图使**英国的天主教徒**，也就是说，使玛丽·斯图亚特的众多拥护者反对她，结果却出现了一些**镇压天主教徒的严酷的刑事法律**。凡是不肯宣誓**承认**{王权}至上的

---

① 见本册第 180 页。
② 见本册第 220 页。

人都受到残酷的惩治；不仅如此，**做弥撒**，{天主教}神甫的归国，窝藏或资助神甫，都是犯了**叛国罪**，许多人**为此**而受到野蛮的折磨。"他们先被高高吊起，从**绞刑架**上放下时还有一口气，然后**开膛剖肚，最后肢解**。"

1563年7月底　**沃里克被迫带着部队撤离阿弗尔**。这时，"贝丝"竭力争取同**查理九世媾**和，派去**斯密斯**和**特罗克莫顿**这两名使节（他们曾是她派驻巴黎法国宫廷的**使节**，曾挑唆孔代和科利尼造反）。斯密斯在**默伦**被捕，**特罗克莫顿**在**圣热尔门**被捕。由于"贝丝"的要求，斯密斯获释，但是**特罗克莫顿**仍在押，因为，根据**康布雷齐条约**（1559年），四名法国贵族被交给"贝丝"，以**保证法国遵守条约**。"贝丝"首先破坏了"和约"，因此不再需要人质，可是也不释放他们。这时落入法国人掌心的**特罗克莫顿**知道"好人贝丝"的许多**惊人的秘密**，并明确地暗示，他在牢里只要不死，一定要"报仇"，因此，这个"好"女人才同意用四个法国贵族把他**换回来**。

1564年4月　"贝丝"和查理九世签订**和约**。在苏格兰，"贝丝"联络"黎民百姓"，表面上同**玛丽·斯图亚特**还维持友好关系，甚至**承认并主张玛丽有权继承英国王位**。于是这个妒性强烈的老妖婆便乘机要求对玛丽**实行监护**，对她策划种种卑鄙的阴谋诡计。

.....................

选自马克思：《历史学笔记》第三册，北京：中国人民大学出版社2005年版，第30—33、50—52、56—57、102—114、161—162页、206—208、219—223页。

卡尔·马克思

# 历史学笔记（第四册）(节选)

（约1580年—1648年）

1 ‖                                    ‖ 16世纪末

## （8）"神圣联盟"（La Sainte Ligue）和第七次宗教战争（1577—1580年）

关于神圣联盟的建立。见《联盟的精神》（Esprit de la Ligue）一书。**亨利三世**得知**联盟**的创始人向**菲力浦二世**派去秘密代表请求支持，新教徒们截获了被派往罗马的代言人**大卫**的文件。文件表明**昂利·德·吉斯公爵**被预定为联盟的全权执政官。**格雷哥里十三世**反对{联盟}。菲力浦二世和创立联盟的**耶稣会会士们**{持有}另一种{见解}。菲力浦二世成了**联盟者的保护人**。因此亨利三世（见笔记Ⅲ①）于1576年宣布自己是联盟的首领。

| | |
|---|---|
| 1555—1559年 | 保罗四世； |
| 1559—1566年 | 庇护四世； |
| 1566—1572年 | 庇护五世； |

---
① 见第三册第207~208页。

> 1572—1585 年　格雷哥里十三世；
> 
> 1585—1590 年　西克斯图斯五世；
> 
> 1590 年　乌尔班七世；
> 
> 1590—1591 年　格雷哥里十四世；
> 
> 1591—1592 年　英诺森九世；
> 
> 1592—1605 年　克雷门斯八世；
> 
> 1605 年　利奥十一世；
> 
> 1605—1621 年　保罗五世；
> 
> 1621—1623 年　格雷哥里十五世；
> 
> 1623—1644 年　乌尔班八世；
> 
> 1644—1655 年　英诺森十世；
> 
> 1655—1667 年　亚历山大七世；
> 
> 1667—1676 年　{克雷门斯九世及}克雷门斯十世。

因为纳瓦拉的亨利（四世）、昂利·孔代和丹维尔都不接受回归天主教会的邀请，所以，**亨利三世不得不装模作样地**向他们开战。他的一支军队由**安茹公爵**指挥，另一支军队由**德·马耶讷公爵**（昂利·吉斯的兄弟）指挥；由于亨利三世的密谋，

1577 年 9 月　在**普瓦捷**{公布了}**关于和解**{媾和}的敕令（共 64 条，另有 48 条秘密条款是与**纳瓦拉的亨利**事先商定的）。——亨利三世及其嬖幸们**挥霍无度**，幼稚任性。**特鲁瓦的教长在三级会议**上确定了亨利三世债务的数额："他（国王）欠债 10160 **多万利弗尔**（Lequel（le foi）est endetté de cent un millions, six cent et tant de mille livers。）"

1579 年 2 月 24 日　卡特琳娜和（纳瓦拉的）**亨利在内拉克**缔结了有若干新条款（包括向新教徒作出重大让步）的协议；3 月，由亨利三世在巴黎批准。

1581 年　颁布，使全民周知。**新的**，即第七次宗教战争（谑称为"**恋人的战争**"——"la querre des amoureux"）爆发的原因是亨利

三世嫉妒弟弟**德·安茹**；因为后者交游广阔，尽管天主教和新教的显贵们早就你争我斗，接二连三地夺取了一座座城堡。**玛格丽特**同纳瓦拉的**亨利**在**内拉克**日子过得很惬意。他对16岁的**福塞斯**爱得入迷；玛格丽特与年轻的**子爵德·蒂雷纳**有奸情；亨利三世认为，她在宫中为安茹募集朋友，而为他招来了敌人，因此把他所知道的她的风流韵事写信告诉**亨利四世**，她却要亨利（四世）相信，国王希望他们争吵。**双方重新开始袭击城市和夺取城堡**。**安茹**再次支持新教徒，以此恐吓禁止他**向尼德兰进军**（对付西班牙人）的**亨利三世**。不仅（纳瓦拉的）**亨利**参加了军事行动，而且**孔代**（尽管存在联盟，他却在**皮卡第**站稳了脚跟，开始寻求英国人和普法尔茨居民的援助）也率领一支军队出现在**朗格多克**。**亨利三世**派出三支军队去对付新教徒。这三支军队到处反击新教徒，他﹛亨利三世﹜这时却同**安茹**密谋策划，答应对他在**佛兰德**的"冒险"助一臂之力，于是安茹负责和平谈判。结果于

1580年　在佩里戈尔，在弗莱克斯，与一些以宗教作为内讧借口的高级领主﹛签订了﹜第七次（和平）条约；根据这个条约，**宗教改革派**获得了一些新的特权。**安茹公爵**同瓦隆人建立了牢固的联系，同英国眉来眼去，

1580年12月　返回巴黎，以便募集新教贵族及其雇佣兵为自己效力。

································································································

## Ⅱ．"三十年战争"

### （1）天主教联盟的军队推进到威悉河以前

1619年8月　捷克人选举了普法尔茨选帝侯弗里德里希五世为捷克国王；他们干出这件蠢事是受了"能言善辩的"**威廉·鲁普**的

影响。

[1616年初　巴伐利亚的马克西米利安一世辞去了天主教联盟执政的职务，因为他不愿意和自己并列的另一名执政是美因茨的选帝侯或是奥地利的大公。由于坚决的（1）请求，他后来于

1617年5月17日　在慕尼黑同**班贝格、维尔茨堡、艾希施泰特**等地的主教以及**艾尔文恩**的教长结成了更紧密的联盟——为期四年，因此而成了**天主教联盟真正的全权执政官**。根据条约，**缴纳的款项**应当按帝国的花名册，或是按所谓的罗马月份收入慕尼黑的**军队财库**；联盟的每一个成员应当立即预付三十五个月的费用，而且准备好以后三十六个月应付的款数。支配**联盟军队的全部权力交给了巴伐利亚的马克西米利安一世公爵**。]

1619年10月31日　弗里德里希五世进入**布拉格**，他在当地于

1619年11月4日　**加冕为捷克国王**[见弗里德里希五世的仆役鲁斯多夫的札记。劝说弗里德里希五世接受王冠的主要是**安哈尔特的克里斯蒂安**、他本人的妻子**伊丽莎白**（詹姆斯一世的女儿）、他的外交官**路德维希·卡梅拉里乌斯**和他的宫廷传教士、热忱的加尔文派教徒**斯库尔特图斯**]。[并见霍伊塞尔《普法尔茨史》。]弗里德里希五世没有军队；9月初在罗滕堡{聚会的}"新教同盟"什么也没有给他。当他在进入捷克之前，驻足于**安贝格**（上普法尔茨）时，再次请求"同盟"支持他，"同盟"再次拒绝了。这时，新教徒**贝特林·加博尔**——得到土耳其人的支持——拿起武器反对**利奥波德大公**（帕绍的"野猪"和斐迪南二世当时的副手）并迅速占据了**上匈牙利**，心怀不满的人纷纷投奔他，他也侵入了**下奥地利**，于是利奥波德在维也纳陷入了十分困难的境地，只好将布库瓦匆匆从捷克召回。

**斐迪南二世得悉贝特林·加博尔**[在从**法兰克福**的归途中]在慕尼黑取得成功；科隆选帝侯也将自己的内廷总监冯·霍亨索伦伯爵派往该地，以便代表教会的选帝侯进行谈判。西班牙使臣奥格纳特伯爵也在那里，**马克西米利安一世重新担任整个天**

**主教联盟的领导职责**并同斐迪南二世结盟。**皇帝和整个皇室都应当（条约的第三条）以自己的全部领地和财产作担保，保证赔偿他的领地**所蒙受的一切**损失**以及涉及巴伐利亚公爵、而不是涉及天主教联盟的**开支**，在支付这笔赔偿金之前，应当向他提供相应的贵重物品作抵押。**第五条**宣称："公爵从敌人手中夺得的所有奥地利土地，连同其收入及权利，均**归他所有**，直到向他偿付了他所蒙受的一切损失和各种非常的军事开支时为止。而且他和他的继承人在这些领地只承认奥地利国君的最高权力。但**盐业、矿业和关税收入**应当排除在外，因为其余的财产已经足够了。"

1619 年 12 月  图尔恩和贝特林·加博尔集合约八万人，去围困维也纳，但他们又不得不放弃这项行动。——贝特林手下的**拉科什**将军在匈牙利被高等法院法官（judex curiae）捷尔吉·霍莫纳伊率领的天主教皇室军队击败。

**也在 1619 年 12 月**  在纽伦堡召开的新教同盟代表大会毫无结果；**天主教联盟在维尔茨堡召开的代表大会**由于马克西米利安一世的努力，准许他装备一支 25000 人的军队而且将**联盟的财库交给他全权支配。**

49 ‖ 1620 年 1 月  贝特林{毫无结果地试图}**同斐迪南二世讲和。**——奥伦治的莫里茨无法援助**弗里德里希五世**，因为{荷兰的}**阿明尼乌派**给他惹了许多麻烦，所以他想利用**虔诚的加尔文教派**来损害共和派。——小丑詹姆斯一世是同弗里德里希五世作对的，因为他想让自己的查理娶**西班牙的公主**；可怜的"新教同盟"在同马克西米利安一世谈判时只是空话连篇。迄今为止只知道在宫中恣意行乐的**弗里德里希五世**又因为准许**斯库尔特图斯**教士出版《关于偶像的简明而符合圣经的报告》（"Kurzer, aber schriftmässiger Bericht von den Götzenbildern"）而激恼了**信仰路德教的捷克人**，招来了路德教派的许多争论文章；**图姆的《斯库尔特图斯是反对崇拜圣像者》**（"Scultetus Iconoclastes"）和

《伪教师斯库尔特图斯》("Scultetus Cacodoxus"),奥西安德尔的《无神论者斯库尔特图斯》("Scultetus Atheista");还有图姆的《魔鬼的药铺》("Panurgia Satanae"),奥西安德尔的《争论问题手册》("Enchiridia controversiarum")等等。——**斯库尔特图斯先生在布拉格**其实也推行了**反对崇拜圣像运动。萨克森**的一些宫廷神学家比**符腾堡**的神学家更猖狂;顺便说一句,**被天主教徒收买了的**、对萨克森选帝侯约翰·格奥尔格一世拥有无限权力的德累斯顿宫廷传教士格·冯·盖奈格在书信中、布道演讲中和文章中起劲地反对斯库尔特图斯、弗里德里希五世和捷克事件。——**痴呆的弗里德里五世将恩斯特·冯·曼斯费尔德和冯·图尔恩伯爵**放在低于无能的、只会空谈的将军**安哈尔特的克里斯蒂安和冯·霍恩洛埃伯爵**的位置上,使他们感到受了侮辱。——这时**马克西米利安一世把赖凯尔作为新使臣派往菲力浦三世处**;由于他的努力,菲力浦三世命令**斯皮诺拉从尼德兰开往下普法尔茨**;马克西米利安一世也取得了教皇的同意提供大笔金钱资助。他怂恿斐迪南二世于

1620 年 6 月　给弗里德里希五世和所有同他结盟的**德国诸侯**写了一些语带威胁的信[主要是针对黑森—卡塞尔的莫里茨的]。"**新教同盟**"希望**法国**援助的请求只对它**有害**,因为**路德维希委派昂古莱姆公爵**带了一群杰出的随员出席**在乌尔姆召开的新教同盟代表大会**,昂古莱姆公爵在那里玩弄手腕使"**新教同盟**"和"**天主教联盟**"于

1620 年 7 月　签订条约,根据这项条约,**天主教联盟和新教同盟保持和平,但和平并不包括捷克**。因此这是**新教同盟对捷克直截了当的背叛**。此外,萨克森选帝侯宣布自己拥护斐迪南二世并保证保护劳西茨和西里西亚,而与此同时**波兰的西吉斯蒙德三世给斐迪南二世送去 8000 名哥萨克骑兵**。

在乌尔姆谈判时,斐迪南二世保证给下奥地利等级会议以充分的宗教自由,如果它**绝不和捷克人结盟**,但是它拒绝了。后

来，在它受到当**皮埃尔、布库瓦和哥萨克骑兵**威胁时，有几处宣誓效忠，此后其余地方很快也宣誓效忠了。

**马克西米利安一世**率领军队出现在**上奥地利**，这是在归还他的军事开支之前给他作为抵押品的，于是他对居民和等级会议的态度就像对待**战败的敌人**一样。

1620 年 9 月 巴伐利亚的军队{出现在}捷克。**萨克森人侵入劳西茨，当皮埃尔**试图占据**普雷斯堡**。1620 年 9 月 8 日，**布库瓦的部队同巴伐利亚的部队会合了**，因此巴伐利亚人有了一支将近 32000 人的军队，而**弗里德里希五世**的军队才只有 21000 人。

......................................................................

1620 年 3 月 黑森—达姆施塔特伯爵路德维希五世和萨克森选帝侯约翰·格奥尔格一世[这两条走狗（Köder）对**西班牙**所起的作用和 18 世纪时那些卖身投靠俄国的波兰大封建主的作用相同]**在米尔豪森和美因茨选帝侯、科隆选帝侯，以及马克西米利安一世的某些顾问**签订了一项协议，他们答应永远**帮助皇帝**。萨克森的那条狗保证还要说服**萨克森地区和等级会议**也作出这样的承诺。这样一来，**斯皮诺拉在进攻普法尔茨时**，后方就有了保障。

1620 年 9 月初 斯皮诺拉率 24000 人（西班牙人和尼德兰人）侵入**普法尔茨**；新教同盟的军队起初在**奥彭海姆**附近，后来在**沃尔姆斯**附近都没有进行任何抵抗，虽然军中有率领着荷兰部队和英国部队的**拿骚的弗里德里希·亨利希**和率领着自己的黑森兵的**莫里茨伯爵**。

1620 年 11 月初 蒙古人在**莱茵河上、摩泽尔河上和纳厄河上**（Nahe）大肆劫掠，斯皮诺拉的匪帮一直窜到**韦特劳**。他们将西边的**考布、锡门、整个施蓬海姆伯爵领地**，以及东边的**弗里德贝格、盖尔恩豪森和韦茨拉尔**洗劫一空。只有当时坚固设防的**弗兰肯塔尔**坚守的时间长久一些。

1620 年 11 月 8 日 布拉格附近的白山上进行了**一场战斗**。由**安哈尔特**

的克里斯蒂安和霍恩洛埃伯爵指挥的捷克军队在**一小时内就被击溃了**。弗里德里希五世只好从捷克出逃,这时普法尔茨已被斯皮诺拉占领;无论是萨克森还是勃兰登堡都不放他进去,他于是逃往**海牙**,——他逃走后,**恩斯特·冯·曼斯菲尔德**坚持了一段时间,然后向**上普法尔茨**转移,指望和**巴登侯爵格奥尔格·弗里德里希**一起共同支援下普法尔茨。**捷克、摩拉维亚、西里西亚和劳西茨**的一部分被**斐迪南二世**的军队占领了,另一部分被以**斐迪南的名义**{活动的}巴伐利亚人和萨克森人占领了。

**1621年1月**  弗里德里希五世遭到(皇帝的)**贬黜**,1月29日,贬黜由皇帝的副首相郑重宣布。

**在上奥地利**,马克西米利安一世任命**赫贝尔斯多夫**为总督。后者凭借武力敲诈了一大笔赔款,未经他事先同意,等级会议不得召开。半年之后(开始了)对**新教徒**、拒绝向斐迪南二世宣誓效忠的**肇祸人**及**参加者**的**法庭追究**。国家饱受磨难,只好屈从(向马克西米利安一世)**支付600万赎金**的要求,以求摆脱巴伐利亚人(巴伐利亚人无论到哪里都始终是**刽子手**)。

但是,**由于压迫而引起的农民战争这时开始了,这使得巴伐利亚的刽子手在国内又滞留了一段时间**。

斐迪南用强制的办法使**上奥地利**和**下奥地利**都皈依了天主教会;一切人,不论其职务和等级,都必须**在规定期限内**声明;他们愿意成为天主教徒,或是迁居别处;然而

**1625年8月20日**  皇帝发布命令,向农民保证在一定范围内,容许不同的宗教信仰。——稍晚一些,在古斯达夫·阿道夫斯干预之前不久,暴力行为达到了顶点。给了**两个最高等级三个月的期限来作出声明**,‖给**受封为贵族的人**和**各城市的居民**的期限是一个月,对农民则规定**立即采取警察手段将他们赶回旧教会**去。但是,**许多准备出售的庄园不可能在这样短的时间内卖掉,因此期限一再延长**;本应监督命令的执行情况的**等级会议**

让许多人滑过去了。大部分居民皈依天主教只是出于对**故土**的**依恋**,但许多**贵族**和非贵族,甚至是**农民**迁走了,抛下自己的全部财产[参看**约多克·施图尔茨**著的一本天主教书籍《**威尔赫林修道院史**》1840年版("Geschichte des Klosters Wilhering" von Jodocus Stülz)]。

在**捷克**,斐迪南二世残暴肆虐,唆使他的是他的忏悔神甫、耶稣会会士**拉莫尔曼**,以及**斯拉瓦塔**和**马丁尼茨**。在作出**判决**之后[**斐迪南二世**起初拒绝批准这个判决],30名显贵逃走了,他们遭到贬黜,他们的庄园被没收,有43人被抓,送到了布拉格,其中有27人于

1621年6月21日 被处死,其余的受到严惩。总的说来,在涉及被处死的人的声誉、等级以及行刑方式等问题上,**白山之战以后在全捷克和西里西亚所采取的残酷做法远远超过了法国宗教战争中的惨剧**。属于捷克高级贵族、骑士等级、法学界精华的人士被处死了,而且还伴有种种卑鄙勾当。在被处死的人中有**安德烈·施利克伯爵**,他是帕绍和埃尔恩博根①的所有者、最高地方法官、上劳西茨的执政者和管理人;**捷克议会主席**、三处采邑的所有者**瓦茨拉夫·布多维奇、布多瓦**;议会主席**克里斯多夫·哈朗特**(后两人都是**执政**);著名的医生和查理四世(Carolinum)大学教授**扬·耶森尼乌斯·耶森**。两个封建主被**吊死**在旧城市政厅的窗户前面。

..................................................................

斐迪南二世利用1621年1月29日宣布对弗里德里希五世贬黜一事[他的**选帝侯爵位**和上普法尔茨已经答应给马克西米利安一世了],企图**不顾德国的国法**,凭借自己的权力将贬黜扩大到**霍恩洛埃伯爵、安哈尔特的克里斯蒂安公爵和勃兰登堡—耶盖恩多夫封疆侯**身上;不过他虽然对拥有**耶盖恩多夫领地**的最

---

① 这是捷克的两座城堡。

后那个人实行了贬黜，但这片**土地**却仍旧属于**勃兰登堡家族**。这就成了1740年弗里德里希二世（所谓的"大帝"）反对查理六世皇帝的女儿玛丽·泰雷西亚的法律上的借口。——在西里西来，由于笨蛋萨克森选帝侯的庇护，留下了**新教派的痕迹**。

**在捷克，由于恐怖制度的结果，大部分不动产转到了天主教徒手中。因为它们信奉新教的原主人已被剥夺或被杀死了。**除了1621年6月的处决和没收之外，早在1620年11月，布拉格之战以后的最初几天里，**所有的加尔文派信徒就都被驱逐了。**

1621年10月　　路德派信徒被驱逐了。

1622年5月　　在捷克{发表了}（皇帝的）**命令**，它以最严厉的惩罚相威胁，{命令}所有参与骚乱的人自首；728个自首的土地占有者请求赦免；给他们留了一条命；**他们的庄园则全部或部分被收缴、出售、抄没入官库或转归斐迪南及天主教会的拥护者。**

1624年　　在布拉格，其后在捷克全国，包括农村地区，禁止举行任何非天主教的宗教仪式。

1627年　　**大诏书被取消**，而且补充说，今后在捷克只允许天主教徒存在，这项措施执行得很严格。不愿入天主教会的人**移居到萨克森、勃兰登堡、普鲁士、荷兰和瑞士**；移居国外的{计有}约三万户，其中包括贵族等级和骑士等级的185户。

1621年4月12日　　黑森—达姆施塔特的路德维希五世和美因茨选帝侯说服了**符滕堡公爵**和勃兰登堡封疆侯约阿希姆·恩斯特去同斯皮诺拉{签订}条约。根据这项条约，普法尔茨的弗里德里希五世只好听天由命；他们把普法尔茨转交给西班牙人。

1620年中　　英国的詹姆斯一世给**弗里德里希五世**一笔钱装备捷克军队；他允许在英国也招募兵士，但后来**西班牙使臣**说服他不要干预。

1620 年底　詹姆斯一世再次准许用英国的钱，在英国招募雇佣兵；这样一来，装备了一支由英国人组成的相当大的军队，这支军队同荷兰人一起在**拿骚的弗里德里希·亨利希**指挥下参加了对**沃尔姆斯的进军**。这些英国人的大部分留在普法尔茨，保卫**弗兰肯塔尔、海德堡和曼海姆**，**抗击**已经占领和掠夺其余地方的**斯皮诺拉**。

...........................................................................

1621 年 10 月　当初曾经成功地抗击过马克西米利安一世和蒂利的**恩斯特·冯·曼斯菲尔德**先在**捷克**以比尔森为基地，后来在**上普法尔茨**陷入**困境**［他不时从英国得到金钱；钱不够用时，就在友好的和敌对的地区，以最残忍的方式为非作歹］；｛于是｝他从上普法尔茨经**纽伦堡、温茨海姆和罗滕堡**向**下普法尔茨**进军。当时那里驻扎的是**斯皮诺拉**指挥的**西班牙主力部队**，斯皮诺拉曾顺莱茵河而下去保卫尼德兰。

1621 年 8 月—9 月底　留在普法尔茨的**冈萨雷斯·德·科尔多瓦**经受了抗击英国军队和普法尔茨军队的顽强战斗。**科尔多瓦**徒劳无功地围困**弗兰肯塔尔**已经三周（他损失了 3000 多人），这时曼斯菲尔德出现了；**科尔多瓦**只好撤走。最后，让已经洗劫**拉登堡和莫斯巴赫**的**蒂利**从贝格施特拉瑟方向逼近，并于

1621 年 10 月 20 日　要求**海德堡投降，没有成功**。不过，他在 1621 年秋天和

1622 年最初几个月内　洗劫、折磨了这个国家。**冈萨雷斯·德·科尔多瓦**带着西班牙人在**阿尔蔡、克罗茨纳赫**和**奥彭海姆**胡和非为，而**蒂利**在**内卡河两岸作威作福**；**曼斯菲尔德掠夺了施派尔主教**在**阿尔萨斯**的领地。‖他攻进阿尔萨斯的查贝恩，大肆抢劫，但未能占领**哈格瑙**；他洗劫莱茵河沿岸直至布赖斯高之后，退入**哈尔特**山中，在**盖默斯海姆**和**兰道**之间横行霸道，如同蒂利在内卡河上一样。

1622年4月　**弗里德里希五世**由海牙抵达海德堡；詹姆斯一世和荷兰人给他一笔钱来对付曼斯菲尔德及其雇佣兵，同时也为了使**不伦瑞克的克里斯蒂安和巴登——杜拉赫的侯爵格奥尔格·弗里德里希**装备新军队。

> **不伦瑞克的克里斯蒂安**21岁，是收归国有的哈尔伯施塔特主教管区的管理人，在率领自己的雇佣兵经**黑森——达姆施塔特**向普法尔茨进军时，于
>
> 1621年12月20日　在布瑟克尔谷地的韦特劳被同巴伐利亚和美因茨的军队汇合的**路德维希五世**击败，只好退回威斯特伐里亚，**因此**（pro hunc）就在那里抢劫**兼有神职的小诸侯**。

曼斯菲尔德在**盖默斯海姆**附近渡过莱茵河，以便同**巴登——杜拉赫的侯爵格奥尔格·弗里德里希**会合〔后者将自己的国家交给儿子弗里德里希五世治理〕，格奥尔格·弗里德里希用自己的钱募集了一支相当大的军队；这支军队同**曼斯菲尔德**的军队合并，两人都同**蒂利**作对，他们于

1622年4月27（17）日　将蒂利诱出**维斯洛赫和明戈尔斯海姆之间**一块非常好的阵地，然后**打败**了他，蒂利损失几千人。巴登的格奥尔格·弗里德里希是一个糟糕的统帅，而曼斯菲尔德是一个不易相处的人，获胜之后他们就分开了，后来被**分别击败**。冈萨雷斯·德·科尔多瓦同蒂利合在一起，两人都跟踪**封疆侯**，封疆侯于

5月6日（4月26日）　在海尔布隆和**温普芬**之间宿营。巴登——杜拉赫的｛侯爵｝在**温普芬**附近被彻底击溃，他的部队溃散了，他本人逃到**斯图加特**。于是**曼斯菲尔德从曼海姆**〔普法尔茨选帝侯**弗里德里希五世**｛在｝它附近〕出发，向**达姆施塔特**推进，一路上把什么都毁光抢光。在这次事件中，叛逆**路德维希五世**和他的儿子本想逃走，但是被抓住并被带到**曼海姆**，仅仅过了四

个星期，由于**德国诸侯团的坚决要求**而被释放。

**1622 年 5 月 30 日** 曼斯菲尔德不得不退出**达姆施塔特**，因为皇帝的军队正企图占领**曼海姆**。

---

**不伦瑞克的克里斯蒂安**这时在掠夺**明斯特和帕德博恩**地区。这个剽悍的强盗头目命令把**帕德博恩的十二尊银制圣徒像**改铸成银币，而且声称他是**为圣徒们提供机会到世间去使多神教徒改变信仰**；**克里斯蒂安**大大加强了自己的匪军之后，于

**1622 年 5 月** 再度出动——经过富尔达地区——进入**韦特劳**，向美因茨推进。美因茨主教召来了**科尔多瓦和蒂利**；克里斯蒂安并没有避开同他们人数上占很大优势的军队遭遇。也没有寻求同曼斯菲尔德会合，而是在法兰克福四周大肆劫掠后，在**赫希斯特**附近驻扎下来，并于

**1622 年 6 月 20 日** 接受了那两个人向他提出的交战要求，他遭到迎头痛击。克里斯蒂安率领残部向贝格施特拉瑟退去，在那里同曼斯菲尔德会师〔他本应避免作战而早些完成同曼斯菲尔德会师的行动〕。

**新教徒的军队在不伦瑞克的克里斯蒂安和曼斯菲尔德指挥下**，活跃在**斯特拉斯堡周围和阿尔萨斯北部**，这时小丑**詹姆斯一世**说服了**弗里德里希五世**作出让步，因为他相信**西班牙使臣**的话，说是只要**弗里德里希五世**拒绝参战并短期离开自己的国家，他可以保证如何如何。——在詹姆斯一世可笑的调停下，在**布鲁塞尔**举行了荒唐的**谈判**。在谈判中，斐迪南二世凭借自己手中的权力将**弗里德德里希五世的选帝侯爵位连同上普法尔茨转给了马克西米利安一世**，以便收回自己抵押给他的上奥地利。

**1622 年 7 月** **弗里德里希五世**正式遣送**曼斯菲尔德**和**克里斯蒂安**；在他们**离开普法尔茨**时，**冈萨雷斯·德·科尔多瓦**率领自己的西班牙人紧随其后，赶上了他们并在一场血战中击败他们，在这

场战斗中克里斯蒂安失去一只手；**克里斯蒂安率领一部分军队逃到荷兰**；**曼斯菲尔德**则到了**东弗里斯兰**。

**1622 年 8 月** 愚蠢的**弗里德里希五世**明白自己受骗了；他到色当去找布永公爵，从那里返回尼德兰。蒂利完成了对{下}**普法尔茨**的**攻占**；他当时得到了由帕绍的下流胚、蒂罗尔的利奥波德大公带到普法尔茨的军队的增援。

**1622 年 9 月 15—16 日以前** 普法尔茨军队的司令——**范·德尔·默文**——保卫**海德堡**（虽然他只有 2000 人）；

**1622 年 9 月 19 日** 该城已被突袭占领，他仍然在城堡中坚持；后来在宽厚的条件下**投降**了。

**1622 年 9 月 20 日** 蒂利进攻**曼海姆**，曼海姆的城防司令是骁勇的英国人**霍勒斯·德·维尔**。

**1622 年 11 月 1 日** **德·维尔**不得不投降，他于 11 月 4 日撤出城市。1622 年，**弗兰肯塔尔**未被皇室军队占领。不过蒂利将自己的越冬营地拉得很长，甚至占据了韦特劳地区的一部分。

································

## （9）讷德林根会战后的德意志各新教国家

**1568 年** 符腾堡的**克里斯托夫**死了，**常务委员会**替代等级全体大会独断专行；继承他的是他的儿子

**1568—1593 年** **虔诚者路德维希**。在他执政期间，符腾堡成了一些狂热的路德教神学家的中心和巢穴；对加尔文教徒的迫害。这个"畜生"没有继承人，公国传给**乌尔里希**（克里斯托夫的父亲）的侄子**弗里德里希**，统治着**蒙贝利亚尔**（Mömpelgard）这块伯爵领地。

**1593—1608 年** **弗里德里希**；这个多灾多难的国家为了不丧失等级特权，承担了这个糊涂的炼金术爱好者、不切实际的冒险家的**债务 110 万盾**。

1608—1628 年　他的儿子**约翰·弗里德里希**不再同各等级争斗，有人控告弗里德里希的近臣**恩茨林**；四年后此人**被处死**（gekeppt）。{约翰·弗里德里希的}一些路德教宫廷神学家同**普法尔茨弗里德里希五世**的加尔文教宫廷神学家**斯库尔特图斯**的斗争。**卢卡·奥西安德尔和泰奥多尔·图姆**——两个主要的喜欢争论的蒂宾根神学家（Klopffechter）——攻击加尔文教派，说他们是多神教徒。约翰冷漠地观察**吕贝克和约签订后**瓦伦施泰因和蒂利一伙人怎样在他的国土上肆虐，后来，在他死前九个月，一份**归还教产敕令**{颁布了}。它首先在符腾堡坚决执行，因为这里的**教会财产在一百年前已收归国有**，而且几乎全部都用于慈善目的。

1628 年　约翰的儿子**埃伯哈德三世**成为继承人，他受到住在蒙贝利亚尔的叔父**路德维希·弗里德里希公爵**的监护。后者已加入"莱比锡联盟"，同当时还在**德意志北部**的**古斯达夫·阿道夫斯**谈判。‖国家又遭到天主教军队的蹂躏，直到

1631 年 12 月　**瑞典军队**占领**普法尔茨**，皇帝和联盟的军队离开。蒙贝利亚尔的行政长官——公爵——狩猎嬉游。

1633 年 5 月　埃伯哈德三世 18 岁，在首相**莱弗勒**的指挥下亲自理政；讷德林根会战前，他动员全国，甚至动员民军；会战后，他从**格平根**——他曾在莱茵伯爵的军队里——溜到**斯特拉斯堡**；这个畜生在那里几乎住了七年。他的**国家**成为送给**敌人**的祭品，**斐迪南二世瓜分了它，大部分土地分给自己的大臣和将军**。此外，符腾堡也惨遭破坏。

1628 年—1634 年 8 月　（见**施皮特勒**①）符腾堡为皇家军队冬季宿营和补贴，损失了 63544326 盾。

1634 年 8 月—1638 年 12 月　[当埃伯哈德这个畜生（1638 年）从斯特

---

① 施洛塞尔摘录施皮特勒的一段话，见《世界史》，1867 年，俄文版，第 14 卷，第 286～287 页。

拉斯堡返回时〕损失已超过 4500 万盾。

1639 年—1650 年　符腾堡支付 7331538 盾，而勒索还没有停止。

1628 年—1650 年（22 年）　符腾堡的损失达到 118742864 盾，还不包括财产破坏和生灵涂炭所受的损失。

1634—1641 年　死亡了 345000 人；一个原有 50 万居民的国家，在 1641 年只有 48000 人。甚至在威斯特伐里亚和约签订六年后，逃往瑞士的居民已返归故里，符腾堡比讷德林根会战以前减少了 5 万户人家，4 万莫尔根①葡萄园，27 万莫尔根的耕地、牧场、莱地和果园；300 座城堡和公共建筑、36000 所私人住宅被损坏；许多城镇和乡村的重建工作，当时想也不能想。

..............................................................

1635 年底　在**普法尔茨**，**法军**对皇帝不宣而战，同伯恩哈德公爵为收回**海德堡**而联合一致；**菲力普斯堡**曾被莱茵伯爵奥托·路德维希交给法军，通过一次突袭又从他们手中夺回；后来，**加拉斯**率领一支军队｛来了｝，攻下**海德堡**，越过莱茵河。**伯恩哈德收下法国人的钱，应该为法国人效劳。他的法兰克尼亚公国在**讷德林根会战以后完全破灭了。

1635 年 5 月 30 日　萨克森宫廷恶狗同皇帝签订布拉格和约。〔和约的初步协议在 1634 年 11 月曾在皮尔纳签字。〕宫廷恶狗不仅得到马格德堡领地中的**于特博格**、**奎尔富特**、**达梅**和**布尔格**等地区，而且还得到**上劳西茨和下劳西茨**；他为次子**奥古斯特**弄到马格德堡终身大主教职位，它以前的负责人是**勃兰登堡的克里斯蒂安·威廉**，——马格德堡陷落时被俘，在维也纳信奉天主教，——年薪 24000 塔勒。哈尔伯施塔特主教管区｛已被交给｝**皇太子利奥波德·威廉**。条约规定：新教诸侯和各等级在**帕绍和约（1552 年）**签订前侵占的全部间接代管的（mittelbaren）

---

① "莫尔根"（morgen）是土地面积计算单位，在德国约合 1/4 多公顷，在荷兰约合 0.8 公顷。——译者注

寺院、**主教管区和教会财产，应按照 1627 年 11 月 12 日的原状保持四十年**，等等。但这一条还附加一些保留条件，显然未被"认真"接受。所有的新教诸侯和各个等级**在十天内能自由加入联盟**。

**1635 年 4 月** 加入联盟的是拥有不来梅大主教管区这块**世俗领地的丹麦王子弗雷泽里克**，安哈尔特的**一些诸侯**也加入了{联盟}。

**1635 年 7 月** 美因河畔法兰克福也接着效尤，不久许多住在斯特拉斯堡的诸侯和伯爵为了同皇帝和解，都派一些代表到海尔布隆去见他的儿子**斐迪南三世**。——7 月，接受布拉格和约的是：**爱尔福特、魏玛的威廉公爵、梅克伦堡的一些公爵、不伦瑞克—吕讷堡的奥古斯特公爵和格奥尔格公爵、吕贝克各个城市、汉堡、不来梅、不伦瑞克和勃兰登堡宫廷恶狗格奥尔格·威廉**。但是黑森—卡塞尔（威廉五世）的和其他一些人未接受{布拉格和约}。

**1635 年 11 月** 沃尔姆斯的新教徒联军把首相**莱弗勒派往巴黎**，此人曾被古斯达夫·阿道夫斯作为德国事务的代理首相派去见乌克森谢尔纳，还派去一位德国法学家商讨共同作战问题；这两位使者赢得了法国的资助和增援部队，答应把**阿尔萨斯**和大量的设防据点**抵押**给法国人。**聚集在沃尔姆斯的诸侯都表示赞同**，但联军总司令**伯恩哈德**表示反对，**乌克森谢尔纳**也反对用**许戈·格劳秀斯代替莱弗勒**这位瑞典的代理首相。黎塞留供给**魏玛的伯恩哈德一笔钱**，后者立即在莱茵河两岸自己出面作战。**海尔布隆联盟**在乌克森谢尔纳离开以后就**解散了**。

..................................................................................

(10) 从布拉格和约（1635 年 5 月 30 日）到 1640 年的战事

**1635 年** 巴纳率领一支软弱的瑞典军队驻在马格德堡地区；巴纳千方百计地以八个星期的谈判——关于加入萨克森人所签订的和约问题——来**赢得时间**。

**1635年9月2日** **同波兰已经期满的停战协定**由于黎塞留的调停，在**施图姆斯多夫**延长了二十六年；**瑞典人**应把从停战一开始就在他们手中的**西普鲁士**让给波兰；托斯滕松一直率领一支军队在普鲁士，这时可以派军队去德国增援了。

**巴纳**在马格德堡留下驻军，便向阿勒尔｛河｝进军，在那里，**他开始受到夹击，西边是吕讷堡的格奥尔格公爵，南边是鲍迪斯将军**（已从瑞典军队退役）指挥的萨克森军队。之后｛有了｝一个所谓的**萨克森血腥命令**，即宫廷恶狗以武力镇压**易北河对岸的瑞典人的命令**；萨克森军队占领**埃格尔恩**，通过强攻拿下韦尔本的几个堡垒。巴纳——在他的军队里瑞典人不多，德国人却不少——好不容易渡过易北河，在**阿尔特马克**把一部分散兵聚在一起。**在代米茨附近**，萨克森军队布署没有骑兵掩护的6000~7000名步兵；巴纳派去一支由**中将鲁思文**指挥的骑兵去对付他们，这支骑兵"残酷地"（bes）惩治他们：3000名萨克森士兵被打死，2000名被俘，剩下的四散奔逃。

**1635年底** 巴纳在**哥尔德贝格和基里茨**（在梅克伦堡—什未林）附近很快就取得胜利，**托斯滕松把自己的军队从普鲁士经过波美拉尼亚带到他这里。巴纳**（1635年底）再次渡过易北河，**宫廷恶狗约翰·格奥尔格**这才不得不离开波美拉尼亚，他曾想在那里同公爵博古斯拉夫十四世一起包抄瑞典军队。

**1635年底** 放弃了瑞典军职的**克尼普豪森将军**以元帅身份在**威斯特伐里亚**用**法国人的钱招募德国雇佣兵**。

**1636年1月1日** **克尼普豪森**在**哈瑟吕讷**附近击溃皇家军队，但他自己却被打死，代替他的先是克拉岑施泰因，后来，

**1636年2月** 是**亚历山大·莱斯利**（苏格兰人，受过古斯达夫·阿道夫斯的训练）。他成了下萨克森和威斯特伐里亚的瑞典—德国军队的总司令。渡过威悉河，在**莱姆戈**附近扎营，从态度暧昧的**吕讷堡公爵格奥尔格**的手中夺回明登，到**黑尔福登**去支援黑森—卡塞尔公爵威廉五世。

在卡塞尔宫廷有两派人：支持瑞典人的是**阿马利亚·伊丽莎白**（按继承权是哈瑙伯爵夫人，即威廉五世的妻子）、**赫尔曼·沃尔弗和其他一些谋士**；皇家派的首领是**梅兰德将军**[原名**彼德·霍尔察普费尔**；他是从雇佣兵提升上来的；威廉五世让他担任总司令，给他许多封号和领地]；他忽而是天主教徒，忽而又是新教徒；他不愿向比他军职低的**莱斯利**俯首听命。皇军将军郎布瓦包围**哈瑙要塞**已经八个多月。阿马利亚·伊丽莎白坚持己见，**威廉五世**向皇室将军宣布中止休战，同**瑞典陆军元帅莱斯利**联合起来，后来**皇室将军盖茨**开始在**黑森**猖狂肆虐。

**1636年6月** 联盟军队**解除对哈瑙的包围**[要塞由苏格兰人拉姆齐保卫]。

**1636年初** **巴纳**由阿尔特马克向马格德堡地区推进，直到**哈雷**，围攻**莫里茨堡**，派一支机动部队去萨勒河对岸；他的士兵在萨克森"残酷地"（bes）蹂躏。

**1636年3月底** **哈茨菲尔德将军**所指挥的皇室军队在**艾斯莱本**附近同萨克森军队会师，萨克森军队便立即扑向驻在**马格德堡近郊的**瑞典军，逼他们后退，

**1636年7月初** 迫使马格德堡投降。已解除鲍迪斯将军职务的**萨克森宫廷恶狗**这时又扑向勃兰登堡。这只宫廷恶狗和哈茨菲尔德将军离开佩勒贝格附近的设防营地，同勃兰登堡将军**克利辛**的军队会合，巴纳趁他们尚未同勃兰登堡军队集结，于

**1636年8月24日** 在**维特施托克取得了辉煌胜利**。萨克森军队可耻地逃跑；**哈茨菲尔德**的大部分军队被俘，他匆匆逃到黑森，同**盖茨伯爵**在**克罗伊茨贝格**会合，**宫廷恶狗逃往迈森**；瑞典军队首先追击皇家军队。

**1636年12月** 巴纳去攻打萨克森选帝侯；他于

**1637年初** 在**艾伦堡**附近击溃萨克森军队，占领**托尔高要塞**[在艾伦堡等地被俘的大部分萨克森士兵都到了巴纳的麾下了]。

**1637年最初几个月** 瑞典军队在萨克森选帝侯国使用暴力。**阿道夫**

斯·冯·特劳斯多夫勇敢地捍卫莱比锡，直到盖茨和哈茨菲尔德这两位皇室将军前来援救；**巴纳**不得不解除对莱比锡的围攻。

**1637 年 1—6 月** 巴纳占领**托尔高**附近的一块设防阵地，受到各方的压力，已不能驰援被皇室军队包围的**爱尔福特**。

**1637 年 6 月 19 日** 巴纳迅速**渡过易北河**，拯救了几乎被**加拉斯**团团围住的军队。他三天内到达**奥得河**，渡过该河；他想越过**瓦尔塔**，{发现}加拉斯已比他先抵达**兰茨贝格**，得到了皇室另一支部队的增援。**老陆军元帅赫尔曼·弗兰格尔**却未能及时在奥得河对岸与巴纳的军队会师。[切勿把这个由于与巴纳意见相左不久即被召回的老驴弗兰格尔，与他的那个儿子**卡尔·古斯达夫·弗兰格尔**相混淆，那个儿子很快成为一位著名的统帅。]**巴纳**在敌军眼前公然到了奥得河，接着去**波美拉尼亚**，老驴弗兰格尔终于在**施韦特**附近同他会师。

**1637 年秋** 巴纳艰难地守在**东波美拉尼亚**，而**整个西波美拉尼亚**，除了**施特拉尔松**，格赖夫斯瓦尔德和**安克拉姆**，已被敌人占领。

························

## Ⅳ. "三十年战争"的最后时期

······

### （6）马扎里尼统治的开始和"三十年战争"的结束

**1643 年 5 月 14 日** **路易十三逝世**。他原先就已让马扎里尼接替黎塞留的职位，马扎里尼向他保证，在**路易十四（他刚满五岁）**在位时**绝不让**完全忠于西班牙的**王后安娜和奥尔良的加斯东摄政**。然而路易十三却在遗书中任命了一个**摄政委员会**。另一方面，马扎里尼向安娜保证，路易十三任命的**摄政委员会**在他死后将被取消。**因此她也签署了**路易十三颁布的关于摄政的法令。——谁也没有怀疑马扎里尼的两面手法和这个罗马小丑（Bajazzo）企图占据黎塞留的位子，所以那些想借助安娜名义**上摄政**而自己进行统治的人，像**旺多姆公爵**、他的儿子**德·博福尔公爵**和**博韦主教**、自称黎塞留第二的**奥古斯坦·普瓦蒂埃**，都被安娜和马扎里尼欺骗了。这三个人后来被人们讥笑地起了个绰号，叫作"**了不起的人物**"（"les importants"）。旺多姆公爵把整团整团的军队召到巴黎，以便恐吓巴黎最高法院［这是**多余之举**，因为整个**摄政委员会**都是由最高法院极端厌恶的黎塞留的走卒组成的］。博韦主教召集最高法院和全体贵族来开由国王主持的**最高法院会议**（lit de justice），并向失去权利的**加斯东**和**孔代亲王**保证，将给他们提供地方官职位和其他好处，以堵住他们的**嘴**。

**1643 年 5 月 18 日**　安娜率领手下一帮坏蛋来到最高法院，宣布路易十三的命令无效，并迫使首相口授下列命令，并记录在案："国王在**王室会议**上委托母后掌秉**摄政**大权并负责国王的教养，已故国王的兄弟及**孔代亲王**和其他亲王、公爵、贵族将辅佐母后陛下。"

**1643 年 5 月**　在这以前一直起领导作用的大臣是**博韦主教以及旺多姆公爵**和**德·博福尔公爵**。使他们惊奇的是，就在这个 5 月，马扎里尼突然被任命为"首相"，这件事使人们很开心，得到王室全权总督空名的加斯东和**孔代亲王**对此也不反对。那些"**了不起的人物**"企图推翻这个罗马小丑，但是在

**1643 年 9 月**　他们**被捕了**。在马扎里尼和他的**财政大臣埃猷里**当权时期，法国被掠得精光，马扎里尼死时留下了**两亿利弗尔**的财产，——马扎里尼当统帅时比黎塞留更幸运些。在马扎里尼时期，**昂吉安公爵**即后来绰号叫伟大的孔代的路易二世和德·蒂雷纳子爵开始了自己的生涯。

..................................................................

1642 年　路易十三和黎塞留出征加泰罗尼亚胜利结束。

1642年9月5日　**佩皮尼昂**由于饥馑只好**认输**,就在**这个9月,萨尔斯和整个鲁西永伯爵领地被重新占领**。——**德·拉·莫特·乌丹库尔解救了莱里达**,击溃了西班牙军并占领蒙松,**为此被任命为加泰罗尼亚的代理国王**。

1641年5月29日　**同洛林的沙尔三世公爵签订正式条约**[由于皇帝的维护者没有对他的"英雄业绩"给予很好的奖励,他投入法国人怀抱,同意了全部条件]。在这个条约中沙尔三世保证完全断绝同**奥地利王朝的一切联系**,把科莱蒙伯爵领地以及斯泰讷、盖门和戴恩让给法国,每年付给离了婚的妻子[还在同她是夫妻时,他就又同**伯爵夫人德·康特克鲁瓦结婚**,为此被教皇乌尔班八世开除教籍] 12万利弗尔,并把他的全部军队交给路易十三,由路易十三作为自己的军队来出钱维持。为此把巴尔地区归还给他,条件是要做一次彻底的封地宣誓,他还收回了**整个洛林**。只是**南锡要塞必须留在法国人手里**,直到签订和约。然后,**根据条约中的一项秘密条文规定,该要塞的工事应当拆除**。一旦违反条约中哪怕一条规定,他同意法国人可以保留按条约归还给他的一切。——因为在这之后不久沙尔三世又为皇帝效劳,所以法国人完全有权重新剥夺他的土地。黎塞留和路易十三死后,我们看到,他在为皇帝效劳方面是非常积极的。

..............................................................................

1642年1月17日　法军(在格布里安指挥下)和黑森军队在**肯彭附近取得胜利**。在讷德林根会战中被俘的瑞典元帅**古斯达夫·霍伦**与约翰·冯·维尔特相交换。初步的和约于

1642年11月　签订。**托斯滕松在莱比锡近郊取得胜利**。相反,

1642年5月18日　西班牙将军康·弗朗西斯科·德·梅洛斯在皮卡第奥库尔天主教修道院附近战胜了法国人。他夺取了法军的大炮和辎重,法军被打死3000人,2000多人被俘,其中有兰曹、皮塞居尔、圣梅格兰、罗克洛尔等将军。但在随后的几个月

里，梅洛斯却在忙于围攻。

**1643 年春** 梅洛斯驻扎在**罗克鲁阿**附近，占领了该地就可以打开通往巴黎的道路。这时，一支由**昂吉安公爵**指挥的法国新军攻击**梅洛斯指挥的这支西班牙老牌军队的核心**。昂吉安公爵当时 21 岁 [他从 1640 年起就参加征讨，为了博得宫廷的宠信，他在 **1641 年娶黎塞留的侄女克莱芒斯·德·布雷兹**为妻]。从那时就被人叫作洛皮塔尔元帅的迪·阿里耶中将被派到昂吉安公爵身边当教师，但昂吉安很快就表现出比他的"教师"高明。教师不想冒险去同本领高强的**富恩特斯伯爵**指挥的**公认为不可战胜的西班牙步兵**交战，昂吉安则坚持要打，因为不打就不能拯救罗克鲁阿。加西翁和埃佩尔隆支持他。

**1643 年 5 月 19 日** [在巴黎最高法院撤销国王遗嘱后的第二天] 发生了**罗克鲁阿会战，富恩特斯阵亡，这是法军对西班牙步兵的第一个胜利**。然后，经过长时间的流血围攻，**昂吉安拿下了蒂永维尔**（迪登霍芬），占领了**希尔克**，并往**埃诺**和**佛兰德**派出一支独立部队。但他过早地部署军队**在摩泽尔和马斯河之间冬季扎营**，以便他能到巴黎去处理一些私事。由于**昂吉安取得胜利，加西翁当了元帅**。

**1643 年 11 月 23 日** 在施瓦本由**格布里安**指挥的、迄今一直保卫**阿尔萨斯和弗朗什孔泰**的全部军队，被约翰·冯·维尔特、卡斯帕尔、默西、哈茨菲尔德和洛林的沙尔三世指挥的皇家军队在**图特林根**附近歼灭。因此**就在 11 月**，当时正在意大利**萨瓦亲王托马斯**麾下任职的**蒂雷纳**被召回**德意志**并被提升为**元帅**，以便在

**1644 年** 率领汇集在上阿尔萨斯的部队确保**占领上施瓦本和阿尔萨斯**。这时，

**1644 年** 托斯滕松在捷克取得的胜利使他在这方面减轻些了负担。**蒂雷纳把溃散的法国部队、苏格兰部队、爱尔兰部队以及已故的格布里安的残部汇集起来，并用自己的钱支付德国雇佣兵的**

薪俸，收买被俘的上校，结果在阿尔萨斯集中了**一万人**。他渡过莱茵河去救援**弗赖堡**，

**1644年夏** 弗兰茨·默西曾十一次率领巴伐利亚军队试图通过强攻拿下弗赖堡。

在**尼德兰**，指挥部（法军的）由于政治原因已经解散了，**主力部队名义上是由王室全权总督**（lieutenant général du royaume）**奥尔良的加斯东**指挥，但实际指挥的是他的部下**拉·马利埃尔**和**加西翁**二位元帅。他们驻扎在**格拉沃利讷**郊外。在**卢森堡**约有一万人兵力的**昂吉安公爵**赶去支援前去解救弗赖堡的**蒂雷纳**。昂吉安去得太晚了，因为

**1644年7月28日** 弗赖堡要塞已向弗朗茨·默西投降。

**1644年7月30日** 昂吉安同**蒂雷纳**（这时他32岁）在**本费尔德**附近会合。他们两人都想进攻默西的设防营地，他们有22000人，

**1644年8月3日** 向敌人营地发起强攻。**默西**和**维尔特**打退了他们的猛烈进攻，但是退到另一个设防营地，距弗赖堡较近。

**1644年8月6日** 蒂雷纳和昂吉安又在这里**进攻**他们，但是牺牲了约4000人，不得不**后撤**。

**还是1644年8月** 默西被迫离开**弗赖堡**去菲林根郊区。很快恢复到原有战斗员额的**昂吉安的部队**于

**1644年8月25日** 出现在**菲利普斯堡**城下[那时它是一个强有力的要塞，被特里尔选帝侯让给**法国人**，但1635年又从法国人手中夺回]，只有一支不大的守备队在保卫它。

**1644年9月12日** 昂吉安占领了菲利普斯堡，然后拿下**曼海姆**[洛林的沙尔三世躲在那里]、**沃尔姆斯**、**奥彭海姆**以及除弗兰肯塔尔外的全部莱茵普法尔茨。

**1644年9月17日** 蒂雷纳和罗森迫使美因茨投降[该地选帝侯已逃往阿沙芬堡]。还在

**1644年9月19日前** 宾根、诺伊施塔特、巴哈拉赫、克罗茨纳赫、兰道已落入蒂雷纳手中。

1645 年初　德意志的情况"很糟糕"（oklich）。加拉斯的军队被**托斯滕松**逼得四散逃跑。

1645 年 3 月—8 月　托斯滕松抢掠和破坏易北河整个流域和奥得河一些地区。

1644 年 10 月起　**弗兰茨·默西**和**约翰·冯·维尔特**重新在莱茵地区肆意妄为，**弗兰茨·默西**清除了贝格施特拉瑟、巴哈拉赫和**曼海姆**的法军［**维尔特**在扬科夫附近失败后，经由**上普法尔茨**开往**施瓦本**，1645 年 4 月在施瓦本重新与**弗兰茨·默西**军队会合］。

1645 年 3 月底　**蒂雷纳**在施派尔附近渡过莱茵河，侵入**法兰克尼亚**，进行野蛮的破坏。当巴伐利亚军队在**默西**和**维尔特**指挥下发兵出征，要让法国掠夺者措手不及时，他们两人比他们未能使之措手不及的法国人更加肆无忌惮。接着而来的是

**梅根特海姆会战**，法国的主要营地就在那里。蒂雷纳第一次被完全击溃，他不得不逃到国内遥远地区，他失掉了全部辎重。在撤退时，**黑森—卡塞尔伯爵夫人**的少年儿子**威廉六世**所指挥的那支伯爵夫人的**军队**给了他很大帮助。［还在 1640 年**阿马利亚·伊丽莎白**就根据巴纳的坚决要求解除了流氓（Lumpacium）**梅兰德**的职务，他作为**公爵将军**的继承者**埃伯施泰因**和**盖斯**，军事才能都不如他。］**梅根特海姆**的胜利者跟随蒂雷纳子爵奔往**上黑森**。伯爵夫人接连派信使到巴黎，**昂吉安公爵**在巴黎接到紧急命令，要他支援蒂雷纳［1644—1645 **年的冬季**他｛在巴黎｝过着牲畜一般的生活］，但是他只得到**将近一万人**。不过在行军途中他得到**盖斯**率领的**肯宁斯马克**和黑森人的一个**瑞典军**的增援，这样在

1645 年 7 月　就有三万人的军队由他指挥了。虽然肯宁斯马克不同意留在亲王的军队中，但昂吉安和蒂雷纳在

1645 年 7 月　设法使默西投入战斗。默西一直回避，最后，在

1645 年 8 月 3 日　他和**约翰·冯·维尔特**决定在**讷德林根**和**多瑙沃特**之

间的阿勒海姆村附近等待敌人。

**阿勒海姆会战：弗兰茨·默西阵亡。**尽管**约翰·冯·维尔特**领导骑兵卓有战绩，但**胜利**属于**法国人**。这次胜利的代价使他们损失4000多人，另外，他们的一位将军**德·格拉蒙公爵**做了俘虏。

113 ‖　‖阿勒海姆会战后不久，**昂吉安**身患重病，他把驻扎在**内卡苏尔姆**附近的{军队的}指挥权交给蒂雷纳。昂吉安被送到**菲利普斯堡**，又从那里送到巴黎。

1645年9月中　**约翰·冯·维尔特**在**多瑙沃特**附近把巴伐利亚军队和皇室军队集中在一起。阻挠蒂雷纳**围攻海尔布隆**。他利用行军和迎击敌人的反行军迫使他于

1645年10月初　返回莱茵河。如果加拉斯和"天使"即**利奥波德·威廉大公**从海尔布隆出来与**维尔特**会合后不给维尔特造成阻碍，蒂雷纳便到不了莱茵河。他到达莱茵河还多亏了**黑森军**，黑森军是在莱茵河畔才舍弃他的。——黑森将军盖斯为阿马利亚·伊丽莎白夺取了**斐迪南二世**从她手中**夺去的马尔堡遗产**。

**勃兰登堡的冯·威廉**这时早已同**瑞典人**签订了**和约**

还在1645年12月以前　即托斯滕松离开军队时，肯尼斯马克就迫使萨克森选帝侯保证向瑞典人**每月支付110万塔勒**，供给他们粮食，让他们自由经过萨克森。给予他们占领莱比锡的特殊权力。

1645年　斐迪南三世释放**特里尔主教**，最后赐给他特权。

斐迪南三世和马克西米利安一世的和平谈判，在斐迪南三世

1645年11月　派特劳特曼斯多夫去奥斯纳布吕克后开始郑重举行。法国人和瑞典人打仗都借助于在德意志雇用的军队。他们彼此分享了荣誉，但最终是法国获得了政治上的好处，因为瑞典在克里斯蒂娜时期不能在欧洲主要国家中间保持自己的地位。

..........................................................................

1645年　**法国军队**在**奥尔良公爵**（加斯东）这个名义上的最高司令指挥下{在尼德兰}占领许多城市，

1646年8月　他还占领了**库特赖、维诺克斯贝尔根**和**马尔迪克**。加斯

东离开后，**昂吉安公爵**取得指挥权。他在**荷兰海军上将特龙普**的支援下占领了**敦刻尔克**。

1646年夏　**蒂雷纳元帅**{完成了}一次很好的**行军**，结果他同**瑞典军**会合，开始对**奥地利和捷克**造成威胁。但马扎里尼坏了事，因为他想给**瑞典人**制造困难并通过瑞典人破坏**新教徒在德意志保持的优势**，为了做到这一点，必须以巴伐利亚的**马克西米利安一世**、他的弟弟科隆的斐迪南和**特里尔的选帝侯**为代表形成一股能与**新教徒相抗衡的势力**。——**卡尔·古斯塔夫·弗兰格尔**代替托斯滕松接受了对瑞典军的最高指挥权，并把该军带到**捷克**，他在那里被击退，就去**莱茵河同蒂雷纳会合**，这发生在

1646年8月。他和蒂雷纳共有四万人，他们冲向**巴伐利亚**，占领它的部分地区，践踏其余的国土，但是当马扎里尼开始同巴伐利亚**进行单独停战谈判时**，他们被迫再次撤退，并把军队分别驻扎在**上施瓦本和莱茵地区**。

1647年3月　**停战协定在乌尔姆**签订。瑞典人从未正式承认它，不管怎样，马克西来利安以此使自己的国家摆脱了瑞典和法国的进攻。——**巴伐利亚总司令约翰·冯·维尔特**想把他的全部军队带到皇帝那里，但他勉强从自己的士兵手中逃脱了性命。**马克西米利安一世宣布他被贬黜**，侮辱他，**剥夺其财产**。

**蒂雷纳从巴伐利亚开往莱茵河**，残酷无情地强迫**达姆施塔特地区**支付惊人的赔款，迫使**美因茨宫廷恶狗**——德意志帝国大首相（Erzkanzler）——**宣布中立**。

**弗兰格尔带领瑞典军**洗劫**法兰克尼亚和捷克部分地区**。这时，即1647年，**斐迪南三世**装备了一支由**梅兰德将军**指挥的新军〔在被阿马利亚·伊丽莎白免职后梅兰德到皇帝那里供职〕，此人这时叫作**霍尔察普费尔伯爵**〔他买了拿骚—哈达马尔的领地，1643年斐迪南三世赐名为**霍尔察普费尔伯爵领地**〕。他竭力帮助**黑森—达姆施塔特伯爵**反对**阿马利亚·伊丽莎白**，她这时已任命宗教改革派**卡斯帕尔·科内利乌斯·莫尔滕·德波泰**

尔这个瓦隆人为自己军队的总司令，以代替无能的盖斯。

1647年底　马克西米利安一世与斐迪南三世重新和好，并宣布终止乌尔姆停战协定。——弗兰格尔占领了几乎整个捷克。霍尔察普费尔指挥的皇室军队复员以后，布拉格市被解围。面对霍尔察普费尔，瑞典军不得不往埃格尔撤退，斐迪南三世立即跟踪追击。

‖ 野蛮的费兰格尔——黑尔莫尔德·弗兰格尔——突然在夜间闯入皇室营地，斐迪南三世经过艰难险阻才得以脱身。他随即又离开了军队。

当时的情况对于奥地利似乎又是一个有利的转机。施瓦本和下莱茵河的法军处境困难，孔代亲王［1646年父亲死后他被称作昂吉安公爵］在尼德兰遭到敌人紧逼。弗兰格尔在捷克和法兰克尼亚再也坚持不下去了，于是

1647年10月　经由迈森和图林根前往下萨克森和威斯特伐里亚。霍尔察普费尔紧追不放，后者有一支一万人的部队的增援，这是西班牙驻尼德兰的总督"天使"利奥波德·威廉给他派来的，该部队由格伦斯菲尔德将军指挥。霍尔察普费尔在

1647年11月的第一个星期　来到黑森韦勒河畔，他于

1647年12月14日　为黑森—达姆施塔特的伯爵格奥尔格二世夺回马尔堡市，然后包围马尔堡"城堡"。

1648年的最初几天　霍尔察普费尔停止围攻马尔堡城堡。他与格伦斯菲尔德争吵，在去法兰克尼亚途中他的军队人员逐渐减少。这时蒂雷纳从尼德兰返回向莱茵河推进，宣布法军同巴伐利亚军的停战结束，在美因茨确立一名忠于法国人的大主教，这时弗兰格尔从达姆施塔特的格奥尔格二世手里重新夺取了所有被霍尔察普费尔占领的地方，蒂霍纳和弗兰格尔两人彼此也不和睦，如同弗兰格尔和肯宁斯马克那样，他们于

1648年2月和3月　率领愈益增多的残暴匪徒，一路烧杀掠夺，经过上施瓦本和法兰克尼亚，并穿过埃格尔。

1648年4月　他们带着三万人的军队到达巴伐利亚边境，在

1648 年 5 月　**霍尔察普费尔**也阵亡后，他们在那里很快取得一些胜利。——大约也在这时，**西班牙失去了**它在"天使"**利奥波德·威廉**时期取得的那种优越地位。——在德意志，装备了新的**巴伐利亚和奥地利军队**。

**马克西米利安一世和斐迪南三世会合了**，这时肯尼斯马克驻扎在捷克、弗兰格尔进入巴伐利亚腹地。马克西米利安一世重新让维尔特当他的总司令，恩克沃特将军也取代格伦斯菲尔德成了巴伐利亚元帅。奥地利军队（当时有两万多人）的最高指挥权也掌握在约翰·冯·维尔特手中，他死后直接转到部下**皮科洛米尼**手中。

1648 年 7 月、8 月、9 月　巴伐利亚应当清除入侵之敌，大规模的战争并没有打起来。

1648 年 10 月　由于签订威斯特伐里亚和约，军事行动停止了。但是**瑞典将军普法尔茨伯爵古斯达夫**［勇敢的涅墨西斯①（brave Nemesis）］还在布拉格猖狂肆虐，其他地区在 1654 年人员等等才被疏散。

...........................................................................

1648 年 8 月 6 日　瑞典、皇帝和新教帝国官员三方在奥斯纳布吕克签订了**威斯特伐里亚和约**。

1648 年 9 月 17 日　在明斯特同法军签订和约，

1648 年 10 月 24 日　在**明斯特市政厅**交战各方签署了两个条约。

（威斯特伐里亚和约的主要规定如下：）

Ⅰ．关于瑞典及其盟国：

（1）瑞典得到的是**整个西波美拉尼亚及吕根岛**，东波美拉尼亚的斯德丁、哈茨、达姆、戈利瑙、沃林岛、波美拉尼亚湾及其所有城市，还有作为德意志帝国封地的不来梅大主教管区、费尔登主教管区和维斯马市及其港口，以及属于港口的一切。

（2）**法国得到的是**：帝国同意它拥有 1552 年已占领的**梅斯、图勒和凡**

---

① （1）涅墨西斯是希腊神话中的复仇之神。——译者注

尔登三个主教管区，它还得到上阿尔萨和下阿尔萨斯伯爵领地，松德高、布赖萨赫以及哈格瑙伯爵领地，条件是：斯特拉斯堡各主教、斯特拉斯堡市、阿尔萨斯十个其他帝国城市、四个天主教修道院、冯·吕采尔施坦、冯·哈瑙、冯·弗列肯施坦、冯·奥伯施坦伯爵和男爵，以及那里的全体帝国骑士同帝国保持联系。帝国城市科尔马，早在1635年8月就根据一个特殊条约交归法国保护。在菲利普斯堡，法国有权驻扎守备部队。

（3）由于对瑞典的上述让步，勃兰登堡得到哈尔伯施塔特、明登、卡门、马格德堡等主教管区。但马格德堡主教管区，由于萨克森声称有权得到它，直到1680年才归了勃兰登堡。

（4）梅克伦堡由于让出维斯马，得到了什未林和拉策堡两个主教管区以及米罗夫和涅美罗夫约翰骑士团。

（5）由于马格德堡、不来梅、哈尔伯施塔特和拉策堡是布伦瑞克—吕讷堡家族的助理神甫管区，所以把瓦尔肯里德和格雷宁根修道院给了这个家族，并让它轮流占有奥斯纳布吕克，此外还给了它一种瑞典人也有的特权：根据自己的选择在帝国参议院（Reichshofrat）或帝国高等法院（Reichskammergericht）进行诉讼。

（6）黑森—卡塞尔的威廉六世（阿马利亚·伊丽莎白的儿子）得到一个提升为公国的盖斯费尔德天主教修道院，这是一个非宗教的公国，他还得到了施塔特哈根和绍恩堡，有权继承部分马尔堡系的遗产（这是斐迪南三世为了黑森—达姆施塔特而从他那里夺去的）和现款60万塔勒。

（7）普法尔茨选帝侯被恢复，但上普法尔茨和各选帝侯国中的第一把交椅都属于巴伐利亚，而美因茨选帝侯国则取得赎买以前抵押给普法尔茨部分贝格施特拉瑟地区的权利。

（8）曾经遭到贬黜的德意志各等级都已恢复到1619年以前他们所处的地位，瑞士被宣布为完全独立于帝国，——其实这种做法是多余的。

Ⅱ．关于宗教：
（1）宗教改革派同路德教派权利平等。
（2）为普法尔茨及其盟友定的**标准年**［解决恢复原来地位的年限］是1619年，而为其他公爵定的标准年是1624年。
（3）新教徒和改宗的天主教徒失去了宗教收入。
（4）任何政府都不应容许不信仰该国国教的公民住在国内，但应给予他们三年迁移的期限。
（5）帝国高等法院今后应由24名新教徒和26名天主教徒组成。当案件涉及**宗教利益**时，帝国会议无论何时都不应以多数票通过决议。

Ⅲ．关于德意志帝国宪法：
（1）在帝国议会上有争论的充分自由。
（2）迄今只有发言权的帝国城市，现在取得了表决权。
（3）**帝国参议院**在作出自己的决议时必须遵循**帝国高等法院**的规定。
（4）德意志公爵们被允许彼此结成联盟和与外国结成联盟——这在以前是被禁止的——当然有一个容易被忽略的条件：**这样的联盟不能对皇帝和帝国含有一丝一毫的敌意。**

..................................................................
......

# 卡尔·马克思《约翰·理查德·格林〈英国人民史〉（第1卷和第2卷）一书摘要》

### 1461—1485年约克家族

1461年（3月5日）—1483年4月9日（死亡日期）爱德华四世。

1461年3月29日　爱德华在**塔德卡斯特**（在约克郡）附近的**陶顿**战役中获胜。

随着**蔷薇战争**的结束（确切地说，自从爱德华四世获胜后），

英国人的自由|也就|结束了。|确定了|**专制制度**。这个专制制度在**王位继承**的斗争结束后大获全胜。

爱德华四世登基后,"**议会的活动**"由于王权无限增长,几乎停顿了,或者说,变得徒有虚名了。**御前会议**篡夺了上下两院的**合法权利**;又出现了以**乐捐**(benevolences)和**强制性公债**形式的苛捐杂税;几乎没有**个人的自由**,到处是**密探**,**随时随地有锒铛入狱之险**。**司法**的职能荡然无存,因为**滥用议会的惩治叛国罪的法令**(bills of attainder),**御前会议的审判权力**越来越大,**法庭奴颜婢膝的现象**越来越严重,**对陪审员的压力**越来越大。

‖**吉延失陷后**,**对法战争**也就结束了,**与苏格兰的战争**这时只限于一些**边境冲突**,但是这些战争使王权依赖于议会。——随着继承王位的斗争的|结束|,**议会权力**的一个源泉也枯竭了。——**王室金库**由于**内战时期的侵占和没收**,变得比任何时候都充盈富足。在兰开斯特人在陶顿失败后,**一纸惩治叛国的法令立刻使 12 名大封建主和 100 多名骑士地主**失去了地产,它们都归国王所有了。

> 有人说,在内战时期,几乎有五分之一土地逐渐归国王所有。**爱德华四世和亨利七世**是自从爱德华一世以后两个最有权势的国王,不仅如此,他们比所有的先辈,从**亨利二世**算起,都更**富有**。因此,他们**放眼外界**(其实打仗是要花钱的),他们巧施各种手腕来充实金库。**爱德华四世**迅速地——以各种关税供国王终生享用的方法——开辟了财源。这就使他几乎完全摆脱了议会。然后,他通过**没收**和**大笔生意**而积聚了财富,他的满载着**铅块、羊毛和呢绒**的船只,使这位**做生意的国王**的名字在**意大利和希腊**各个港口尽人皆知。**亨利七世**也是这样,他亲自把那笔因西部各郡企图造反而从那里征收的钱记入了帐簿。

既然国库充盈，没有外患，所以就不需要仰求议会了。在**爱德华四世**时期，破天荒地继**无地约翰**以来，一直没有讨论一条旨在放宽限制、减少舞弊的法律。在**爱德华四世**时期，{议会}很少开会，在**亨利七世**临朝的最后十三年只召开过一次。内战严重地破坏了**议会**的"**威望**"。上下两院（在内战时期）变成贵族及其**亲信党羽**的聚会之地。这是一个**动武的场所**，贵胄显爵去开会总要带领一帮打手。当**禁止携带武器**时，彼此敌对的贵族的党羽就**肩扛大棒**，这种场面在 1426 年的**棍棒议会**（Club Parliament）里就发生过。当禁止携带棍棒时，**他们就在衣服里藏着石块和铅球**。约克家族和爱德华四世的胜利是王权对议会的胜利，因为被打败的兰开斯特家族是由于议会的决定才得到王位的。

**主教们**——教会通过他们实现了自己直接的{政治的}影响——只好**听命于国王**，因为贵胄显爵侵犯了他们的财产，罗拉德派又破坏了他们精神上的威信，这时他们以自己的威信支持这个**君主国**。

**贵胄显爵**。他们的人数看来由于蔷薇战争而略有所减。亨利七世对反对派心存畏惧，召集了**少数一般的贵族**开了**第一次议会**。他手下的**贵族与亨利六世的一样多**。内战以后，只有**博福尔家族和蒂普托夫特家族**不再是豪门望族。贵胄显爵日渐式微，豪门望族衰败失势，大块地产迅速地四分五裂——这一切都发生在几位爱德华的临朝时期。在阿赞库尔战役以后，世俗贵族的数目已减少到 52 人。人数虽然减少了，**大块地产却集中到幸免于难的家族之手**。军事方面的变革即火药的应用，对封建主们，同样对军队来说，是一种致命的玩意儿。**亨利五世的几场战争**主要是围攻战。沃里克——这位所谓的"**最后贵族**"——所依靠的**主要是自己的炮兵力量**！炮兵决定了巴尼特、蒂克斯伯里的战斗进程，使亨利七世取得了胜利。在**中世纪**，一个有权势的贵人就能掀起一场可怕的起义。那些**自耕农**和**小藩臣**有一个**出谋**

划策的人，骑士们就披上铠甲，几天以后，大军压境，王位就岌岌可危了。这时如果没有**炮兵力量**是做不到的。而**王国唯一的一支炮兵的调度权却掌握在国王手中**。早在对法战争结束以前，**贵胄显爵**（像一般的歹徒那样）已经变成了真正的强盗，{他们的生活目的就是}追逐金钱，恣意掠夺，破坏牧场，洗劫城镇，收取‖俘虏的赎金。因为**一心一意想发财**，所以在**战争的最后几年**，只有用违者处死的方法才能使士兵不离开队伍，**接二连三的胜利**也没有用，因为胜利者都想尽快把战利品和俘虏带回家去……在法国战场上培养的这些"品质"（character）最后在英国表现出来了。在蔷薇战争开始以前，贵族们在国内丧尽天良，任性放纵，在海外也同样贪婪残暴。

赏赐利弗尔（grant of liveries）：在红白蔷薇战争时期，贵胄显爵纵情地烧杀抢劫。见巴斯顿的几封信（非常有价值的家信），{其中写道}，住宅遭抢劫，法官受到恐吓，被剥夺了官衔，无辜的居民死在雇佣杀手的手下，或成为武装匪徒的牺牲品，妇女被带走，强迫她们嫁人，选举时大打出手，议会变成了一帮**全副武装的走狗的天下**。

> 被释放的人越来越多，自由农（？）日渐增多，一些男爵的真正家臣遂日渐减少，所以便竭力用一些小的郊区的贵族和地主来代替他们，赏赐一些"利弗尔"。也就是说，赏赐自己家族的纹章，这就是人为地复活垂死的封建制度……一些不受法律保护的人，一些从战场归来两手空空的士兵，在贵胄显爵的府邸找到了栖身之地和工作，他们言听计从，随时都能挥拳动武……为了在争斗时或在法庭上能有所倚恃，15世纪的自耕农或（！）小地产贵族身上总佩戴一枚有权势的邻居的纹章，并要求赏赐一些"利弗尔"，招惹这样一个{"有爵位的"}走狗，对郡长和法官来说，都是很危险的。那支名人能一呼百应拿起武器的队伍，相当厉害，能威胁法庭，能把罪犯劫出囚房或审判室。这种正像人们所说的"**跟班**"制度，十分可恶，

早在蔷薇战争以前就已令人厌恶了，**爱德一世和理查二世的一些法令就是针对它的**。只是在红白蔷薇两次**内战**期间，它更加登峰造极。贵族是{局势的}主宰……**约克家族的白蔷薇，兰开斯特家族的红蔷薇，博福尔家族的活动格栅，讷韦尔家族的花斑牛**，沃里克采用的比彻姆家族的熊和**两头粗的棍子**，是议会和战场上成百个人胸前佩带的装饰品。

**社会革命**。这一时期，各地的财富和工业都有增长。**各郡小业主的财富和人数越来越多，市民阶级随着贸易的发展也大发其财……财富决定着贵族地位的高低**。**波哲奥**在来这个岛旅行时指出，"收入丰盈的贵族最受尊敬，出自名门的人都在做生意，**出售自己的羊毛和牲畜**，并不认为从事农业是丢人的事"。一向由**意大利人、汉撒的商人、加泰罗尼亚和山南高卢的生意人经手**的英国对外贸易，已经逐渐而确实地转入了英国人之手。许多英国商人就住在佛罗伦萨和威尼斯。一些英国商船出现在波罗的海。**工场手工业的雏型**也反映在**爱德华四世的立法机关所制**定的**许多保护性的法令中**……**实业阶级人数众多，遭到破产和覆灭的其实主要是一些贵胄显爵及其封建家臣**。作为例外，参加战争的也有一些城市，例如陶顿，但是"实业阶级和地主阶级基本上是袖手旁观的"。在其他方面，一切仍然照旧。

**羊毛价格的上涨又推动了农业的改颜换貌**，这种变化在黑死病突然来临以后就开始了，不断地延续了近一个世纪。

‖这种变化就是**小块耕地的合并，大规模养羊业的产生**。促使这种变化的是商人阶级日益增长的财富。**许多商人把大量资金投入土地**，这些被拉蒂默骄傲地称作"**经营农场的绅士和威武的办事人员**"，不因循守旧，也不讲个人情面，可以放手地把一些小农场主逐出土地。**土地**……大部分被交付给佃农；随着和平的来临，在早期都铎家族的稳固统治时期，它的价格开始上涨，人们很难不受地租提高的诱惑。一直是每年交 20~40 英镑的一块地，据一位亲身经历亨利八世朝政的人说，"如今要索价 50～100 英镑"。幸亏地租水平不高，小自耕农阶级才能过活。拉蒂默说："家父是一个自耕农，没有自己的土地，他一年最多以三四个英镑租赁一个农场，这就足以使他能雇六个雇农来耕种。他有一个**牧场**，养了几百只羊，家母喂了 30 头母牛。他还能披甲骑马到国王指定的地方去领**俸禄**。记得有一天，他去布莱克西思，我帮他穿上了盔甲。"**地租的提高**迫使人们不再拥有土地。**强迫迁移和追缉**（见托马斯·莫尔，1515 年①）｛接踵而至｝，为的是用欺骗手段或武力来摆脱农场主。贤人哲士也只不过是颁布一些毫不生效的法律，以防止养羊业的继续扩展，防止对故意流浪的人随意地动辄宣判绞刑。

**圈地**（还有强迫迁移）一如既往没有停止，**居无定所的工人数目**越来越多，他们的不满情绪与日俱增。**反对"圈地"的暴乱**——关于圈地，最早报道是在亨利六世时期，在都铎时期已屡见不鲜——不仅是指到处发生的地主与小农阶级的无休止的斗争，而且是指巨大的社会不满，总想以暴力和变革来寻求解决。除了**这一团混乱**的现象，还要忙**士兵的事**，运回负伤和伤残的士兵……｛在英国｝第一次出现了**特殊的犯罪阶级——一群有组织的匪徒**，这些人专门在通衢要道拦路抢劫，随时准备在起义的旗帜下闹事。动用绞型架也无济于事了。

> 巩固都铎王朝专制制度的基础之一就是**社会的危急状态**，"对于有产阶级来说，镇压穷人是一个生死攸关的问题。业主和私有者都准备让那个能保护他们免受混乱之苦的唯一政权放手大干一番。地主们出于私利惶恐万状，因此在英国就有了**惩治工人的法令**，造成了严峻的后果——赤贫现象。**地主和商人们因私利而惶恐不安，因而产生了君主专制制度。"**
> （第 21 页）

---

① 见格林《英国人民史》（Green. History of the English People）英文版第 2 卷第 20～21 页，并见本册第 242～243 页。

71 ‖ ‖限制城市的自由。这种畏惧惶恐,这种渴望"秩序安定"的可靠的后果,就是上述各阶级追逐那些只有国王才能赏赐的**特权**。在内战开始之前,**对特权的这种渴望追求使宪法有了重要的改变**。下院的人物,在各城镇和各郡的选举权受到限制以后,有了变化。首先,**所有住在城里的、应向该城市交付人头税的自由民**,由于就住在该城,都成了它的市民。在亨利六世时期,尤其是在**爱德华四世**时期,无拘无束的城市生活大受限制。**一些工商界人士**,最初竭力防止以前的**各种商会独断专行地破坏市政自由**,这时也都变成了闭塞的孤家寡人。大部分城镇这时总算弄到一笔**城镇财产**,好好地享用一番,不必与"外人"一同分享了。许多城市土生土长的居民都持有国王发的证书,让他们有权议政,因此都成了与外界隔绝的社团。那些生来不是市民的人或者凭**多年的徒工身份没有买到入{社}权**的人,都不算作市民。随着**对市民成分的限制**,在13世纪的公社运动遭到失败以后,**各个城市的内政内乎全部从自由聚集在城市会议的市民手中转归城市委员会**,这些委员会或者由该委员会成员选出,或者是由最有钱的市民选出。**这些委员会以及极少数进入委员会的"上等人"按照新的宪章**,一般来说总有权把自己的代表选入议会,自从实行限制以后,情况长期恶化,最后各个城市的代表简直形同虚设。全城未必能接受的影响,**对为数不多的社团成员或"上等人"来说,已经是不可抗拒的了**。皇亲国戚,效区地主,甚至国王,都**拥有一些城市**作为自己的**囊中物**,都强迫它们选举**他们的代表**。在一些鞭长莫及的地方,**贿赂成风**,从蔷薇战争到皮特时期,反映人民呼声的不是**各城市的代表**,而是**各郡的代表**。

**对各郡的选举权的限制**。限制各郡的选举权是议会一手经办的。在经济转变的影响下,各郡选举人的数目迅速增长。随着地产的**分割,自由农的人数增加了**。这种独立性的增长,表现为"贵族与其他一些人的**反抗与争执**",他们{当时的朝臣}说这是因为**有表决权的人太多了**。在许多郡,一些爵爷缙绅很有势力,完全能通过**人数众多的走卒来控制选举**。在凯德起义时,**肯特人**埋怨"**不让本郡居民自由地选举本郡的代表**。一些大贵族向各庄园驰函,要求自己的土地持有人和其他一些人挑选的不是那些人们普遍愿意挑选的人"。必须立即制止这种陋习,

**1430 年** 亨利六世颁布了**特别法**,各郡的表决权只限定在那些土地收入估计至少为 40 先令的自由农,这笔钱等于我们的 20 英镑的年金,与现在相比却是**很大的一笔收入**。由于这项法令,**许多人被剥夺了表决权**。法令的条文是这样说的:它反对的是那些"**没有任何影响但伙同一些住在该郡的**‖骑士乡绅蓄意侵犯同一**表决权**"的**选举人**。这个法令在执行时却被解释得比法令字面上的含义(!)更严格。**以前**,凡是经常去**郡长法庭**的人都能毫无疑问地选举本郡的代表,**可是新法令颁布以后,以前的绝大部分选举人**——所有的佃户和官册农——也就理所当然地失去了这个权利。限制选举权是破坏下院日益增强的威力的一个主要原因。上院的威力**由于贵族阶级的覆灭和权贵的软弱无能**也受到了破坏。

"指导人们日常生活的各种动机,**对统治阶级不起作用**。教皇、国王、主教、贵族,一个比一个更贪得无厌,自私自利、淫逸放荡,不讲信义,心狠手毒,**道德如此沦丧**,以致蔷薇战争也蒙上了一层阴影。"(第 26 页)特别突出的是**沃里克**,"关于忠诚信义,**沃里克毫无所知**"(同上)。这位沃里克"**俨然是一位典型的封建王爷**。他可以从他的地产上可以集合整整一支军队的人。600 名'身穿仆役制服的'跟班,护送他去议会。在他的府邸豢养着几千名家臣"。正像一位勃艮第的编年史作者所说的,他其实是"le plus soubtil homme de son vivant"{"当时一个最刁钻机灵的人"};**本人并不怎么英勇**,不是作为一个"骑士"而是作为一个"统帅"屡获奇胜。他首先是

一个**外交家**，城府颇深，很有耐性，不讲信义，残酷无情，不择手段；精于玩弄阴谋诡计，叛国卖友，翻云覆雨（第25页）。

1464年　蒙塔古勋爵（沃里克的弟弟）在**赫克瑟姆战胜了**在北方登陆的**玛格丽特**。**亨利六世**被引渡给胜利者，押送伦敦。（他的**玛格丽特携子逃往苏格兰**）。

在陶顿，以及在以后几次战役中，爱德华四世号召部属**只杀骑士和男爵，不伤平民**。

1471年5月4日　**爱德华四世**在蒂克斯伯里战役中{大获}全胜。玛格丽特被俘，她的儿子陈尸沙场。在**爱德华四世返回伦敦后，亨利六世遂人头落地**。兰开斯特家族的直系就断子绝孙了，还剩下**一个博福尔家族的继承人亨利·都铎**，这时他还年幼，正受到放逐。

1473年　勃艮第的（**大胆**）查理与老迈昏庸的皇帝弗里德里希三世会晤。

1475年6月　（勃艮第的）**查理**只好解除对**诺伊斯的包围**。这位大喊大叫的勃艮第人在穆拉。

1476年　被瑞典人击败。

1477年初　（勃艮第的）查理在南锡阵亡。路易十一立即夺取了**皮卡第、阿图瓦、勃艮第公国和弗朗什孔泰。玛丽娅**这个已故勃艮第公爵的女儿兼继承人，嫁给了大坏蛋（Erzlumpazius）**玛克西米利安**，玛丽娅所继承的遗产遂落入奥地利人之手。

1478年　路易十一与爱德华四世的**秘密友好条约**。在{爱德华四世临朝的}最后几年，"星罗棋布的密探奸细、酷刑的采用、对法庭审判工作的干预，这都是后来在都铎时期登峰造极的专制独裁的初步现象"。也正是这个爱德华四世为专制统治准备了一套新的财政制度。议会五年中也不召开一次，后来召开议会也只是为了"**征收各种关税，现在它已成为国王终身享用的了**"。一大笔钱从神职人员身上压榨出来，实行了垄断权的买卖，内战时期没收的财物充实了王室金库，爱德华四世成了一个"生意人"。他**答应与法国交战**，从下院得到一大笔津贴。战争突然结束了，这笔津贴还有很大一笔钱未被王室金库折腾耗尽。这位老兄（der Edle）立即利用这个机会废除了**由议会同意才能举债的习惯**，把一些伦敦的商人召到身边，‖要求他们每一个人视国王所需"慷慨乐捐"（benevolence）。

73 ‖

**1476 年** 卡克斯顿已经离国三十五年，这时从比利时返回英国{带回一台印刷机}。

**1482 年** **理查**[（格洛斯特公爵）、爱德华四世的弟弟是卡克斯顿的一个靠山]，[在巴尼特战役和蒂克斯伯里战役中{表现了}英勇精神和作战天才]——这个理查在同苏格兰人的战争开始爆发时，**把他们痛揍了一顿**，便开始胜利地向爱丁堡进军了。

**1483 年春** 爱德华四世逝世（约莫 40 岁），他的儿子**爱德华五世才 13 岁，1483 年 6 月就被杀害了**。

1483 年 6 月 27 日—1485 年 8 月 23 日——理查三世。

**1483 年 6 月 25 日** 这位格洛斯特公爵表面上假装同意接受仓促召开的**议会**的几项**要求**，议会认为爱德华四世的几个儿子不是**合法婚姻的产儿，**认为**克拉伦斯的几个儿子无权登基，**因为克拉伦斯犯了叛国罪（attainder），于是央求他**接受国王称号**。

**1484 年 1 月** **理查三世**召开议会，宣布大规模地进行改革。同时，**他下令释放**那些在王国地产上仍不自由的**农奴**。

**1485 年初** 尽管表面上按宪法办事，**理查三世**仍主张以自己搜罗的"捐款"来刺激城市高利贷者，可是在他当政时第一次召开的议会颁布了一项**法令**，宣布这项"捐款"是不合法的。{他}毁于**斯坦利勋爵**和同族人的叛变。[未来的亨利七世的母亲，孀居几年，第三次结婚嫁给了斯坦利。]

**1485 年 8 月 22 日** 在莱斯特郡的**博斯沃思战场上的战斗**（斯坦利的叛变起了作用）；堂堂的理查阵亡了！真是一位风流种子、印刷术的倡导者!

———————

选自马克思:《历史学笔记》第四册,北京:中国人民大学出版社2005年版,第1—2、76—81、127—130、171—176、226—213页。

# 第五部分 附 录

# 附录 I　研究文献精选

## 一　〔俄〕彼·费多谢耶夫等：《卡尔·马克思》（节选）①

### 研究世界史

马克思对世界史各种问题的研究在他的科学研究中占有重要的地位。他在这方面的兴趣是非常广的。

马克思的历史研究工作有时是同解决《资本论》第二卷和第三卷的问题紧密相联的，这表明他想制定广义的政治经济学和阐明资本主义前的社会形态的经济规律。有时这项研究工作也是与此无关的。马克思认为重要的是通过了解历史科学的最新成就，来加深和发展对整个历史过程的唯物主义观点。

在研究土地关系和地租的产生时，马克思全面地探讨了各个民族的土地所有制的起源和发展。在 70 年代，他的这项研究工作使他对土地私有制的前身即公社占有制的研究进入了一个新阶段。在此以前马克思根据有关东方国家的材料，就认为农村公社这些闭关自守的社会机体有很强的生命力和稳定性。在不少古代民族中，农村公社就是马克思在《〈政治经济学批判〉序言》（1859 年）中称之为亚细亚的生产方式类

---

① 选自〔俄〕彼·费多谢耶夫等：《卡尔·马克思》，北京：生活·读书·新知三联书店 1980 年版，第 705—714 页。

型的生产关系体系中的基本单位。① 他认为，直到中世纪，在东方国家还存在着这种类型的生产关系。古代和中世纪东方专制国家就是靠这种与外界隔绝的小天地（马克思称农村公社为"**与世隔绝的小天地**"②）而维持的。

马克思不仅深入研究亚洲的土地公社占有制的历史，而且还深入研究欧洲、非洲和美洲的土地公社占有制的历史，于是他更加相信公社是一种普遍的社会形式。他从60年代末阅读过的杰出的德国学者格·毛勒的著作中，摘录了大量有关这个问题的资料。1876年，马克思详细地摘录了毛勒的《马尔克制度、农户制度、乡村制度、城市制度和公共政权的历史概论》、《德国马尔克制度史》以及其他著作。1881年，他又重新阅读了这些书。

马克思从德国、英国、意大利和西班牙的历史学家汉森、梅恩、格林、亚契尼、卡尔德纳斯等人的著作中获得了有关土地公社占有制的大量材料。他认为，他的俄国朋友柯瓦列夫斯基的《土地公社占有制，它的瓦解原因、过程和结果》一书有重大的科学意义，这本书是1879年出版时他从作者那里得到的。这本书描绘了北美洲印第安人、东印度群岛西班牙殖民地居民、印度和阿尔及利亚民族的公社制度。1880年出版的英国人约·菲尔的《印度和锡兰的雅利安人农村》一书补充了他以前对印度公社的了解。更早以前，马克思还研读了杰出的斯拉夫学家博吉希奇在一份法文专刊上发表的关于南方斯拉夫人的习惯法的论文，以及乌提舍诺维奇的关于南方斯拉夫人家庭公社（扎德鲁加）的著作。

在马克思的研究工作中，对俄国的公社制度的研究占有显要的地位。他摘录了普鲁士官员哈克斯特豪森的《关于俄国的农村制度》一书和法国资产阶级历史学家勒卢阿-博利约有关这一问题的著作，此外，还根据俄国学者索柯洛夫斯基、瓦里西契柯夫、别利亚耶夫、柯舍列夫、谢苗诺夫、契切林、盖里埃的著作，写了大量札记。他对俄国公

---

① 参看《马克思恩格斯全集》第13卷，北京：人民出版社1962年版，第9页。
② 《马克思恩格斯全集》第19卷，北京：人民出版社1963年版，第436页。

社及其历史演变的丰富知识,以及他对其他国家土地公社占有制的历史的研究,在很大程度上影响了他对这个问题的看法。他在给俄国女革命家维·伊·查苏利奇回信的三个草稿中阐述了这些看法,在1881年3月8日复信的定稿(保存下来的是草稿和誊清稿)中简要地叙述了他的观点。

马克思认为,公社是一种最古老的社会制度,是以血统亲属关系和生产资料公有制为基础的原始社会关系的产物。在原始社会解体过程中,公社经历了重大的变化:从氏族公社变为地域性公社,公社社员个人耕种土地,房屋和牲畜归个人所有。虽然土地仍然是公有的,但定期在各个家庭之间进行重新调配,公有土地仍归集体使用。公社以后的演变,在不同的民族那里,正像马克思所说的,取决于它所处的不同的"历史环境"[1]。他着重指出,公社本身有两种历史趋势:一种趋势是私有制因素的加强,公社本身解体;另一种趋势是保存集体因素,使公社成为一个富有生命力的机体,能以这种或那种形式存在到封建主义时期,在经济落后的国家里甚至还能存在到资本主义时期。

马克思认为,在还保存着公社的那些国家,首先是俄国,公社今后的命运在很大的程度上取决于这些国家的非资本主义发展的前景。他相信这在原则上是十分可能的,同时着重指出,要实现这一点,必要的条件是发达的资本主义国家的社会主义革命的胜利。他认为,如果内部环境适宜,公社不再受专制国家的压迫和半农奴制的剥削——这在俄国只有经过人民革命才能达到——保存下来的公社形式,才有可能成为社会主义改造的起点。如果社会发展是这样的,公社才能避免在资本主义制度下不可避免的灭亡,才能在资产阶级社会已经形成的新的生产力的基础上改造成为合作劳动的形式,总而言之,像马克思所说的,才能"获得新的生命"[2]。

马克思对土地公社占有制历史的研究使他感到必须阐明古代社会制

---

[1] 《马克思恩格斯全集》第19卷,北京:人民出版社1963年版,第435页。
[2] 同上书,第451页。

度的特征。早在 40 年代，当马克思和恩格斯制定历史唯物主义原理时，就形成了一个明确的观点：原始社会是既没有私有财产也没有国家权力的一个没有阶级的制度。在他们后来的研究中，他们坚信这些观点是正确的，因为他们发现了在古代民族特别是爱尔兰和威尔士的克尔特人和日耳曼人的习俗中有一些特征只能用关于古代社会原始共产主义性质的假说来解释。

但是，只有根据考古学、古生物学、人类学和民族志学的新发现才能把这种假说变为有科学根据的理论。这些科学领域在 19 世纪 70 年代已经有了很大的进步。对古代石器进行了科学分类，发现了现代人的祖先之一——尼安德人。1871 年，查·达尔文的《人类起源和性的选择》一书出版了，为科学的人类起源学奠定了基础。恩格斯在《劳动在从猿到人转变过程中的作用》一文中创造性地发展了达尔文的结论。

1877 年，美国民族志学家路易斯·亨利·摩尔根发表了《古代社会》一书，他根据对古代习俗首先是北美部落的习俗的多年研究，证明氏族是原始社会的社会单位，古代的婚姻形式是群婚制，在古代的亲属关系中表现为各种形式的一夫多妻制。摩尔根证实了瑞士学者巴霍芬的假说：原始部落的妇女享有崇高地位，因为在群婚制条件下，世系是依母系来确定的。他把巴霍芬在《母权论》（1861 年）一书中所提出的母权制理论同他自己的关于古代社会氏族组织的学说联系起来，证明了母权制氏族在历史上先于父权制氏族。

当整个欧洲和美国一部分官方科学根本不提摩尔根的功绩的时候，马克思和恩格斯认为他的著作在科学上是件了不起的事情，并从这位美国学者的著作里找到了可以证明他们所发现的唯物主义历史观是正确的新的事实根据。

马克思决定写一部专门的著作来论述摩尔根的发现。他对《古代社会》一书作了详细摘要（大概在 1880 年底至 1881 年初），认真地研究了有关原始文化史的一些现有的文献。

这部摘要表明，马克思创造性地对待摩尔根的结论，他想根据他对资本主义以前的社会形态的研究来阐述这些结论。马克思的评语——后来恩格斯在《家庭、私有制和国家的起源》（1884年）一书中利用了这些评语——表明，他对自发的唯物论者摩尔根的著作决不是全部都同意的。马克思重新整理材料，为的是按正确的次序来描述社会制度的演变。摩尔根认为私有制的出现是在国家产生之后，而马克思在摘要中则认为相反。他在一系列评语中纠正了摩尔根的观点，例如，马克思认为摩尔根关于人类在原始时代已经"**在食物生产这一领域**"达到"**绝对支配地步**"①这一断言是牵强附会的。马克思根据摩尔根的材料，常常作出更广泛的总结。他在评述这个美国学者关于家庭的演变引起亲属关系变化的想法时，着重指出，这里就反映了一个普遍规律：第二性的、即上层建筑的现象依赖于第一性的、即基础的现象。"**政治**、**宗教**、**法律**和一般**哲学**体系也完全一样。"②

马克思比摩尔根更深刻地探索了为什么许多资产阶级学者（格罗特、蒙森）要曲解氏族关系的本质，为什么他们企图唯心主义地例如用古代宗教的特点来解释氏族关系，并企图引用神话作证。他在评注中着重指出，这是由于资产阶级世界观的局限性，也常常是由于保守的政治信念。例如他在谈到用现代的观点来描写荷马时代的希腊军事首长（巴赛勒斯）的权力时写道："欧洲的学者们大都是天生的宫廷奴才，他们把巴赛勒斯变为现代意义上的君主。美国共和主义者摩尔根是反对这一点的。"③

马克思认为，其他有关原始历史的著作，如梅恩、拉伯克、泰罗等人的著作，都不如摩尔根的著作，尽管从这些书中也能找到一些有用的实际材料。他对梅恩的《古代社会制度史讲演录》写了许多评语，并驳斥这位作者所采用的、在资产阶级社会学家中流行的那种错误的公式，按照这种公式，家长制的家庭、家庭公社，是先于氏族的原始社会的形式。马克思指出："事实正好相反。"④马克思接着指出，梅恩承认

---

① 马克思：《摩尔根〈古代社会〉一书摘要》，北京：人民出版社1965年版，第4页。
② 同上书，第25页。
③ 《马克思恩格斯全集》第21卷，北京：人民出版社1965年版，第120—121页。
④ 苏共中央马列主义研究院中央党务档案，全宗1，目录1，编号4080。

古代存在公社所有制，但他是从资产阶级个人主义追随者的立场来解释公社所有制的。他把公社描绘成对个人使用暴力的化身。梅恩竭力把公社制度同现代资产阶级社会——所谓个人自由的中心——对立起来，马克思认为这是替资产阶级辩护和虚伪的典型。他也尖锐地批判梅恩企图把国家权力说成是一种独立的和永恒的社会制度。他指出，社会发展到分裂为敌对阶级的阶段，国家就作为一定阶级利益的工具而产生。"只有社会发展到一定阶段，国家的产生才成为可能，社会一旦发展到它现在还没有达到的那个阶段，国家又将要消失。"①

马克思在阅读拉伯克的《文明的起源和人的原始状态》一书时指出，作者关于群婚制和母权制的论点是合理的，但同时他的关于原始社会的社会组织的概念是非常混乱的。马克思的结论是："因此，拉伯克对原始社会的基础——**氏族**，一点也不知道。"②

马克思对原始历史的研究使他的社会发展理论更加深刻，使历史唯物主义能有新的资料作为依据。马克思在历史研究的其他领域也证实了自己的一些论点。

马克思非常重视解放运动的历史和被压迫阶级的斗争。他根据卡·毕歇尔的《不自由工人的起义》（1874年）一书，编写了古罗马奴隶早期起义的年表。他阅读了俄国历史学家尼·伊·柯斯托马罗夫的《斯切潘·拉辛起义》一书，作了有关17世纪俄国农民运动史的摘录。马克思对吉诺·卡波尼的《佛罗伦萨共和国的历史》一书作了摘要，专门研究了历史上最早的一次无产阶级前身手工业者的革命行动——1378年佛罗伦萨梳毛工（原毛梳理工）的起义。

马克思非常注意18世纪末法国的资产阶级革命。1879年他阅读了俄国历史学家尼·伊·卡列也夫的《十八世纪最后二十五年法国农民和农民问题》一书，他在给柯瓦列夫斯基的信中说这本书"非常好"③。他对1875年出版的法国民主派历史学家若尔日·阿韦奈耳的《革命星

---

① 苏共中央马列主义研究院中央常务档案，全宗1，目录1，编号4080。
② 同上，编号4264。
③ 《马克思恩格斯全集》第34卷，北京：人民出版社1972年版，第343页。

期一》一书所作的详细摘要，也表明他始终关心法国革命时期的社会和政治情况，它的国际关系，同反革命阴谋万第叛乱的斗争，革命阵营内部的派别斗争，以及革命年代产生的一些革命民主主义、平均主义和社会主义的思想。

资本主义国家之间为掠夺尚未瓜分完成的地盘而进行的殖民竞争，促使马克思用更多的时间去研究殖民地人民的命运和他们的解放运动。

1880—1881年，他重新开始对英国的第一个殖民地爱尔兰的土地关系的研究，而在前一年他阅读了卡尔顿关于爱尔兰农民贫困生活的现实主义的报道。激进派政论家的文章和其他材料使马克思确信，印度劳动人民的状况也丝毫没有改变。马克思在1881年2月19日写信给丹尼尔逊，谈到了印度人民遭受的殖民掠夺及其严重后果——居民极端贫困，饥荒周期性地发生，其规模之大"是欧洲迄今为止所无法想象的"。他在谈到殖民主义者从这个国家不断地榨取大量财富时写道："这是残酷的敲骨吸髓的过程！"①

马克思重新研究了这个苦难深重的国家过去的历史。1879—1881年，他根据一批著作的实际材料编写了内容广泛的《印度史编年摘录》，它包括几个世纪，即从穆斯林的征服和大莫卧儿帝国的建立到1859年英国人对民族解放起义的镇压。这部著作充满着对殖民压迫的强烈反抗。马克思愤怒地谴责殖民主义者——"英国的恶棍和吸血鬼"②，以及替他们效劳的印度贵族中的卖国贼。他谈到了1857—1859年大规模的民族解放起义，并指出了它的失败原因。

马克思研究了荷兰和英国在印度尼西亚的殖民统治历史，19世纪中叶欧洲人和美国人对日本的入侵，以及关于中国的著作。他在1882年秋对马耳霍耳的《埃及的财政》一文（文章刊登在同年10月《现代评论》杂志上）所作的摘录中，特别提到了殖民政策的新特点：股份公司在经济上侵占和掠夺落后国家所起的作用日益增长。他着重指出，

---

① 《马克思恩格斯全集》第35卷，北京：人民出版社1971年版，第151页。
② 马克思：《印度史编年摘录》，1947年俄文版，第91页。

控制埃及的财政，使它服从于欧洲银行，这就为英国和法国的武装干涉准备了条件。马克思在1883年1月9日给女儿爱琳娜的信中把英国殖民者征服埃及称做所有征服行动中最无耻的征服。①

马克思在晚年打算总结一下自己的历史知识，编制同一时期各国历史发展的大事年表。这个计划只实现了一部分，他主要是整理了欧洲历史的材料以及亚洲和非洲一些民族（阿拉伯人、蒙古人、土耳其人、花剌子模人）的历史材料。但是，即使他能收集这样大量的史实，也是令人吃惊的。从1881年底到1882年底他写了四大本关于世界史的札记，包括公元前1世纪初到公元17世纪中叶的历史事件。马克思逝世后，恩格斯整理了马克思的手稿，并加上了《编年摘录》这一标题。

马克思利用的主要材料是费·克·施洛塞尔的九卷本《世界通史》。在一些篇章中他还利用了卡·博塔的《意大利人民史》，激进主义者威·科贝特的《英国和爱尔兰的新教改革史》，著名的哲学家大·休谟的《英国史》，尼·马基雅弗利的《佛罗伦萨史》，尼·米·卡拉姆津的《俄国国家史》、菲·保·赛居尔的《俄国和彼得大帝历史》。马克思在札记中附有约·理·格林的《英国人民史》一书摘要。马克思在评价事件和人物时完全不受材料的影响。他的札记往往不是简单地重复他所研究的著作中的材料，而是表达了自己对各种历史现象的认识和理解。

在《编年摘录》里马克思注意的主要是政治事件，但是也常常研究政治生活的各种现象的社会根源和阶级根源。他的论述表明，历史不是偶然的千变万化的事实，而是既反映历史过程的总趋势，也反映各个国家历史过程的特殊性的一系列有规律的事件。总之这是一幅描绘封建社会从封建关系产生到封建制度解体、专制君主制和早期资产阶级革命时代的历史画卷。

《编年摘录》再一次证明，马克思认识到了历史是富于戏剧情节的生动的过程，在这个过程中普遍规律绝不是作为某种命定的使诸现象划

---

① 参看《马克思恩格斯全集》第35卷，北京：人民出版社1971年版，第421页。

一化的力量起作用。普遍规律是通过千百次偶然事件和偏离常规的现象为自己开辟道路，在不同的条件下有不同的表现。

马克思厌恶貌似公正的姿态，资产阶级历史学家经常用这种姿态来掩饰自己替统治阶级政策辩护的行为。他在手稿中用了很多愤怒的语言来形容压迫者和侵略者、想掌权的封建主、在位的暴君、贪婪的神父和主教、宗教狂和蒙昧主义者。他把掠夺东方国家的十字军骑士蔑视地称为"**十字军蠢货**"，把侵占斯拉夫人土地的策划者德意志公爵狮子亨利称为"奸诈阴险、掠夺成性、贪得无厌之徒"，把残暴征服波罗的海沿岸各民族和践踏俄罗斯土地的利沃尼亚骑士团骑士称为"无赖"、"**走狗骑士**"①，把15—16世纪卖身投靠的雇佣兵称为"**国际匪徒**"②。马克思的尖锐语句反映了他对剥削者的态度，但他并没有把历史简单地描述成为不是黑的，就是白的。马克思善于发现某个国家活动家在政策上的矛盾的特点和进步的方面。例如，马克思认为，"同市民和农民相处融洽，只是对高等贵族残忍狠毒、奸诈阴险"③的法国国王路易十一的政策，体现了王权在民族国家形成时期所起的进步的集中的作用。他对"伟大的马基雅弗利主义者"伊万三世也持有同样的看法。

马克思对人民反抗封建压迫寄予深切的同情。他的摘录详细地记载了封建主义时期阶级斗争的事实。他看出从14世纪开始的欧洲各国阶级冲突的日益激化："在法国和英国……**大封建主和骑士阶层之间内战不已，市民起义反对大封建主和骑士，遭受压迫的下层人民无比愤怒**。"④马克思详细地研究了多耳契诺领导的意大利农民起义，法国的扎克雷起义，英国的瓦特·泰勒和杰克·凯德起义，捷克的胡斯运动，德国1524—1525年伟大的农民战争，以及1566—1609年尼德兰的资产阶级革命。他没有忽视农民运动的弱点，即思想上停滞落后，政治上缺乏远见。他始终强调，农民起义虽然失败，但是最沉重地打击了封建

---

① 《马克思恩格斯文库》俄文版第5卷，第144、197、344页。
② 《马克思恩格斯文库》俄文版第7卷，第169页。
③ 《马克思恩格斯文库》俄文版第6卷，第387页。
④ 同上书，第64页。

制度。

马克思认为,人民反对外国侵略者的斗争也是一个非常进步的因素。从他的摘录中可以看出他非常推崇百年战争期间鼓舞人民抗击英国侵略者的法国农村姑娘贞德。他特别指出,莫斯科大公顿河的德米特利1378年在沃扎和1380年"在广阔的**库利科沃田野**"战胜鞑靼人,这对于俄罗斯人民摆脱蒙古人的羁绊具有重要的意义。

《编年摘录》总的说来反映了马克思对世界史问题的大量的研究工作。

## 二 〔德〕汉斯-彼得·哈斯蒂克:《作为历史学家的卡尔·马克思》①②

卡尔·马克思"作为19世纪最强有力的精神力量"(维·布卢门贝格)恰恰在科学史上也具有当之无愧的地位,靠的不是创造历史的力量,不是人格、事业和政治影响的历史威力。我这样说,首先指的是国民经济学,或者说"政治经济学"方面——顺便交代一句,"政治经济学"这一用语,绝不单单是马克思概念用语中所特有的,而是在弗里德里希·李斯特**以前**就已普遍使用的术语——,进而指的是社会学和哲学,但同时也指我们应进行探讨的马克思为历史学所作的专门贡献。《资本论》的作者,很早就研究了政治、经济、社会和历史之间的跨专业的联系,而这正是他的理论的特点。马克思在1844年设定了"确立此岸世界的真理",从那以后,他经历了宗教批判和黑格尔法哲学作为"唯一站在正统的当代现实 **al pari**[水平]上的**德国历史**"的批判诸阶段,直至**政治经济学批判**。对于马克思所走过的这条道路,卡尔·科尔施在1923年曾概括为这样一个"公式",他说,马克思"首先从哲学

---

① 选自《马克思恩格斯研究》1994年第17辑,第167—187页。本文原载于《马克思故居文集》(特里尔)第29辑。

② 本文是作者为特里尔马克思故居研究中心出版的纪念德国工人运动史学家施洛莫·纳阿曼诞辰70周年的文集所写的论文,在译成中文时,做了删节。——译者注

角度批判了宗教,接着又从政治角度批判了宗教和哲学,而最后则从经济学角度批判了宗教、哲学、政治及所有其他意识形态"①。早在《〈政治经济学批判〉序言》中的经典定义澄清了"生产力"、"生产关系"、"基础"与"上层建筑"的相互关系之前,马克思关于在历史进程中政治、经济和社会之间错综复杂关系的理论的基本结构就已经勾画出来了。然而从 1844 年写作《黑格尔法哲学批判》到 1859 年发表《政治经济学批判》,期间经过 15 年之久,马克思在几乎所有知识领域进行了大力的研究,走过了从哲学人类学到经验人类学、从法哲学和国家哲学到法的历史和制度史、从古典流派经济理论到经济史的道路,完成了从社会哲学到社会学和社会史的发展过程。

马克思是德国现实科学社会学的创始人。他在 1843 年春夏两季所写的关于黑格尔《法哲学原理》第 261—313 节的批判分析和 1844 年《德法年鉴》上发表的《〈黑格尔法哲学批判〉导言》,与对于刚刚兴起的社会史研究同样有重要意义的罗仑兹·施泰因的著作②同为"……社会学事实的具有历史意义的象征",是《社会物理学》(physique sociale)的德国的姊妹篇。

马克思的社会学接受了黑格尔把哲学视为时代的理论的规定,接受了他从古典经济学借用来的市民社会的概念,接受了国家与社会的二元论,并用现实辩证法加以改造,因而成为工业革命、社会革命和政治革命时期的精神相关物。它理所当然地成了时代的科学的自我意识,与复辟精神所规定的、涉及社会的同样是时代的思想相对立,以革命地改变危机重重的当代为目标。恩格斯于 1845 年写的《英国工人阶级状况》,是德国最早的社会学著作之一,而产生于历史哲学的危机科学社会学,只是在迈出了从黑格尔到马克思这一步的时候,在现实主义地把黑格尔的精神哲学改造为

---

① 〔德〕卡·科尔施:《马克思主义与哲学》(1923 年第 1 版),E. 格尔拉赫编,1966 年法兰克福、维也纳版第 124 页。

马克思的引文分别参看《马克思恩格斯全集》第 2 卷,第 453、458 页。

② 〔德〕罗仑兹·冯·施泰因:《现代法国的社会主义和共产主义》1842 年莱比锡版。这部划时代的著作经过修订和增补先后于 1848 和 1850 年出版了第 2 和第 3 版,书名改为《自 1789 年至今法国的社会运动史》。

关于资本主义阶级结构，关于这个社会制度的来源、运动规律和发展趋势的科学的过程中，才逐渐形成。社会学的根就在这里，而力求成为各个时期的包罗万象的当代理论，则是它加于自身的任务，自19世纪起以后很长时间，它作为哲学的经验源泉和经济学的理论载体，一直同其相邻科学密切结合，然而马克思和后来的马克思主义体系，却长时间还几乎谈不上有自己的独立的社会学。尽管数十年来国民经济学理论基础发生了变化，走上了一条逐渐成为大规模数学化的函数科学的道路，因而几乎不再需要一种包罗万象的社会学的基础。不过，这种发展对于从科学史角度客观地评价马克思对于经济学和社会学的意义曾经还是有所裨益的。不只是历史社会学和文化社会学等（汉斯·弗赖尔、阿尔弗雷德·韦伯），以及由马克斯·韦伯和卡尔·曼海姆所创建的、以历史唯物主义的意识形态概念为指导的知识社会学，都根源于马克思的开端。又例如斐迪南·滕尼斯的《共同体与社会》（Gemeinschaft und Gesellschaft, die 1. Auflage 1887）和国民经济学家兼社会学家马克斯·韦伯为抵制马克思主义的政治影响而写作的大事铺陈的毕生巨著，也都没有脱离这一传统。①

马克思在任何没有偏见的国民经济学的教义史中所占据的杰出地位，甚至在桑巴特晚年的著作中都得到了承认，而且早在50年代就受到了例如埃德加·萨林的高度评价，同样，在今天我们也应当给予强调。按赫赫有名的巴塞尔国民经济学家萨林的评论，马克思作为流通理论家，是以把国民经济论证为专门科学的重农学派最重要的著作魁奈的《经济表的分析》为依据的，其劳动价值论、经济学的抽象过程、在学术上以及政治上同样有重大影响的剩余价值学说，均"师承"亚当·斯密、蒲鲁东和首先是李嘉图；马克思的经济史和经济理论方面的经济学观念，"其历史意义，在资本主义高度发达的数十年内都是经久不衰

---

① 传统科学史认为，前文所述意义上的社会学作为独立学科，经过在英、法两国启蒙时期历史哲学与社会哲学之中和自柏拉图及亚里士多德起的国家哲学之中的孕育，始于圣西门（1760—1825年）及其多年的秘书奥古斯特·孔德（1798—1857年），而对于"社会学家"马克思在科学上的意义与影响的评价则是不一致而且不总是不偏不倚的（sine ira et studio）。

的，这一点无可辩驳"。① 有的人甚至坚持认为，马克思的分析，揭示了资本主义生产方式的结构要素至今仍是长期的有效的决定因素，马克思的解释仍一如既往要求对这些因素予以重视。这位《黑格尔法哲学批判》的作者，受了恩格斯为《德法年鉴》所写的一篇论文的启发，于1844年在巴黎，后来在布鲁塞尔和伦敦，对于国民经济学经典作家的著作，特别是古典国民经济学的两部代表作亚当·斯密的《国民财富的性质和原因的研究》（1776 年）和大卫·李嘉图的《政治经济学原理》（1871 年）（最初读的是法文译本），作了详细的摘记，却以《政治经济学批判》（1859 年）和《资本论》第 1 卷（1867 年）创造出了优于经典的和声学与观察方法以及在方法论上超过他的前人的功业。虽然这部用毕生精力撰写的论述政治经济学的科学巨著的广泛意图，被黑格尔意义上的进程所扬弃，但是，假如有人想否认凝聚了马克思基本的科学认识的《资本论》对当代马克思主义科学传统以外的经济科学研究发生任何影响，恐怕对马克思的评价就有欠公允了。

如果说马克思经济科学的代表作，在当时的一篇书评中尚且被评论为"决不是……一部使具有科学修养并要求科学成果的读者满意的著作"②，那么，马克思在直至进入 90 年代的哲学专门讨论③中就更没有多大作用可言了。他在 19 世纪哲学史上的地位，随着所谓早期著作的发表，而逐渐明确起来，这包括为了自己弄清问题而于 1844 年初写作、至今作为《经济学哲学手稿》而遐迩闻名的巴黎手稿，以及 1841 年的博士论文和《德意志意识形态》。马克思和恩格斯于 1845、1846 年合作写成的《德意志意识形态》，在他们生前一直未能发表，在 1903 年和 1904 年首先由爱·伯恩施坦摘要发表，1921 年和 1926 年又分别由古斯达夫·迈耶尔和大卫·梁赞诺夫部分发表。这部手稿在科学上最可靠的

---

① 埃·萨林：《国民经济学说史》，1951 年伯尔尼、蒂宾根第 4 版，第 116 页。
② 《国民经济和统计年鉴》第 12 卷（1869 年）第 464 页。
③ 恩格斯在致康拉德·施米特的信中，批评莱比锡哲学家保尔·巴尔特的《黑格尔和包括马克及哈特曼在内的黑格尔派的历史哲学》"纯粹是小学生做作业"。参看《马克思恩格斯全集》第 38 卷，北京：人民出版社 1972 年版，第 123—124 和 202 页。

版本，是1932年收在莫斯科马列主义研究院编辑出版的《马克思恩格斯全集》历史考证版中的本子，共556页。《经济学哲学手稿》于1927年首次用俄文发表在上述莫斯科研究院编的《马克思恩格斯文库》第3卷第247—286页；第一次用德文发表，是在梁赞诺夫的继任阿多拉茨基主持下继续编辑出版的《马克思恩格斯全集》（历史考证版第1部分第3卷第29—172页）和兰茨胡特—迈耶尔版《早期著作》①。现在对于马克思的理解已经不再只是从《资本论》中去寻找，而且还可以从这些著作中去寻找了。真正从哲学上理解马克思，则始于"交给老鼠的牙齿批判"的《德意志意识形态》的全文发表和1932年随着由阿多拉茨基和兰茨胡特—迈耶尔出版的所谓巴黎手稿，使得返回来探讨"历史唯物主义"②的原始形态成为可能的时候。勒维特论述19世纪思想的著作，卢卡奇、科尔施、马尔库塞、贝克尔·兰茨胡特等人的论著，以及其他许多人的文章，深入分析了马克思的异化哲学和历史哲学，分析了青年马克思的人类学和劳动学说，从而把《资本论》的作者以在世界历史上具有重要意义的黑格尔派的形象，以历史哲学家、法哲学家和社会哲学家的身份载入哲学史的史册。

相比之下，马克思对于1845、1846年在《德意志意识形态》中所说的"我们仅仅知道一门唯一的科学，即历史科学"③这门学科的影响如何呢？历史这门学科，当时在诸如史料考证和客观性这些主要概念中，以德国的历史主义为标志正准备在19世纪的科学界占据主导地位。像列奥波德·冯·兰克（1795—1886年）、奥古斯特·贝克（1785—1867年）、雅科布·格林（1785—1861年）、卡尔·弗里德里希·艾希霍恩（1781—1854年）、弗里德里希·卡尔·冯·萨维尼（1779—1861

---

① 《卡尔·马克思。历史唯物论。早期著作》，S. 兰茨胡特、J. P. 迈耶尔编，1932年莱比锡版第1卷，第285—375页。

② 这个概念是恩格斯在马克思逝世9年后写作政论文章时引进的他们的影响史的中心概念，我们在此以及下文使用时，充分意识到了，马克思（就所能认识者而言）曾避免对他的理论作相应的概括。另参看哈斯蒂克《据新的原始资料论马克思历史观念的来源》，载《东欧。历史之镜鉴》（为纪念曼弗雷德·海尔曼65寿辰而作），1977年维斯巴登版，第35和第46页。

③ 《马克思恩格斯全集》第3卷，北京：人民出版社1960年版，第20页脚注。

年）和泰奥多尔·蒙森（1817—1903年），这些十分重要的历史学家、语言学家和法学家，继承了巴托尔德·格奥尔格·尼布尔（1776—1831年），代表着传统的"ars historica"（历史艺术）的进一步繁荣和方法论上充分发展为历史科学。马克思作为这些学者的同时代的人，是否在历史的科学史上拥有一个合理的位置？这个问题从现代历史科学的一个重要的领域——经济史和社会史来看，直接联系着前边的阶段。提出上面这个问题的同时，我们转入"作为历史学家的马克思"的本题。

同马克思对于政治经济学以及批判性的当代科学即社会学的重要意义相一致，人们至少应该承认这位"马克斯·韦伯以前，19世纪德国最重要的社会科学家"（H.‐U.维勒）对于推动经济史学和社会史学的发展有着持久的影响。社会学作为经验历史哲学必然要引起对社会史问题的探讨。这一评断，不是仅仅根据已经被科学研究所接受的、在历史唯物主义的历史观念中经济因素和社会因素的结合，经济史与经济理论、社会史与社会学的原初的科学理论关系，在这里也有着重要意义。因为当我们努力对经历了危机的时事作出相应的认识，把认识被视为不依赖国家、并有其内在规律的社会结构，设定为自己的目标的时候，探讨社会发展以前各种结构和各阶段，把目前的社会制度理解为由历史所决定并被历史推动向前的现实，就显得合乎逻辑了。圣西门把封建的社会制度描述为工业社会的对立物和前一阶段，以封建主义、自由主义、社会主义的发展顺序取代法国启蒙哲学的思想史分期，强调他的学派认为迄今的人剥削人的阶段顺序是奴隶主与奴隶、贵族与平民、地主与农奴、有闲者与劳动者这样一个序列。由于具有这种思想，并努力综合黑格尔的哲学、法的历史学派的意图和法国早期社会主义思想财富，不久以后，罗仑兹·冯·施泰因就成了德国自觉的社会史学的创始人之一，在这个意义上，马克思把他从当代史的典型的政治革命和工业革命"对市民社会所作的解剖"，搬到社会诸形态顺序相承的通史联系之中，同时他和黑格尔的前提大同小异，认为在当代，特别是因为欧洲向世界的扩张，"历史"已变成了"世界历史"，恰恰是当代的这种特殊的历史地位，使得这样去认识迄今的历史进程原则上成为可能。马克思比黑格尔更加明确无误和更加自觉地从当代出发，将当代解释为过去的发展的结果，把欧洲的历史和欧洲以外的历史解释为通达于当代的途径，固然有所保留，但这正是他作为历史学家的声望所应具备的，他认为，我们必须"把这些发展过程中的每一个"都放在它所处的历史环境中分别加以研究，然后才"把它们加以比较"，以便"找到……钥匙"，"但是，使用一般历史哲学理论这一把万能钥匙，那是永远达不到这种目的的，这种历史哲学理论的最大长处就在于它是超历史的"。① 鉴于类比的操作方法成了寻求历史认识的方法，我们的目光因而更为敏锐；并且通过概念的典型化和一般化，把一个时期、一个特殊的历史地区的社会结构，套用于其他时代和地域，在我们看来是成问题的；此外，社会史同涉及当代的社会学及其社会概念的密切联系已不复存在。然而尽管如此，同格奥尔格·冯·贝洛的观点相反，历史唯物主义在科学史上的重要意义现在仍然是不可辩驳的。

对此 H.-U. 维勒最近指出，关于马克思，"历史学家"可以"有相当长一段路去坚持进行现实主义的分析，坚持根据历史对这种分析作理论的阐述"，其实马克思的立场，原则上是被作为一条"批判社会学的传统"来使用的，可以将"对现代世界所进行的历史社会学的研究"与之相连接。

除此之外，马克思对当代历史的研究有一些"既有创造性又透彻地描述了社会历史的进程"（H. 戈尔维策），例如在 1849 和 1852 年初这期间所撰写的《1848 至 1850 年的法兰西阶级斗争》和《路易·波拿巴的雾月十八日》，关于这两部著作，我们将另作详细论述。恩格斯认为，这些论著是把马克思的理论运用到具体情况的"十分突出的例子"②，因此，不可同德国社会史学的初期作品等量齐观。认为由奥·路·施略策尔（1735—1809 年）定义为"societas civilis sine imperio"（没有强迫命令的公民联合体）、与国家形成对照的经济社会，是探讨社会史问

---

① 《马克思恩格斯全集》第 19 卷，北京：人民出版社 1963 年版，第 131 页。
② 《马克思恩格斯全集》第 37 卷，北京：人民出版社 1971 年版，第 462 页。

题的原因，马克思并不是第一个人。先行者如尤·麦捷尔（1720—1794年）和尼布尔的著作，卡·迪·休耳曼的《德意志等级起源史》（**Geschichte des Ursprungs der Stände in Deutschland**, 1806—1808）和罗·冯·施泰因的著作，形成一个传统，而马克思作为历史学家的著作则继承了这个传统。

同样，使用经济与社会的最新概念的经济史的情况也相似，和社会学与社会史的科学理论关系一样，经济史是由亚当·斯密所创立的古典政治经济学理论为前提的。

马克思与恩格斯在这方面也受到了麦捷尔和格丁根史学学派的启发，对于像赫伦、冯·居利希、休耳曼的商业史方面的研究作了摘记。而在此以前，马克思已经系统阅读了17和18世纪政治经济学和社会哲学的大量文献著作。其中亚当·斯密的划时代的巨著《论国民财富》是阅读的重点，该著附带而作的历史阐述，真正为经济史奠定了基础。而恰恰是这种附带阐述经济史、过分强调理论和经典作家非历史的观察方式，都受到了马克思的批判，因为马克思作为黑格尔派认为，"经济理论与经济史，是在统一体内逐渐完成的一个过程的两个要素"。在国民经济学较早的历史学派那里，基本上只是纲领性的东西，马克思和恩格斯却写成了既是经济理论的同时又是经济史的著作。因此乍一看，就会使人大吃一惊，盎格鲁-萨克逊的教义史毫无偏见地把马克思算做了以克尼斯、罗雪尔和希尔德布兰德为代表的早期经济史学派，而且亚历山大·吕斯托夫的评论具有高度的真理内涵，评论认为只有两个伟大的成就实现了该学派的理想："弗里德里希·李斯特……和卡尔·马克思著作的科学部分，指出这一点以后，创立该学派的三位老先生恐怕要辗转反侧于九泉之下而不得安宁了。"马克思所发现的"人类历史的发展规律"就其最内在的本质而言，是经济发展的阶段学说：各个时期的"社会的经济结构"，其固有的矛盾，作为"社会生产力和生产关系之间的……冲突"，与"现实基础"同时改变着"法律的和政治的上层建筑"、相应的阶级阶层、"意识形式"和"意识形态"，处于马克思"实现了"的"整个世界史观上"的"变革"的中心；"物质生活的生产方式"作为 Causa Prima（首要因素）"制约着……社会生活、政治生活和精神生活的过程"①。从而经济史学和社会史学就成了所有历史研究的中心，诚然它仍从属于由时代决定的分期。在后人的思想中，马克思成了纲领性地将经济史和社会史置于历史思想的中心地位的开路人；甚至在我们的专业领域方面，百年来的影响史教导了我们。马克思通过与恩格斯一道创立的通史方面的历史观"使自己的名字永垂于科学史册"②，这一历史观把历史理论、经济史和社会史、政治史、制度史、思想史等等都看成**统一体**。自然，我们还是用恩格斯的话来加以说明为好，他说："即使只是在一个单独的历史实例上发展唯物主义的观点，也是一项要求多年冷静钻研的科学工作，因为很明显，在这里只说空话是无济于事的，只有靠大量的、批判地审查过的、充分地掌握了的历史资料，才能解决这样的任务！"③

按照《德意志意识形态》论费尔巴哈的那一章中一段出色的论述，历史是"各个世代的依次交替。每一代都利用以前各代遗留下来的材料、资金和生产力；由于这个缘故，每一代一方面在完全改变了的条件下继续从事先辈的活动，另一方面又通过完全改变了的活动来改变旧的条件"④。但是，就这一概念的双重意义来看，历史同时又是"一种文化用以对其过去作出总结的精神形式"（扬·辉琴加），而按英国历史学家 H. E. 卡尔试图主要着眼于历史学家的研究所下的定义来说，历史则是"历史学家和他的史实材料之间互相影响的持续不断的过程，是当代同过去之间无尽无休的对话"。历史学（包括历史学的历史在内）将永远是从**当代**出发对于流传下来的人类的活动所作的阐释。我们从我们现在所立足的**这个**历史的地点出发来向过去提出问题；在历史长河的岸边已一劳永逸地测量好的坚实的立足点，作为侦察历史科学的地形的出

---

① 《马克思恩格斯全集》第 13 卷，北京：人民出版社 1962 年版，第 8—9 页，另参看第 19 卷第 374、121 页。
② 《马克思恩格斯全集》第 19 卷，北京：人民出版社 1963 年版，第 121 页。
③ 《马克思恩格斯全集》第 13 卷，北京：人民出版社 1962 年版，第 527 页。
④ 《马克思恩格斯全集》第 3 卷，北京：人民出版社 1960 年版，第 51 页。

发点，也许就存在于历史哲学或者说历史神学的思辨之中！这就可以部分地解释，为什么特别是德国的历史科学长时期很难做到认真地看待"作为历史学家的马克思"这位历史哲学家或者说历史理论家。此外还有一个事实，即马克思的深远影响，在许多点上，并不取决于他的精神事业，而他同时代的人对于他的精神事业甚至很不了解，并且正如我们所看到的，他的精神事业只有通过其著述的再版或首次出版，才能逐渐得到开掘。事实上，仔细地整理加工马克思和恩格斯丰富的文献遗稿，从而为任何溯本求源历史地、严肃认真地研究马克思的历史观念创造前提条件，的确还有待将来，尽管论述马克思和马克思主义的著述已数不胜数。仅从研究所能掌握的情况来看，只有经过数十年当《马克思恩格斯全集》历史考证版出齐之后，才能"弄清""历史的马克思"所受到的影响和自己的深远影响……

如果说制度史和经济史学家格奥尔格·冯·贝洛（1858—1927年）在1924年发表的范围较广的意见专指《共产党宣言》而言的话，那么，瑞士历史学家爱德华·富特在其1911年出版的《近代历史学的历史》只作了不足5行的评论，① 而在 G. P. 古奇的名著《19世纪的历史与历史编纂学家》（1913年第1版）也仅仅指出："卡尔·马克思由于认为历史是阶级斗争的历史，因而忽略了其他一些本质因素。"② 亨利希·里特尔·冯·斯比尔克的受思想史强烈影响的令人敬佩的晚年著作《从德国人文主义至当代的精神与历史》，曾作必要的修改，作者从当时所达到的研究水平出发，广泛地论述了马克思和恩格斯的历史理论见解。斯比尔克根本没有提出探讨把马克思评价为狭义上的历史学家的问题，而海因茨·戈尔维策仍坚持自己的看法，认为"马克思不能算做历史学家"。与此相反，10年后迪特里希·戈罗在研究1847年前马克思的历

---

① 〔瑞士〕爱·富特：《近代历史学的历史》，1911年慕尼黑、柏林版，第442页。在论述黑格尔学派一节的结尾处这样写道："众多周知，唯物史观（这里我们不能详加讨论）也是源于黑格尔的，因为在我们这个时期，它虽然从理论上得到了阐述，然而并未给叙述性的历史著作奠定下基础。"

② 〔英〕Q. P. 古奇：《19世纪的历史与历史编纂学家》，1913年第1版。

史范畴的发展及其对于马克思论述法兰西阶级斗争和路易·波拿巴的政变的著作中的具体事物的展开时,却得出结论认为这两篇论著"分析之清晰、阐述之准确、运用自己的范畴之自如,均堪称 19 世纪德国历史学的巅峰之作"。我们将这两种评论拿来作一比较,很容易就会把两位历史学家侧重面不同的评价,解释成说明在历史学当中存在价值评断的难题的例子,因为他们所具有的外在的条件因素各不相同,所以评价也就不同了。同 50、60 年代相比,当代史的意义发生了变化,它已开始形成一个特殊的历史学的分学科;同传统叙述形式的历史学初期相比,历史理论的意义也改变了。这两种变化必然导致从概念上和内容上对于"作为历史学家"的马克思这一课题作出新的规定。结果一方面马克思最初为报刊撰写的大量文章开始受到历史学家的重视,他的这些文章除去对时事政治的分析以外,几乎总是有意地立足于当代史这块土地之上,而且力求作出历史的研究和深化的情况也不为罕见;另一方面,在"历史是历史社会学"的口号下,许多历史学家所作的重新确定德国历史科学方向的尝试,也促使人们去重新评价过去被低估了的马克思的范畴。此外还有创立一个马克思主义历史科学专业这一越来越重要的因素,恰恰在最近,除研究圣徒式地维护传统以外,显示出对于马克思的概念形成及其历史观念作溯本求源的分析的重要迹象。在以上脱离本题所进行的有关历史学方面的叙述,恐怕还可以再加上一个问题,即时而遇到的将马克思的历史思想列于"历史主义"这种作法,在多大程度上是合理的,而"历史主义"则是一个具有褒贬双重感情色彩的概念。现在让我们回到"作为历史学家的马克思"这个本题上来。发表在 1858 年 5 月 11 日《纽约每日论坛报》第 5312 号上的马克思的文章《马志尼和拿破仑》,有一段重要的话可以证明马克思的历史学的见解、他的博学多识和历史判断的稳健,文中写道:"现代历史著述的一切真正进步,都是当历史学家从政治形式的外表深入到社会生活的深处时才取得的。杜罗·德·拉·马尔以探究古罗马土地所有制的各个不同发展阶段,为了解这个曾经征服过世界的城市的命运提供了一把钥匙,——与此相较,孟德斯鸠关于罗马盛衰的论述差不多就像是小学生的作业。

年高德劭的列列韦尔由于细心研究了使波兰农民从自由民变为农奴的经济条件，在阐明他的祖国被奴役的原因方面比一大群全部货色仅仅是诅咒俄国的著作家做出了远为更大的贡献。"①

从含蓄地批评兰克这样的见解来看，就不难理解马克思为什么从兰克的历史学前提和原则中所获不多，对兰克的著作，除1843年7、8月份的初次接触以外，马克思显然还曾密切注意研究过。在1864年9月7日的一封信中，马克思指责兰克"收集趣闻轶事"和"把一切重大事件归为琐碎小事"②，其挖苦讽刺的话语在兰克的崇拜者来看颇具挑衅意味。对于史料进行语言学考证性整理的原则，马克思是从他给予高度评价的"伟大的历史学家"巴·格·尼布尔那里发现的；兰克的唯心主义历史观虽不排除经济的与社会的东西，但却毫不含糊地使之隶属于政治的东西的最高权力，因而必然使马克思从一开始就感到十分可疑。兰克提出的"表现事件的本来面貌"的过高要求，对于所有严肃的历史研究来说，作为主观的意愿是不可放弃的，只是在这一点上和马克思的见解相左，因此马克思讥讽这一要求是"所谓客观的历史编纂学"③。在流亡英国期间于1948年客死他乡的古斯塔夫·迈耶尔，在1918年同弗里德里希·迈内柯的谈话中曾表示，希望德国的历史科学能致力于将"兰克与马克思综合起来"，这是至今未得到解决、恐怕也只能在历史编纂学的个别成果中得到解决的要求！至于马克思及其在历史编纂学中的深远影响我们有这样一种印象，即有些历史学家的学术著作比他们自己所认为的"更加马克思主义"，而有些"马克思主义者"历史学家反倒比他们自己想象的要更不那么马克思主义。

"Historiker"（历史学家）一词源于希腊文的 historikus 和拉丁文的 historikós，考虑到这种语源情况和 Historiker（德文）、historian（英文）、historien（法文）（均为"历史学家"）概念所包含的意义，作为"历史学家"的马克思这一课题，不应降低为探讨马克思在历史编纂学

---

① 《马克思恩格斯全集》第12卷，北京：人民出版社1962年版，第450—451页。
② 《马克思恩格斯全集》第30卷，北京：人民出版社1975年版，第422、423页。
③ 同上书，第423页。

方面的专门贡献，而要包括三重任务：1. 批判地评价马克思在**历史编纂学**方面对于当代史、特别是对于同时代的法国史的贡献；2. 阐明他在学术上以及政治上对于**历史理论**影响巨大的贡献；3. 现在还刚刚开始的（迄今在马克思主义的史学界这样）对于马克思的**历史观**的历史来源的研究。

关于马克思对于**历史编纂学**的专门贡献，首先要举出的就是50年代初问世的《1848年至1850年的法兰西阶级斗争》和《路易·波拿巴的雾月十八日》。这两部著作试图开始使用新的方法来分析研究由于经济发展、社会分化和政治传统与制度的延续而极其复杂的历史形势。无论是阶级斗争还是马克思对波拿巴主义的准确分析，均是历史编纂学上的杰出成就，文中所研究的问题均是经济与政治之间的"中介"这样一个困难的问题，从其分析之清晰、阐述之精确和马克思对于自己范畴的运用之自如，甚至被非马克思主义的历史学家（例如1953年列·克里格，1972年D. 格罗）也视为"19世纪德国历史编纂学的巅峰之作"。列奥纳特·克里格曾反对把马克思的这两个论述同时代法国历史的著作，单纯看做事先想好的历史哲学运用于有限的历史对象的事例，他同时又致力于给予这两个著作及其作者在19世纪的历史编纂学中以应有的地位。克里格说马克思以及恩格斯同他们那个时代其他的历史学家的不同之处，就在于理论要素和经验要素的结合。克里格对马克思这两部著作进行了迄今为止最彻底的研究——"对马克思和恩格斯的历史专著进行彻底分析"，就克里格1953年提出的要求的意义来说，在一并研究亲笔遗稿中前后联系的情况下，仍然是研究工作颇为欠缺而又急需的。

近来，马克思发表在《设菲尔德自由新闻》以及《自由新闻》上的一组文章《十八世纪外交史内幕》，越来越受到重视。马克思根据史料撰写的这一有关18世纪俄国外交政策的论著，既未收进《马克思恩格斯全集》俄文第1版和第2版，也未收进柏林马列主义研究院编辑出版的《马克思恩格斯全集》德文版；长期以来，仅仅有爱琳娜·马克思-艾威林编辑的在1899年她死后用英文出版的删节本和梁赞诺夫于

1909 年摘要出版并加评注的版本。1960 年出版了第一个完整的德文版本（由 H.-J. 李伯尔编辑），1969 年出版了一个英文版本（由 L. 哈钦森编辑），1977 年和 1981 年又先后出了两个德文版本（编者分别为 U. 沃尔科和 K.A. 维特富戈尔）。在这部论著中，马克思对于中世纪晚期俄国历史上蒙古人的统治和把俄罗斯人联合在莫斯科周围这样两个事实提供了至关重要的解释，同时还依靠所查阅的文献（例如菲·赛居尔伯爵的著述）讨论了蒙古人的统治给俄国历史带来的后果。马克思对于为写文章做准备而阅读史料时有所发现感到的喜悦，和对于他的这部政治历史编纂学方面的论著的得意之情溢于言表，在 1856、1857 年间的书信中有多处流露。他说，他打算把他这部作品敬献给"德国的老历史学家施洛塞尔"①。当时正是马克思参加为报刊撰稿的严酷竞争和拼命努力以使全家免于赤贫的时候。有一次马克思给曼彻斯特的那位友人的信中写道："一个人不得不把能同这类小报（指的是《纽约每日论坛报》——笔者）为伍视为幸福，这实在令人作呕。"②"和历史学作家通常的做法相反"，马克思写论文的时候，不"先写通论，而先写事实"，他不想"使众所周知的材料具有新的意义"，而是想"提供新的材料，以便对历史作出新的说明"③。对此可兹证明的是马克思曾研究使用了大约 14 册历史资料集和单本文献（其中一小部分系马克思的私人藏书），另外还有整整 30 种论述 18 世纪欧洲史的著作。马克思那时对俄国的看法，是从报刊上对克里米亚战争的反响当中以及和亲土耳其的托利党人大卫·乌尔卡尔特保持一种不大掩饰的距离的情况下逐渐形成的，并在拥护乌尔卡尔特观点的报刊上写文章"进行阐述"，后来在晚年，主要由于结识了尼·弗·丹尼尔逊（圣彼得堡）才发生了变化。丹尼尔逊是为马克思在彼得堡了解俄国书籍市场信息的观察家。自 1869 年起，他不仅帮助马克思逐步建立了探讨俄国农业制度史的专门藏书，而且在 70、80 年代还为马克思搞到了主要是法的历史、经济学

---

① 《马克思恩格斯全集》第 29 卷，北京：人民出版社 1972 年版，第 516 页。
② 同上书，第 97 页。
③ 同上书，第 518、522 页。

和金融史方面所有他感兴趣的新的出版物。为了开发这些丰富的材料（其中相当一部分只是近几年才有可能提供给马克思研究者使用），关键是学会俄语，于是马克思在1869年年底和1870年年初便开始努力学习俄语。在这期间，他对于当时俄国的认识发生了根本的变化，1877年写的《给〈祖国纪事报〉杂志编辑部的信》反映了这种变化，信中马克思对于民粹派的尼·康·米海洛夫斯基误解他的观点表示抗议。在马克思去世后才发表的，他对于俄国国内就该国未来"道路"问题的争论经过慎重考虑所作的这一表态，包括了他对于自己有关政治学分析的历史编纂学方面的成就的自我评价，同时还包括了把他的历史理论同历史哲学的思考方法或者说推论方法划清界限，关于马克思的这个表态，这里只引述最重要的几段话，马克思写道："我在关于原始积累的那一章中只不过想描述西欧的资本主义经济制度从封建主义经济制度内部产生出来的途径。因此，这一章叙述了使生产者同他们的生产资料分离，从而把他们变成雇佣工人（现代意义上的无产者）而把生产资料占有者变成资本家的历史运动。……那么，我的批评家可以把这个历史概述中的哪些东西应用到俄国去呢？只有这些：假如俄国想要遵照西欧各国的先例成为一个资本主义国家，——它最近几年已经在这方面费了很大的精力——它不先把很大一部分农民变成无产者就达不到这个目的；而它一旦倒进资本主义怀抱以后，它就会和尘世间的其他民族一样地受那些铁面无情的规律的支配，事情就是这样。但是这对我的批评家来说是太少了，他一定要把我关于西欧资本主义起源的历史概述彻底变成一般发展道路的历史哲学理论，一切民族，不管他们所处的历史环境如何，都注定要走这条道路，——以便最后都达到在保证社会劳动生产力极高度发展的同时又保证人类最全面的发展的这样一种经济形态。"从以上设想出发，马克思得出的结论是，这样做会给他"过多的荣誉"，同时也会给他"过多的侮辱"[①]！

关于马克思历史理论的观念，关于这一观念接受多种学科影响及其

---

① 《马克思恩格斯全集》第19卷，北京：人民出版社1963年版，第129—130页。

在马克思主义历史学内外的深远影响,描述这一科学史上颇为重要的过程,显然超出本文的阐述范围……我想在此只强调一个方面:马克斯·韦伯曾经把马克思于1859年以他所特有的概念语言引进到历史思想中的全部概念,都看做经典的"结构典范的极重要的情况",同时强调指出,如果我们把这些典范只是用来使现实同它们进行比较,那么,它们的意义就是杰出的,"甚至可以说是独一无二的"。例如卡尔-格奥格尔·法伯的文章《历史界和马克思的基础—上层建筑理论》指出,马克思试图制定出放之四海而皆准的结构概念的尝试,作为近年来历史科学讨论的反思,重又得到比较积极的评论。如果马克思的那些范畴不被视为"现成的公式,按照它来剪裁各种历史事实"(恩格斯语),而是看做具有启发意义的思考范例,那么,使用这些范畴可以进行卓有成果的研究工作,这一见解在今天恐怕不会引起什么严重的争议。

第一部拉萨尔传记的作者、历史学家赫尔曼·翁肯,在20年代初,关于马克思和恩格斯历史观念的来源问题曾提出过下面一个结论,他说:"他们不是从历史研究出发,而是从哲学经济学的体系出发,因为他们研究的不是历史,而且一直没有研究历史。"他这番话是1921年在《历史学杂志》第123卷上发表的一篇文章中写的,这是一种流行至今的陈腐观点,鉴于马克思的亲笔遗稿中有丰富的历史研究的文稿,这种老调应加以更正。从马克思早年致父亲的一封信和《〈政治经济学批判〉序言》中的一段自述就已经知道,他早在柏林上大学时,便开始研究历史学问题了,而后在克罗茨纳赫、巴黎、布鲁塞尔和伦敦又进行了多年的彻底研究,从而深化了这方面的知识。无论是史前史还是上古史,古代史还是中世纪史,现代史还是当代史,无论是政治史还是社会史,宗教史还是文化史,技术史还是经济史,制度史还是战争史,——对于各个时期和几乎所有专门领域,马克思都力求作出有科学依据的评断。当时发生的事件例如1854年西班牙的革命,拿破仑第三上台执政、1863年的波兰起义或英国的殖民政策,以及当时报刊对这些事件的分析,往往是促使马克思更加深入研究的动因。与此同时,在军事上进行评论则大都落在了恩格斯的肩上。马克思以及恩格斯对于欧洲国家体系历史事件的读物总是努力去深入钻研——大革命时期的法国、民族问题、泛斯拉夫主义、南方斯拉夫人的历史、英国史、爱尔兰史、西班牙史、美国史和印度史，都是他们研究的课题。

鉴于材料极为丰富，我想仅限于举例历史学中的一个学科，即法的历史和制度史，描述马克思的透彻研究在多大程度上成为他自己理论形成的动因和出发点。马克思在波恩大学和柏林大学攻读法律专业时，听过罗马法和德国法的历史的一般课程。因此接触过法的历史学派创始人萨维尼的思想……由此可见，马克思对于法的历史和制度史问题是熟悉的，而通过1843年7、8月间在克罗茨纳赫逗留时写的文献摘记，他的这种熟悉程度又有进一步提高……实际上，没有发表的亲笔遗稿包括关于土地所有制历史的范围很广的材料汇集，其中大部分是70年代中期所做的，这有力地证明了，直到晚年，马克思对于法的历史与制度史问题仍进行深入和广泛的研究。首先应当指出这样一个……事实，恰恰是恩格斯于1884年……写作《家庭、私有制和国家的起源》……所涉及的领域，在马克思亲笔遗稿中有许多内容广泛、迄今尚未充分利用的文稿。除了研究德国和西欧以外，马克思特别研究和使用了有关俄国和南方斯拉夫人的法的历史和制度史文献，甚至十分专门的著作。在这方面，我们应着重探讨，当时的研究中具有代表性的观念和问题在多大程度上融汇于马克思的历史观念之中了。举例来说，马克思从毛勒、汉森、哈克斯特豪森和柯瓦列夫斯基所作的摘记，具体证明了马克思从这些法的历史学家和农业史学家那里接受了在所谓马尔克公社理论中所表明的基本论点：在历史的晨曦中一般出现了土地的公社占有。历史唯物主义历史观中的原始公有制学说（在今天是有争议的，但当马克思在世时却是农业史研究的一般观点），现在表明，是从历史学派的马尔克公社理论那里吸收来的。

一般来说，马克思对于在欧洲中世纪学里居主导地位的这一分学科所作的文献摘录证明，他有意地以法的历史和制度史研究具有代表性的经典观念为出发点。……马克思的历史观念，不仅要从黑格尔、早期社会主义和古典国民经济学来认识和阐述，而且还要从马克思的广泛的历史研究来认识和阐述,这一点现在可以说是普遍的见解!

马克思对于历史科学及其相邻学科的进步所给予的重视、不断研究或者说吸收的程度,这一问题不容许没有科学依据而凭经验的思辨和单纯的猜测……它是可以得到明确而具体的答案的。

## 三 胡永钦:《马克思一部鲜为人知的手稿》[①]

马克思对世界史各种问题的研究在他的科学生涯中占有重要地位。马克思一生读过许多历史书籍,作读书摘要、写读书笔记是他掌握读书内容的一种通常的积极的方法。在他的手稿遗产中,读书笔记是大量的。《历史学笔记》只是其中的一部分,马克思晚年打算总结一下自己的历史知识,编制一部同一时期各国历史发展的大事年表,以备研究问题之用。这个计划只实现了一部分,这就是我国即将问世的《历史学笔记》。《历史学笔记》大约在1881年底到1882年初,即在马克思逝世前一年写成。就现有的材料来看,很可能是马克思生前写的最后一部手稿。马克思逝世后,他的挚友恩格斯在整理这部手稿时加上了《编年摘录》这一标题,并用拉丁字母加上了编号。

《历史学笔记》是一部篇幅宏大、内容丰富、史料翔实的读书摘录。马克思在一般开本的笔记本上用最小的小字密密麻麻地写了四大本,约有一百二三十万字。编制这部大事年表,看来马克思也花费过一番心思。他在笔记本每页的左边标有编年顺序的年代日期,并在手稿的页边上亲自写了页码。这些标明的年代日期只有在从一个国家的历史转到另一个国家的历史时,编年顺序才中断,而且限定在一定的历史时期内,这样就可以相互对照,一目了然。

马克思在这部笔记中用自己的语言摘录和记叙了公元前1世纪初到10世纪中叶世界各国,特别是欧洲各国、俄国、近东、中东和印度等1700多年的沧桑世事,表达了他对纷繁复杂的历史现象和历史发展进

---

① 选自《新华文摘》1992年第6期。

程的认识和理解,阐发了世界各国复杂多变的政治历史事件中包含的历史发展的一般规律,展现了一幅人类社会发展变迁的宏伟画卷,为我们了解他的历史观点和历史方法提供了重要的依据和丰富的材料。

这部手稿的主要来源是德国历史学家弗·克·施洛塞尔十八卷本《世界史》。此外还利用了当时一些优秀的历史学家的著作。

这部篇幅巨大的笔记,虽然大部分是摘录,但是只要认真阅读就会发现马克思不是单纯的摘录或机械的复述,而是有选择的取舍,并用自己的语言作些评述或评价,有时还将一些史料或分类概括,或订正补充,研究过程中偶有所得或在一些句子下边打着重号,或在括号里写评语,或作言简意赅的小结。因此读起来使人感到内容丰富,脉络清晰,富有趣味。

在这四本笔记中,马克思的注意力主要集中在研究世界各国,特别是欧洲各国的政治历史事件,同时也注意研究各历史时期政治生涯中种种复杂现象的社会根源和阶级根源。对各国的社会经济现象虽有涉及,但政治史则是整个笔记主线。第一本笔记按年代顺序是公元前1世纪初到14世纪初,内容包括从罗马帝国初期到意大利封建制度形成的历史,欧洲各民族的历史。他在记述欧洲各国的政治史时,还回顾了欧洲各民族历史直接有关的非洲和亚洲一些国家的历史。由于欧洲各民族同亚洲一些民族在历史上有过冲突,因此马克思研究了5世纪至12世纪阿拉伯人、土耳其人、蒙古人、花剌子模人的历史;14世纪中叶以前的北欧和东欧各国的历史。11世纪到13世纪是西方国家和东方国家历史充满重要事件的年代,因此由罗马天主教教会煽动起来的法国、德国、意大利和英国封建主十字军远征在这本笔记中占有相当篇幅。他把野蛮掠夺东方国家的十字军骑士蔑视地叫做"一伙强盗土匪",指出他们的野蛮行径"激起了东方一切信仰伊斯兰教的居民的愤怒"。

14世纪和15世纪上半叶欧洲各国的历史是第二本笔记的主要内容。这个时期封建主义在欧洲已开始衰落,城市势力已大有增长,影响土地关系的商品货币经济已有所发展,军事上已有了火药、火炮等等。尤其应当指出,这个时期的欧洲,阶级斗争异常激烈,不断暴发大规模的农民起义。在这本笔记里,马克思详细地研究了多尔契诺领导的意大利人民起义、法国的扎克雷运动、英国的瓦特·泰勒起义、捷克的胡斯战争以及德国1524—1526年的伟大的农民战争,马克思对这些事件特别关注。他详细地研究了这些人民运动的社会经济和军事战术的前提条件及其进程的史实材料。同时,马克思在许多评语中也清楚地阐明这些历史事件的意义,他注意到人民群众内心深处含有的要求正义的社会制度的模糊愿望。

当然,他也没有忽视这些运动的弱点以及农民的轻信和不彻底性,而对他们的斗争予以较高的评价。他在笔记的字里行间,表达了对被压迫者的灾难的深切同情,对压迫者和剥削者的卑鄙龌龊的行为深恶痛绝。他用许多愤怒的语言形容那些想掌权的封建主、在位的暴君、贪婪的教皇主教等,蔑视地称他们是"贪得无厌之徒"、"畜生国王"、"走狗"、"猪猡"等等。此外,在第二本笔记里,马克思还用1/4以上的篇幅记述了英法"百年"战争的历史和法兰西民族国家形成的先决条件。

从15世纪中叶到16世纪下半叶的100多年在欧洲和世界历史中具有特别重要的意义。像在第二本笔记中一样,在第三本笔记里,马克思仍然注意研究欧洲各民族国家的形成和发展过程。尤其注意"为消除资本即资产阶级的灾难,为消除因来自封建国家而带有封建痕迹的君主制所进行的斗争"。

15世纪以后,欧洲各国由于商品货币经济的发展,出现追求黄金的狂热。随着对黄金的追求,航海家扬帆远航,开辟了新的航线,也有了许多新的发现。欧洲各国内部形成资本主义生产发展的前提,王权同城市资产阶级联合起来粉碎封建主的势力,于是一些君主制国家形成了,经历了全盛时期的封建制度开始衰落。资本主义时代开始了。

欧洲各民族国家形成和统一过程是不尽相同的。譬如,当时德国,名义上称为"帝国",实际上从来未真正统一过。在德意志中央帝国政权削弱的情况下,要想在德意志土地上建立新的市民秩序和消灭封建暴力统治,只得把德意志划分为若干区,还得派最有魄力的人去维持这些地区的秩序。正如马克思所指出的，"分散割据的德国诸侯集权制"这个"德意志畸形儿"就因此而产生了。

法国的中央集权的形成过程则是另一种情形。法国在路易十一世统治时期，对内采取了强有力的措施建立了中央集权的君主制。因此马克思对这个残暴的统治者，但在完成法国统一中起过很大作用的路易十一世很注意。用马克思的话说，"路易十一世并不打扰市民和农民，对上层贵族却十分严厉，不讲信义，除了布列塔尼公爵，逐渐制服了王国境内掌权的统治者"。

在第三本笔记中，还有很多篇幅摘录的是宗教改革以及与此有关的各同盟国的多次战争和整个16世纪在意大利、德意志和法兰西所发生的内战。马克思揭示了这种流血斗争的内在意义。他写道："这场斗争的目的是为了使产生于封建国家，还带有封建痕迹的君主制屈服于资本即资产阶级的鞭笞，在宗教上的反映就是教廷和宗教改革的斗争。"同时马克思也指出了宗教改革的物质基础，深入研究了宗教改革斗争的发展，除了德国的宗教改革和农民战争之外，还研究了法国的几次宗教改革战争。关于法国这几次战争的结局，因为第三本笔记已写满，就转入第四本笔记本了。

第四本笔记记述的是17世纪以前西欧各国以来政治进步及其有关的事件，重点是第一次全欧洲的"三十年战争"，这场战争是欧洲国家矛盾尖锐化的结果。马克思研究了各参战国家的历史以及它们的相互关系，阐明了它们对战争的政策。这里他还摘录了荷兰资产阶级革命时期，英国资产阶级革命的准备和开始时期，法国专制统治时期的历史史料，此外，德国的历史也占有一定的篇幅。

《历史学笔记》是马克思留给我们的一份珍贵的遗产。马克思的这部笔记完成后至今已有100多年，不久它的中译本将在我国问世。它的出版不仅填补了我国马克思著作研究和出版领域的一项空白，而且对于我国广大的社会科学工作者，特别是史学研究工作者学习和研究马克思的理论和方法具有重要的指导意义。

# 附录 II　延伸阅读书目

## 一　中文参考文献

**著作类**

1. 冯景源：《人类境遇与历史时空——马克思〈人类学笔记〉、〈历史学笔记〉研究》，北京：中国人民大学出版社2004年版。

2. 黄楠森：《马克思主义哲学史》（八卷本），北京：北京出版社1996年版。

3. 江丹林：《马克思的晚年反思》，北京：北京出版社1992年版。

4. 林国荣：《马克思〈历史学笔记〉与19世纪》，上海：上海人民出版社2013年版。

5. 李百玲：《晚年马克思恩格斯交往观研究》，北京：中央编译出版社2009年版。

6. 《马克思主义来源研究论丛》第17辑，北京：商务印书馆1995年版。

7. 聂锦芳：《清理与超越——重读马克思文本的意旨、基础与方法》，北京：北京大学出版社2005年版。

8. 人民出版社资料组：《马克思恩格斯著作的发表和出版》，北京：人民出版社1976年版。

9. 人民出版社资料组：《马克思主义史的研究》，北京：人民出版社1978年。

10. 王东：《马克思学新奠基——马克思哲学新解读的方法论导

言》，北京：北京大学出版社 2007 年版。

11. 尹树广：《晚年马克思历史观的变革》，黑龙江：黑龙江人民出版社 2000 年版。

12. 中央编译局：《马克思恩格斯生平事业年表》，北京：人民出版社 1976 年版。

13. 中国人民大学马列主义发展史研究所资料室编：《马列主义发展史资料专辑》，1982 年版。

14. 中央编译局：《回忆马克思》，北京：人民出版社 2005 年版。

15. 庄福龄：《马克思主义史》，北京：人民出版社 1999 年版。

16. 张云飞：《跨越峡谷——马克思晚年思想与当代社会发展理论》，北京：人民出版社 2001 年版。

17. 〔俄〕彼·费多谢耶夫等：《卡尔·马克思》，北京：生活·读书·新知三联书店 1980 年版。

18. 〔英〕戴维·麦克莱伦：《马克思传》，王珍译，北京：中国人民大学出版社 2008 年版。

19. 〔苏〕弗·阿多拉茨基：《马克思生平事业年表》，本社翻译组译，北京：生活·读书·新知三联书店 1977 年版。

20. 〔美〕菲利普·丰纳：《马克思逝世之际——1883 年世界对他的评价》，王兴斌译，北京：北京出版社 1983 年版。

21. 〔英〕G. A. 柯亨：《卡尔·马克思的历史理论》，岳长龄译，重庆：重庆出版社 1989 年版。

22. 〔德〕梅林：《马克思传》，樊集译，北京：生活·读书·新知三联书店 1965 年版。

23. 〔法〕路易·阿尔都塞：《保卫马克思》，顾良译，北京：商务印书馆 2006 年版。

24. 〔英〕S. H. 里格比：《马克思主义与历史学》，吴英译，南京：译林出版社 2012 年版。

25. 〔美〕威廉姆·肖：《马克思的历史理论》，阮仁慧等译，重庆：重庆出版社 2007 年版。

26.〔日〕望月清司:《马克思历史理论的研究》,韩立新译,北京:北京师范大学出版社 2009 年版。

期刊类

1. 陈丕显:《马克思〈历史学笔记〉中译本翻译出版的前前后后——记念张友渔同志》,载《中国翻译》,1993 年第 3 期。

2. 冯景源:《关于马克思〈历史学笔记〉研究的几个问题》,载《求索》,1994 年第 6 期。

3. 冯景源:《"'国家与文明起源笔记',还是'人类学笔记'"学术争鸣的重要意义》,载《东南学术》,2006 年第 6 期。

4. 冯景源:《马克思〈历史学笔记〉研究的意义——打开马克思晚年困惑的钥匙》,载《人文杂志》,1995 年第 1 期。

5. 耿睿勤:《马克思〈历史学笔记〉第一个中文译本即将问世》,《马克思恩格斯研究》第 8 辑,1992 年。

6. 韩泽栋:《〈历史学笔记〉的时空维度》,载《新乡学院学报》,2011 年第 3 期。

7. 胡刘、祝丽萍:《马克思晚年笔记的理论旨趣与历史哲学意蕴》,载《哲学动态》,2011 年第 4 期。

8. 黄皖毅:《马克思〈历史学笔记〉中的世界史观解读》,载《河北师范大学学报》,2005 年第 5 期。

9. 李凤丹:《马克思〈历史学笔记〉研究综述》,载《华北电力大学学报》,2008 年第 2 期。

10. 鲁克俭:《马克思晚年为什么要写作〈历史学笔记〉》,载《理论前沿》,2006 年第 2 期。

11. 聂锦芳:《〈历史学笔记〉:一部未引起足够重视的马克思晚年的重要著述》,载《哲学动态》,1995 年第 6 期。

12. 庞卓恒:《从多样性探寻规律——马克思〈历史学笔记〉的启示》,载《历史研究》,1994 年第 2 期。

13. 庞卓恒:《马克思社会形态理论的四次论说及历史哲学意义》,

载《中国社会科学》，2011 年第 1 期。

14. 邵维正、靳希光：《从〈历史学笔记〉看马克思的历史观点和治史方法》，载《求是》，1993 年第 11 期。

15. 唐正东：《马克思的〈历史学笔记〉与历史唯物论的升华》，载《哲学研究》，2006 年第 4 期。

16. 王东：《"晚年马克思"新解》，载《教学与研究》，1996 年第 5 期。

17. 王东、刘军：《"人类学笔记"，还是"国家与文明起源笔记"——为马克思晚年笔记正名》，载《哲学研究》，2004 年第 2 期。

18. 王越：《马克思晚年思想研究回眸》，载《理论月刊》，2008 年第 4 期。

19. 王志林、余冰：《浅论马克思的〈人类学笔记〉和〈历史学笔记〉》，载《理论月刊》，2007 年第 3 期。

20. 许春华：《试论马克思不同时期的方法及其相互关系》，载《河北大学学报》，1998 年第 4 期。

21. 许春华、蒋树屏：《"人类学笔记"称谓质疑——兼论马克思晚年笔记的思想主旨和理论空间》，载《北方论丛》，1998 年第 4 期。

22. 叶险明：《〈资本论〉创作·经济学研究·"人类学笔记"——兼评马克思晚年思想研究中的一个误区》，载《马克思主义研究》，1999 年第 3 期。

23. 叶志坚：《历史之谜的文化求解——晚年马克思思想论析》，载《中共福建省委党校学报》，2004 年第 9 期。

24. 于沛：《关于历史学笔记的理论思考》，载《中国社会科学院院报》，2006 年 5 月 30 日。

25. 张凌云：《也论马克思晚年的理论贡献——兼与冯景源先生商榷》，载《人文杂志》，1996 年第 2 期。

## 二 英文参考文献

1. Andrzej Walicki, *Marxism and the Leap to the Kingdom of Freedom: the Rise and Fall of the Communist Utopia*, Stanford University Press, 1995.

2. Alan Gilbert, "Social Theory and Revolutionary Activity in Marx," *The American Political Science Review*, Vol. 73, No. 2, Jun., 1979.

3. Akop P. Nazaretyan, "Western and Russian Traditions of Big History: A Philosophical Insight", *Journal for General Philosophy of Science/ Zeitschrift für Allgemeine Wissenschaftstheorie*, Vol. 36, No. 1, 2005.

4. Alfonso J., "Damico, Dewey and Marx: On Partisanship and the Reconstruction of Society," *The American Political Science Review*, Vol. 75, No. 3, Sep., 1981.

5. Alison Martin, "A European Initiative: Irigaray, Marx, and Citizenship," *Hypatia*, Vol. 19, No. 3, Summer, 2004.

6. Dipesh Chakrabarty, *Provincializing Europe: Postcolonial Thought and Historical Difference*, Princeton UniversityPress, 2000.

7. Donald McQuarie, "Marx and the Method of Successive Approximations," *The Sociological Quarterly*, Vol. 19, No. 2, Spring, 1978.

8. Esther Kinston-Mann, "Deconstructing the Romance of the Bourgeoisie: A Russian Marxist Path Not Taken," *Review of International Political Economy*, Vol. 10, No. 1, Feb., 2003.

9. Ewa Borowska, "Marx and Russia," *Studies in East European Thought*, Vol. 54, No. 1/2, Polish Studies on Russian Thought, pp. 87 – 103.

10. George L. Kline, "Was Marx an Ethical Humanist?," *Studies in Soviet Thought*, Vol. 9, No. 2, 1969.

11. Igal Halfin, *From Darkness to Light: Class, Consciousness, and Salvation in Revolutionary Russia*, University of Pittsburgh Press, 2000.

12. Jonathan Wolff, "Marx and Exploitation," *The Journal of Ethics*, Vol. 3, No. 2, Marx and Marxism, 1999.

13. Kevin Anderson, Iring Fetscher, "On Marx, Hegel, and Critical Theory in Postwar Germany: A Conversation with Iring Fetscher," *Studies in East European Thought*, Vol. 50, No. 1, Mar., 1998.

14. Michael J. Kerlin, "The End of History, Specters of Marx and Business Ethics", *Journal of Business Ethics*, Vol. 17, No. 15, Promoting Business Ethics: The Third Annual International Vincentian Conference, Nov., 1998.

15. Nirmal Kumar Chandra, "Marx, Colonialism and the Market", *Economic and Political Weekly*, Vol. 33, No. 23, Jun. 6 – 12, 1998.

16. Paul santilli, "Marx on Species – Being and Social Essence", *Studies in Soviet Thought*, Vol. 13, No. 1/2, Jun., 1973.

17. Teodor Shanin, *Late Marx and the Russian Road: Marx and "the Peripheries of Capitalism"*, London: Routledge & Kegan Paul, 1983.

18. Tom Rockmore, Merleau – Ponty, "Marx, and Marxism: The Problem of History", *Studies in East European Thought*, Vol. 48, No. 1, Mar., 1996.

19. V. E. Matizen, "Marxist Postulates and Concentration Camp Practices", *Studies in East European Thought*, Vol. 45, No. 1/2, Marxism and the Socialist Idea in Russia Today, Jun., 1993.

20. V. P. Lebedev, "Marx Was Right in Details and Great in His Errors," *Studies in East European Thought*, Vol. 45, No. 1/2 Marxism and the Socialist Idea in Russia Today, Jun., 1993.

21. William H. Blanchard, "Karl Marx and the Jewish Question," *Political Psychology*, Vol. 5, No. 3, Sep., 1984.

22. William Roseberry, "Marx and Anthropology," *Annual Review of Anthropology*, Vol. 26, 1997.

图书在版编目（CIP）数据

马克思《历史学笔记》研究读本 / 李百玲
著. —北京：中央编译出版社，2014.12
（马克思主义经典著作研究读本 / 杨金海，李惠斌主编）

ISBN 978-7-5117-2482-3

Ⅰ.①马… Ⅱ.①李… Ⅲ.①《历史学笔记》-
马克思著作研究 Ⅳ.①A811.24

中国版本图书馆 CIP 数据核字（2014）第 309801 号

## 马克思《历史学笔记》研究读本

出 版 人：刘明清
责任编辑：薛迎春
责任印制：刘 慧
出版发行：中央编译出版社
地　　址：北京西城区车公庄大街乙 5 号鸿儒大厦 B 座（100044）
电　　话：（010）52612345（总编室）　　（010）52612335（编辑室）
　　　　　（010）52612316（发行部）　　（010）52612317（网络销售）
　　　　　（010）52612346（馆配部）　　（010）55626985（读者服务部）
传　　真：（010）66515838
经　　销：全国新华书店
印　　刷：北京文昌阁彩色印刷有限责任公司
开　　本：710 毫米×1000 毫米　1/16
字　　数：317 千字
印　　张：22.25
版　　次：2014 年 12 月第 1 版
印　　次：2018 年 6 月第 3 次印刷
定　　价：78.00 元

网　　址：www.cctphome.com　　　邮　　箱：cctp@cctphome.com
新浪微博：@中央编译出版社　　　微　　信：中央编译出版社（ID：cctphome）
淘宝店铺：中央编译出版社直销店（http：//shop108367160.taobao.com）　（010）52612349

本社常年法律顾问：北京市吴栾赵阎律师事务所律师　闫军　梁勤
凡有印装质量问题，本社负责调换。电话：（010）55626985